HISTOIRE ANCIENNE DE L'ORIENT
JUSQU'AUX GUERRES MÉDIQUES

ANGERS, IMPRIMERIE BURDIN ET Cie, RUE GARNIER, 4.

HISTOIRE ANCIENNE
DE L'ORIENT

JUSQU'AUX GUERRES MÉDIQUES

PAR

FRANÇOIS LENORMANT

MEMBRE DE L'INSTITUT

PROFESSEUR D'ARCHÉOLOGIE PRÈS LA BIBLIOTHÈQUE NATIONALE

Ouvrage couronné par l'Académie Française

NEUVIÈME ÉDITION

Revue, corrigée, considérablement augmentée et illustrée de nombreuses figures d'après les monuments antiques.

TOME DEUXIÈME

LES ÉGYPTIENS

Contenant 228 Gravures, 5 Cartes dans le texte, 1 Planche en chromolithographie et 4 Cartes en couleur tirées à part.

PARIS

A. LÉVY, LIBRAIRE-ÉDITEUR, 13, RUE LAFAYETTE

(PRÈS L'OPÉRA)

1882

LIVRE III

LES ÉGYPTIENS

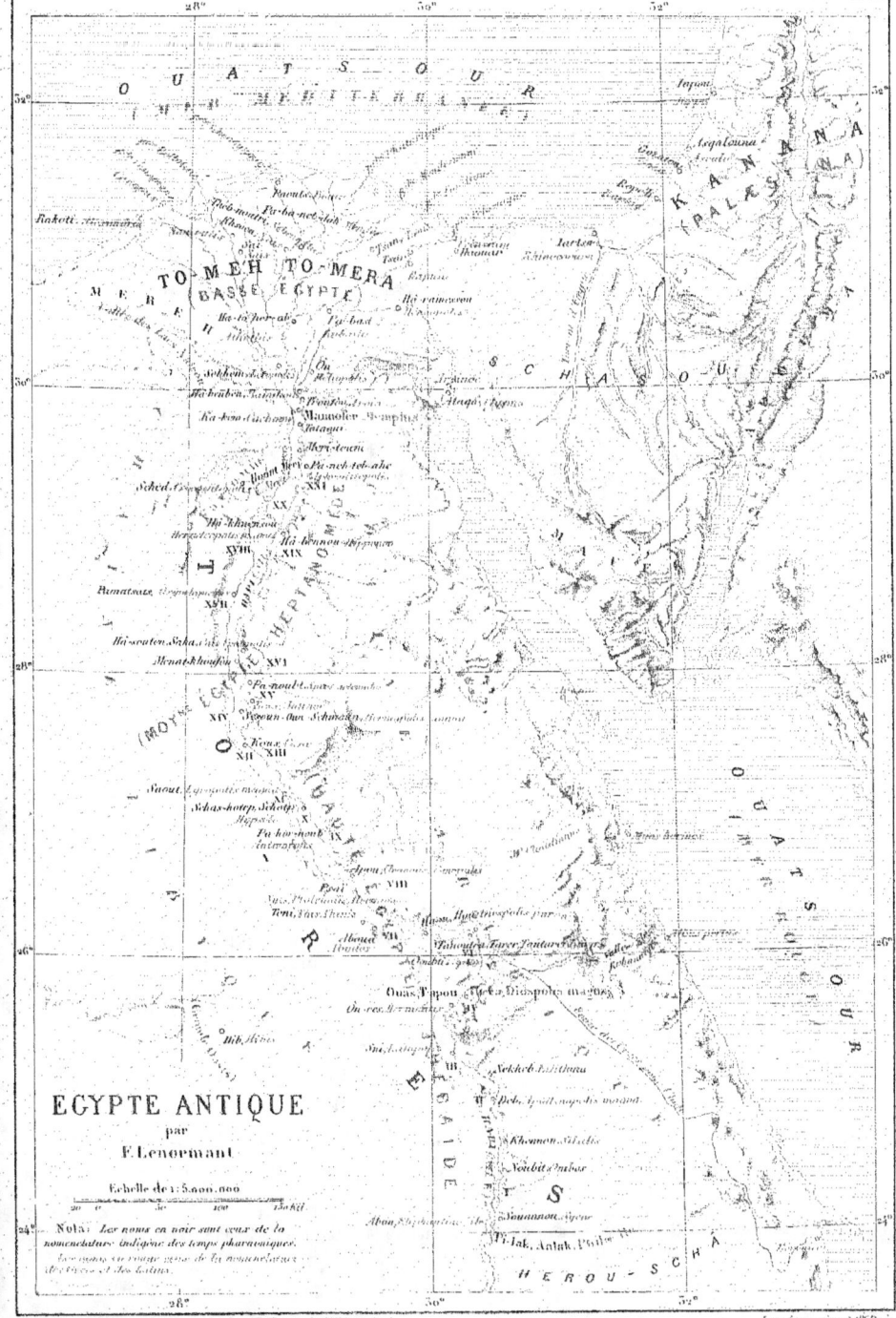

CHAPITRE PREMIER

GÉOGRAPHIE PHYSIQUE DE L'ÉGYPTE ET SOURCES DE SON HISTOIRE

§ 1. — LE PAYS ET SON FLEUVE

L'Égypte est cette contrée, allongée du sud au nord, qui occupe l'angle nord-est de l'Afrique, ou, comme disaient les anciens, de la Libye, là où elle communique avec l'Asie par l'isthme de Suez. L'Égypte est bornée au nord par la Méditerranée, à l'est par l'isthme et la mer Rouge, au sud par la Nubie, que le Nil traverse avant d'entrer en Egypte aux cataractes de Syène[1], à l'ouest enfin par des déserts parsemés de quelques oasis, ou terres habitables fertilisées par des fontaines. Le désert s'étend jusqu'auprès de la mer, au nord-ouest de l'Égypte, comme dans les parages de la mer Rouge.

[1] Le cliché placé en tête de cette page donne une vue de la cataracte de Syène.

Mais de plus il pénètre dans l'intérieur de l'Égypte elle-même. Tout ce qui n'est pas arrosé par les inondations annuelles du Nil est inhabitable et ne produit ni moissons, ni légumes, ni arbres, ni herbe même. L'eau ne s'y rencontre point : tout au plus trouve-t-on, de loin en loin, quelques puits, plus ou moins exposés à tarir sous une atmosphère constamment embrasée. Dans la Haute-Égypte ou Égypte méridionale, la pluie est un phénomène extrêmement rare ; des sables ou des rochers occupent tout le sol, excepté la vallée du Nil, vallée qui, jusqu'à la bifurcation du fleuve, c'est-à-dire dans plus des trois-quarts de la longueur de l'Égypte, ne dépasse pas une largeur moyenne de quatre ou cinq lieues. Et en certains cantons, elle est bien loin d'atteindre cette largeur.

L'Égypte n'est donc en réalité qu'une longue oasis traversant le désert africain, une étroite bande de terre végétale allongée sur les deux rives du fleuve, qui la pourvoit de l'humidité nécessaire à la végétation. C'est avec toute raison qu'Hérodote a dit : « L'Égypte entière est un présent du Nil. » Si le fleuve était supprimé, rien ne viendrait rompre l'aride uniformité du désert ; en détournant le cours supérieur du Nil, on anéantirait l'Égypte. L'idée en est venue à un empereur d'Abyssinie, qui vivait au xiiie siècle, et plus tard au Portugais Albuquerque. En effet, le Nil, dans toute la partie inférieure de son cours, offre cette particularité remarquable qu'il ne reçoit aucun affluent, et qu'à l'encontre de tous les fleuves, au lieu d'augmenter en avançant, il diminue, car il alimente les canaux de dérivation, et rien ne lui rend ce qu'il perd ainsi.

Descendu du bassin des grands lacs équatoriaux où se rassemblent les eaux provenant des hautes chaînes de montagnes neigeuses qui bordent, au sud et à l'est, le plateau de l'Afrique centrale, le Nil court d'abord dans la direction du nord au travers d'immenses savanes entrecoupées de bois et de marais, où il reçoit sur sa rive gauche le tribut de nombreuses rivières. Il en sort pour tourner vers l'est et prendre un moment son cours comme s'il voulait se jeter dans la mer Rouge ; mais un massif de montagnes infranchissables l'arrête bientôt, et il se redresse vers le nord. Il longe alors le pied occidental des montagnes de l'Abyssinie, dont le Bahr-el-Azraq ou Fleuve Bleu et le Takazzé, s'unissant successivement à lui sur sa droite, lui apportent les eaux. C'est à dater de ce point qu'il n'a plus un seul affluent. En rencontrant l'extrémité est du plateau du Sahara, le cours qu'il s'y creuse péniblement devient tortueux. Quatre fois des rapides l'interrompent et le ralentissent en l'étageant. C'est en sortant de la dernière de ces cataractes (que l'on qualifie ordinairement de *première*, parce qu'on les compte en remontant à partir de la mer), qu'il entre dans l'Égypte proprement dite.

Sur toute l'étendue de cette contrée fameuse, la vallée du Nil est resserrée entre deux chaînes de montagnes, nommées *Arabique* à l'est et *Libyque* à l'ouest. Ces montagnes, surtout dans le sud, se rapprochent quelquefois jusqu'à former de véritables défilés. Le plus remarquable est celui de la Khennou des temps pharaoniques, la Silsilis des Grecs et des Romains, aujourd'hui Gebel-Selseleh, où, jusqu'à une époque postérieure aux premiers établissements humains dans la contrée, il y eut un puissant barrage naturel, graduellement usé et renversé par le fleuve, qui formait primitivement, dans toute la partie de la vallée qui s'étend de là jusqu'à Syène, un bassin où les eaux étaient maintenues à un niveau beaucoup plus élevé qu'aujourd'hui. Sur des points qui appartiennent aujourd'hui au désert, on a reconnu des terrasses d'alluvions fluviales de cette époque, maintenant recouvertes par les sables, et on y a recueilli des débris de l'âge de la pierre.

Dans l'Égypte moyenne, à quelque distance au-dessus de l'emplacement de Memphis, la chaîne Libyque s'interrompt et laisse place à un district fertile d'une certaine étendue, arrosé par les dérivations du fleuve et par un lac, que l'on appelle aujourd'hui le Fayoum et qui constitue comme une sorte d'oasis occidentale, s'ouvrant sur la vallée principale. L'Égypte commence donc à prendre sur ce point une certaine largeur.

Un peu au-dessous de la ville du Caire, capitale actuelle du pays, située non loin des restes de Memphis, le Nil se partage en deux branches, dont l'une, celle de Rosette, se dirige au nord-ouest, et l'autre, celle de Damiette, au nord, puis au nord-ouest. C'est ce qu'on appelait autrefois les branches Bolbitine et Phatnitique ou Bucolique. Dans l'antiquité, elles n'avaient pas la même importance qu'aujourd'hui. Les trois bras principaux du fleuve dans son cours inférieur, qui se séparaient au village de Cercasore et divergeaient jusqu'à ce qu'ils atteignissent la mer, étaient : la branche Canopique, la plus occidentale de toutes, qui longeait les derniers versants du désert de Libye ; la Pélusiaque, qui tournait au nord-est et se terminait sur les confins du désert de Syrie ; enfin la Sébennytique, branche centrale, tracée dans le prolongement de la vallée supérieure, qui courait presque droit vers le nord. Un grand nombre de canaux secondaires découpaient le pays compris entre ces trois branches principales du fleuve ; les uns étaient naturels, les autres artificiels. Quelques-uns tombaient directement dans la mer et portaient le nombre des bouches du Nil à sept et même à quatorze, suivant les époques. Car dans toute cette région, dont le terrain est très peu solide et profondément détrempé, le cours naturel ou artificiel des eaux a beaucoup changé dans la durée des âges et change encore souvent. En dehors des trois principales que nous avons indiquées tout à l'heure, les branches les plus importantes du Nil inférieur étaient aux temps classiques : la Bolbitine (aujourd'hui branche de Rosette) détachée à l'est de la Canopique, et qu'Hérodote tient pour être de création artificielle ; la Phatnitique, la Mendésienne et la Tanitique, que nous énumérons dans l'ordre de leur situation d'ouest en est ; elles étaient entre le bras Sébennytique et le bras Pélusiaque du fleuve, et s'embranchaient sur le premier. Tous ces canaux, entre lesquels le fleuve se divisait, avaient reçu leurs noms de villes situées auprès de leurs embouchures.

Le Nil forme, près de la mer, plusieurs grandes lagunes, fermées par des langues de terre ou de sable, et communiquant avec la Méditerranée par des coupures. Les principales sont actuellement : le lac Menzaleh, à l'est, qui ne s'est formé que depuis l'antiquité, à l'issue des branches Tanitique et Mendésienne ; le lac Bourlos, contenant l'ancien lac de Bouto, dans la partie centrale de la côte, et tenant à la mer par un reste de l'ancienne branche Sébennytique ; enfin à l'ouest, près de la fameuse Alexandrie, fondée par Alexandre le Grand au lieu déjà plus anciennement habité qui portait le nom de Rakoti, le lac appelé par les anciens Maréotis. De très grands changements se sont, du reste, opérés dans ces lagunes du bord de la mer depuis les temps classiques et bien plus encore depuis les temps pharaoniques. En général les terrains envahis par les eaux y sont aujourd'hui notablement plus étendus qu'ils n'étaient à l'époque de la civilisation indigène de l'Égypte. Ceci tient à un mouvement d'affaissement du sol, lent et presque insensible, mais pourtant incontestable dans ses effets, qui se produit sur tout le littoral égyptien de la Méditerranée, tandis que, par contre, le terrain se relève graduellement dans la partie de l'isthme de Suez qui touche à la mer Rouge. Le plafond du canal ptolémaïque qui mettait les Lacs Amers en communication avec cette dernière mer, est désormais remonté au-dessus du niveau des eaux de celle-ci. En revanche, sur le rivage

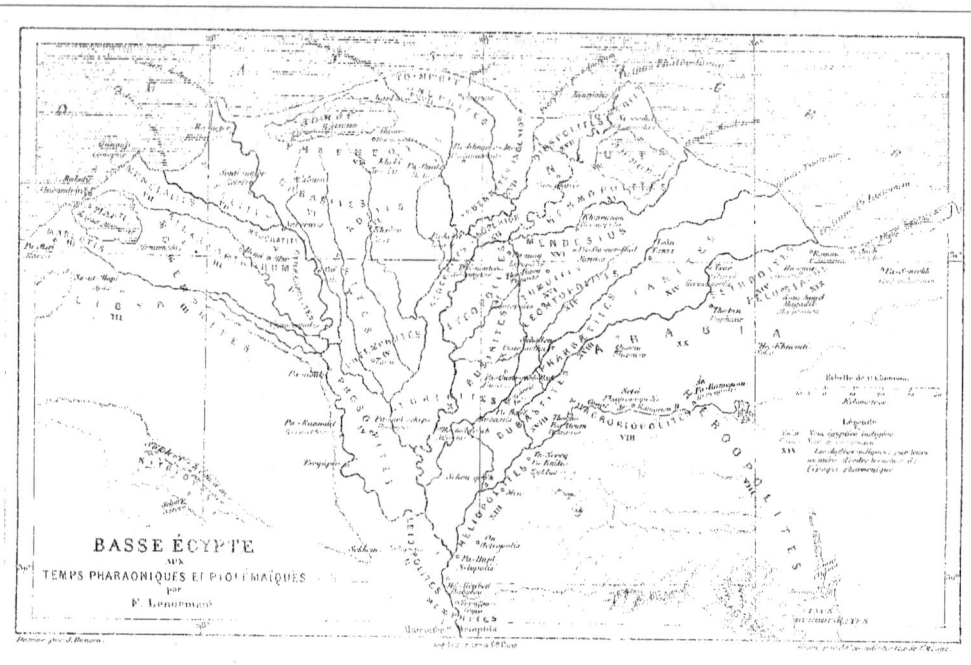

Barque de pêche sur le lac Menzaleh.

d'Alexandrie on voit, assez descendus vers la Méditerranée pour être envahis par ses flots, des tombeaux de l'époque hellénique, qui la dominaient à l'époque où ils ont été taillés dans le roc.

L'espace compris entre les branches les plus éloignées du Nil inférieur constitue ce que les Grecs ont appelé le *Delta*, par suite de sa forme presque exactement triangulaire, qui le leur avait fait comparer à une des lettres de leur alphabet. C'est une plaine de 23,000 kilomètres carrés de superficie, dont la fertilité est inouïe.

Primitivement, avant l'aurore des temps historiques, tout l'emplacement de ce delta était occupé par les eaux de la mer. Les vagues de la Méditerranée venaient baigner le pied du plateau couvert de sable sur le bord duquel s'élèvent les Pyramides, et le Nil terminait son cours un peu au nord de ce qui fut plus tard le site de Memphis. Graduellement et à la longue, les masses de matières terreuses réduites en limon que le fleuve apporte avec lui, surtout dans certaines saisons, des montagnes de l'Abyssinie, n'étant pas dispersées, comme aux estuaires des fleuves de l'Océan, par le mouvement des marées, encombrèrent de bancs de vase tout le fond du golfe qui pénétrait ainsi jusqu'à Memphis. A la ligne de rencontre de ces bancs de vase fluviale avec les sables apportés par les vagues de la mer, il se forma un premier cordon littoral de dunes, dont on peut suivre encore aujourd'hui les traces au travers du Delta actuel, vers la hauteur de l'antique Ha-to-her-ab, l'Athribis des Grecs. Ce cordon littoral délimita le premier terrain que remplirent les alluvions du fleuve et qui se consolida par un progrès successif. Une fois qu'il l'eut conquis sur la mer, le Nil poussa plus loin ses entreprises, dont la nature faisait seule tous les frais. De nouveaux envasements se produisirent, s'étendirent et s'élevèrent avec le cours des siècles en avant du premier cordon littoral, qui se trouva désormais compris dans l'intérieur des terres. Une nouvelle chaîne de dunes se forma bien plus loin dans le nord, là où elle est encore aujourd'hui, déterminant un nouvel espace où devait se continuer librement et sans obstacle le remplissage des bas-fonds par les apports de limon du fleuve. Tout le golfe fut ainsi comblé peu à peu, par un travail incessant, qui progressait d'année en année et de siècle en siècle. Où il n'y avait eu d'abord que la mer, on vit sortir des eaux de grandes plaines marécageuses, entrecoupées d'étangs, à travers lesquelles les divers bras du Nil se frayaient un passage. Toujours enrichi de nouveaux dépôts, le sol se consolida d'époque en époque ; les étangs se comblèrent et se restreignirent à leur tour, jusqu'au jour où la civilisation put s'asseoir sur ce sol créé par le fleuve et où la main de l'homme acheva d'affermir l'œuvre de la nature en la régularisant.

« Les prêtres, qui connaissaient par tradition l'état primitif du pays, dit M. Maspero, croyaient pouvoir déterminer avec certitude l'espace de temps qui avait suffi au fleuve pour accomplir ce travail. Ils racontaient à Hérodote que Ménès (Ména), le premier des rois de race humaine, avait trouvé l'Égypte presque entière plongée sous les eaux : la mer pénétrait jusqu'au delà de l'emplacement de Memphis, en pleine Heptanomide, et le reste du pays, moins le nome de Thèbes, n'était qu'un marais malsain. Ils se trompaient étrangement dans leur appréciation. Le Nil, soumis à des débordements annuels, abandonne la plus grande partie des matières qu'il charrie sur les campagnes riveraines, et s'appauvrit de plus en plus à mesure qu'il avance; il n'arrive à la mer que dépouillé du gros de ses alluvions. C'est à peine si les plages basses qui sont en voie de formation au débouché des branches Canopique et Sébennytique s'accroissent, bon an mal an, l'une de quatorze hectares, l'autre de seize; c'est une moyenne d'un mètre de progrès annuel pour tout le front du Delta. En s'appuyant sur ces données, on a pu calculer que, dans les conditions actuelles, il aurait fallu environ 740 siècles au Nil pour combler son estuaire. Sans accepter aucunement ce chiffre dont l'exagération paraît évidente, car la marche progressive des boues était plus rapide autrefois qu'elle ne l'est aujourd'hui dans ces contrées[1], on n'en sera pas moins forcé de conclure que les prêtres ne soupçonnaient guère l'âge réel de leur pays. Le Delta existait depuis longtemps déjà à l'avènement de Ména; peut-être même était-il entièrement terminé à l'époque où la race égyptienne mit pour la première fois le pied dans la vallée qui devint sa demeure. »

La nature toute particulière du sol de l'Égypte, formé exclusivement par les alluvions du fleuve et chaque année envahi pendant plusieurs

---

[1] Cette observation de M. Maspero est d'autant plus juste qu'il faut tenir compte ici de deux faits capitaux, qui établissent une différence profonde entre la marche des alluvions actuelles et de celles qui jadis formèrent le Delta. Il ne s'agit plus aujourd'hui du remplissage d'un estuaire, facilité par le dessin même de la côte : les atterrissements présents du Nil à ses embouchures se forment en saillie sur la ligne de tout le littoral voisin et sont contrariées par un courant maritime, qui disperse au loin une forte partie des matières terreuses apportées par le fleuve. En outre, depuis un bon nombre de siècles, ce qui serait le développement graduel de ces atterrissements est compensé en partie par l'affaissement graduel de la côte et des bas-fonds littoraux sur lesquels le limon se dépose.

Dattiers et palmiers doums.

mois par ses eaux, détermine une végétation spéciale, qui ne ressemble à celle d'aucun autre des pays touchant à la Méditerranée. Les arbres y sont singulièrement rares et surtout se réduisent à un très petit nombre d'espèces spontanées, comme le sycomore et plusieurs sortes d'acacias et de mimosas. Deux espèces de palmiers, le dattier et le doum (*Cucifera thebaica*), ce dernier spécial à la haute Égypte, prospèrent aussi dans le pays presque sans culture. Quelques arbres fruitiers, apportés de l'extérieur, ont été aussi acclimatés dans les jardins de l'Égypte dès une très haute antiquité : le grenadier, le tamarinier, l'abricotier, le figuier et le perséa. Mais aucune des grandes essences forestières de l'Europe ou de l'Asie antérieure n'y pousse spontanément et n'a pu, à aucune époque, y être naturalisée. En revanche, la végétation herbacée annuelle y prend une vigueur et un développement inconnus partout ailleurs. Le millet ou dourah, par exemple, la canne à sucre, le ricin, y parviennent en une seule saison à une hauteur de 3 et 4 mètres. Toutes les espèces de céréales y réussissent et y produisent avec une abondance inouïe; mais le manque absolu de phosphate de chaux dans le sol y donne au grain un goût désagréable, qui maintient le blé d'Égypte à un prix très inférieur sur les marchés étrangers. Par contre, les graines des légumineuses comestibles, presque toutes indigènes dans la con-

La plante du papyrus[1].

---

[1] D'après l'*Égypte*, de Ebers.

trée, vesce, lupin, fève, pois chiche, lentille, y sont d'une qualité exquise. La vigne était cultivée antiquement dans quelques cantons de l'Égypte, mais son territoire demeurait des plus restreints, et encore plus celui où l'on était parvenu à planter l'olivier avec succès.

Quant à la végétation aquatique, elle est exubérante et contribue à donner à l'aspect du pays son caractère propre. Les plantes d'eau ne se voient guère le long des berges du Nil, où la profondeur du fleuve et la force de son courant ne leur permettraient pas de croître en paix ; mais les canaux secondaires et dormants, les étangs et les mares que l'inondation périodique laisse derrière elle en se retirant, en sont partout encombrés. Les noms de deux de ces plantes, le papyrus et le lotus, sont surtout connus en Europe, à cause du rôle qu'elles jouent dans la religion, l'histoire, la littérature sacrée et profane de l'Égypte. « Le papyrus, dit M. Maspero, se plaisait dans les eaux paresseuses du Delta et devint l'emblème mystique de cette région ; le lotus, au contraire, fut choisi pour symbole de la Thébaïde. » Il y avait plusieurs espèces de lotus : le blanc et le bleu, comme leurs proches congénères les nénuphars de nos eaux, développent après leur fleur des capsules ressemblant par leur forme à des têtes de pavots et remplies d'une multitude de petites graines de la grosseur de celles du millet. Le lotus rose, *Nelumbium speciosum* des botanistes, ne se rencontre plus aujourd'hui en Égypte, mais seulement dans l'Inde. Hérodote, qui l'observa dans la vallée du Nil, le décrit fort exactement. « Il produit, dit-il, un fruit porté sur une tige différente de celle qui porte la fleur (mâle) : il est semblable pour la forme aux gâteaux de cire des abeilles. » En effet, ce fruit est percé, à sa partie supérieure, de

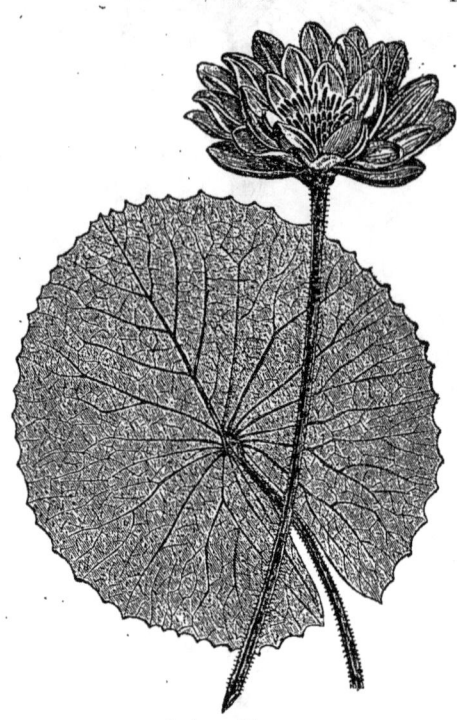

Le lotus blanc.

vingt ou trente alvéoles, dont chacune contient « une graine de la grosseur d'un noyau d'olive, bonne à manger aussi bien fraîche que sèche. » C'est ce que les anciens appelaient « la fève d'Égypte. » « On cueille également, ajoute l'historien grec, les pousses annuelles du papyrus. Après les avoir arrachées dans les marais, on en coupe la tête, qu'on rejette, et ce qui reste est à peu près de la longueur d'une coudée. On s'en nourrit et on le vend publiquement ; cependant les délicats ne le mangent qu'après l'avoir fait cuire au four. »

Le fleuve ne donnait donc pas seulement la fécondité aux champs

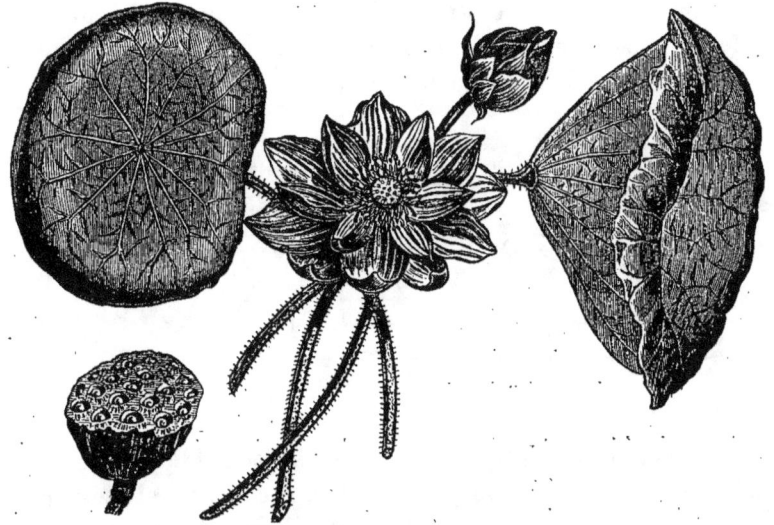

Le lotus rose ou *nelumbium*.

arrosés par ses eaux ; il fournissait lui-même à la population une large part de sa nourriture végétale. Et c'est aussi de son sein que les habitants tiraient en majeure partie leur nourriture animale. Le lit du fleuve et ses canaux de dérivation pullulent de poissons, pour la plupart bons à manger ; les embouchures du Nil sont fréquentées par des bancs serrés d'espèces maritimes qui vont frayer en eau douce, alternant avec ceux d'espèces fluviatiles qui vont, au contraire, frayer dans la mer. Aussi par tout le pays les pêcheries donnaient-elles d'abondants produits ; et le poisson, frais, séché ou salé, tenait une très large place dans l'alimentation des anciens Égyptiens. Encore aujourd'hui, les habitants de certains cantons du Delta, comme celui de Damiette, ne se nourrissent presque pas d'autre chose.

Il faut avoir vu les lacs de la Basse-Égypte pour se faire une idée de ce qu'y est la multiplication des oiseaux d'eau. Au lac Menzaleh, par exemple, la surface entière qu'embrasse le regard est par moments comme noire à force d'être couverte de milliers et de milliers d'oies, de canards, de grues et de hérons de diverses espèces. Ces bandes d'oiseaux aquatiques donnaient lieu à des chasses extraordinairement fructueuses qui alimentaient abondamment les marchés du voisinage et même donnaient matière à des salaisons sur une grande échelle. En outre, les Égyptiens étaient parvenus à domestiquer plus ou moins complètement celles de ces espèces d'oiseaux aquatiques qui peuvent entrer dans la consommation de la table, surtout les oies et les canards. Ils les élevaient dans toutes les parties du pays en quanti-

Préparation du poisson salé dans l'ancienne Égypte [1].

tés innombrables. Dès l'époque où s'ouvre l'histoire d'Égypte, c'est la volaille que nous voyons peuplant les basses-cours en abondance et fournissant à l'alimentation générale un élément beaucoup plus considérable que celui de la viande de boucherie. Le poulet ne vint s'y joindre que bien plus tard. Il resta toujours étranger à l'Égypte pharaonique, et il ne fut introduit dans la vallée du Nil que sous la domination des Perses, et peut-être même sous celle des Grecs.

Les Égyptiens avaient divisé, sous le nom de Hâpi, le fleuve auquel ils devaient tant de bienfaits, sans lequel leur pays eut été inhabitable, et qui seul y faisait vivre une nombreuse et florissante population. J'emprunte à M. Maspero la traduction d'un hymne adressé à ce dieu Nil, qui se lit dans le *Papyrus Sallier*, numéro II, au Musée Britannique. Nous y avons la vive expression des sentiments de reconnaissance du peuple d'Égypte envers son fleuve nourricier.

---

[1] Sujet représenté dans un tombeau du voisinage des Pyramides. D'après Wilkinson, *Manners and customs of ancient Egyptians*.

Chasse et pêche dans les marais[1].

Chasse des oiseaux d'eau à la tirasse et leur préparation en salaisons[2].

[1] Peinture d'un tombeau de Thèbes. D'après Wilkinson.
[2] Peintures de tombeaux. D'après Wilkinson.

« Salut, ô Nil;
ô toi qui t'es manifesté sur cette terre,
et qui viens en paix
pour donner la vie à l'Égypte!
Dieu caché,
qui amènes les ténèbres au jour où il te plaît de les amener,
irrigateur des vergers qu'a créés le Soleil
pour donner la vie à tous les bestiaux.
Tu abreuves la terre en tous lieux,
voie du ciel qui descend.
. . . .
Seigneur des poissons, quand tu remontes sur les terres inondées,
aucun oiseau n'envahit plus les biens utiles.
Créateur du blé, producteur de l'orge,
il perpétue la durée des temples;
repos des doigts est son travail
pour les millions de malheureux.
S'il décroît, dans le ciel les dieux
tombent sur la face, les hommes dépérissent.
Il a fait ouvrir par les bestiaux la terre entière,
et grands et petits se reposent.
Les hommes l'invoquent lorsqu'il s'arrête,
et alors il devient semblable à Khnoum [1].
Se lève-t-il, la terre est remplie d'allégresse,
tout ventre se réjouit,
tout être organisé a reçu sa nourriture,
toute dent broie.
Il apporte les provisions délicieuses;
il crée toutes les bonnes choses,
le Seigneur des nourritures agréables, choisies;
s'il y a des offrandes, c'est grâce à lui.
Il fait pousser l'herbe pour les bestiaux,
il prépare les sacrifices pour chaque dieu.
L'encens est excellent, qui vient par lui.
Il se saisit des deux contrées [2]
pour remplir les entrepôts, pour combler les greniers,
pour préparer les biens des pauvres.
Il germe pour combler tous les vœux,
sans s'épuiser par là;
il fait de sa vaillance un bouclier pour les malheureux.
On ne le taille point dans la pierre;
les statues sur lesquelles on place la double couronne,
on ne le voit point en elles;
nul service, nulle offrande n'arrive jusqu'à lui.
On ne peut l'attirer dans les sanctuaires;

---

[1] Le dieu créateur, qui a modelé l'œuf du monde sur son tour à potier.
[2] La Haute et la Basse-Égypte.

Hâpi, le dieu Nil, représentations diverses[1].

[1] D'après Wilkinson.
Sous le n° 1, le dieu est représenté caché dans sa source mystérieuse et versant ses eaux. Dans la figure n° 2, Hâpi est celui qui, par ses bienfaits, donne l'existence aux êtres vivants et en particulier aux hommes; comme tel il apporte deux enfants dans ses mains. Enfin, les n°s 3 et 4 le représentent en tant qu'auteur de la vie végétative et celui qui produit les biens de la terre; ses dons remplissent ses mains. Dans les figures n°s 1 et 4, le dieu Nil a la tête surmontée de la touffe de papyrus qui symbolise le pays du Nord, c'est-à-dire la Basse-Égypte.

on ne sait le lieu où il est.

. . . .
Point de demeure qui le contienne,
point de guide qui pénètre en son cœur.
Tu as réjoui les générations de tes enfants ;
on te rend hommage au Sud,
stables sont tes décrets quand ils se manifestent
par devant tes serviteurs du Nord.
Il boit les pleurs de tous les yeux
et prodigue l'abondance de ses biens. »

§ 2. — LES INONDATIONS PÉRIODIQUES DU NIL.

C'est le débordement annuel du Nil, régularisé par les travaux de l'industrie humaine et étendant en certains endroits les bienfaits de son développement naturel par le moyen d'un arrosage artificiel, qui fait toute la fertilité de l'Égypte, qui y permet la culture et la production des végétaux. Que l'inondation, par suite d'une circonstance ou d'une autre, n'atteigne pas son niveau normal, c'est pour l'année où ce phénomène désastreux s'est produit, la stérilité et la famine. Le fleuve commence à se gonfler à un moment fixe, au solstice d'été, c'est-à-dire vers les derniers jours du mois de juin. Cette merveille d'un fleuve sortant de son lit à époques déterminées pour fertiliser la terre, avait beaucoup frappé les anciens, qui ne savaient pas que toutes les rivières dont les sources sont dans la zone torride, sont soumises à un régime pareil. Ils avaient recours, pour s'en rendre compte, à mille suppositions bizarres, qu'on peut voir dans Hérodote et Diodore de Sicile. La véritable cause de ces débordements, soupçonnée par quelques géographes de l'antiquité, comme Ératosthène et Agatharchide, est dans les pluies périodiques qui inondent la haute Abyssinie et viennent de là se déverser dans le Nil.

J'emprunte à un voyageur anglais, M. Osburn[1], une description détaillée et très vivante des principales phases de l'inondation, description dont j'ai pu constater sur les lieux l'exactitude, ayant assisté moi-même à ce phénomène, dont peu de voyageurs sont les témoins, car il se produit à une saison où tous les touristes ont généralement quitté l'Égypte.

Au moment où il atteint son plus bas niveau, un mois avant le solstice

[1] *The monumental history of Egypt*, t. I, p. 9-14.

d'été, « le Nil s'est resserré entre ses rives au point d'être réduit à la moitié de sa largeur habituelle, et ses eaux troublées, limoneuses, stagnantes, semblent à peine couler dans une direction quelconque. Des bancs plats ou des masses abruptes d'une boue noire, cuite et recuite au soleil, forment les deux berges de la rivière. Au delà, tout n'est que sable et stérilité, car c'est à peine si le khamsin, ou vent chargé de sable qui dure quarante jours, a cessé de souffler. Le tronc et les branches des arbres apparaissent çà et là à travers l'atmosphère poudreuse, aveuglante, enflammée, mais les feuilles sont tellement revêtues de poussière, qu'à distance on ne peut les distinguer du sable du désert qui les environne. C'est seulement au moyen d'arrosages pénibles et laborieux qu'on parvient à entretenir quelques semblants de verdure dans les jardins du Pacha. Enfin — et c'est le premier indice qui annonce la fin de cette terrible saison — le vent du nord, l'Étésien des Grecs, se lève et se met à souffler avec force, parfois même avec furie, pendant tout le jour. Grâce à lui le feuillage des bosquets qui recouvrent la Basse-Égypte, est bientôt débarrassé de la poussière et reprend sa couleur verte. Les ardeurs dévorantes du soleil, alors au plus haut de sa course, sont aussi fort à propos amoindries par le vent qui règne ce mois-là et les trois suivants sur tout le pays d'Égypte.

« Bientôt un changement se produit dans le fleuve. On signale au nilomètre du Caire une hausse d'un pouce ou deux ; les eaux perdent le peu de la limpidité et de la fraîcheur qui en faisaient la veille encore une boisson délicieuse. Elles prennent la teinte verte, gluante et terne de l'eau saumâtre entre les tropiques, sans qu'aucun filtre au monde ait réussi jusqu'à ce jour à les séparer de la substance nauséabonde et malsaine qui cause ce changement. Le phénomène du *Nil vert* provient, à ce qu'on dit, des vastes nappes d'eau stagnante que le débordement annuel laisse sur les larges plaines sablonneuses du Darfour, au sud de la Nubie. Après avoir croupi six mois et plus sous le soleil des tropiques, ces eaux sont balayées par l'inondation nouvelle et rentrent dans le lit du fleuve. Il est heureux que ce phénomène dure rarement plus de trois ou quatre jours, car, si court que soit ce temps, les malheureux contraints de s'abreuver au Nil, lorsqu'il est dans cet état, éprouvent des douleurs de vessie insupportables. Aussi les habitants des villes ont-ils la prévoyance d'approvisionner d'eau leurs réservoirs et leurs citernes.

« Dès lors la rivière augmente rapidement de volume et devient trouble par degrés. Il s'écoule pourtant dix ou douze jours avant l'apparition du dernier et du plus extraordinaire phénomène que présente le Nil. J'essaierai de décrire les premières impressions qu'il me fit éprouver. C'était à la fin d'une nuit longue et accablante, à mon juger du moins : au moment où je me levai du sopha sur lequel j'avais tenté vainement de dormir à bord de notre bateau, que le calme avait surpris au large de Beni-Souef, ville de la Haute-Égypte, le soleil montrait tout juste le bord supérieur de son disque au-dessus de la chaîne Arabique. Je fus surpris de voir qu'à l'instant où ses rayons vinrent frapper l'eau, un reflet d'un rouge profond se produisit sur-le-champ. L'intensité de la teinte ne cessa d'augmenter avec l'intensité de la lumière : avant même que le disque ne se fût dégagé complètement des collines, le Nil offrait l'aspect d'une rivière de sang. Soupçonnant quelque illusion, je me levai à la hâte, et, me penchant par-dessus le bordage, ce que je vis me confirma dans ma première impression. La masse entière des eaux était opaque, d'un rouge sombre et plus semblable à du sang qu'à toute autre matière avec laquelle j'aurais pu la comparer. En même temps, je m'aperçus que la rivière avait haussé de plusieurs pouces pendant la nuit, et les Arabes vinrent m'expliquer que c'était là le *Nil rouge*. La rougeur et l'opacité de l'eau sont soumises à de constantes variations, tant qu'elle reste dans cette condition extraordinaire. A de certains jours, quand la crue n'a pas dépassé un pouce ou deux, les eaux redeviennent à demi transparentes, sans perdre toutefois cette teinte d'un rouge sombre dont j'ai parlé. Il n'y a point là de mélange nuisible, comme au temps du Nil vert : l'eau n'est jamais plus saine, plus délicieuse, plus rafraîchissante que pendant l'inondation. Il y a des jours où la crue rapide, et, par suite, où la quantité de limon charrié dépasse, dans la Haute-Égypte, la quantité entraînée par toute autre rivière à moi connue ; même, en plus d'une occasion, j'ai pu m'apercevoir que cette masse opposait un obstacle sensible à la rapidité du courant. Un verre d'eau que je pris alors, et que je laissai reposer pour un peu de temps, fournit les résultats suivants : la partie supérieure du liquide resta parfaitement opaque et couleur de sang, tandis qu'un précipité de boue noire remplissait environ le quart du verre. Une portion considérable de ce limon est déposée avant que la crue atteigne la moyenne et la basse Égypte, où je n'ai jamais vu l'eau du Nil en cet état.

« Il n'y a peut-être pas, dans tout le domaine de la nature, un spectacle plus gai que le spectacle présenté par la crue du Nil. Jour après jour

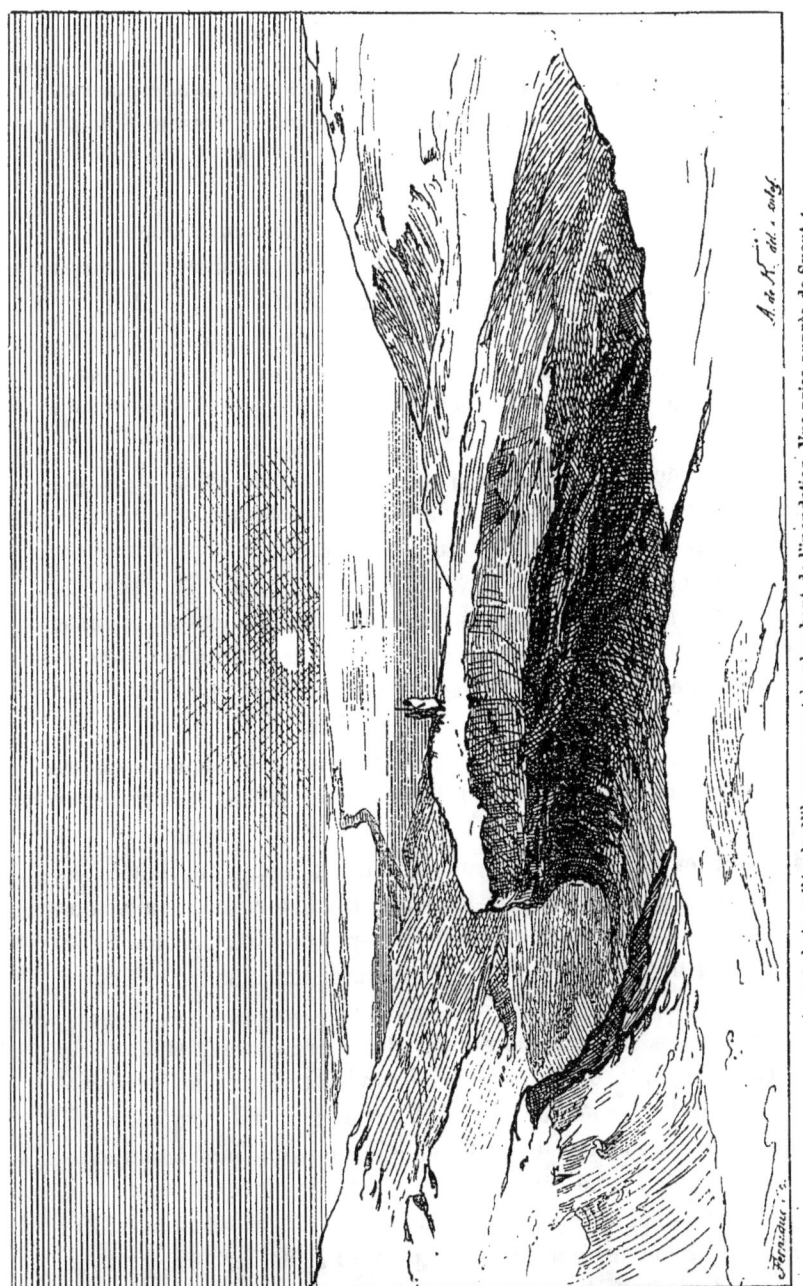

Aspect de la vallée du Nil au moment le plus haut de l'inondation. Vue prise auprès de Syout [1].

[1] Ce croquis, tout sommaire qu'il soit, donne une certaine idée de la façon dont la vallée entière se transforme alors en un vaste lac, d'où émergent seulement les digues transversales, sur la crête desquelles courent les chemins, et les bourgs et villages, formant comme autant d'îles, ainsi que de l'étrange effet par lequel les hauteurs situées à l'horizon (la chaîne Arabique par rapport au point d'où est prise cette vue), d'un blanc surchauffé par le soleil, arrivent à se confondre avec les eaux et s'élèvent en clair sur le bleu intense du ciel.

et nuit après nuit, son courant troublé roule et s'avance majestueusement par-delà les sables altérés des immenses solitudes. Presque d'heure en heure, tandis que nous remontions lentement poussés par le vent du nord, nous entendions le fracas produit par la chute de quelque digue de boue ; nous voyions, au mouvement de toute la nature animée vers le lieu où le bruit venait de retentir, que le Nil avait franchi un nouvel obstacle, et que ses eaux bondissantes allaient répandre la vie et la joie au milieu d'un autre désert. Des impressions que j'ai reçues, il y en a peu dont le souvenir me laisse autant de plaisir que l'impression causée par la vue du Nil, à sa première invasion dans l'un des grands canaux de son débordement annuel. Toute la nature en crie de joie. Hommes, enfants, troupes de bœufs sauvages, gambadent dans ses eaux rafraîchissantes, les larges vagues entraînent des bancs de poissons dont l'écaille lance des éclairs d'argent, tandis que des oiseaux de tout plumage s'assemblent en nuées au-dessus. Et cette fête de la nature n'est pas restreinte aux ordres les plus élevés de la création. Au moment où le sable devient humide à l'approche des eaux fécondantes, il s'anime littéralement et grouille de millions d'insectes. L'inondation gagne Memphis et le Caire quelques jours avant le solstice d'été : elle atteint sa plus grande hauteur et commence à décliner aux environs de l'équinoxe d'automne. A peu près au moment du solstice d'hiver, le Nil est de nouveau rentré dans ses rives et a repris sa teinte bleu clair. Les semailles ont été faites durant cet intervalle et se terminent en même temps que finit l'inondation. Le printemps est suivi sur-le-champ par le temps de la moisson, et la récolte est rentrée d'ordinaire avant le lever du khamsin ou vent de sable. L'année d'Égypte se partage donc naturellement en trois saisons : quatre mois de semailles et de croissance, qui correspondent approximativement à nos mois de novembre, décembre, janvier et février ; quatre mois de récolte, qu'on peut de même indiquer d'une manière vague en les comparant aux mois de notre calendrier qui sont compris entre mars et juin inclusivement; les quatre mois ou lunes de l'inondation complètent le cycle de l'année égyptienne. »

Laissée à elle-même, à la liberté du caprice de ses effets naturels, l'inondation périodique du Nil serait pour l'Égypte un fléau presque autant qu'un bienfait. Les eaux débordées du fleuve bouleverseraient incessamment le sol de sa vallée, déplaçant une année les dépôts qu'il a laissés l'année précédente, changeant incessamment son cours et laissant après sa retraite sur bien des points, comme il le fait encore dans les hautes régions du pays de Dongolah, des flaques d'eau stagnante destinées à croupir ensuite au soleil, des marécages d'une insalubrité meurtrière. Tel fut l'état de choses que les premiers occupants de la vallée égyptienne durent trouver devant eux lorsqu'ils vinrent s'y établir. Il a fallu que le travail de l'homme, aiguillonné par la nécessité, intervînt pour régulariser l'œuvre de la nature et lui faire donner tous ses bien-

Les semailles dans l'ancienne Égypte[1].

faits. Dès qu'il y eut en Égypte une civilisation et une agriculture, le régime des eaux y devint nécessairement la première des préoccupations, l'intérêt vital par excellence. Maintenir au fleuve un lit fixe ; répandre par des canaux secondaires s'embranchant sur son cours, le suivant parallèlement et s'y reliant par un réseau d'autres coupures trans-

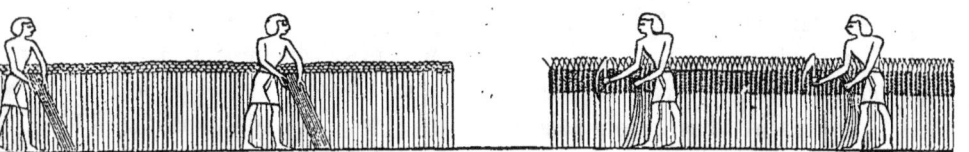

La récolte, arrachage du millet et coupage du blé à la faucille[2].

versales, le contact fertilisateur des irrigations sur la plus grande surface possible ; obliger, par une série de digues transversales à la vallée, les eaux de l'inondation à séjourner quelque temps sur les terres en y déposant paisiblement leur limon, de manière à les colmater au lieu de les dénuder ; assurer et protéger les sites choisis pour les centres d'habitation, afin de les empêcher d'être, eux aussi, envahis et emportés par le flot démesurément grossi ; organiser des machines d'une conception simple, faciles à construire et à manœuvrer, qui permettent d'élever l'eau de façon à lui faire arroser des terrains dont

[1] Peinture d'un tombeau de Thèbes, d'après Wilkinson.
[2] Peinture d'un tombeau de Thèbes, d'après Wilkinson.

l'inondation n'atteint pas le niveau ; enfin, losque le fleuve commence à baisser, faciliter la retraite régulière de la nappe liquide qu'il a répandue sur les campagnes, de manière à ce que tout rentre graduellement dans son lit et qu'il ne reste pas de ces mares dont les exhalaisons corromperaient l'air; voilà le programme complet des travaux indispensables que les Égyptiens durent exécuter pour profiter complètement du bienfait naturel dont la Providence avait gratifié le pays où il avaient établi leur demeure et pour lui faire rendre tous ses fruits. C'est par là qu'ils furent amenés tout d'abord à achever, en l'assurant, la prise de possession et la colonisation du sol. La nécessité et l'expérience leur révélèrent avant tout autre peuple les lois pratiques de la science hydraulique. La création du système des irrigations du Nil, la régularisation artificielle de l'inondation sont en Égypte des faits antérieurs à la période historique; celle-ci n'a fait qu'y ajouter quelques perfectionnements locaux, quelques améliorations de détail. Mais dès l'époque si reculée à laquelle elle s'ouvre pour ce pays, nous trouvons les principes de ces travaux d'irrigation déjà fixés, leur système déjà constitué dans son ensemble. Nous voyons aussi à la même époque les Égyptiens en possession de temps immémorial de ces deux machines d'élévation des eaux, si simples et si ingénieuses, qui se sont perpétuées sans modification jusqu'à nos jours dans l'usage des riverains du Nil, le schadouf qu'un homme seul suffit à manœuvrer et la noriah ou roue mise en mouvement par un manège de bœufs.

Schadouf ou machine à arroser[1].

Les nécessités résultant des conditions physiques du régime des irrigations, qui seules donnent la fertilité à l'Égypte, ont exercé sur l'histoire de ce pays une influence décisive et qu'on ne saurait méconnaître. Le système des travaux qui régularisent et étendent les effets favorables de l'inondation forme un ensemble dont toutes les parties se tiennent par un lien nécessaire et dont l'action doit se combiner des

---

[1] Peinture d'un tombeau de Thèbes, d'après Wilkinson.

Coup hydraulique dans les environs de Puriscal.

cataractes de Syène à la mer. Qu'une seule partie soit négligée, tout le reste périclite. Qu'une des provinces du cours supérieur laisse encombrer ses canaux et cesse de les entretenir, le régime des eaux se trouve modifié pour les autres provinces, et sur une vaste étendue de territoire, sinon sur le pays tout entier, la fertilité du sol, le succès de la culture sont compromis. Il est donc indispensable qu'une surveillance uniforme, qu'une direction commune s'étende à tout l'ensemble du système et y préside avec une active vigilance. Le préjugé populaire, si ridicule partout ailleurs, qui rend le gouvernement responsable de la bonne et de la mauvaise récolte, a sa légitime raison d'être en Égypte. L'administration y exerce une influence énorme sur la fertilité du pays, par

Arrosage d'un verger au schadouf[1].

le soin plus ou moins attentif et plus ou moins intelligent qu'elle y prend des irrigations. Il faut, sous peine de voir se restreindre et s'arrêter presque la productivité de la terre, qu'une direction unique préside à ces irrigations. Un tel besoin a imposé de bonne heure au pays l'unité politique et la monarchie absolue. Avant qu'il n'y eût encore nulle part ailleurs dans le monde de vastes unités nationales, de royautés faisant sentir l'action de leur sceptre sur un territoire considérable, la nation égyptienne a été conduite, par les nécessités que lui imposait ainsi la nature, à mettre fin au morcellement local par lequel avait commencé son existence, et à se soumettre à l'autorité d'un monarque unique. Et ç'a été toujours sa condition de vie, la seule qui lui permit, non seulement de prospérer, mais d'exister d'une façon tolérable. Toutes les fois que, dans la longue suite du développement des annales de l'Égypte, l'unité monarchique a été rompue, toutes les fois qu'il s'est élevé des compétitions au trône, des rivalités dynastiques qui ont brisé le pays en plu-

---

[1] Peinture d'un tombeau de Thèbes, d'après Wilkinson.

sieurs tronçons et y ont produit l'anarchie, il est bientôt tombé dans la misère et la stérilité, parce que les irrigations n'avaient plus cette unique direction qui seule les rend complètement efficaces. Après de cruelles convulsions, l'Égypte a toujours dû reconstituer l'unité du pouvoir au prix des plus énergiques efforts; et le premier soin du restaurateur de la monarchie n'a jamais manqué d'y être le rétablissement de ce système dont l'ensemble, savamment combiné, double la fertilité de la terre, en empêchant l'invasion des sables du désert, auxquels, sans une lutte incessante, il suffirait de bien peu de temps pour ensevelir l'Égypte entière sous son linceul.

Et ces conditions physiques d'une nature toute particulière n'ont pas seulement imposé l'unité à l'Égypte. Elles semblent l'avoir nécessairement condamnée au despotisme. L'idéal politique des anciens Égyptiens était le règne d'un dieu sur la terre, comme on racontait qu'avaient été à l'origine des choses celui de Râ ou celui d'Osiris, exerçant une autorité absolue à laquelle tous se soumettent docilement, et ne l'exerçant que pour le bien des hommes. Aucun peuple n'a porté aussi loin le respect du pouvoir royal, n'en a exalté la conception à une pareille hauteur, ne l'a aussi complètement regardé comme divin. C'est que nulle part le peuple, dans ce qui faisait la condition même de sa vie matérielle, dans la production de ce qui était indispensable à sa nourriture, ne dépendait autant du bon et du mauvais exercice de ce pouvoir tutélaire, n'en sentait autant l'action et la nécessité. Aussi depuis la date la plus reculée à laquelle nous fasse remonter l'histoire jusqu'à nos jours, le peuple égyptien a toujours été un troupeau docile sous la houlette du berger. Quelque grande, quelque admirable qu'ait été à certaines époques la civilisation dans cette Égypte, qui apparaît au milieu des brouillards de la haute antiquité comme l'aînée des nations, jamais l'idée de la liberté ne s'y est éveillée même à l'état de rudiment embryonnaire, tandis que d'autres peuples en ont apporté l'instinct pour ainsi dire en naissant et ont pu la concevoir avant même d'être sortis de la barbarie. L'école déterministe en histoire peut ici se donner carrière pour soutenir qu'il est des fatalités inéluctables de la nature qui pèsent sur l'homme sans qu'il puisse en secouer le fardeau, ne permettant la liberté qu'aux habitants de certains pays et de certains climats, et imposant à d'autres peuples de rester à jamais courbés sous le bâton d'un despote. Il y a dans ses théories une certaine part de vrai. Oui, il existe une sorte de fatalité de nature qui exerce son action sur les habitants de tel ou tel pays, et qui résulte de la combinaison d'une infinité de circonstances extérieures, de même que chaque race a des aptitudes géniales. Mais l'effort de la liberté morale de l'homme et de son intelligence peut réussir à vaincre cette apparente fatalité, et nulle part il ne doit désespérer d'y réussir.

§ 3. — SOURCES PRINCIPALES DE L'HISTOIRE D'ÉGYPTE[1].

Pendant bien longtemps, pour écrire l'histoire de l'Égypte, on a dû se contenter des récits des écrivains grecs, nul n'ayant encore pénétré les

---

[1] BIBLIOGRAPHIE DES PRINCIPALES SOURCES DE L'HISTOIRE D'ÉGYPTE.

Écrivains classiques : Les fragments des dynasties de Manéthon. insérés dans le tome II des *Fragmenta historicorum græcorum* de la collection Didot. — Hérodote, livre II. — Diodore de Sicile, livre Ier. — Le canon royal d'Ératosthène, rapporté par le chronographe byzantin George le Syncelle. — Josèphe, *Contre Apion*, livre Ier.

Collections de textes égyptiens originaux : Young, *Hieroglyphics*, Londres, 1823. — Burton, *Excerpta hieroglyphica*, Le Caire, 1828. — Champollion, *Monuments de l'Égypte et de la Nubie*, Paris, 1833-1845. — Rosellini, *Monumenti dell'Egitto e della Nubia, Monumenti storici*, Florence, 1833-1838. — Sharpe, *Egyptian inscriptions from the British Museum*, Londres, 1837. — Leemans, *Monuments égyptiens du Musée des antiquités des Pays-Bas, à Leyde*, Leyde, 1839-1876. — Lepsius. *Auswahl der wischstigsten Urkunden der Ægyptischen Alterthums*, Leipzig, 1842. — Ungarelli, *Interpretatio obeliscorum Urbis*, Rome, 1842. — Champollion, *Notices descriptives*, Paris, 1844-1874. — Prisse d'Avennes, *Monuments égyptiens*, Paris, 1847. — *Select papyri of the British Museum*, Londres, 1844 et 1860. — Prisse d'Avennes, *Papyrus de la Bibliothèque Royale*, Paris, 1847. — Lepsius, *Denkmæler aus Ægypten und Æthiopien*, Berlin, 1850-1858. — Brugsch, *Monuments de l'Égypte*, Berlin, 1857; *Recueil de monuments égyptiens*, Leipzig, 1862-1866; *Matériaux pour servir à la reconstruction du calendrier des anciens Égyptiens*, Leipzig, 1864. — Dümichen, *Geographischen Inschriften Altægyptischer Denkmæler*, Leipzig, 1865; *Kalenderinschriften*, Leipzig, 1866; *Historische Inschriften*, Leipzig, 1867; *Die Flotte einer Ægyptischen Kœnigin aus dem XVII Jahrhundert von unserer Zeitrechnung*. Leipzig, 1868. — E. de Rougé, *Album photographique de la mission d'Égypte*, Paris, 1865. — A. Mariette, *Choix de monuments et de dessins découverts ou exécutés pendant le déblaiement du Sérapéum de Memphis*, Paris, 1856; *Le Sérapéum de Memphis*, ouvrage commencé en 1868 et resté inachevé. — *Inscriptions in the hieratic and demotic character from the collections of the British Museum*, Londres, 1868. — Pleyte, *Les Papyrus Rollin*, Leyde, 1868; *Papyrus de Turin*, Leyde, 1869-1876. — Dümichen, *Photographische Resultate einer auf Befehl S. M. des K. Wilhelms von Preussen nach Ægypten entsend. Archæol. Expedition*, Berlin, 1871. — A. Mariette, *Abydos*, Paris, 1869-1880; *Dendérah*, 1870-1880; *Album du Musée de Boulaq*, Le Caire, 1872; *Les Papyrus égyptiens du Musée de Boulaq*, Paris, 1871; *Monuments divers recueillis en Égypte et en Nubie*, Paris, 1872; *Karnak*, Leipzig, 1875; *Deir-el-Bahari*, Leipzig, 1877; *Catalogue général des monuments découverts à Abydos*, Paris, 1880. — P. Pierret, *Recueil d'inscriptions inédites du Musée égyptien du Louvre*, Paris, 1874. — L. Reinisch, *Ægyptische Chrestomathie*, Vienne, 1874. — *Fac-simile of an egyptian hieratic papyrus of the reign of Rameses III, now in the British Museum*, Londres, 1876. — Dümichen, *Die Oasen des Libyschen Wüste*, Strasbourg, 1877. — Brugsch, *Reise nach der grossen Oase el Khargeh*, Leipzig, 1878. — E. de Rougé, *Inscriptions hiéroglyphiques copiées en Égypte*, Paris, 1877-1879. — A. Lincke, *Correspondenzen aus der Zeit der*

profonds mystères du système graphique des anciens Égyptiens. Mais les témoignages grecs relatifs à la terre des Pharaons et à ses annales sont en complet désaccord entre eux. Au milieu de leurs contradictions, on

Ramessiden, Leipzig, 1878 — E. von Bergmann, *Hieroglyphische Inschriften*, Vienne, 1878-1879. — A. Wiedemann, *Hieratische Texte aus den Museen zu Berlin und Paris*, Leipzig, 1879. — J. de Rougé, *Inscriptions et notices recueillies à Edfou*, Paris, 1880.
Ouvrages d'égyptologues modernes (nous suivons ici l'ordre alphabétique des noms d'auteurs) : Barucchi, *Discorsi critici sopra la cronologia egizia*, Turin, 1844. — E. von Bergmann, *Uebersicht der œgyptischen Alterthümer des KK. Münz-und Antiken-Cabinets*, Vienne, 1876. — Biot, *Recherches de quelques dates absolues sur les monuments égyptiens*, Paris, 1853; *Sur un calendrier astronomique*, Paris, 1852. — Birch. Nombreux et capitaux mémoires publiés dans l'*Archæologia*, dans les *Transactions of the Royal Society of Literature*, dans la *Zeitschrift für Ægyptische Sprache und Alterthumskunde* et dans les *Transactions of the Society of Biblical Archæology; A guide to the Egyptian galleries in the British Museum*, Londres, 1874; *Ancient history from the monuments, Egypt*, Londres, 1875; *The monumental history of Egypt*, Londres, 1876; *Archaic classics, Egyptian texts*, Londres, 1877. — Brugsch, *Reiseberichte aus Ægypten*, Leipzig, 1855; *Geographische Inschriften altægyptischer Denkmæler*, Leipzig, 1857-1860; *Histoire d'Égypte*, Leipzig, 1859 (2e édition, 1875): *Die ægyptische Græberwelt*, Leipzig, 1868; *Wanderung nach den Türkis-Minen und der Sinai-Halbinsel*, Leipzig, 1868; *La sortie des Hébreux d'Égypte et les monuments égyptiens*, Alexandrie, 1874; *L'Exode et les monuments égyptiens*, Leipzig, 1875; *Die Siegensinschrift Kœnigs Pianchi von Æthiopien*, Gœttingue, 1876; *Kœnigs Darius Lobgesang in Tempel der grossen Oase*, Gœttingue, 1877; *Geschichte Ægyptens unter den Pharaonen*, Leipzig, 1877; *Egypt under the Pharaohs*, Londres, 1880; *Dictionnaire géographique de l'ancienne Égypte*, Leipzig, 1879-1881. — Brunet de Presles, *Examen critique de la succession des dynasties égyptiennes*, Paris, 1850. — Bunsen, *Ægyptens Stelle in der Weltgeschichte*, Gœttingue, 1845-1857; il faut surtout en consulter la traduction anglaise, enrichie des excellentes additions de M. Birch. — Chabas, *Inscription historique du règne de Séti Ier*, Paris, 1856; *Les inscriptions des mines d'or*, Châlon-sur-Saône, 1862; *Mélanges égyptologiques*, Châlon, 1862, 1864 et 1873; *Les Papyrus hiératiques de Berlin*, Châlon, 1863; *Voyage d'un Égyptien en Syrie, en Phénicie, en Palestine, etc., au xive siècle avant notre ère*, Châlon, 1866; *Les Pasteurs en Égypte*, Amsterdam, 1868; *Études sur l'antiquité historique d'après les sources égyptiennes et les monuments réputés préhistoriques*, Châlon, 1872; *Recherches pour servir à l'histoire de la xixe dynastie et spécialement à celle du temps de l'Exode*, Châlon, 1873; *L'Égyptologie*, recueil périodique, 1874-1877; *Recherches sur les poids, mesures et monnaies des anciens Égyptiens*, Paris, 1876; *Détermination d'une date certaine dans le règne d'un roi de l'Ancien Empire en Égypte*, Paris, 1878. — Champollion, *L'Égypte sous les Pharaons*, Paris, 1814; *Lettres à M. le duc de Blacas*, Paris, 1827; *Aperçu des résultats historiques de la découverte de l'alphabet hiéroglyphique*, Paris, 1827; *Lettres écrites d'Égypte* Paris, 1833; 2e édition, 1868. — Champollion-Figeac, *L'Égypte ancienne*, Paris, 1840. — Th. Devéria, *Le papyrus judiciaire de Turin*, Paris, 1866; *Catalogue des manuscrits égyptiens du Musée du Louvre*, Paris, 1872. — Dümichen, *Bauurkunde der Tempelanlagen von Dendera*, Leipzig, 1865; *Ueber die Tempel und Græber in Alten Ægypten*, Strasbourg, 1872; *Baugeschichte des Dendera-Tempels*, Strasbourg, 1876; *Geschichte des alten Ægyptens*, dans l'*Allgemeine Geschichte in Einzeldarstellungen* de Wilhelm Oncken, Berlin, en cours de publication. — Ebers, *Die Biographie des Amen-em-heb*, Leipzig, 1877; *L'Égypte*, traduction par Maspero, Paris, 1880 et 1881. — Eisenlohr, *Der grosse Papyrus Harris*, Leipzig, 1872. — Gensler, *Die thebanische Tafeln stündlicher Sternaufgænge aus den Græbern der Kœnige Ramses VI und Ramses IX*, Leipzig, 1872. — Lauth, *Papyrus*

croyait devoir attribuer la préférence aux données fournies par Hérodote et par Diodore de Sicile. Aujourd'hui les conditions de la science sont tout autres, grâce à l'immortelle découverte de Champollion, qui a per-

Prisse, Munich, 1869-1870; *Die geschichtliche Ergebnisse der Ægyptologie*, Munich, 1870; *Die Pianchi-Stele*, Munich, 1870; *Ein neuer Kambyses-Text*, Munich, 1875; *Princessin Bentrosch und Sesostris II*, Munich, 1875; *Kœnig Nechepsos, Petosiris und die Triakontaëteris*, 1875; *Der grosse Sesostris-Text von Abydos*, Leipzig, 1875; *Ægyptische Chronologie*, Strasbourg, 1877; *Moses-Hosarsiphos-Sali'hus*, Strasbourg, 1879; *Aus Ægyptens Vorzeit*, 1880-1881. — Ch. Lenormant, *Eclaircissements sur le cercueil du roi Mycérinus*, Paris, 1837; *Musée des antiquités égyptiennes*, Paris, 1841. — Fr. Lenormant, *L'antiquité à l'Exposition universelle, L'Egypte*, Paris, 1867; *Les premières civilisations*, Paris, 1873; *Frammento di statua di uno dei pastori*, Rome, 1877. — Lepsius, *Chronologie der Ægypter*, Berlin, 1849; *Briefe aus Ægypten und Æthiopien*, Berlin, 1852; *Ueber die XIIte ægyptische Kœnigsdynastie*, Berlin, 1853; *Kœnigsbuch der alten Ægypter*, Berlin, 1858; *Ueber den chronologischen Werth der assyrischen Eponymen und einige Berührungspunkte mit der ægyptischen Chronologie*, Berlin, 1869; *Ueber einige ægyptische Kunstformen und ihre Entwickelung*, Berlin, 1871; *Les métaux dans les inscriptions égyptiennes*, traduction par Berend, Paris, 1877. — Lieblein, *Deux papyrus hiératiques du Musée de Turin*, Christiania, 1868; *Die ægyptischen Denkmæler in St-Petersburg, Helsingfors, Upsala und Copenhagen*, Christiania, 1873; *Recherches sur la chronologie égyptienne*, Christiania, 1873; *En Papyrus i Turin*, Christiania, 1875; *Det gamla Egypten i dess Skrift*, Stockholm, 1877. — Linant de Bellefonds, *Mémoires sur les principaux travaux d'utilité publique exécutés en Egypte depuis la plus haute antiquité jusqu'à nos jours*, Paris, 1872. — A. Lincke, *Beitræge zur Kenntniss der altægyptischen Brief-Litteratur*, Leipzig, 1879. — A. Mariette, *Renseignements sur les soixante-quatre Apis trouvés au Sérapéum*, Paris, 1855; *Description des fouilles exécutées en Égypte*, Paris, 1863; *Abrégé de l'histoire d'Égypte*, Paris; 1867; *Description du parc égyptien à l'Exposition universelle*, Paris, 1867; *Notice des principaux monuments du Musée de Boulaq*, 2e édition, Le Caire, 1868; *Sur les tombes de l'Ancien Empire*, Paris, 1869; *Les listes géographiques des Pylones de Karnak*, Leipzig, 1875; *Voyage dans la Haute-Egypte*, Alexandrie, 1878. — Maspero, *Essai sur l'inscription d'Abydos*, Paris, 1868; *Sur un décret d'excommunication trouvé au Djebel-Barkal*, Paris, 1871; *Du genre épistolaire chez les anciens Egyptiens*, Paris, 1872; *De Carchemis oppidi situ et historia antiquissima*, Paris, 1872; *Une enquête judiciaire à Thèbes au temps de la xxe dynastie*, Paris, 1872; *Sur la stèle de l'intronisation trouvée au Djebel-Barkal*, Paris, 1873; *Mémoire sur quelques papyrus du Louvre*, Paris, 1875; *Histoire ancienne des peuples de l'Orient*, Paris, 1875; *Deux monuments nouveaux du règne de Ramsès II*, Paris, 1877; *Fragments d'un commentaire sur le second livre d'Hérodote*, publiés à partir de 1877 dans les *Annuaires de la Société pour l'encouragement des études grecques*; *Le conte des deux frères*, Paris, 1878; *Les peintures des tombeaux égyptiens et la mosaïque de Palestrine*, Paris, 1878; *De quelques navigations des Égyptiens sur la côte de la mer Erythrée*, Paris, 1878; *Les monuments égyptiens de la vallée de Hamamât*, Paris, 1879; *Études égyptologiques*, Paris, 1880 et 1881. — E. Naville, *Les Israélites en Égypte*, Paris, 1878. — Oppert, *Mémoire sur les rapports de l'Égypte et de l'Assyrie*, Paris, 1869. — P. Pierret, *Dictionnaire d'archéologie égyptienne*, Paris, 1875; *Notice des monuments de la salle historique au Musée du Louvre*. — Pleyte, *Études égyptologiques*, Leyde, 1866. — R. St. Poole, *Egypt*, dans l'*Encyclopædia Britannica*; *Ancient Egypt*, dans la *Contemporary review*, de 1879. — E. Révillout, *Une chronique égyptienne contemporaine de Manéthon*, Paris, 1877. — A. Rhoné, *Résumé chronologique de l'histoire d'Egypte*, Paris, 1877. — C. Riel, *Das Sonnen und Siriusjahr der Ramessiden*, Leipzig, 1874; *Der Doppelka-*

mis de lire avec certitude ces hiéroglyphes dont le déchiffrement paraissait un problème insoluble. C'est aux écrits tracés par les Égyptiens eux-mêmes, à leurs inscriptions monumentales et à leurs papyrus, que nous demandons maintenant de nous révéler les annales de cette antique contrée. Depuis que l'histoire est ainsi entrée en possession des documents originaux des rives du Nil, l'autorité des deux auteurs classiques que l'on suivait jadis presque exclusivement pour guides s'est entièrement évanouie. Hérodote est un voyageur d'une exactitude merveilleuse, qui raconte à la fois avec une charmante naïveté et une rare intelligence ce qu'il a vu par lui-même. Pour tout ce qui est de la description des mœurs et des usages égyptiens, dont il a été témoin oculaire, son livre est infiniment précieux, et chaque jour les monuments viennent en confirmer le témoignage. Mais en ce qui touche à l'histoire, ne connaissant pas la langue de l'Égypte, il n'a pas pu recourir directement aux sources, et il a dû se contenter des récits que lui faisaient ses guides et les prêtres des temples qu'il visitait. Aussi ne donne-t-il pas en réalité, et lui-même l'avoue le premier, même un essai d'histoire complète et sérieuse des dynasties pharaoniques, mais seulement une série d'anecdotes de *ciceroni* sur un certain nombre de princes, quelques-uns de ces contes qui dans la bouche du peuple avaient fini par prendre la place de la véritable histoire, et dont nous avons aussi des exemples dans la lit-

---

lender des Papyrus Ebers, Leipzig, 1876. — E. de Rougé, *Examen critique de l'ouvrage de M. de Bunsen*, Paris, 1847; *Mémoire sur l'inscription du tombeau d'Ahmès*, Paris, 1851; *Mémoire sur la statuette naophore du Vatican*, Paris, 1851; *Le poème de Pentaour*, Paris, 1856; *Notice sur quelques textes publiés par M. Greene*, Paris, 1856; *Études sur une stèle de la Bibliothèque Impériale*, Paris, 1858; *Note sur les principaux résultats des fouilles exécutées en Égypte*, Paris, 1860; *Étude sur divers monuments du règne de Thoutmès III*, Paris, 1861; *Notice des monuments égyptiens du Musée du Louvre*, trois éditions successives, dont la dernière publiée en 1872; *Mémoire sur une inscription historique de Piankhi Meriamoun*, Paris, 1863; *Mémoire sur les monuments des six premières dynasties*, Paris, 1866; *Moïse et les Hébreux d'après les monuments égyptiens*, Paris, 1869; *La stèle du roi Pianchi-Mériamen*, Paris, 1876. — Valdemar Schmidt, *Assyriens og Ægyptens gamlc historie*, Copenhague, 1872. — A. Wiedemann, *Geschichte der achtzehnten ægyptischen Dynastie bis zum Tode Tutmes III*, Leipzig, 1878.

Revues et collections : *Revue archéologique*, nouvelle série, nombreuses dissertations sur les antiquités égyptiennes, principalement par MM. Birch, Devéria, Mariette, Maspero, E. et J. de Rougé; *Zeitschrift für Ægyptiche Sprache-und Alterthumskunde*, publié à Berlin depuis 1863 sous la direction de MM. Brugsch et Lepsius; *Mélanges d'archéologie égyptienne et assyrienne*, Paris, 1872-1878; *Recueil de travaux relatifs à la philologie et à l'archéologie égyptiennes et assyriennes*, publié à Paris depuis 1879; *Revue égyptologique*, sous la direction de MM. Brugsch, Chabas et E. Révillout, paraissant à Paris depuis 1880; *Transactions of the Society of Biblical Archæology*, publiées à Londres depuis 1872; *Records of the past*, Londres, tomes II, IV, VI, VIII et X.

térature romanesque indigène des bas temps. Encore ces anecdotes et ces contes ne se suivent-ils pas dans leur ordre chronologique véritable ; il est facile de voir que l'ingénieux voyageur d'Halicarnasse a brouillé les feuillets des notes qu'il avait prises à Memphis sur ce sujet, et il en résulte chez lui des interversions d'époques qui seraient autrement inexplicables. Quant à Diodore de Sicile, fort précieux sur le chapitre des mœurs, qu'il avait observées par lui-même, en histoire c'est un simple compilateur, qui a confusément et indigestement rassemblé des données puisées de toutes mains. Ses récits sur les annales de l'Égypte n'ont vraiment aucune valeur, et c'est à peine si l'on peut, du moins, en extraire quelques-unes de ces anecdotes d'origine en réalité égyptienne, comme Hérodote nous en fournit un grand nombre. De tous les écrivains grecs qui ont traité de l'histoire des Pharaons, il n'en est qu'un dont le témoignage ait, depuis le déchiffrement des hiéroglyphes, conservé une très grande valeur, une valeur qui grandit même toujours davantage, à mesure qu'on peut le confronter avec les monuments originaux, c'est Manéthon. Jadis on le traitait avec mépris, on contestait sa véracité, on regardait comme fabuleuse la longue suite de dynasties qu'il déroule devant nos regards ; aujourd'hui ce qui reste de son ouvrage est la première de toutes les sources pour la reconstitution de l'histoire ancienne de l'Égypte.

Manéthon (nous ignorons la forme indigène de son nom) prêtre de la ville de Theb-noutri dans le Delta, Sébennytus de la géographie classique, écrivit en grec, sous le règne de Ptolémée Philadelphe, une histoire d'Égypte d'après les archives officielles conservées dans les temples. Comme tant d'autres livres de l'antiquité, cette histoire a disparu ; nous n'en possédons aujourd'hui qu'un petit nombre de fragments et la liste de tous les rois, que Manéthon avait placée à la fin de son ouvrage, liste heureusement conservée dans les écrits de quelques chronographes de l'époque chrétienne. Cette liste partage en dynasties ou familles royales tous les souverains qui ont successivement régné sur l'Égypte jusqu'à Alexandre. Pour la plupart des dynasties, Manéthon fait connaître le nom des rois, la durée de leur règne, la durée de la dynastie. Pour d'autres (et les moins nombreuses), il se contente de brefs renseignements sur l'origine de la famille royale, le nombre de ses rois et les chiffres des années pendant lesquelles cette famille régna.

Nous ne saurions donner ici les listes complètes, dans lesquelles les noms des rois ont été, d'ailleurs, très souvent altérés par les copistes grecs, absolument ignorants de la langue égyptienne, et ne peuvent se rétablir que par l'étude des monuments directement égyptiens. Mais nous en résumons du moins les traits principaux dans le tableau suivant.

TABLEAU DES DYNASTIES ÉGYPTIENNES
D'après Manéthon.

DYNASTIES.	BERCEAU OU SIÈGE.	NOMS ÉGYPTIENS.	NOMS MODERNES.	DURÉE.	Av. J.-C.
I	Thinis.	Teni.	Girgeh.	253 ans.	5004
II	Id.	Id.	Id.	302 ans.	4751
III	Memphis.	Man-nofer.	Myt-Rahyneh.	214 ans.	4449
IV	Id.	Id.	Id.	284 ans.	4235
V	Id.	Id.	Id.	248 ans.	3951
VI	Éléphantine (?)	Abou.	Gezyret-Assouan.	203 ans.	3703
VII	Memphis.	Man-nofer.	Myt-Rahyneh.	70 jours.	3500
VIII	Id.	Id.	Id.	142 ans.	3500
IX	Héracléopolis.	Hâ-khnen-sou.	A'hnas-el-Medineh	109 ans.	3358
X	Id.	Id.	Id.	185 ans.	3249
XI	Thèbes.	T-Ape.	Medinet-Abou.	213 ans.	3064
XII	Id.	Id.	Id.		
XIII	Id.	Id.	Id.	453 ans.	2851
XIV	Xoïs.	Khsôou.	Sakha.	184 ans.	2398
XV	Pasteurs.-Avaris.	Ha-ouar.	Tel-el-Her.	511 ans.	2214
XVI	Id.	Id.	Id.		
XVII	Id.	Id.	Id.		
XVIII	Thèbes.	T-Ape.	Medinet-Abou.	241 ans.	1703
XIX	Id.	Id.	Id.	174 ans.	1462
XX	Id.	Id.	Id.	178 ans.	1288
XXI	Tanis.	Tsân.	Sân.	130 ans.	1110
XXII	Bubastis.	Pa-Bast.	Tell-Bastah.	170 ans.	980
XXIII	Tanis.	Tsân.	Sân.	89 ans.	810
XXIV	Saïs.	Saï.	Sâ-el-'Hagar.	6 ans.	721
XXV	Éthiopiens.	....	....	50 ans.	715
XXVI	Saïs.	Saï.	Sâ-el-'Hagar.	138 ans.	665
XXVII	Perses.	....		121 ans.	527
XXVIII	Saïs.	Saï.	Sâ-el-'Hagar.	7 ans.	406
XXIX	Mendès.	Pa-Ba-neb-Dad.	Tell-el-Debeleh.	21 ans.	399
XXX	Sébennytus.	Theb-noutri.	Samanhoud.	38 ans.	378
XXXI	Perses.	....	....	8 ans.	340

« Il n'y a personne, dit A. Mariette, qui ne soit frappé de l'énorme total de temps auquel l'addition des dynasties de Manéthon fait arriver. Par la liste du prêtre égyptien, nous remontons en effet jusqu'aux temps qui passent pour mythiques chez tous les autres peuples, et qui, en Égypte, sont certainement déjà de l'histoire.

« Embarrassés par ce fait, et, d'ailleurs, ne trouvant en aucune façon à mettre en doute l'authenticité et la véracité de Manéthon, quelques auteurs modernes ont supposé que l'Égypte avait été, à diverses périodes de son histoire, partagée en plusieurs royaumes, et que Manéthon nous donne comme *successives* des familles royales dont le règne aurait été *simultané*. Selon eux, la V° dynastie, par exemple, aurait régné à Éléphantine en même temps que la VI° gouvernait à Memphis. La commodité de ce système, pour certaines combinaisons arrêtées à loisir et en vue d'idées préconçues, n'a pas besoin d'être démontrée. En rapprochant certains chiffres, en en corrigeant d'autres, on peut, avec un arrangement ingénieux, et même savant des dynasties, raccourcir presque à volonté les listes de Manéthon, et c'est ainsi que là où, dans le tableau ci-contre, nous arrivons à l'année 5004 avant notre ère pour la fondation de la monarchie égyptienne ; d'autres auteurs, comme M. Bunsen, ne font remonter le même événement qu'à l'année 3623.

« De quel côté est la vérité ? Plus on étudie cette question, plus on s'aperçoit qu'il est difficile d'y répondre. Le plus grand de tous les obstacles à l'établissement d'une chronologie égyptienne régulière, c'est que les Égyptiens eux-mêmes n'ont jamais eu de chronologie. L'usage d'une ère fixe leur était inconnu, et jusqu'ici on ne saurait prouver qu'ils aient jamais compté autrement que par les années du roi régnant. Or, ces années étaient loin d'avoir elles-mêmes un point initial fixe, puisque tantôt elles partaient du commencement de l'année dans laquelle était mort le roi précédent, tantôt du jour des cérémonies du couronnement du roi. Quelle que soit la précision apparente de ses calculs, la science moderne échouera toujours dans ses tentatives pour restituer ce que les Égyptiens ne possédaient pas.

« Au milieu de ces doutes, ce qui paraît encore à une science sérieuse et prudente éloigner le moins de la vérité est l'adoption pure et simple des listes de Manéthon. Il serait aujourd'hui contraire aux faits les mieux constatés de prétendre que, de Ména à la conquête grecque, l'Égypte a toujours formé un royaume unique, et peut-être des découvertes inattendues prouveront-elles un jour que, pendant presque toute la durée de ce vaste empire, il y eut encore plus de dynasties collatérales que les partisans de ce système n'en admettent aujourd'hui. Mais tout montre que le travail d'élimination était déjà fait dans les listes de Manéthon, telles qu'elles nous sont parvenues. Si en effet ces listes contenaient les dynasties collatérales, nous y trouverions, avant ou après la XXIe, la dynastie de grands prêtres qui régna à Thèbes pendant que cette XXIe occupait Tanis ; nous aurions de même à compter, avant ou après la XXIIIe, les sept ou huit rois indépendants qui furent ses contemporains, et qui devraient, si Manéthon ne les avait pas écartés, ajouter autant de familles royales successives à la liste du prêtre égyptien ; de même la dodécarchie compterait au moins pour une dynastie, qui se placerait entre la XXVe et la XXVIe, et enfin les rois thébains, rivaux des Pasteurs, prendraient leur rang avant ou après la XVIIe.

« Il y eut donc incontestablement en Égypte des dynasties simultanées ; mais Manéthon les a rejetées pour n'admettre que celles qui furent réputées légitimes, et elles ne sont plus dans ses listes. Autrement ce n'est pas 34 dynasties que nous aurions à compter dans la série des familles royales antérieures à Alexandre, c'est jusqu'à 60 peut-être qu'il faudrait monter.

« Jamais aucun des savants qui se sont efforcés de raccourcir les chiffres donnés par Manéthon n'est encore parvenu à produire un seul monument d'où il résultât que deux dynasties données comme successives dans ces listes aient été contemporaines. Au contraire, les preuves monumentales surabondent et ont été recueillies en grand nombre par les égyptologues, qui démontrent que toutes les races royales énumérées par le prêtre de Sébennytus ont occupé le trône les unes après les autres. »

Il n'est pas en effet de pays, en dehors de l'Égypte, dont l'histoire puisse être écrite sur le témoignage d'un plus grand nombre de preuves vraiment originales. On trouve des monuments égyptiens, non seulement en Égypte, mais encore en Nubie, au Soudan et jusqu'en Syrie. A cette série déjà si nombreuse il faut ajouter la quantité considérable d'objets antiques qui depuis cinquante ans ont formé les musées que toutes les grandes capitales possèdent et parmi lesquels le musée du Caire tient maintenant un des premiers rangs, grâce aux grandes fouilles de notre illustre compatriote, Auguste Mariette, dont la mort toute récente est un deuil pour la science.

Les monuments historiques de l'Égypte peuvent être distingués en deux séries : ceux qui touchent à l'ensemble de l'histoire et ceux qui se

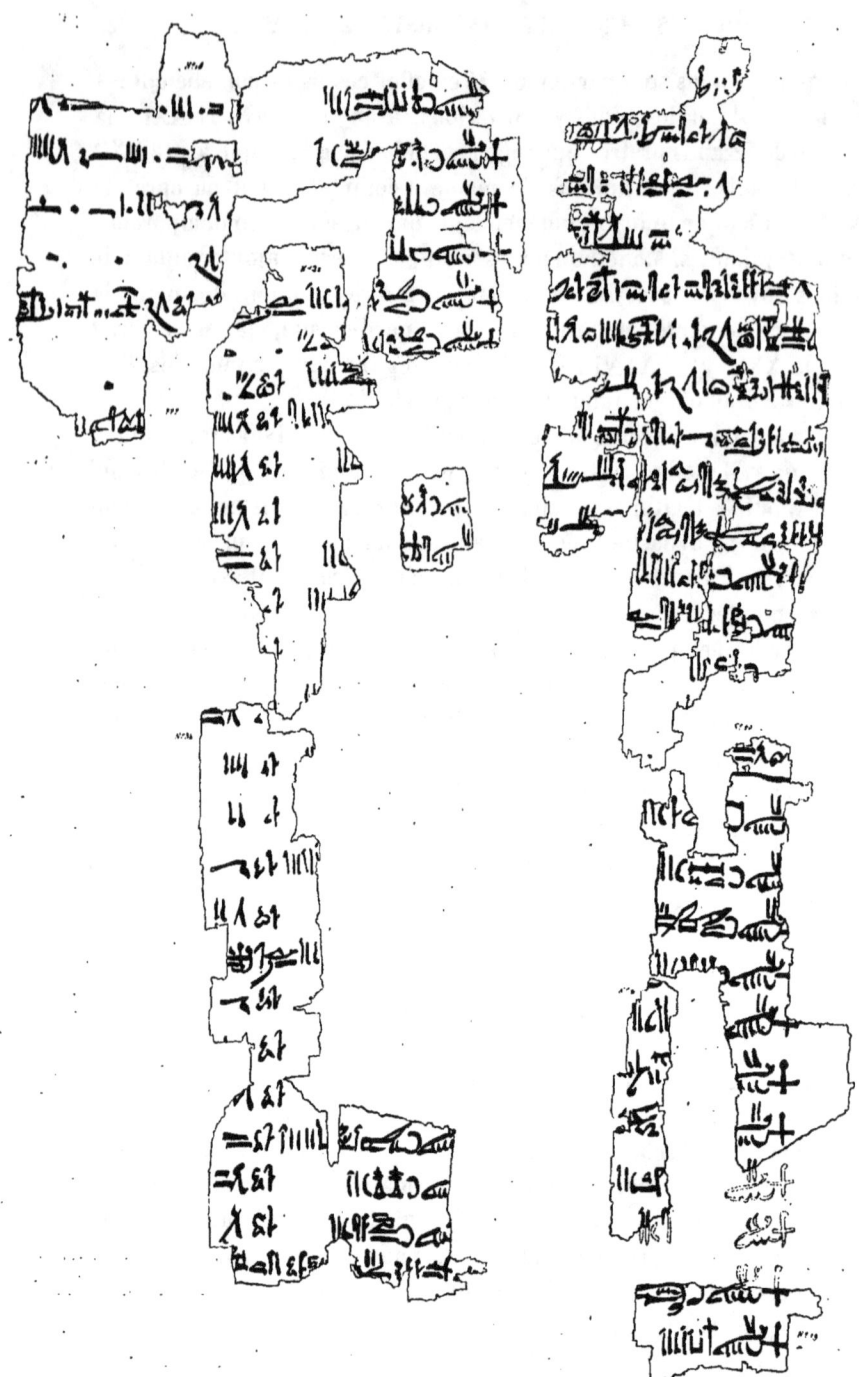

Une page du Papyrus de Turin.

rattachent plus spécialement à une dynastie déterminée, nous la révèlent et servent, pour ainsi dire, à en certifier l'existence.

Nous dirons d'abord, en empruntant les propres expressions de A. Mariette à leur égard, quelques mots des plus importants monuments qui fournissent des lumières générales sur l'ensemble des annales de l'Égypte antique.

« Le premier est un papyrus conservé au musée de Turin, auquel il a été vendu par Drovetti, consul général de France. Si ce papyrus était intact, la science des antiquités égyptiennes ne posséderait pas un monument plus précieux. On y trouve en effet une liste de tous les personnages mythiques ou historiques qui étaient regardés comme ayant régné sur l'Égypte depuis les temps fabuleux jusqu'à une époque que nous ne pouvons apprécier, puisque nous ne possédons pas la fin du papyrus. Rédigée sous Râ-mes-sou II (XIXᵉ dynastie), c'est-à-dire à l'une des époques les plus florissantes de l'histoire d'Égypte, cette liste a tous les caractères d'un document officiel, et nous serait d'un secours d'autant plus efficace que chaque nom de roi y est suivi de la durée du règne, et qu'après chaque dynastie intervient le total des années pendant lesquelles elle a gouverné les affaires de l'Égypte. Malheureusement cet inappréciable trésor n'existe plus qu'en minimes fragments (au nombre de 164) qu'il est le plus souvent impossible de rapprocher [1].

« Un autre monument précieux a été enlevé du temple de Karnak et rapporté à la Bibliothèque nationale de Paris. C'est une petite chambre sur les parois de laquelle est représenté Tahout-mès III (XVIIIᵉ dynastie) faisant des offrandes devant les images de soixante et un de ses prédécesseurs; on l'appelle la *Salle des Ancêtres*. Ici nous n'avons plus affaire à une série régulière et non interrompue; un choix a été fait par Tahout-mès III parmi ses prédécesseurs, et à ceux-là seuls il adresse ses hommages. A première vue, la Salle des Ancêtres ne peut donc être traitée que comme un extrait des listes royales de l'Egypte. Le rédacteur, guidé par des motifs qui nous échappent, a pris ça et là quelques noms de rois, tantôt acceptant une dynastie entière, tantôt écartant absolument de longues périodes. Notons, en outre, que l'artiste chargé

---

[1] La page du Papyrus de Turin que nous donnons, avec l'ordre réel des fragments rétabli, est disposée sur deux colonnes. La première, celle de droite, commence par un résumé sur l'époque semi-fabuleuse des 'Hor-Schesou, sa durée et celle des maisons royales qui l'ont suivie. Vient ensuite la liste des rois des deux premières dynasties. Dans la seconde colonne étaient compris les deux derniers rois de la IIᵉ dynastie, puis ceux des IIIᵉ, IVᵉ et Vᵉ, le tout se terminant par une récapitulation de la durée de cette première période monarchique.

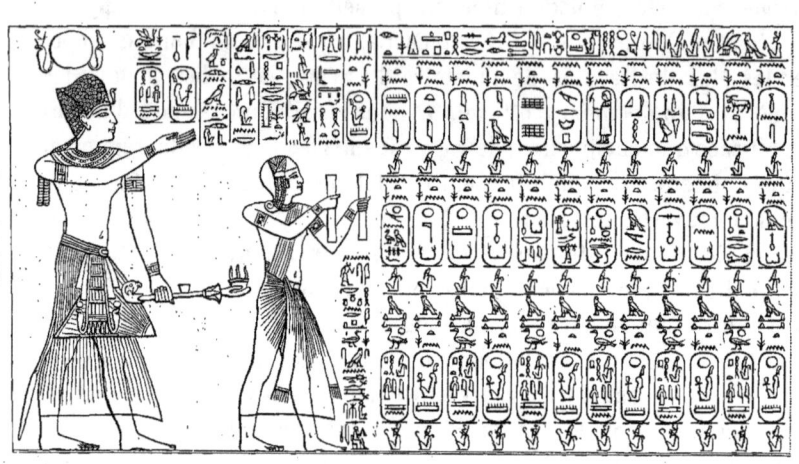

Fragment de la nouvelle Table d'Abydos. Séti Ier rendant hommage aux noms des ancêtres avec son fils Râ-mes-sou.

de l'ornementation de la salle en a conçu le plan au point de vue de la décoration, sans se soucier de donner partout aux figures qu'il employait un ordre strictement chronologique. Enfin de regrettables mutilation (douze noms royaux manquent) font perdre à la liste conservée à Paris une partie de son importance. Il s'ensuit que la Salle des Ancêtres n'apporte pas à la science tout le secours qu'on semblait en droit d'attendre d'elle. Elle a cependant rendu le service de préciser mieux qu'aucune autre liste les noms portés par les rois de la XIIIe dynastie. »

C'est encore un choix du même genre, et fait sous l'inspiration de motifs que nous ne connaissons pas, qui nous est offert par la *Table d'Abydos,* tirée des ruines de cette ville célèbre et conservée au Musée Britannique. L'hommage aux ancêtres est fait cette fois par Râ-mes-sou II Originairement les noms cités étaient au nombre de cinquante; il n'en reste plus que trente, plus ou moins complets. Cet état déplorable de mutilation enlevait à la Table d'Abydos presque toute valeur historique réelle, lorsque A. Mariette en a, dans un autre temple de la même ville, découvert un nouvel exemplaire, beaucoup plus complet et remplissant presque toutes les lacunes du premier exemplaire, datant du règne de Séti Ier, prédécesseur de Râ-mes-sou II. Cette *nouvelle Table d'Abydos* a fourni à la science une liste des rois des six premières dynasties, presque aussi complète que celle de Manéthon, qu'elle contrôle de la manière la plus heureuse. Elle a en même temps révélé que les noms royaux, au classement jusqu'alors impossible, par lesquels commençait le monument conservé à Londres dans son état de mutilation, devaient désormais servir à combler une partie du vide monumental que l'on observe entre la VIe et la XIe dynastie.

Le témoignage de la *nouvelle Table d'Abydos,* en ce qui regarde les dynasties primitives, est confirmé par la *Table de Saqqarah,* découverte aussi par A. Mariette et maintenant déposée au musée du Caire. Ce monument n'a pas, comme les autres, une origine royale. Il a été trouvé dans la tombe d'un simple prêtre qui vivait sous Râ-mes-sou II et se nommait Tounar-i. Dans les croyances égyptiennes, un des biens réservés aux défunts qui avaient mérité la vie éternelle était d'être admis dans la société des rois. Tounar-i est représenté pénétrant dans l'auguste assemblée : cinquante-huit rois y sont présents; ce sont sans doute ceux dont Memphis honorait le plus la mémoire. Le choix en ressemble beaucoup à celui qui avait été fait à Abydos. Cependant il y a quelques différences intéressantes à noter. Une ou deux fois, un prince omis dans une liste

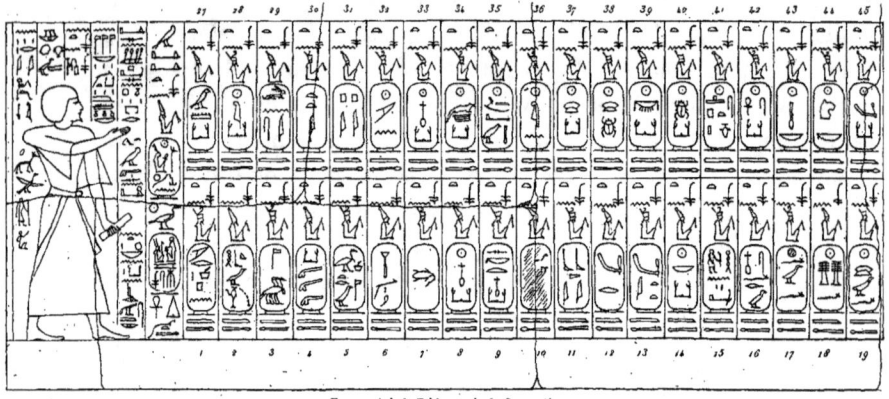
Fragment de la Table royale de Saqqarah.

a été enregistré par l'autre ; même quelquefois, de deux princes dont le règne a été incontestablement simultané, l'un figure à Saqqarah et l'autre à Abydos. Ainsi, du temps de la XIXᵉ dynastie, parmi les compétiteurs qu'avaient présentés les annales égyptiennes, on ne s'accordait pas d'une manière absolue sur ceux qui devaient être tenus pour souverains légitimes, et la liste en variait suivant les villes, sans doute suivant que leur pouvoir s'y était ou non exercé.

Quant aux documents qui se rapportent seulement à l'histoire d'une dynastie ou d'un règne, ils sont en si grand nombre que l'on comprendra facilement que nous ne puissions pas même en tenter ici l'énumération. Nous serons, du reste, tout naturellement amenés à en signaler les plus importants dans le cours de notre récit. Il y en a de deux genres : les manuscrits sur papyrus, poèmes sur les exploits des princes, compositions littéraires, correspondances ou registres de comptes des administrations publiques, et les inscriptions monumentales. Dans ces dernières il faut encore distinguer deux catégories principales, les monuments publics et les monuments privés. Les inscriptions officielles, gravées sur des stèles détachées ou sur les murailles des temples, où elles sont souvent accompagnées de grands bas-reliefs coloriés, racontent surtout les événements saillants et les exploits militaires ; il en est qui, longues comme des poèmes, rapportent dans un style tout biblique les incidents d'une ou de plusieurs campagnes jusque dans leurs moindres détails. Les inscriptions des particuliers nous font pénétrer dans la vie intime de la société égyptienne et nous initient au mécanisme de son organisation ; elles fournissent aussi les bases les plus solides et les plus précieuses de la chronologie, car il n'est pas rare d'y rencontrer des épitaphes relatant que tel personnage est né tel jour de tel mois de telle année de tel roi, mort tel jour de tel mois de telle année de tel autre, et a vécu tant d'années, tant de mois et tant de jours.

CHAPITRE II

LES RÈGNES DE L'ANCIEN EMPIRE.

§ 1. — ORIGINES ET FORMATION DU PEUPLE ÉGYPTIEN.

Les Égyptiens semblent avoir perdu de très bonne heure le souvenir de leur origine. Ils se considéraient comme autochthones de la vallée du Nil, produits par le dieu Râ sur le sol même qu'ils habitaient. C'est ce sol sacré qu'ils tenaient pour leur avoir donné naissance. C'est là que, plusieurs myriades d'années avant les débuts de l'histoire positive, les dieux étaient venus habiter sur la terre, y donner le modèle du bon et sage gouvernement, conduisant en pasteurs bienfaisants, au milieu des douceurs d'une vie édénique, le troupeau des hommes de la race choisie, leur enseignant la vertu, la piété, la justice, et les formant aux arts de la civilisation.

Les historiens du monde classique jugèrent avec raison inadmissibles ces prétentions à l'autochthonie. Mais quand ils voulurent déterminer le berceau primitif d'où les Égyptiens étaient sortis, ils ne surent procéder que par voie d'hypothèses, faute d'une tradition autorisée qui les guidât. Presque unanimement ils admirent que ce peuple appartenait à une race africaine qui, d'abord établie en Éthiopie sur le Nil moyen, serait graduellement descendue vers la mer en suivant le cours du fleuve. « Les Éthiopiens, dit Diodore de Sicile, affirment que l'Égypte est une de leurs colonies..... Le sol lui-même est amené de leur pays par les dépôts du Nil..... Il y a des ressemblances frappantes entre les usages et les lois des deux pays : on donne aux rois le titre de dieux ; les funérailles sont l'objet de beaucoup de soins ; les écritures en usage dans l'Éthiopie sont celles mêmes de l'Égypte, et la connaissance des caractères sacrés, réservée aux prêtres seuls en Égypte, était familière à tous en Éthiopie. Il y avait, dans les deux pays, des collèges de prêtres organisés de la même manière, et ceux qui étaient consacrés au service des dieux pratiquaient les mêmes règles de sainteté et de pureté, étaient rasés et habillés de même ; les rois avaient aussi le même costume et un serpent uræus ornait leur diadème..... Les Éthiopiens ajoutent beaucoup d'autres considérations pour prouver leur antériorité relativement à l'Égypte, et démontrer que cette contrée est une de leurs colonies. »

Les analogies ainsi relevées sont incontestables ; il serait facile d'en étendre et d'en préciser le tableau bien davantage. Les anciens ont eu raison d'en être frappés et d'y insister ; mais les déductions qu'ils avaient cru pouvoir en tirer sont absolument démenties par le témoignage formel des inscriptions hiéroglyphiques, demeurées lettre close pour les Grecs et les Latins. La vérité historique est l'inverse des hypothèses auxquelles l'affinité de mœurs, de religion, de civilisation entre l'Éthiopie et l'Égypte avait fourni un thème. « On sait aujourd'hui à n'en pas douter, dit M. Maspero, que l'Éthiopie, loin d'avoir colonisé l'Égypte au début de l'histoire, a été colonisée par elle sous la XII⁰ dynastie,

Le serpent uræus ou basilic (*Naja hajeh*), emblème et insigne de la royauté.

et a fait pendant des siècles partie intégrante du territoire égyptien. Au lieu de descendre le cours du Nil, la civilisation l'a remonté. »

Cependant la tradition recueillie dans la Bible, et dont nous avons déjà parlé plus haut, attribuait une toute autre origine à la population égyptienne ; elle la faisait venir de l'Asie, et dans le tableau ethnographique du chapitre X de la Genèse, Miçraïm, qui personnifie cette population, est donné comme fils de 'Ham, frère de Kousch et de Kena'an, les ancêtres des Éthiopiens d'Asie, comme de ceux d'Afrique, et des Phéniciens.

ORIGINES ET FORMATION DU PEUPLE ÉGYPTIEN

Les recherches de la science moderne ont ici confirmé d'une manière définitive les dires du texte sacré.

Anthropologiquement, les anciens habitants de l'Égypte, dont les fellahs actuels sont les descendants directs et incontestables, se rattachent au type blanc de l'humanité et à la sous-race éthiopico-berbère, qui correspond à la descendance de 'Ham dans l'ethnographie biblique. « L'Égyptien était en général grand, maigre, élancé. Il avait les épaules larges et pleines, les pectoraux saillants, le bras nerveux et terminé par une main fine et longue, la hanche peu développée, la jambe sèche ; les détails anatomiques du genou et les muscles du mollet sont assez fortement accusés dans les statues d'ancienne date, comme c'est le cas pour la plupart des peuples marcheurs, les pieds longs, minces, aplatis à l'extrémité par l'habitude d'aller sans chaussures. La tête, souvent trop forte pour le corps, présente d'ordinaire un caractère de douceur et même de tristesse instinctive. Le front est carré, peut-être un peu bas, le nez court et rond ; les yeux sont grands et bien ouverts, les joues arrondies, les lèvres épaisses mais non renversées comme chez le nègre ; la bouche, un peu longue, garde un sourire résigné et presque douloureux. Ces traits communs à la plupart des statues de l'ancien et du moyen Empire, se retrouvent plus tard à toutes les époques. Les monuments de la XVIIIe

Un Égyptien des dynasties primitives et sa femme [1].

[1] Statues peintes du temps de la Ve ou de la VIe dynastie, découvertes à Meïdoum et conservées au musée de Boulaq. D'après l'*Égypte*, de Ebers.
Le mari s'appelait Ra-hotpou et sa femme Nofri-t.

dynastie, les sculptures des temps saïtes et grecs, si inférieures en beauté artistique aux monuments des vieilles dynasties, conservent sans altération sensible le type primitif. Aujourd'hui même, bien que les classes supérieures se soient défigurées par des alliances répétées avec l'étranger, les simples paysans ont gardé presque partout la ressemblance de leurs ancêtres, et tel fellah contemple avec étonnement les statues de Kha-f-Râ ou les colosses de Ousor-tesen, qui reproduit trait pour trait à plus de 4000 ans de distance la physionomie de ces vieux Pharaons [1]. »

Au point de vue linguistique, nous avons déjà défini quelle est la position de l'égyptien antique et des idiomes du même groupe, parlés par d'autres peuples hamites de l'Afrique. Nous avons montré qu'ils ont une parenté d'origine avec les langues sémitiques ou syro-arabes et que les deux familles d'idiomes descendent certainement d'une langue mère commune, dont la patrie était en Asie, à l'est du bassin de l'Euphrate et du Tigre. « Non seulement un grand nombre des racines de l'égyptien, dit encore M. Maspero dont l'autorité est si grande en pareille matière, appartiennent au type hébréo-araméen; mais sa constitution grammaticale se prête à de nombreux rapprochements avec l'hébreu et le syriaque. L'un des temps de la conjugaison, le plus simple et le plus ancien de tous, est composé avec des pronoms suffixes identiques dans les deux familles de langues. Les pronoms, suffixes et absolus, sont exprimés par les mêmes racines et jouent le même rôle en égyptien et dans les langues sémitiques. Sans nous étendre sur ces rapprochements, nous pouvons dès à présent affirmer que la plupart des procédés grammaticaux mis en œuvre par les langues sémitiques se retrouvent en égyptien à l'état rudimentaire. Aussi bien l'égyptien et les langues sémitiques, après avoir appartenu au même groupe, se sont séparés de très bonne heure, à une époque ou leur système grammatical était encore en voie de formation. Désunies et soumises à des influences diverses, les deux familles traitèrent d'une façon différente les éléments qu'elles possédaient en commun. Tandis que l'égyptien, cultivé plus tôt, s'arrêtait dans son développement, les langues sémitiques continuaient le leur pendant de longs siècles encore avant d'arriver à la forme que nous lui connaissons aujourd'hui; en sorte que, suivant les expressions d'Emmanuel de Rougé, s'il y a un rapport de souche évident entre la langue de l'Égypte et celles de l'Asie sémitique, ce rapport est cependant assez éloigné pour laisser au peuple qui nous occupe une physionomie distincte. »

[1] Maspero.

Les Égyptiens sont donc un peuple asiatique, de la race blanche ou de l'humanité noa'hide, qui dans les temps préhistoriques vint s'établir sur les bords du Nil inférieur en passant par la route de l'isthme de Suez. Ils trouvèrent sur le sol de la vallée des tribus clairsemées d'une population noire africaine, encore à l'état complètement sauvage, celle qui a laissé sur plusieurs points de l'Égypte les vestiges de son existence, avec les mœurs de l'âge de la pierre, aux temps quaternaires et au début de la période géologique actuelle. Les arrivants de l'Asie refoulèrent devant eux ces premiers occupants ; mais le sang de ceux-ci se mêla dans une certaine proportion à celui des nouveaux-venus. Le métissage, qui avait peut-être toujours constitué l'individualité propre des 'Hamites, se prononça ici davantage.

Il semble, du reste, que la population qui vint ainsi se fixer en Égypte et donna naissance à la nation égyptienne, se composait originairement de tribus distinctes, quoique de même origine, qui eurent d'abord des existences séparées. Le chapitre X de la Genèse, dont le témoignage n'est pas démenti par les monuments indigènes, en nomme quatre, représentées chacune par un fils de Miçraïm. Il est probable que plusieurs d'entre elles constituèrent des couches successives de l'immigration asiatique. On est même en droit de soupçonner que les Anou ou Onou des documents hiéroglyphiques, les 'Anamim du texte biblique, que nous ne connaissons historiquement que rompus en tronçons épars dans diverses parties de l'Égypte et en majorité refoulés dans la Nubie, formèrent l'avant-garde de cette invasion et eurent ensuite à supporter le poids des tribus qui vinrent derrière eux. Peut-être dans les légendes postérieures de l'épopée mythologique sur les guerres typhoniennes subsiste-t-il quelques souvenirs altérés des vieux conflits de races qui durent se produire alors et marquer la période de l'établissement des tribus 'hamitiques en Égypte, luttes de ces tribus entre elles, avec les indigènes antérieurs et aussi avec les nouveaux flots d'immigrants asiatiques qui durent chercher à les supplanter et à leur enlever une part du territoire qu'elles venaient d'acquérir.

Ces ancêtres du peuple égyptien arrivèrent-ils sur les rives du Nil avec une civilisation déjà complète, développée pendant leur séjour en Asie et étroitement apparentée à celle des premiers Kouschites de la Babylonie, ou bien, ayant opéré leur migration dans un état encore peu avancé, se développèrent-ils par leurs propres efforts, indépendamment de toutes les autres nations ? On peut invoquer des arguments spécieux en faveur des deux opinions. Aussi sont-ce là des questions auxquelles la science ne pourra probablement jamais fournir de réponse positive, et sur lesquelles on sera toujours réduit aux conjectures.

Ce qui est, du moins, certain, c'est que ces tribus n'amenèrent avec elles qu'un très petit nombre d'espèces domestiques, le bœuf, dont une partie des noms sont communs aux langues aryennes, sémitiques et 'hamitiques, et dont l'élevage doit remonter à une époque antérieure à la

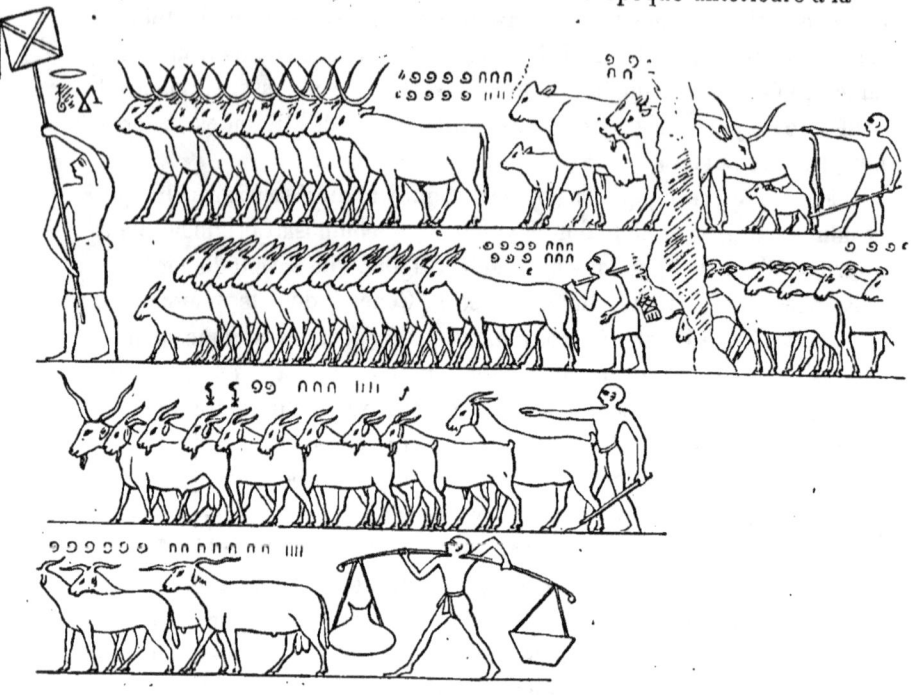

Troupeaux de bœufs, d'ânes, de chèvres et de moutons [1].

séparation de ces trois grands rameaux de la race blanche, le chien, le mouton et la chèvre. Ce sont là les seules espèces domestiques d'origine asiatique que l'Égypte possède dès sa période la plus primitive; les autres, comme le porc et le cheval, n'y furent introduites que plus tard, et à diverses époques. Mais une fois établis dans la vallée du Nil les Égyptiens préhistoriques réussirent à domestiquer quelques-uns des animaux qui pullulaient à l'état sauvage dans la contrée : diverses variétés d'antilopes, telles que la gazelle, l'algazelle et le défassa, qu'ils élevèrent en troupeaux ; et surtout l'âne, espèce africaine, qui paraît avoir été dressée

---

[1] D'après les sculptures d'un tombeau des dynasties primitives, à Gizeh.

pour la première fois au service de l'homme en Égypte et qui de là se répandit dans les pays asiatiques par l'intermédiaire de la Syrie. L'âne a

Chiens hyénoïdes et lévriers couplés pour la chasse [1].

Chasse à l'hippopotame dans les marais [2].

toujours gardé dans ce pays une beauté de formes et une vigueur qu'il n'a plus sous nos climats. En même temps qu'ils s'acquéraient ainsi des serviteurs nouveaux parmi la faune indigène, les Égyptiens primitifs

[1] Tiré d'un tombeau de l'Ancien Empire, à Saqqarah.
[2] Peinture d'un tombeau de Thèbes. D'après Wilkinson.

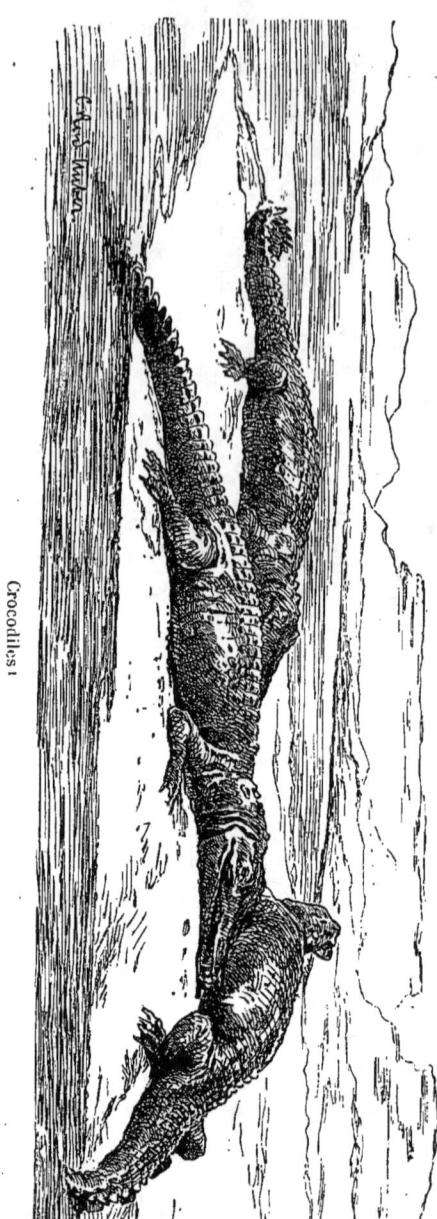

Crocodiles [1]

avaient à lutter contre les carnassiers redoutables qui n'étaient pas moins multipliés dans la contrée, en grande partie déserte, le chat sauvage, le loup, le chacal, les hyènes, le léopard et le lion, qu'ils combattirent sans relâche et finirent par rejeter dans le désert. Profitant de l'instinct naturel d'une de ces espèces, le chien hyénoïde, ils parvinrent à le dresser pour la chasse, où ils l'employèrent concurremment avec le chien proprement dit. Deux monstres amphibies, le crocodile et l'hippopotame, vivaient dans le Nil et rendaient l'accès du fleuve dangereux pour les hommes et pour les bestiaux. Les hippopotames étaient encore fort nombreux sous les premiers rois; mais poursuivis avec acharnement, ils diminuèrent bientôt et finirent par être exclusivement cantonnés dans les marais de la Basse-Égypte, où l'on en rencontrait encore au XIII° siècle de notre ère; l'usage des armes à feu a achevé depuis lors de les détruire. Quant au crocodile, ils'est maintenu en grand nombre jusqu'à nos jours; mais actuellement les bateaux à vapeur l'ont fait émigrer au-dessus des cataractes et d'ici à quelques années la population de l'Égypte ne le connaîtra plus que par tradition.

[1] Gravure empruntée à l'*Égypte* de Ebers.

La vallée du Nil, à l'arrivée des colons 'hamitiques, devait, ainsi que nous l'avons déjà dit tout à l'heure, présenter un aspect bien différent de celui de la richesse et de la prospérité que le travail de l'homme a su lui donner. « Le fleuve, abandonné à lui-même, changeait perpétuellement de lit. Il n'atteignit jamais dans ses débordements certaines parties de la vallée, qui restaient improductives ; ailleurs, au contraire, il séjournait avec tant de persistance qu'il changeait le sol en bourbiers pestilentiels. Le Delta, à moitié noyé par les eaux du fleuve, à moitié perdu sous les flots de la Méditerranée, était un immense marais semé de quelques îles sablonneuses et couvert de papyrus, de lotus et d'énormes roseaux, à travers lesquels les bras du Nil se frayaient paresseusement un cours sans cesse déplacé. Sur les deux rives, le désert envahissait toute la partie du sol qui n'était pas chaque année recouverte par l'inondation : on pas-

Les Schesou-Hor halant la barque du Soleil [1].

sait sans transition de la végétation désordonnée des marais tropicaux à l'aridité la plus absolue. Peu à peu les nouveaux venus apprirent à régler le cours du fleuve, à l'endiguer, à porter par des canaux d'irrigation la fertilité jusque dans les coins les plus reculés de la vallée. L'Égypte sortit des eaux et devint dans la main de l'homme une des contrées les mieux appropriées au développement paisible d'une grande civilisation [2]. »

Il est impossible d'évaluer le nombre de siècles que dut absorber cette période de formation de la culture, des mœurs, de la religion, de la nation et du sol lui-même ; mais il est évident qu'elle réclama un laps de temps considérable. Avec la tendance instinctive qui portait tous les peuples anciens à chercher la perfection dans le passé, les Égyptiens des temps historiques en étaient venus à considérer les premiers siècles du séjour de leur race aux bords du Nil comme une sorte d'âge d'or, et leurs ancêtres encore à demi barbares comme des types de piété et de vertu, qu'ils

---

[1] Bas-relief d'un sarcophage du temps de la XXXe dynastie, au Musée Britannique.
[2] Maspero.

appelaient les *Schesou-Hor*, c'est-à-dire « les serviteurs d'Horus, » le

Les champs bienheureux d'Aarou, cultivés par les Schesou-Hor [1].

dieu national par excellence et le pasteur spécial du peuple égyptien. A demi divinisés, comme le sont toujours les premiers ancêtres, les Sche-

---

[1] Vignette du *Livre des morts*.

sou-Hor, admis à la béatitude de l'autre vie, étaient devenus, disait-on, les nautoniers qui conduisaient la barque du Soleil dans sa navigation céleste et les cultivateurs des champs bienheureux de l'autre vie. De là la façon bizarre dont les fragments de Manéthon désignent leur époque comme le règne des Mânes.

« C'est à ces générations sans histoire que revient l'honneur d'avoir constitué l'Égypte, telle que nous la connaissons dès le début de la période historique. D'abord divisées en un grand nombre de tribus, elles commencèrent par établir sur plusieurs points à la fois de petits États indépendants dont chacun avait ses lois et son culte. Avec le temps ces États se fondirent les uns dans les autres : il ne resta plus en présence que deux grandes principautés, la Basse-Egypte (*To-mera*) ou pays du nord (*To-me'h*), dans le Delta, la Haute-Égypte ou pays du sud (*To-res*) depuis la pointe du Delta jusqu'à la première cataracte [1]. Leur réunion sous un même sceptre forma le patrimoine des Pharaons ou pays de *Kemi-t*, mais ne fit pas disparaître la division primitive : les petits États devinrent provinces et furent l'origine des circonscriptions administratives que les Grecs ont appelées nomes [2]. »

On attribuait aux Schesou-Hor la fondation des principales villes de l'Égypte et l'établissement de plusieurs des sanctuaires les plus importants. On prétendait que certains écrits religieux remontaient jusqu'à eux. Les inscriptions du temple de Dendérah, l'ancienne Tantarer, parlent d'un plan du temple primitif, tracé sur peau de gazelle au temps des Schesou-Hor, qui aurait été retrouvé bien des siècles plus tard. Et ce qui donne une valeur sérieuse à toutes les mentions de documents du même âge que l'on rencontre dans les textes égyptiens des temps pleinement historiques, c'est que ces documents sont toujours indiqués comme tracés sur des peaux et non sur le papyrus ; il y a là une particularité qui s'éloigne des usages des temps postérieurs. C'est, du reste, bien évidemment pendant cette période préhistorique, dite « des Serviteurs d'Horus » que la nation égyptienne entra en possession de son écriture hiéroglyphique, qui se forma sur les bords du Nil et emprunta à la nature de cette contrée la plupart des figures constituant ses éléments graphiques.

---

[1] Chacune de ces deux divisions du pays était symbolisée par une coiffure royale différente, la couronne blanche pour la Haute-Égypte, et la couronne rouge pour la Basse-Égypte, coiffures dont la réunion formait le *skhent*, qui était l'insigne de la possession du nord et du sud par le monarque.

[2] Maspero.

Il subsiste encore en Égypte au moins un monument remontant aux âges où la civilisation des bords du Nil essayait ses premières forces et

Le temple voisin du grand Sphinx [1].

commencerait à vivre. C'est le temple situé à côté du grand Sphinx et déblayé il y a une trentaine d'années par A. Mariette aux frais du duc de

[1] D'après l'*Égypte* de Ebers.

Luynes. Construit en blocs énormes de granit de Syène et d'albâtre oriental, soutenu par des piliers carrés monolithes, ce temple est prodigieux, même à côté des Pyramides. Il n'offre ni une moulure, ni un ornement, ni un hiéroglyphe ; c'est la transition entre les monuments mégalithiques et l'architecture proprement dite. Dans une inscription du temps du roi Khoufou (IVe dynastie) il en est parlé comme d'un édifice dont l'origine se perdait dans la nuit des temps, qui avait été trouvé fortuitement, sous le règne de ce prince, enfoui par le sable du désert, sous lequel il était oublié depuis de longues générations. De semblables indications d'antiquité sont de nature à épouvanter l'imagination. L'Égypte, et à plus forte raison le reste du monde, ne possède pas un seul monument construit de la main des hommes, et vraiment digne de ce nom, qui puisse y être comparé comme ancienneté.

Mais le Sphinx lui-même n'est peut-être pas beaucoup moins ancien. D'après l'inscription à laquelle je viens de faire allusion, il serait antérieur de plusieurs siècles aux grandes Pyramides, dont il semble le gardien mystérieux, et du temps de Khoufou il aurait eu déjà besoin de réparations. On sait que c'est un rocher naturel, que l'on a taillé plus ou moins grossièrement en forme de lion, et auquel on a ajouté une tête humaine, construite par assises de pierres énormes. Le Sphinx de Gizeh était l'image du dieu Har-m-akhouti, le soleil couché, le soleil infernal qui luit dans la demeure des morts. Le plateau entier au-dessus duquel il s'élève devint, sous la protection de ce gigantesque simulacre, comme un vaste sanctuaire consacré aux divinités funéraires. Les habitants du voisinage prirent l'habitude d'y déposer leurs morts à l'abri de l'inondation ; les riches s'y construisirent de somptueux tombeaux, les rois y édifièrent leurs orgueilleuses pyramides, et divers temples, aujourd'hui détruits, bâtis çà et là au milieu de ce champ de sépultures, vinrent encore, sous les rois de l'Ancien Empire, ajouter à la sainteté du lieu.

Ce n'est pas, du reste, vers l'emplacement où Memphis devait bientôt après être bâtie, c'est plus haut sur le cours du fleuve, dans la partie moyenne de l'Égypte supérieure, que paraît avoir été, vers la fin de la période des Schesou-Hor, le principal foyer de la civilisation égyptienne, le centre de la vie religieuse et politique du pays. Là se trouvent Téni (Thinis), berceau du fondateur de la royauté, Aboud (Abydos), centre principal du culte d'Osiris, dont on y montrait le tombeau, le seul culte commun à toute l'Égypte, Ape-t ou, avec changement de position de l'article féminin T-Ape (Thèbes), qui se targuait d'avoir été le lieu de naissance du même dieu, Taularer (Tentyris, Dendérah), le séjour favori de la déesse Hathor, Deb (Apollonopolis Magna, Edfou), où Har-

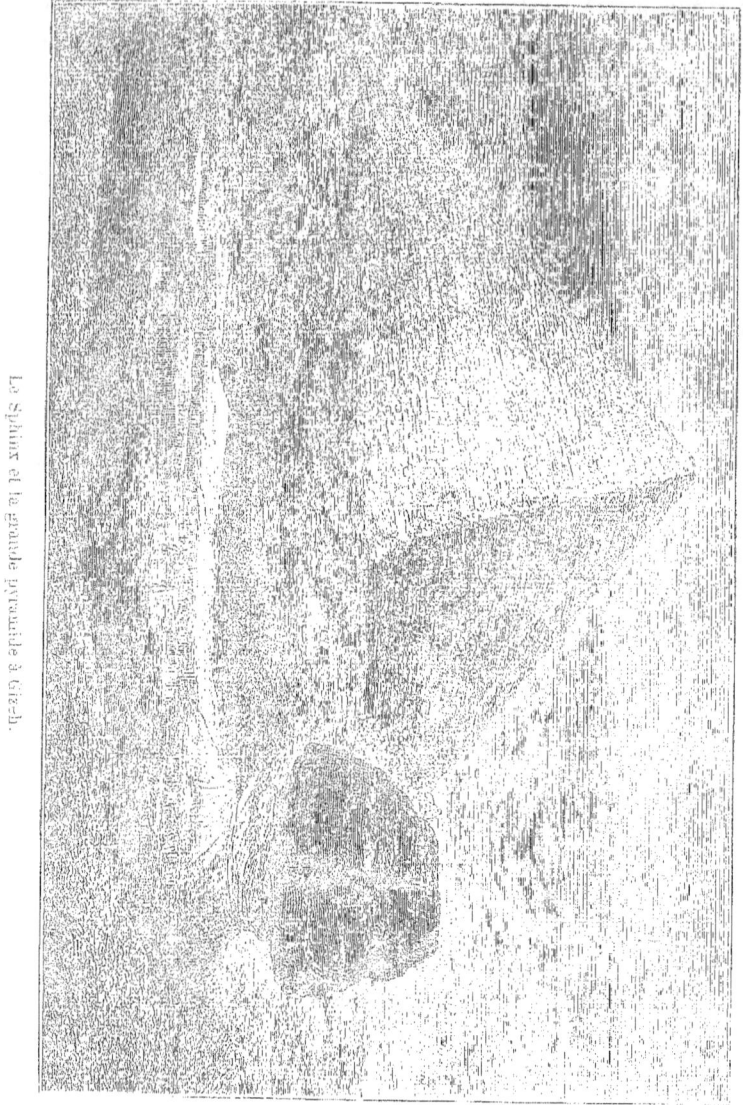

Le Sphinx et la grande pyramide à Gizeh.

m-akhouti, avec son fils Har-houd, passaient pour avoir rassemblé l'armée avec laquelle ils combattirent Set ou Typhon, tous les lieux auxquels

¹ D'après Wilkinson.

la tradition postérieure reliait spécialement le souvenir des « Serviteurs d'Horus. » C'est le pays des grands sanctuaires antéhistoriques, sièges de la domination sacerdotale, qui jouèrent un rôle prépondérant dans les origines de la civilisation.

Car tous les témoignages anciens sont d'accord pour affirmer que dans la période primitive de l'Égypte, le sacerdoce, déjà puissamment constitué, dépositaire des principales connaissances et initiateur du reste du peuple à la vie civilisée, s'était graduellement assuré une domination absolue sur la nation, qui n'avait pas encore réalisé son unité. Mais un jour vint où cette puissance théocratique, impatiemment supportée de la classe guerrière, fut brisée par elle ; où un homme hardi, sorti des rangs de cette classe et se mettant à la tête, réunit tout le pays sous un même sceptre, créa un pouvoir héréditaire, purement politique et marqué d'une forte empreinte militaire, et fonda la monarchie sur les ruines du pouvoir des prêtres.

§ 2. — FONDATION DE LA MONARCHIE. — LES TROIS PREMIÈRES DYNASTIES.

L'auteur de la révolution qui créa en Égypte une royauté unitaire et qui ouvre dans ce pays la période de l'histoire positive, était originaire de la ville de Téni, dont la moderne Girgeh semble occuper l'emplacement. Il s'appelait Ména, d'où les Grecs ont fait Ménès. « Ce fut, dit Hérodote, le premier roi d'Égypte et il fit bâtir, au rapport des prêtres, la ville de Memphis. Le Nil, jusqu'au règne de ce prince, coulait le long de la montagne sablonneuse qui est du côté de la Libye ; mais ayant comblé le coude que formait le fleuve du côté du midi et construit une digue environ à cent stades au-dessus de Memphis, Ménès mit à sec l'ancien lit et fit prendre au fleuve son cours par un nouveau canal, afin qu'il coulât à égale distance des montagnes. Il fit ensuite construire la ville dans l'endroit même d'où il avait détourné le fleuve et qu'il avait converti en terre ferme. » Tous les auteurs classiques qui ont parlé de l'Égypte mentionnent le nom de Ménès, et les monuments égyptiens en confirment le témoignage en représentant ce prince comme le fondateur de l'empire. La digue colossale qu'il construisit pour assécher l'emplacement de Memphis, subsiste encore aujourd'hui sous le nom de « digue de Qoschéisch, » et continue à régler tout le régime des eaux de cette région. Quant à la ville bâtie par Ména, elle fut appelée Man-nofri, « la bonne place » ou

« le bon port, » d'où les Grecs ont fait Memphis. Elle fut consacrée au dieu Phtah, dont Ména lui-même fonda le grand temple, et reçut le nom religieux de Hâ-ka-Phtah, « la demeure de Phtah, » source de l'appellation classique d'Égypte.

En créant cette nouvelle capitale pour sa monarchie, Ména voulait bien évidemment en soustraire le siège à l'influence hostile des anciens centres de la puissance sacerdotale, qu'il avait détrônée. Ce qu'il fit là eut sur les destinées de l'Égypte une influence décisive. « En fixant son séjour au sommet du Delta et en attirant à Memphis les forces vives du pays, Ména, dit avec raison M. Maspero, en déplaça pour ainsi dire le centre de gravité et le porta du sud au nord. Tandis que les anciennes villes sacerdotales étaient délaissées et s'enfonçaient de plus en plus dans une obscurité profonde, Memphis et les villes voisines devenaient le foyer de la civilisation égyptienne. C'est à Memphis que la littérature se développe et fleurit ; à Memphis, dans le palais des rois, que les sciences exactes sont cultivées avec le plus de soin ; à Memphis enfin que les arts plastiques produisent leurs chefs d'œuvre. »

Dans la donnée politique de l'histoire officielle, Ména est un type complet de monarque, constructeur, législateur et conquérant. Mais les légendes sacerdotales prêtaient une fin malheureuse à l'homme qui avait brisé le pouvoir des prêtres. Elles racontaient qu'après une soixantaine d'années de règne il avait péri sous la dent d'un hippopotame. On disait aussi qu'il avait perdu son fils unique à la fleur de l'âge ; et le peuple avait composé à ce sujet un chant de deuil dont l'air et les paroles s'étaient transmis de siècle en siècle, et dont les Grecs nous parlent en l'appelant *manérôs*. Les prêtres représentaient aussi Ména comme un corrupteur de la simplicité des mœurs primitives, introducteur des habitudes de luxe et de mollesse, entre autres de celle de manger couché sur un lit. C'est comme tel que le prince saïte Ta-f-nekht, père du roi Bo-k-en-ran-f (XXIVe dynastie), plus de trente siècles après lui, voulant réveiller l'esprit de frugalité, dont il avait apprécié la nécessité dans sa guerre contre les Arabes, maudit solennellement Ména et fit graver ses imprécations sur une stèle dressée à Thèbes, dans le temple d'Ammon.

La famille de Ména forme la première dynastie, qui, d'après Manéthon, régna pendant 253 ans. Aucun monument contemporain de ces princes n'est parvenu jusqu'à nous, et ce qu'on en raconte est purement légendaire. Le successeur immédiat de Ména, Téta (l'Athothis de

Manéthon), est signalé comme ayant commencé la construction du palais de Memphis et composé des livres de chirurgie. Une grue à deux têtes, apparue au commencement de son règne, avait été pour l'Égypte le présage d'une longue prospérité. Sous Ouénéphès, dont on ne connaît pas le nom égyptien original, une grande famine dépeupla le pays ; ce prince est donné comme le constructeur de la pyramide de Ka-kem auprès de l'emplacement du bourg actuel de Saqqarah. Le nom du cinquième roi de la dynastie, Hesep-ti (Ousaphaidos. M.)[1] est cité à plusieurs reprises dans les annales littéraires et religieuses de l'Égypte ; plusieurs des chapitres mystiques du *Livre des morts* passaient pour avoir été trouvés sous son règne, et on raconte la même chose d'un des traités de médecine dont le texte nous est parvenu dans le Papyrus médical de Berlin. Enfin les fragments de Manéthon enregistrent sous le règne du septième roi, Sémempsès (on ne connaît pas la forme originale de ce nom), une peste terrible. Il résulte de la comparaison des listes de Manéthon, de la Nouvelle Table d'Abydos et de la Table de Saqqarah, que l'unité du gouvernement de l'Égypte, fondée par Ména, ne s'affermit pas du premier coup et sans secousses, mais qu'au contraire une grande partie du temps de la première dynastie se passa en compétitions entre des princes dont les uns régnaient sans doute à Man-nofri et les autres à Téni.

La deuxième dynastie, à laquelle Manéthon donne neuf rois, dura 302 ans. Elle était, elle aussi, originaire de Téni et probablement apparentée à la première, car elle n'en est pas distinguée dans le Papyrus de Turin. Le règne de son chef, Boutsâou (Boêthos. M.) fut marqué par une catastrophe : un gouffre s'ouvrit dans la Basse-Égypte, près de la ville de Pa-Bast (Bubastis) et engloutit beaucoup de gens. Son successeur, Ka-kéou (Caïéchôs. M.), fut celui qui établit le culte des animaux sacrés adorés comme des incarnations divines dans certaines villes de l'Égypte, le taureau Hapi ou Apis, manifestation vivante de Phtah, à Memphis, l'autre taureau, honoré à On ou Héliopolis et que les Grecs appellent Mnévis, enfin le bouc ou le bélier de la ville de Pa-Ba-neb-Dad ou Mendès, considéré comme renfermant en lui « l'Esprit seigneur de Dad. » Le nom du roi lui-même, Ka-kéou, veut

---

[1] C'est ainsi que nous indiquons les formes données pour les noms royaux dans les listes de Manéthon.

La pyramide à degrés de Saqqarah.

dire « le taureau des taureaux, » et se rapporte à la forme de culte dont il s'était fait le propagateur. Il est probable que c'est du règne

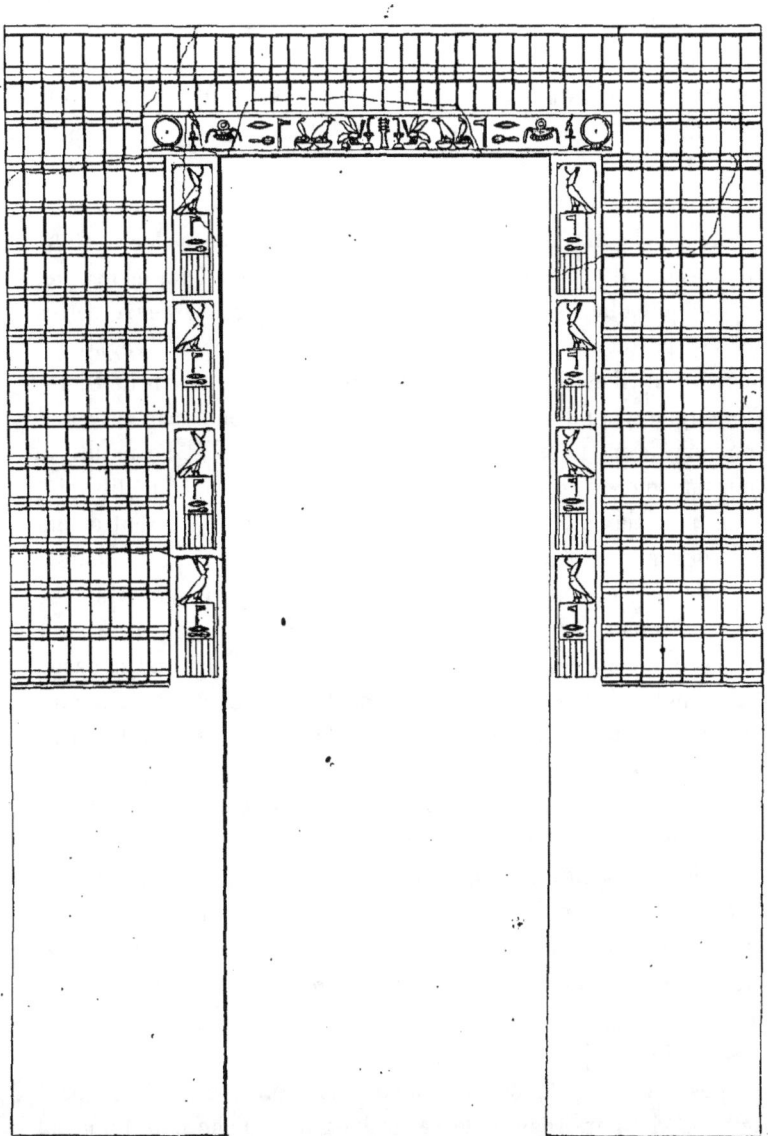

Porte des souterrains de la pyramide de Saqqarah.

de ce prince que date la grande pyramide à degrés de Saqqarah ; car tout semble l'indiquer comme ayant été destinée à la sépulture des

Apis de l'époque primitive. C'est la bannière royale du taureau divin qui est répétée à plusieurs reprises sur la porte basse et étroite, au linteau de calcaire blanc chargé d'hiéroglyphes, aux jambages décorés, d'après un système d'ornementation sans autres exemples, par une alternance de pierres calcaires de petit appareil et de cubes de terre émaillée verte, qui donnait entrée dans les souterrains de cette pyramide. Elle a été enlevée par M. Lepsius et se trouve maintenant à Berlin.

Le troisième roi de la dynastie, Baï-noutriou (Binothris. M.) passait pour l'auteur de la loi qui déclarait les femmes aptes à succéder au trône d'Égypte. « Dès cette époque, dit M. Maspero, le roi n'était pas en Égypte, comme partout ailleurs, un homme chargé de gouverner d'autres hommes. Successeur et descendant des divinités qui avaient régné sur la vallée du Nil, il est la manifestation vivante et l'incarnation de Dieu : fils du Soleil, ainsi qu'il a soin de le proclamer bien haut partout où il écrit son nom, le sang des dieux coule dans ses veines et lui assure le souverain pouvoir. Sans doute, tant que la postérité mâle ne fit point défaut aux rois, les filles, reléguées dans le gynécée, n'eurent aucun droit à la couronne. Quand la lignée mâle manqua, plutôt que de laisser tomber la royauté aux mains d'une famille humaine, on se souvint que les filles, elles aussi, pouvaient perpétuer la race solaire, et on leur accorda le droit de succession. Dès lors, toutes les fois qu'une dynastie vint à s'éteindre, le fondateur de la dynastie nouvelle, dont le plus grand souci était de se rattacher à la famille divine, épousa les princesses du sang royal ou les donna pour femmes à ses enfants. Cette union renouait la chaîne un moment interrompue des dynasties solaires, et par là même légitimait l'usurpation. »

Le cinquième roi de la dynastie, Send (Séthénês. M.) est donné comme ayant fait compléter le traité de médecine découvert sous Hesep-ti. On racontait un prodige légendaire arrivé sous le septième, Nofer-ka-Râ (Népherchérês. M.) ; pendant onze jours, les eaux du Nil avaient roulé du miel. Enfin on prétendait que le huitième, Nofer-ka-Sokar (Sésò-chris. M.) avait été un géant.

Nous possédons quelques monuments de sculpture que l'on peut attribuer aux derniers règnes de cette dynastie : d'abord le tombeau d'un haut fonctionnaire appelé Tahout-hotpou, qui a été découvert dans la nécropole de Saqqarah, où se déposaient les morts de la grande cité de Memphis ; puis trois statues debout, en pierre calcaire, représentant un autre fonctionnaire du nom de Sépa, sa femme et un de ses fils, dont s'enorgueillit le musée du Louvre. En les étudiant, on y remarque une rudesse et une indécision de style qui montrent qu'à la fin de la IIe dynastie, l'art égyptien cherchait sa voie et n'était encore qu'imparfaitement formé. « Les hiéroglyphes et les figures, dit A. Mariette, sont en relief plus vigoureux qu'ils ne le seront par la suite. Les figures sont trapues, ébauchées à grands coups plutôt que finies. Les hiéroglyphes sont comme en désordre; les formes inconnues et inusitées y sont communes ; ils sont lourds, espacés, gauchement ajustés. On n'a pas su les proportionner les uns avec les autres, ni avec les figures qui les accompagnent. Les personnages ont la paupière inférieure bordée d'une bande verte. En ce qui regarde la langue et l'écriture, on n'en saurait trop rien dire, vu le petit nombre d'exemples dont nous disposons. Cependant certaines formules, qui bientôt seront banales, semblent être inconnues. La phraséologie est brève. Il y a un moins fréquent usage du phonétisme. Les charges attribuées au défunt sont souvent propres à cette époque et intraduisibles. Tout, dans l'écriture aussi bien que dans la sculpture, présente quelque chose qui dépayse l'œil. »

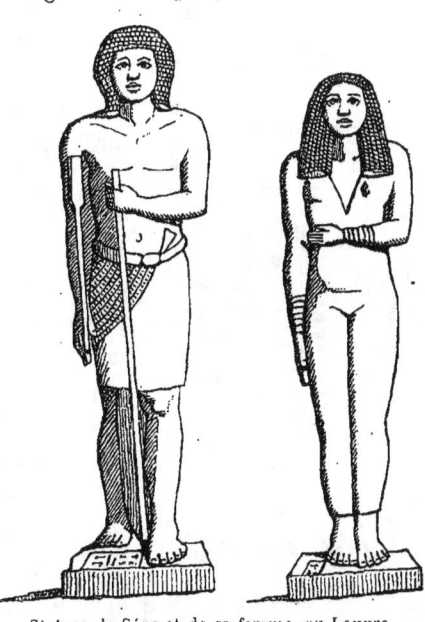

Statues de Sépa et de sa femme, au Louvre.

Les morceaux les plus caractéristiques et, sans contredit, les plus remarquables de la sculpture de la fin de la IIe dynastie ou du commencement de la IIIe, avec son accent encore primitif et son énergie déjà unie à une savante finesse, sont les panneaux de bois découverts dans le tombeau d'un personnage du nom de Hosi et conservés au Musée de Boulaq. Nous en insérons ici le dessin. Le type de la tête du défunt est remarquable en ce qu'il est plutôt sémitique qu'égyptien, tel du moins que nous apparaît d'ordinaire la race de Miçraïm. Les traits sont durs, le profil fortement aquilin, les maxillaires très accusés, les pieds bien cambrés. Seraient-ce là les caractères du type spécialement propre à quelqu'une des tribus dont la fusion donna naissance au peuple égyptien ? Ou bien Hosi appartenait-il à une famille d'origine étrangère, venue de la Palestine ou de l'Arabie Pétrée s'établir et se naturaliser en Égypte ? On ne saurait le dire, faute de points de comparaison suffisants. En tous cas, il faut noter l'agencement exceptionnel des ustensiles du métier de scribe, que le personnage ici représenté tient dans sa main. On ne le revoit pas plus tard.

« Avec le dernier roi de la IIe dynastie s'éteignit probablement la famille de Ména. Elle avait régné cinq siècles et demi, et accompli durant cet intervalle une œuvre qui n'était ni sans gloire ni sans difficulté. Ména avait réuni sous son autorité toutes les tribus qui habitaient la vallée du Nil ; mais leur fusion en un seul peuple ne pouvait être l'œuvre d'un seul règne. Les princes des nomes, réduits à la condition de gouverneurs héréditaires, durent s'habituer difficilement à leur vasselage et saisirent sans doute tous les prétextes de révolte que leur offrirent la cruauté ou la faiblesse de certains rois. Il est très probable que plusieurs d'entre eux réussirent à regagner leur indépendance et même à établir des dynasties collatérales qui disputèrent le pouvoir suprême à la famille régnante et parfois la réduisirent à une impuissance momentanée. Les descendants de Ména finirent par triompher de ces résistances et par s'imposer au pays entier. Les princes des nomes pliés à l'obéissance devinrent les grands dignitaires de la cour pharaonique et les premiers officiers du roi ; les tribus se mêlèrent et se fondirent « d'Abou jusqu'à Adhou, » d'Éléphantine au Delta. Ména avait fondé un royaume d'Égypte ; ses succes-

Panneau de bois du tombeau de Hosi.
Musée de Boulaq.

UN MARCHÉ EN ÉGYPTE
sous l'ancien Empire

seurs des deux premières dynasties formèrent une nation égyptienne[1]. »

Après l'extinction de la lignée thinite, une dynastie originaire de Memphis, de la capitale même, saisit le pouvoir; c'est la troisième, à laquelle on attribue 214 ans de durée. Le premier de ses rois, Nebka (Néchérôphês. M.) réprima la révolte des tribus libyennes de l'occident du Delta, en profitant de l'effroi qu'une éclipse de lune répandit dans leurs rangs. Le second, Tsesar-teta (Tosorthros. M.), passait pour s'être spécialement occupé de la médecine, de l'écriture et de l'art de la taille des pierres. L'avant-dernier, Snéfrou (Séphouris. M.) porta ses armes avec succès au delà des limites de l'Égypte. Il réprima les brigandages des nomades du désert asiatique, qui harcelaient la frontière orientale de la Basse-Égypte. Pour les empêcher de recommencer leurs déprédations, il garnit toute cette frontière d'une série de forteresses, dont une au moins, celle de Schê-Snéfrou, subsistait encore sous la XIIe dynastie. Poussant plus loin ses entreprises, il pénétra jusqu'au fond de la péninsule du Sinaï et soumit à la monarchie égyptienne le peuple d'Anou qui l'habitait, conquête commémorée par un bas-relief triomphal qui subsiste encore dans cette contrée, sur les rochers de Ouady-Magarah. Snéfrou y organisa l'exploitation des mines de cuivre et de turquoises qui faisaient la

Panneau de bois du tombeau de Hosi.
Musée de Boulaq.

richesse de cette partie de l'Arabie Pétrée, et qui continuèrent à appartenir à l'Égypte pendant toute la durée de l'Ancien Empire. Des indices d'une haute valeur donnent lieu de penser que Snéfrou fut le roi qui

---

[1] Maspero.

reçut la sépulture sous la pyramide imposante, et toujours inviolée, de Meïdoum (l'antique Méri-Toum), auprès de l'entrée du Fayoum.

La pyramide de Meïdoum[1].

Le tombeau d'un des grands officiers de ce roi, nommé Amten, a été découvert à Saqqarah et transporté au musée de Berlin. L'art y

[1] Gravure extraite de l'*Égypte*, de Ebers.

est plus avancé que dans les œuvres de la 11ᵉ dynastie, mais cependant il n'a pas encore atteint sa perfection. Les représentations de cette tombe nous font pénétrer dans la vie intime de l'époque où elle fut construite. Elles nous montrent la civilisation égyptienne aussi complètement organisée qu'elle l'était au moment de la conquête des Perses ou de celle des Macédoniens, avec une physionomie complètement individuelle et les marques d'une longue existence antérieure. Les

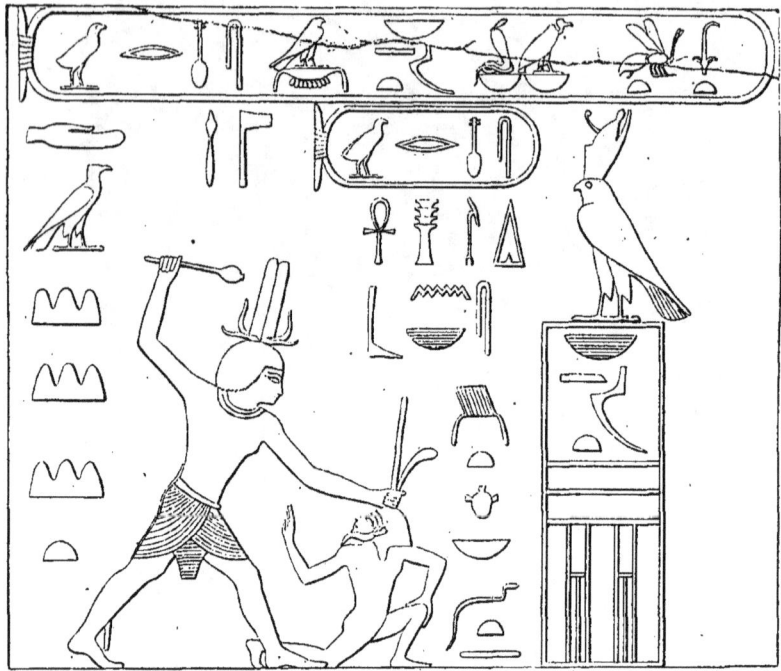

Bas-relief de victoire du roi Snéfrou, au Sinaï [1].

habitants de la vallée du Nil n'ont plus seulement les quelques espèces d'animaux domestiques qu'ils durent amener avec eux dans leur migration ; ils ont réduit en servitude certaines espèces de mammifères indigènes que nous ne connaissons plus qu'à l'état sauvage. Le bœuf, le chien et les palmipèdes sont en leur possession depuis assez longtemps pour que les soins des éleveurs aient déjà pu produire d'assez nombreuses variétés de chacune de ces espèces. La seule bête de somme est l'âne ; ni le cheval, ni le chameau ne sont encore connus

[1] D'après Lepsius.

dans l'Égypte. La langue égyptienne est complètement formée avec ses caractères propres et séparée des idiomes congénères. L'écriture

Porte du tombeau de Amten, au musée de Berlin.

hiéroglyphique est ce qu'elle restera plus tard ; elle a déjà développé toutes ses ressources.

§ 3. — QUATRIÈME ET CINQUIÈME DYNASTIE. AGE DES GRANDES PYRAMIDES.

Avec la quatrième dynastie, memphite comme la troisième et qui régna 284 ans, l'histoire s'éclaircit et les monuments se multiplient. C'est l'âge de la construction des trois grandes pyramides de Gizeh — dont deux sont les plus grandes qui existent — élevées par les trois

Bas-relief de victoire de Khoufou, au Sinaï [1].

rois Khoufou (le Chéops d'Hérodote et le Souphis de Manéthon), Kha-f-Râ (Chéphrên d'Hérodote, Souphis II de Manéthon) et Men-ké-Râ (Mycérinos d'Hérodote et Menchérês de Manéthon). Khoufou, auquel on attribuait un demi-siècle de règne, fut un monarque guerrier : les bas-reliefs du Sinaï célèbrent ses victoires sur les Anou qui harcelaient les colonies d'ouvriers égyptiens établies pour le travail des mines et des fonderies de cuivre. Mais c'est à sa pyramide qu'il doit d'avoir vu son

[1] D'après Lepsius.

La grande pyramide de Gizeh.

nom traverser les siècles, assuré de l'immortalité tant qu'il y aura des hommes. Hérodote donne sur la construction de ce gigantesque monument des détails qui, bien que mêlés à quelques anecdotes puériles, doivent remonter à une tradition exacte et authentique. Cent mille hommes qui se relayaient tous les trois mois furent, dit-il, employés pendant trente ans à construire la véritable montagne artificielle dont l'orgueil du roi avait conçu le plan pour abriter sa dépouille, et qui est demeurée la plus prodigieuse des œuvres humaines, au moins par sa masse. Toute la population du pays se trouvait successivement requise pour cette corvée. Les travaux étaient d'autant plus difficiles que, les Égyptiens n'ayant à leur disposition que des câbles et des rouleaux, et ne connaissant pas les machines, on devait traîner à force de bras les pierres sur des levées en plan incliné, pour les conduire à la hauteur où on voulait. Celle qui servit à mener des carrières de Tourah (l'antique Troufou), sur l'autre rive du Nil, sur le plateau des pyramides, les blocs gigantesques du revêtement extérieur, subsiste encore de nos jours ; elle avait été conservée comme formant à elle seule un monument digne de l'admiration des générations futures. Les fosses où l'on brassait le mortier sont aussi béantes et étonnent par leurs proportions. Les efforts ne durent pas être moins grands pour élever la pyramide de Kha-f-Râ, que le court règne de Râ-doud-ef (Ratoisès. M.)[1] sépara de celui de Khoufou, et même celle de son successeur Men-ké-Râ, bien que la dimension en soit sensiblement inférieure.

La science pratique de construction que révèlent ces monuments est immense, et n'a jamais été surpassée. Avec tous les progrès des connaissances, ce serait, même de nos jours, un problème bien difficile à résoudre que d'arriver, comme les architectes égyptiens de la IVe dynastie, à construire, dans une masse telle que celle des pyramides, des chambres et des couloirs intérieurs qui, malgré les millions de kilogrammes qui pèsent sur eux, conservent, au bout de soixante siècles, toute leur régularité première et n'ont fléchi sur aucun point.

Les premiers règnes de la IVe dynastie marquent le point culminant de l'histoire primitive de l'Égypte. La splendeur et la richesse intérieure

---

[1] Ce nom est légèrement déplacé dans les listes grecques de Manéthon, telles qu'elles sont parvenues jusqu'à nous.

du pays paraissent avoir été immenses sous ces princes, et sont suffisamment attestées par leurs prodigieuses constructions. Les limites de la monarchie allaient jusqu'à la première cataracte ; la capitale était toujours à Man-nofri ou Memphis, et le centre de la vie de l'empire demeurait dans ses environs.

Mais les gigantesques travaux des pyramides n'avaient pu s'exécuter qu'au prix d'une monstrueuse oppression ; les corvées avaient accablé le pays d'un insupportable fardeau. Manéthon, Hérodote et Diodore de Sicile se sont faits l'écho de traditions qui prouvent que les princes qui avaient imposé de si rudes obligations à leurs peuples avaient laissé dans la mémoire populaire, à travers les âges, un souvenir odieux. Suivant ces traditions, Khoufou n'aurait pas seulement opprimé les Égyptiens dans les conditions matérielles de leur existence, mais encore fermé les temples et empêché les sacrifices ; se repentant ensuite, il aurait été l'auteur d'un livre religieux tenu en grande estime. Kha-f-Râ aurait suivi l'exemple de la tyrannie et de l'impiété de son prédécesseur, à tel point que tous les deux auraient été exclus par un jugement populaire des sépultures qu'ils s'étaient préparées si splendides. Men-ké-Râ aurait aussi fait de même au commencement de son règne ; mais bientôt il aurait changé de voie, aurait rouvert les temples et rendu au culte une extrême splendeur.

Tout ceci sans doute n'est que de la légende populaire, remplie de traits fabuleux ; par exemple la fermeture des temples sous Khoufou et Kha-f-Râ est formellement démentie par des documents authentiques. Une inscription du musée de Boulaq énumère des temples élevés par Khoufou, des fondations pieuses faites par lui et de splendides offrandes qu'il avait dédiées aux dieux. D'autres textes représentent Khoufou faisant exécuter des travaux au temple de Hathor à Tantarer (Dendérah) et Kha-f-Râ s'occupant des réparations du sanctuaire du grand Sphinx. Il semble que ce soit lui qui ait fait exécuter entre les pattes de ce monstre gigantesque, image d'un dieu, le petit temple à ciel ouvert que refit ensuite Tahout-mès IV, de la xviiie dynastie, et qui, de nos jours, a été déblayé une première fois par Caviglia et une seconde par A. Mariette. Les détails que nous possédons sur la cour et la famille de Kha-f-Râ le montrent entouré de personnages sacerdotaux ; sa femme, la reine Meri-sânkh, est prêtresse de Tahout; son proche parent, le prince Khem-An, exerce le sacerdoce suprême du même dieu à Sesoun, l'Hermopolis des Grecs, dans l'Égypte moyenne. Mais la légende n'en a pas moins un fondement historique réel. Tout semble indiquer que la fin de la IV° dynastie, immédiatement après les princes constructeurs des grandes pyramides, fut un temps de révolutions et de troubles

Le grand Sphinx déblayé, avec le petit temple établi entre ses pattes [1].

causés par l'oppression précédente. La comparaison de la liste de Manéthon et des monuments de la nécropole de Saqqarah révèle pendant ce temps des compétitions violentes. Les splendides statues de Kha-f-Râ en diorite, en granit rose, en albâtre, en basalte, qui décoraient le temple voisin du grand Sphinx, ont été retrouvées en morceaux

[1] Gravure empruntée à l'*Égypte*, de Ebers.

dans un puits où elles avaient été précipitées dans un mouvement révolutionnaire évidemment très peu postérieur à son règne. Ces statues, du reste, dont les unes le représentent dans la force de l'âge (voy. plus loin, p. 85), les autres dans un état de vieillesse avancée, confirment la tradition qui lui attribuait cinquante-six ans de règne.

En outre, le souvenir de la piété de Men-ké-Râ, contrastant avec les dispositions moins religieuses de ses prédécesseurs, a dû avoir un point de départ positif. Les documents hiéroglyphiques, bien des siècles avant qu'Hérodote ne recueillît les dires populaires, parlent de la mission que ce roi aurait confiée à son fils, le prince Hor-doudou-f, en le chargeant de parcourir tous les sanctuaires de l'Égypte pour réparer ceux qui menaçaient ruine et y faire des fondations nouvelles. On prétend que c'est au cours de cette mission que fut découvert à Sesoun, dans le temple de Tâhout, « écrit en bleu sur une dalle d'albâtre, » le texte mystique dont on a formé le chapitre LXIV du *Livre des morts*. Ce texte miraculeusement découvert, et qui dans les temps postérieurs passait chez les scribes égyptiens comme la chose la plus profonde et la plus difficile à interpréter, aurait été publié alors par ordre du roi Men-ké-Râ et aurait pris, dès cette date si prodigieusement élevée, sa place dans la littérature sacrée. Les légendes de ces trouvailles merveilleuses de livres d'une origine surnaturelle et divine étaient fort multipliées chez les Égyptiens, qui les plaçaient généralement sous les premières dynasties. Nous avons déjà signalé celles que l'on disait avoir eu lieu du temps de Hesep-ti. Un traité de médecine, que M. Birch a signalé, est donné comme la copie d'un manuscrit trouvé la nuit, sous le règne de Khoufou, dans le sanctuaire le plus reculé du temple de Deb-Mout. « La terre était plongée dans les ténèbres, dit-on, mais la lune brillait de tous côtés sur ce livre. Il fut porté comme une grande merveille à la majesté du roi Khoufou, le véridique » (c'est-à-dire le défunt).

Dans la pyramide de Men-ké-Râ l'on n'a pas retrouvé seulement son sarcophage de basalte, mais une partie du couvercle du cercueil de bois qui renfermait sa momie. Ces planches fragiles, qui ont traversé tant de siècles et qui portent une prière pour la béatitude éternelle du monarque défunt, sont conservées au Musée Britannique.

Un des derniers rois de la IV° dynastie, connu par les tombeaux de Memphis, Ases-ka-f, ne paraît pas avoir trouvé place dans les listes de Manéthon ; mais Hérodote et Diodore de Sicile le vantent sous le nom d'Asychis ou Sasychis. Hérodote lui attribue la construction du portique méridional du temple de Phtah à Memphis et parle de sa pyramide funéraire, bâtie en briques. Diodore le compte parmi les cinq principaux législateurs de l'Égypte. Il raconte qu'il avait rendu une loi sur le prêt, permettant à tout particulier de mettre en gage la momie de son père et donnant au prêteur le droit de disposer du tombeau de l'emprunteur. Au cas où celui-ci mourait insolvable, il ne pouvait obtenir la sépulture pour lui ou pour les siens, ni dans la tombe paternelle ni dans aucune autre tombe.

La ve dynastie fut encore memphite, comme les deux précédentes. Elle se composa de neuf rois, dont on a retrouvé tous les noms sur les monuments et qui occupèrent le trône pendant 248 ans. Leurs règnes paraissent avoir été florissants et paisibles, mais nous n'avons à y signaler aucun prince dont le pouvoir ait été marqué par quelque événement bien saillant. Un bas-relief du musée du Louvre nous fait connaître l'effigie de l'un d'entre eux, nommé Men-kéou-Hor. Le dernier de tous fut Ounas (Onnos. M.), dont la pyramide funéraire a été tout dernièrement ouverte par M. Maspero. Le nom de ce prince se lit aussi, tracé au pinceau par les ouvriers lors de la construction, sur les pierres du vaste monument que l'on connaît dans la nécropole de Saqqarah sous le nom de Mastabat-el-Faraoun. Ce n'est pas une pyramide, mais une tombe du type ordinairement adopté à cette époque pour les particuliers et qui n'en diffère que par ses énormes dimensions.

Débris du cercueil de Men-ké-Râ.

Le type en question est celui que les Arabes d'Égypte désignent par l'appellation de *mastabah*; c'est un parallélogramme de pierres aux flancs légèrement inclinés, couronné par une plate-forme et ne s'élevant qu'à la hauteur d'un rez-de-chaussée, dans lequel est ménagée la chapelle, somptueusement décorée, qui servait aux cérémonies du culte funèbre et aux réunions de famille en l'honneur des ancêtres. On a cru d'abord que le Mastabat-el-Faraoun était le tombeau du roi Ounas lui-même ; la découverte de sa pyramide sur un autre point, à côté de celles des souverains de la vi° dynastie, ne permet plus de maintenir cette opinion. Le gigantesque *mastabah*, d'abord attribué au roi, a dû abriter seulement la dépouille de quelque

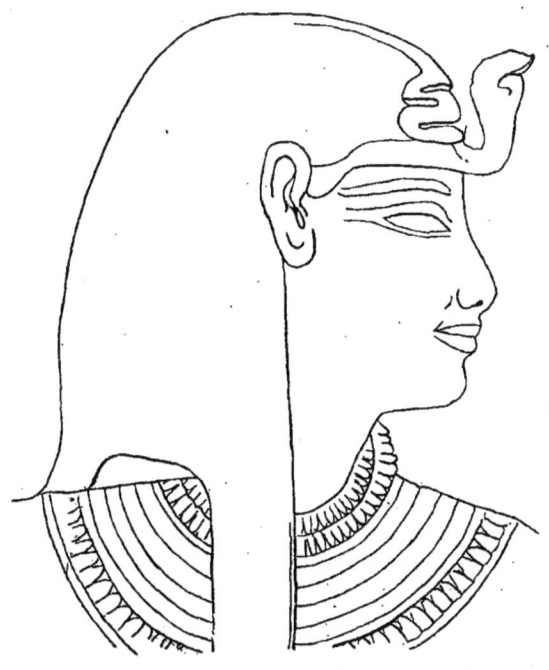

Le roi Men-kéou-Hor.

prince de sa famille ou de quelque très haut fonctionnaire de sa cour.

Les monuments privés de la iv° dynastie et de la v° sont, d'ailleurs, très multipliés. Autour de Memphis, particulièrement à Gizeh et à Saqqarah, la pioche des fouilleurs a rendu à la lumière des hypogées d'un grand nombre de personnages qui tenaient les premiers rangs à la cour de l'une comme de l'autre famille royale.

Grâce aux inscriptions de ces tombeaux, la science contemporaine est en état de reconstituer l'almanach royal de l'Égypte sous Khoufou, Kha-f-

Le Maṣṭabat-el-Faraoun, à Saqqarah.

Râ ou Men-ké-Râ, ainsi que sous les rois de la dynastie qui les suivit. A ces époques si vieilles, la société égyptienne se montre constituée sur un pied tout aristocratique. Il semble que Ména, en établissant la royauté, ait été le chef d'une révolution pareille à celles qui, à plusieurs reprises dans l'Inde antique, soumirent les Brahmanes à la suprématie des Kchatryas ou guerriers. Dans les monuments des dynasties primitives de l'Égypte, nous voyons tout le pouvoir concentré dans les mains d'une caste militaire peu nombreuse, d'une aristocratie qui par certains côtés a l'air composée de conquérants, et à laquelle le peuple est docilement soumis. Les familles de cette aristocratie, en possession du gouvernement héréditaire des nomes dont leurs ancêtres ont dû être princes indépendants, sont toutes apparentées plus ou moins étroitement à la race royale, grâce aux nombreux enfants qui naissaient dans le harem des souverains. Véritables grands feudataires, les membres de ces familles se transmettent de père en fils toutes les fonctions élevées de l'ordre militaire et de l'ordre politique, de même que le gouvernement des provinces. Ils se sont même, comme toutes les vieilles aristocraties du paganisme, emparés du sacerdoce, dont ils font un monopole entre leurs mains.

Ce sont constamment des scènes de la vie domestique et agricole qui sont représentées sur les parois de la chambre intérieure des tombeaux memphites de la IVe et de la Ve dynastie. Plus loin, quand nous étudierons les phases successives du développement des croyances égyptiennes sur l'existence d'outre-tombe, nous examinerons si dans ces tableaux on n'a pas voulu retracer des scènes de l'autre vie, conçues d'après le type de la vie terrestre. Mais si une semblable idée a pu s'y attacher, ce n'en sont pas moins des scènes réelles qu'on y a fidèlement reproduites. Nous pénétrons donc, à l'aide de ces représentations, dans tous les secrets de l'existence de féodalité patriarcale que menaient les grands de l'Égypte il y a soixante siècles. Nous visitons les fermes vastes et florissantes, éparses dans leurs domaines ; nous connaissons leurs bergeries où les têtes de bétail se comptent par milliers, leurs parcs où des antilopes, des grues, des oies de toute espèce sont gardées en domesticité. Nous les voyons eux-mêmes, dans leurs élégantes demeures, entourés du respect et de l'obéissance de leurs vassaux, on pourrait presque dire de leurs serfs. Nous connaissons les fleurs qu'ils cultivent dans leurs parterres, les troupes de chant et de ballet qu'ils entretiennent dans leurs maisons pour leur divertissement. Les détails

Une paroi du tombeau de Phtah-hotpoû, dans la nécropole de Saqqarah.

les plus minutieux de leur sport nous sont révélés par leurs tombeaux. Ils se montrent à nous passionnés amateurs de chasse et de pêche, deux exercices dont ils trouvaient autant d'occasions qu'ils pouvaient désirer sur les nombreux canaux dont le pays était sillonné dans tous les sens. C'est encore pour le compte des hauts personnages de l'aristocratie que de grandes barques aux voiles carrées, fréquemment figurées dans les hypogées, flottaient sur le Nil, instruments d'un commerce dont tout révèle l'extrême activité.

L'art, dans ces monuments de la quatrième et de la cinquième dynas-

Le labourage, le battage et le vannage du blé, d'après les bas-reliefs des tombeaux voisins des pyramides[1].

tie, atteint le plus remarquable degré de perfection. Il est tout entier dans la voie du réalisme; il s'efforce avant tout de rendre la vérité de la nature, sans chercher aucunement à l'idéaliser. Le type des hommes y a quelque chose de plus trapu et de plus rude que dans les œuvres des écoles postérieures; les proportions relatives des diverses parties du corps y sont moins exactement observées, les saillies musculaires des jambes et des bras rendues avec trop d'exagération. Mais il y a également dans les sculptures des tombes memphites primitives une élégance de composition, une naïveté et une vérité de mouvement, une vie dans

[1] D'après Wilkinson.

toutes les figures, que les lois hiératiques et immuables du canon des proportions firent disparaître plus tard, tandis que sur d'autres points l'art se perfectionnait. Dans ce premier développement, complètement libre, de l'art égyptien, quelque imparfait qu'il fût, il y avait les germes de plus encore que l'Égypte n'a donné dans ses plus brillantes époques. Il y avait la vie, que les entraves sacerdotales étouffèrent ensuite. Si les artistes pharaoniques en avaient gardé le secret, alors qu'ils acquirent ces incomparables qualités d'harmonie des proportions et de majesté qu'ils possédèrent à un plus haut degré que personne autre dans le monde, ils auraient été aussi loin que les Grecs ; deux mille ans avant eux, ils auraient atteint la perfection absolue de l'art. Mais une partie de leurs qualités natives furent éteintes dès le berceau, et ils demeurèrent incomplets, laissant à d'autres la gloire d'atteindre ce point qui ne sera jamais dépassé.

Musiciens et chanteurs[1].

La merveille de la sculpture des dynasties primitives, dans son accent le plus réaliste, est une statue de bois du musée de Boulaq, qui figura à Paris à l'Exposition Universelle de 1867. Elle ne retrace point, comme la majorité des autres figures de la même époque, le type ethnographique que nous avons décrit un peu plus haut et qui est celui du fellah de la haute et surtout de la moyenne Égypte, maigre,

[1] Représentations des tombeaux de l'Ancien Empire, d'après Wilkinson.

nerveux, comme desséché par le soleil dévorant sous lequel il vit. Nous y retrouvons, au contraire, l'habitant des villages du Delta, tel qu'il est encore aujourd'hui, avec son type fin et rond, sa physionomie intelligente, sa complexion un peu lymphatique, qui tourne facilement à l'obésité dans la vie tranquille d'un gros propriétaire ou d'un employé du gouvernement. L'imitation de la nature y est telle que les ouvriers de Mariette et les habitants du village de Saqqarah, lorsqu'elle fut rendue à la lumière, baptisèrent immédiatement cette figure du nom de *Scheikh-el-beled*, à cause de sa ressemblance inouïe avec le scheikh-el-beled ou maire actuel de Saqqarah; ils avaient peine à croire que ce n'en fût pas le portrait. Cette statue de bois n'a pas d'inscription;

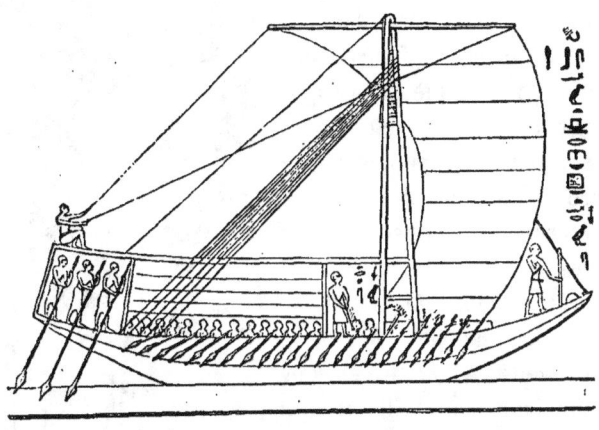

Grande barque du Nil.

mais nous savons, par les légendes du tombeau dans lequel elle a été découverte, qu'elle représente un individu du nom de Râ-em-ka. Ce personnage fut un homme de quelque importance sous plusieurs règnes de la v° dynastie; il remplit des emplois nombreux et élevés, et fut, entre autres, gouverneur de plusieurs provinces. Le sculpteur l'a figuré debout, se promenant gravement, le bâton à la main, dans quelqu'un de ses domaines ou dans une ville de son gouvernement, avec l'importance d'un haut administrateur et cette majesté tranquille qui est le propre des Orientaux. Il a de cinquante à soixante ans; ses cheveux sont courts, et sa *schenti*, comme il convient à un homme qui a passé l'âge des prétentions à l'élégance, est assez longue pour former une sorte de jupon, ramené sur le devant en plis bouffants.

Tout dans cette œuvre si remarquable est individuel et copié fidèlement sur la nature vivante. De dos comme de profil ou de face, c'est un portrait saisissant de réalité ; l'artiste ne s'est pas borné à reproduire les traits du visage de son modèle, mais aussi sa démarche et ses habitudes de corps. Le modelé du torse est une merveille ; c'est celui d'un homme qui engraisse en vieillissant et dont les chairs commencent à s'affaisser avec l'âge. Mais c'est surtout la tête qu'on ne saurait se lasser d'admirer ; c'est un prodige de vie. La bouche, animée par un léger sourire, semble au moment de parler ; les yeux ont ce même regard, si vrai qu'il inquiète, que l'on observe aussi dans le scribe accroupi du musée du Louvre, autre statue de la même époque et presque de la même valeur[1]. Une enveloppe de bronze, qui représente les paupières, enchâsse l'œil proprement dit, formé d'un morceau de quartz blanc opaque avec quelques légères veines roses, au centre duquel un morceau rond de cristal de roche, à la surface un peu bombée, représente la prunelle. Au centre et sous le cristal est fixé un clou brillant, qui détermine le point visuel et produit ce regard si étonnant, qui semble celui de la vie.

Le *Scheikh-el-beled*, statue de bois du musée de Boulaq.

La statue colossale assise de Kha-f-Râ, en diorite, que possède également le musée de Boulaq, est d'un siècle environ plus ancienne que cette figure de bois. C'est une sculpture d'une rare puissance, remarquable par la largeur de son exécution. C'est bien ainsi que l'imagination se représente les orgueilleux constructeurs des pyramides. Le roi est assis sur son trône avec la gravité majestueuse d'un homme qui se croit dieu ;

---

[1] Les deux statues de Râ-hotpou et de sa femme, découvertes à Meïdoum, qui ont été gravées plus haut, p. 45, sont encore à placer au même rang parmi les chefs-d'œuvre de l'art des dynasties primitives.

l'épervier divin étend ses ailes derrière sa tête pour le protéger et comme pour l'animer de son souffle. Comparée à la figure de bois dont nous la rapprochons, cette statue présente certaines marques d'archaïsme. L'art n'y est pas encore parvenu au même degré de perfection ; mais si l'on tient compte de la différence qui devait exister entre une image royale et l'effigie d'un simple particulier représenté dans les habitudes ordinaires de sa vie, surtout chez un peuple qui considérait le souverain comme une manifestation de la divinité sur la terre, il est facile de reconnaître que l'art qui a produit la statue de Kha-f-Râ était déjà dans la même voie que celui qui a donné naissance un peu plus tard à la statue du fonctionnaire Râ-em-ka. La nature de la matière travaillée a forcé à simplifier l'exécution, à procéder par plus grands plans, à sacrifier un certain nombre de détails. Mais c'est toujours la même tendance à reproduire la réalité de la nature sans chercher à l'idéaliser. La roche dans laquelle cette statue a été taillée est plus dure que le porphyre. En la regardant, l'esprit est effrayé de la patience inouïe qu'il fallait pour mener à fin le travail d'un pareil colosse dans un bloc de diorite ; une vie de sculpteur devait s'y user tout entière.

Le scribe accroupi du Louvre.

Du reste, un tombeau inachevé du temps de la ive dynastie, que M. Lepsius a fait transporter au musée de Berlin, nous initie aux secrets les plus intimes de la manière de procéder des artistes égyptiens de ces âges si antiques. Chez aucun autre peuple le système de la division du travail n'a été appliqué de la même manière aux productions des arts. Sur la paroi que l'on voulait décorer, afin d'obtenir des proportions aussi justes que possible, on commençait par tracer légèrement au crayon des lignes régulières se coupant à angle droit et formant des carrés d'égale dimension. Dans ces carrés, l'artiste qui dirigeait le travail marquait les points où devaient passer les traits principaux des figures. Un de ses aides ou de ses élèves dessinait alors la composition au crayon rouge, et, après ce travail, une main plus sûre et plus habile rectifiait le trait et l'arrêtait définitivement au pinceau. C'est seulement alors que commençait l'œuvre des sculpteurs, qui entaillaient la pierre en suivant les contours du dessin tracé sur la muraille, et modelaient en relief dans le creux les figures indiquées d'abord au simple trait.

Dans l'ornementation des portes des hypogées de la IV° et de la V° dynastie et des sarcophages que l'on y rencontre quelquefois, on remarque un style d'architecture tout particulier et différent de celui qu'offriront les monuments d'époques moins reculées, style qui paraît caractéristique de l'âge des pyramides. Dans ce système d'architecture, toute la décoration consiste dans l'agencement de bandes horizontales et verticales étroites, à surface convexe. C'est l'imitation de bâtiments construits en bois légers, comme ceux du sycomore et du palmier, les deux arbres principaux de l'Égypte, dont on n'aurait pas même équarri les troncs pour les employer. De même, le plus souvent, dans ces tombeaux, la chambre sépulcrale est couverte par des poutres de pierre, arrondies de manière à reproduire l'aspect de troncs de palmiers. Ainsi les Égyptiens n'avaient pas commencé, comme on l'a cru si longtemps, par mener la vie de troglodytes ou d'habitants de cavernes. Leurs plus anciens édifices ont été des constructions de bois, élevées dans le milieu de la vallée du Nil; et dans les premiers hypogées qu'ils ont creusés au flanc de la chaîne Libyque, ils ont copié le style et la disposition de ces constructions légères, dont le type est toujours demeuré celui de leurs habitations.

Kha-f-Râ, statue en diorite du musée de Boulaq.

Mais nous n'avons pas seulement des monuments de ces âges auxquels on croirait volontiers que l'humanité tout entière aurait dû

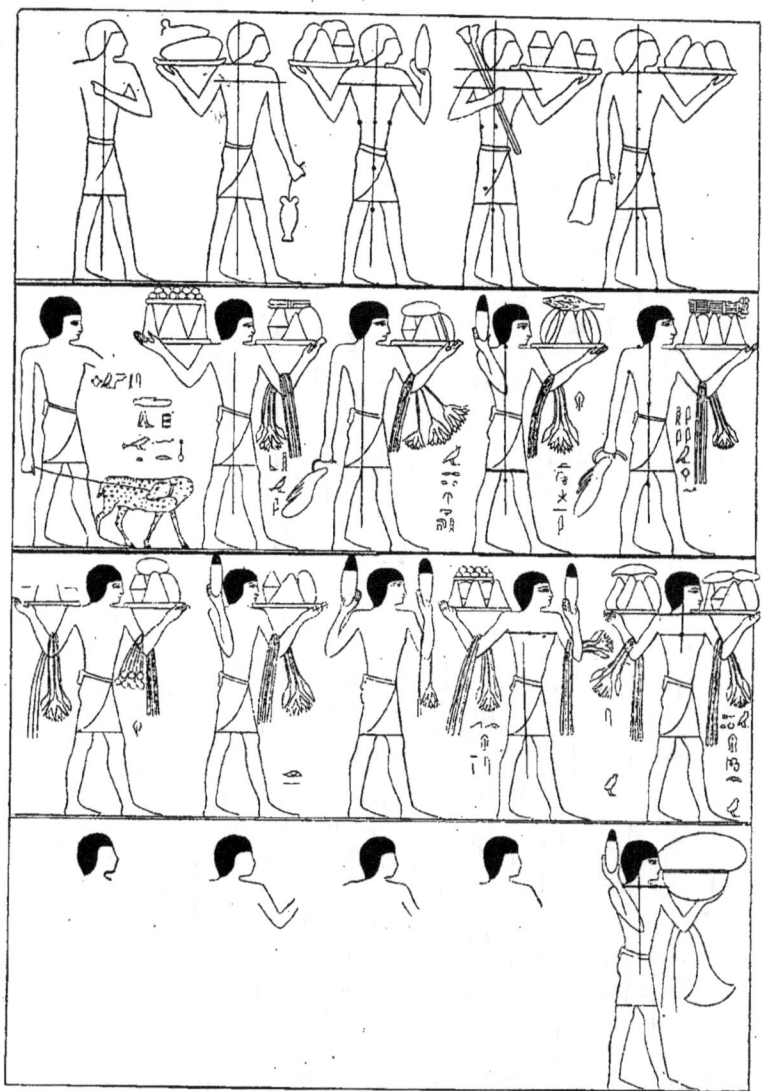

Fragment de la décoration d'un tombeau inachevé de l'Ancien Empire, transporté au musée de Berlin[1].

être encore dans un état de complète barbarie. Nous avons aussi des livres tracés sur de fragiles feuillets de papyrus, à qui le climat mira-

[1] D'après Lepsius.

culeusement conservateur de l'Égypte a permis de traverser plusieurs milliers d'années et de parvenir intacts jusqu'à nous. La littérature

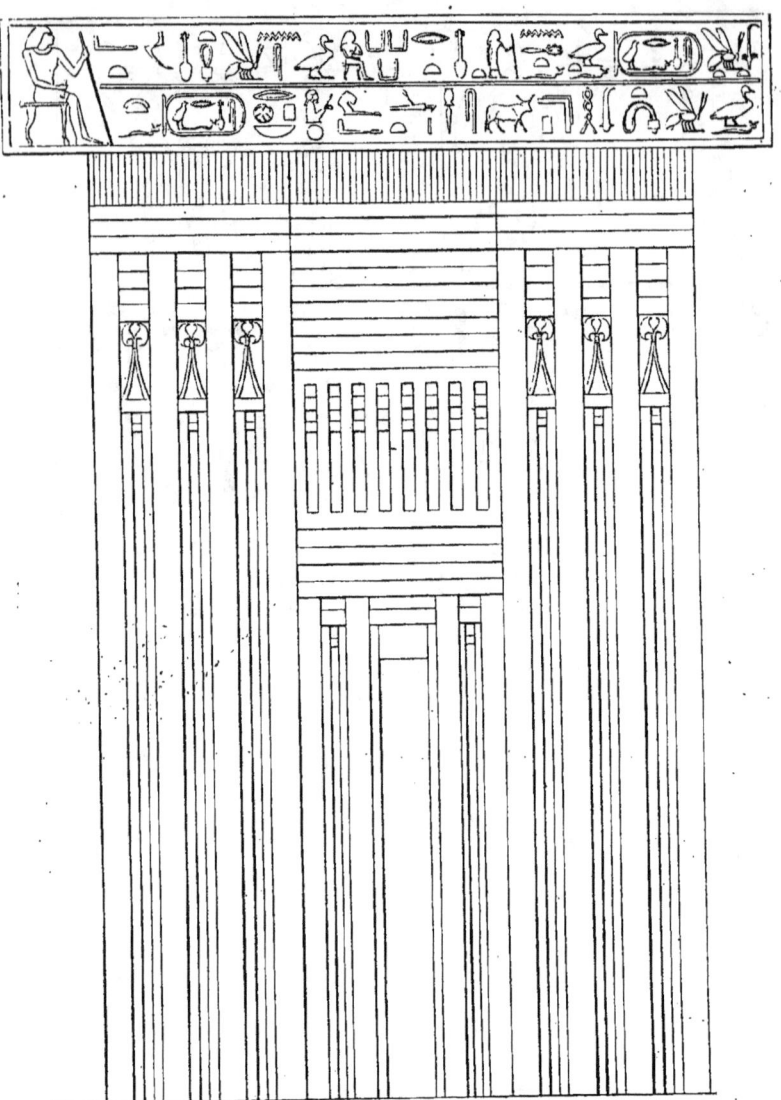

Fausse porte d'un tombeau, spécimen de la décoration architecturale de l'Ancien Empire.

était déjà développée à Memphis au temps des constructeurs des pyramides, et un des tombeaux de Gizeh est celui d'un bibliothécaire royal de la vi⁰ dynastie. Il est assez difficile de croire à l'authenticité des traités de médecine qui, dans des copies d'une date bien postérieure, nous sont présentés comme découverts sous Hesep-ti ou Khoufou ; car les livres pseudépigraphes ont pullulé en Égypte, et on cherchait généralement à y donner aux écrits scientifiques l'autorité d'une extrême ancienneté. Mais le Papyrus Prisse, conservé à la Bibliothèque Nationale de Paris, nous offre une copie peut-être contemporaine, et qui tout au moins ne peut pas être plus récente que le commencement de la xII° dynastie, d'un livre composé sous l'avant-dernier roi de la v° dynastie, Assa Tat-ké-Râ (Tanchérês. M), par un vieillard de sang royal nommé Phtah-hotpou. Il a cherché à y utiliser les loisirs de son grand âge, dont il décrit les misères en termes énergiques : « Quand la vieil-

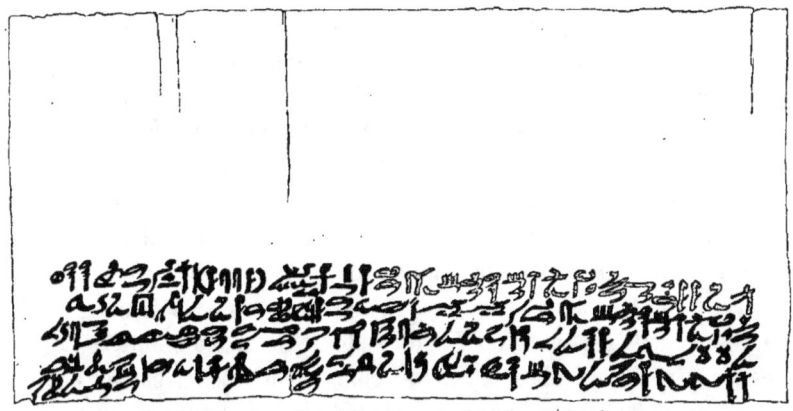

La première page du traité de morale du prince Phtah-hotpou.

lesse se produit, l'impuissance arrive et la faiblesse enfantine vient à nouveau. Le vieillard reste couché, souffrant, chaque jour ; les deux yeux se rapetissent, les deux oreilles se resserrent, la force s'use : plus de joie du cœur. La bouche se tait ; elle ne parle plus. Le cœur s'obscurcit ; il ne se rappelle plus hier. Les os souffrent à leur tour. Le bon tourne en mauvais ; le goût s'en va tout à fait. La vieillesse rend un homme misérable en toutes choses ; le nez se bouche, il ne respire plus. C'est fatigue égale de se tenir debout ou de s'asseoir. » Dans ces conditions, ce qu'un vieillard a de mieux à faire, c'est de puiser dans le trésor de sa longue expérience pour l'instruction des générations futures. « Instruit dans les paroles du passé, il fera l'étonnement des enfants des grands ; ce qu'on entendra près de lui pénètrera, car ce sera justesse de cœur. On ne se rassasiera jamais de ce qu'il dira. »

Le livre est une sorte de code de la civilité puérile et honnête, un traité de morale toute positive et pratique, apprenant la manière de se guider dans le monde, qui ne s'élève pas jusqu'à une sphère plus haute que les livres de Koung-tseu (Confucius) à la Chine. On parle beaucoup aujourd'hui de *morale indépendante*. Nous engageons les adeptes de ce beau système a méditer le vieux livre égyptien. Ce sont juste les préceptes qu'il leur faut. Ils n'y trouveront aucune trace de cette doctrine chrétienne du renoncement et du sacrifice qui leur paraît si déplorable, mais seulement des règles pour respecter l'ordre établi de police sociale et pour faire rapidement son chemin dans le monde, sans gêner aucune de ses passions, ou, comme disent les partisans du système, aucun des instincts de la nature. La base première de la morale et du bon ordre, pour le prince Phtah-hotpou, est l'obéissance filiale, étendue aux rapports avec le gouvernement, qu'il considère comme investi d'une véritable autorité paternelle. « Le fils qui reçoit la parole de son père, y est-il dit, deviendra vieux à cause de cela… L'obéissance d'un fils envers son père, c'est la joie… Il est cher à son père et sa renommée est dans la bouche des vivants qui marchent sur la terre. Le rebelle voit la science dans l'ignorance, les vertus dans les vices ; il commet chaque jour avec audace toute sorte de fraudes, et en cela il vit comme s'il était mort. Ce que les sages savent être la mort, c'est sa vie de chaque jour ; il avance dans ses voies, chargé d'une foule de malédictions. » La récompense de celui qui observe ces préceptes est placée ici-bas : c'est une longue vie et la faveur du prince. « Le fils docile sera heureux par suite de son obéissance ; il vieillira, il parviendra à la faveur. » L'auteur se cite lui-même en exemple : « Je suis devenu ainsi un ancien de la terre ; j'ai parcouru cent dix ans de vie avec la faveur du roi et l'approbation des anciens, en remplissant mon devoir envers le roi dans le lieu de sa faveur. » Voici maintenant ses conseils pour le mariage : « Si tu es sage, munis bien ta maison ; aime ta femme sans querelles, nourris-la, pare-la, c'est le luxe de ses membres. Parfume-la, réjouis-la le temps que tu vis : c'est un bien qui doit être digne de son possesseur. Ne sois pas brutal. »

Un autre traité, contenu dans le même manuscrit et dont il ne reste plus que quelques pages, était encore plus ancien, puisqu'il avait été composé par un auteur du nom de Kaqimna, au temps de l'avènement du roi Snéfrou, de la IIIe dynastie. C'était un recueil d'apophthegmes du genre de celui qui, dans la Bible, est attribué au roi Schelomoh

(Salomon). En voici quelques maximes : « Le bonheur fait trouver toute place bonne ; un petit échec suffit pour avilir un très grand homme. — La bonne parole luit plus que l'émeraude que la main des esclaves trouve parmi les cailloux. — Le savant est rassasié de ce qu'il sait ; bon est le lieu de son cœur ; agréables sont ses lèvres. »

§ 4. — DE LA SIXIÈME DYNASTIE A LA ONZIÈME. ÉCLIPSE TEMPORAIRE DE LA CIVILISATION ÉGYPTIENNE.

A la mort du dernier roi de la ve dynastie, une famille nouvelle parvint au trône. Manéthon la dit originaire d'Éléphantine, en égyptien Abou ; mais il paraît avoir ici commis une confusion, et tout indique que la véritable patrie d'origine de la vi^e dynastie était Aboud, l'Abydos des Grecs, où ses princes eurent leur résidence favorite, sans pourtant abandonner tout à fait Man-nofri, la capitale des rois antérieurs depuis Ména. Le premier roi de cette nouvelle maison, Ati (Othoês. M.), fut, dit Manéthon, assassiné par ses gardes au bout de trente ans de règne. Une partie de son pouvoir dut être en effet remplie par des troubles, car les monuments nous montrent contre lui deux compétiteurs, maîtres de Memphis, tandis qu'il l'était de la haute Égypte, lesquels pourraient bien être descendus de la race précédente, Téta et Ouser-ké-Râ. Mais son fils et son successeur, Meri-Râ Papi (Phios. M), fut un des rois les plus glorieux et les plus puissants. Il posséda sous son sceptre toute la contrée, car on a trouvé de ses monuments dans toutes les parties de l'Égypte, depuis Syène jusqu'à Tanis. Comme Khoufou, Papi Ier fut un roi guerrier. A cette époque, les cataractes du Nil (surtout la seconde, celle de Ouady-Halfa) n'offraient pas comme maintenant, par suite d'une élévation plus grande du niveau de cette partie supérieure du fleuve, un insurmontable obstacle à la navigation, et vers le sud, la frontière de l'Égypte était ouverte aux incursions des Oua-oua, des Am-am, des Tomam, des Kaaou et d'autres peuplades remuantes de nègres. Papi réduisit ces ennemis à l'obéissance et en incorpora les guerriers par milliers dans l'armée qu'il envoya combattre les Herou-schâ, peuple assez nombreux qui habitait le désert entre la basse Nubie et la mer Rouge. Leur pays correspondait donc à celui des Bischaris actuels, qui paraissent leurs descendants. Cinq expéditions successives promenèrent la dévastation sur le territoire des Herou-schâ, écrasèrent ce peuple, en réduisirent une grande partie en esclavage et le mirent pour longtemps hors d'état de donner des inquiétudes à l'Égypte. Les armes du pharaon se tournèrent ensuite contre les barbares qui venaient de s'établir dans le pays de Takhebâ, au nord des Herou-schâ et toujours entre la vallée du Nil et la mer Rouge. Ils furent anéantis, et c'est sans doute à la suite de cette guerre que Papi fit ouvrir la route par laquelle on va, au travers du désert, de Qéneh dans la Haute-Égypte au

Monument de Méri-Râ Papi sur la route de Qoçéyr[1].

port de Qoçéyr, y établit des stations et y fit créer des puits pour abreuver les caravanes.

Les récits de ces guerres, inscrits sur des monuments contemporains, ont une importance capitale pour l'histoire des migrations des peuples. Car les nègres y sont représentés comme venant toucher immédiatement la frontière méridionale de l'Égypte, et on n'y trouve aucune trace des Éthiopiens Kouschites, que tous les témoignages postérieurs

---

[1] D'après Lepsius.
Le prince s'y est fait représenter deux fois, assis, avec les insignes de la souveraineté de la Haute et de la Basse-Égypte. Portant la couronne blanche du pays du sud, il est désigné par le nom de Méri-Râ ; portant la couronne rouge du pays du nord, le cartouche qui l'accompagne contient le nom de Papi.

nous montrent occupant précisément cette partie de la vallée du Nil, après avoir rejeté les nègres plus au sud. Lorsque la vi⁶ dynastie dominait en Égypte, la race 'hamitique de Kousch n'était donc pas encore venue s'établir en Afrique, où elle dut pénétrer en franchissant la mer Rouge. Mais les Herou-Schâ et les barbares nouvellement arrivés dans le pays de Takhebâ constituaient probablement l'avant-garde de ce mouvement de peuples d'orígne asiatique.

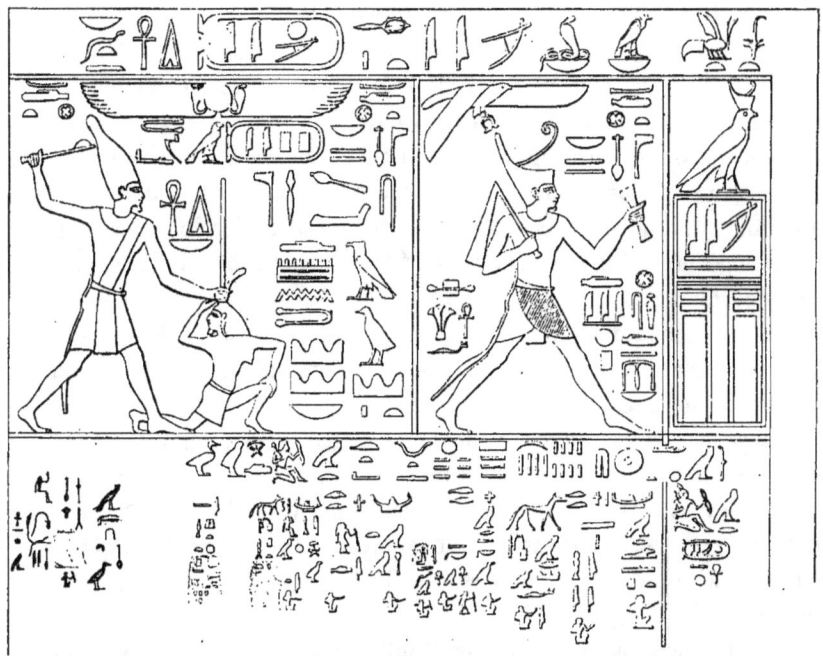

Bas-relief de victoire de Méri-Râ Papi (daté de la 18⁶ année de son règne) au Sinaï[1].

Au nord, Méri-Râ Papi reprit sur les Âmou ou nomades sémitiques les établissements miniers du Sinaï, que ses prédécesseurs avaient perdus, et s'en assura la possession par de brillantes victoires. A l'intérieur, le pays fut prospère et bien administré. On fit beaucoup pour l'agriculture et pour les travaux publics. Une ville nouvelle fut fondée dans le district qu'on appelle aujourd'hui le Fayoum. Le temple de

---

[1] D'après Lepsius.
Le 18⁶ anniversaire du couronnement de Méri-Râ Papi fut célébré avec une solennité toute spéciale dans les différentes parties de ses États. De grands bas-reliefs, sculptés sur les rochers, le commémorent, dans la vallée de 'Hammamât sur la route de Qoçéyr et à Ouady-Magarah dans le Sinaï.

Hathor à Tanterer (Dendérah), construit une première fois dans la période des Schesou-Hor, fut magnifiquement rebâti sur les plans primitifs, que l'on parvint à retrouver.

Papi Ier accomplit toutes ces grandes choses pendant un règne d'une vingtaine d'années, en partie grâce à la collaboration de son habile ministre Ouna, d'abord page du roi Téta, personnage dont la tombe a été retrouvée par Mariette à Abydos et dont l'inscription funéraire nous fournit les renseignements les plus détaillés sur son époque. Il demeura à la tête de l'administration sous Month-em-sa-f Ier (Méthésouphis. M.), fils de Papi, et reçut alors le titre nouveau, spécialement créé pour lui, de prince gouverneur des pays du sud depuis Éléphantine jusqu'à la naissance du Delta. Son épitaphe, du reste, ne mentionne sous ce nouveau règne que les grands travaux de la construction de la pyramide que le roi, suivant l'usage, se faisait élever de son vivant, et le transport fort difficile de l'énorme bloc de granit, tiré des carrières de Syène, qui devait y former le sarcophage. La découverte et l'ouverture de cette pyramide, située à côté de celle de son père Méri-Râ Papi sur un plateau du désert à l'ouest de Saqqarah, a été le dernier fruit des recherches d'Auguste Mariette, bien peu de jours avant sa mort. Les chambres funéraires de l'un et de l'autre monument, aux parois couvertes de longues inscriptions du plus grand intérêt pour la connaissance des doctrines de l'Ancien Empire sur l'autre vie, sont d'une conservation parfaite, bien qu'ayant été, dans l'antiquité, violées et dépouillées des trésors mobiliers qui devaient y avoir été déposés.

Au bout de peu d'années de règne, Month-em-sa-f Ier mourut et eut pour successeur son frère cadet, Papi II, surnommé Nofer-ka-Râ (Phiops. M). Celui-ci présenta le phénomène, unique dans l'histoire, d'un règne séculaire, sur les événements duquel nous ne savons, d'ailleurs, presque rien, si ce n'est que dans la onzième année les troupes égyptiennes eurent à repousser les barbares asiatiques, qui menaçaient de nouveau les exploitations des mines de cuivre du Sinaï. Le nombre et la beauté des tombeaux où on lit le cartouche de Papi II semblent attester que, pendant une partie au moins de son règne si long, l'Égypte resta paisible et prospère. Mais immédiatement après, et peut-être même déjà dans les dernières des cent années de ce prince, les troubles et les discordes civiles éclatèrent avec une violence et une gravité que l'Égypte ne leur avait pas encore vues. Month-em-sa-f II (Menthésouphis.

M.), successeur de Nofer-ka-Rà Papi, fut assassiné au bout d'un an seulement de règne. Sa sœur Nit-aqrit, la Nitocris des Grecs, dont le nom signifie « Nit victorieuse, » saisit alors les rênes du gouvernement. Manéthon l'appelle « la belle aux joues roses, » et il est d'accord avec Hérodote pour vanter, d'après les traditions sacerdotales, sa sagesse ainsi que sa beauté. Elle lutta énergiquement contre l'esprit

La chambre sépulcrale et le sarcophage de Men-ké-Rà, dans la troisième pyramide de Gizeh.

de révolution qui tendait à diviser le pays et qui gagnait jusqu'à la capitale. En même temps, pendant un règne de douze ans troublé par les plus violentes agitations, Nit-aqrit répara ou plutôt acheva les travaux de la troisième pyramide de Gizeh, et l'on croit qu'elle la destina à sa propre sépulture, sans néanmoins s'approprier la salle funèbre de Men-ké-Rà. Elle semble avoir été obligée par les circonstances de ménager pendant une partie de son règne les meurtriers de son frère, mais elle méditait toujours d'en tirer vengeance ; un jour elle les attira dans une galerie souterraine, et pendant les joies d'un repas, les eaux du Nil, introduites secrètement, les y noyèrent tous. Mais bientôt elle-même fut obligée de se donner la mort, pour échapper aux représailles de leurs partisans. Nit-aqrit fut la dernière de sa dynastie.

L'histoire, si cruellement mutilée qu'elle soit pour l'époque suivante, induit à croire du moins que l'Égypte entre alors dans une longue série de déchirements, de démembrements et d'affaissement politique. La vii° dynastie compta, suivant un récit, cinq rois en moins de trois mois ; et suivant une autre tradition, plus expressive encore, soixante-dix rois en soixante-dix jours. Les fragments de Manéthon parlent ensuite d'une viii° dynastie, toujours memphite, qui aurait eu vingt-sept rois en 146 ans. Les lambeaux du Papyrus de Turin enregistrent après Nit-aqrit une série de princes dont les règnes n'ont que de un à quatre ans. Suivant Manéthon, cette longue période d'agitations et de luttes incessantes eut pour résultat l'avènement d'une dynastie d'origine héracléopolitaine. « Hâ-khnen-souten[1] (la Demeure de l'enfant royal), l'Héracléopolis des Grecs, dit M. Maspero, était l'une des villes les plus anciennes et les plus riches de l'Égypte. Située au cœur même de l'Heptanomide, à trente lieues environ au sud de Memphis, elle s'élevait dans une île assez considérable formée par le Nil à l'orient, par le grand canal qui longe le pied de la montage Libyque, à l'occident. Fondée, aux temps antéhistoriques, autour de l'un des sanctuaires les plus vénérés du pays, elle n'avait pas encore de rôle historique, lorsqu'un de ses princes dont le nom nous est arrivé sous la forme grecque Achthoês, la tira de son obscurité et parvint à lui donner la prééminence qui avait si longtemps appartenu à Memphis. Il fut, selon Manéthon, le plus cruel de tous ceux qui avaient régné jusqu'alors et commit beaucoup de crimes. Il finit par être frappé de démence et mis en pièces par un crocodile. Après sa mort, Héracléopolis, devenue pour un temps ville dominante, produisit successivement deux dynasties, la ix° et la x°. Les fragments du Papyrus de Turin, la deuxième rangée supérieure de la Table d'Abydos, le canon d'Ératosthène, nous ont conservé sans doute quelques-uns des noms de cette époque. L'absence complète de monuments originaux ne nous permet point de classer et de répartir entre les dynasties les rois dont

---

[1] Ou Ha-khnen-sou.

les cartouches plus ou moins mutilés sont ainsi parvenus jusqu'à nous. Réussirent-ils à étendre leur autorité sur toutes les régions comprises entre la première cataracte et les côtes de la Méditerranée, ou ne possédèrent-ils qu'une partie du pays? C'est là une question à laquelle il est impossible de répondre dans l'état actuel de la science. On voit seulement que les derniers d'entre eux, après avoir lutté vainement contre la révolte des provinces du midi, finirent par succomber sous l'effort des princes thébains qui forment la xi° dynastie de Manéthon. »

L'art de l'Ancien Empire avait atteint son apogée sous la vi° dynastie. C'est dans les tombes exécutées alors que l'on trouve ces belles statues élancées, au visage rond, à la bouche souriante, au nez fin, aux épaules larges, aux jambes musculeuses, dont le musée du Louvre possède, nous l'avons déjà dit, un des plus remarquables échantillons dans la figure d'un scribe accroupi que l'on a placée au centre d'une des salles du premier étage (plus haut, p. 84). Mais à dater des troubles civils dans lesquels périt Nit-aqrit, une éclipse subite et jusqu'à présent inexplicable se produit dans la civilisation égyptienne. De la fin de la vi° dynastie au commencement de la xi°, Manéthon compte quatre cent trente-six ans, pendant lesquels les monuments sont absolument muets. L'Égypte semble alors avoir disparu du rang des nations, et quand ce long sommeil se termine, la civilisation paraît recommencer à nouveau sa carrière, presque sans tradition du passé. L'empire des pharaons, durant cet intervalle de nuit absolue, subit-il quelque invasion inconnue à l'histoire, et les listes de Manéthon ne tiennent-elles compte alors que des familles légitimes et indigènes, reléguées dans leur capitale? Sans doute, quand il s'agit de l'Égypte, l'idée d'une invasion doit être plus qu'autre part facilement admise. Par sa position géographique et par les inépuisables ressources de son sol, cette contrée a toujours attiré les convoitises de ses voisins. Il est à noter d'ailleurs qu'en comparant les squelettes tirés des tombeaux antérieurs à la vi° dynastie et des momies postérieures à la xi°, on observe dans la forme des crânes des différences assez sensibles pour donner à croire que la population a dû être dans l'intervalle profondément modifiée par l'introduction d'un élément nouveau.

Mais quand les preuves monumentales font absolument défaut, il serait téméraire d'affirmer que l'éclipse soudaine qui se manifeste dans la civilisation de l'Égypte, immédiatement après la vi° dynastie, n'eut pas uniquement pour cause une de ces crises de défaillance presque inexplicables, par lesquelles la vie des nations comme celle des hommes est quelquefois traversée. La décadence absolue qui se produit alors est seule positive, et la première civilisation de l'Égypte finit avec la vi^e dynastie pour renaître plus tard.

Ainsi se termine la période de dix-neuf siècles à laquelle le nom d'*Ancien Empire* a été donné par les savants modernes. « Le spectacle qu'offre alors l'Égypte, dit A. Mariette dans son excellente histoire de ce pays, est bien digne de fixer l'attention. Quand le reste de la terre est encore plongé dans les ténèbres de la barbarie, quand les nations les plus illustres qui joueront plus tard un rôle si considérable dans les affaires du monde sont encore à l'état sauvage, les rives du Nil nous apparaissent comme nourrissant un peuple sage et policé, et une monarchie puissante, appuyée sur une formidable organisation de fonctionnaires et d'employés, règle déjà les destinées de la nation. Dès que nous l'apercevons à l'origine des temps, la civilisation égyptienne se montre ainsi à nous toute formée, et les siècles à venir, si nombreux qu'ils soient, ne lui apprendront presque plus rien. Au contraire, dans une certaine mesure, l'Égypte perdra; car à aucune époque elle ne bâtira des monuments comme les pyramides. »

Les prêtres égyptiens avaient donc bien le droit de dire à Solon, quand il visitait leurs sanctuaires : « Vous autres Grecs, vous n'êtes que des enfants. »

CHAPITRE III

LE MOYEN EMPIRE.

§ 1. — ORIGINES DU ROLE POLITIQUE DE THÈBES. LA ONZIÈME DYNASTIE.

La région de l'Égypte au sud de Téni et d'Aboud (Abydos), foyer principal des premiers débuts de la civilisation au temps légendaire des « serviteurs d'Horus, » était tombée dans l'abandon et l'obscurité depuis l'avènement deMéna et la fondation de Memphis, où s'était concentrée toute la vie matérielle et intellectuelle du pays. Les antiques cités sacrées de ces provinces du sud, auxquelles se rattachaient pourtant les plus grands souvenirs du règne fabuleux des dieux sur la terre, végétaient sans aucune influence sur la cour, sur les nobles et les grands, et en général sur tout le monde memphite, auquel leurs dieux mêmes étaient presque inconnus. Mais lorsque Man-nofri, après environ dix siècles de suprématie, perdit à son tour son rang et son importance, au milieu des convulsions qui suivirent la fin de la vi⁰ dynastie, dans les temps troublés des princes de Hâ-khnen-sou, les villes du sud de l'Égypte, comme Qebt (Coptos), Khennou (Silsilis) et surtout Ape-t (Thèbes), commencèrent à reprendre une certaine vie et à jouer un rôle politique important. « Rien ne prouve mieux l'état d'infériorité où elles étaient par rapport aux villes du centre et du nord, dit M. Maspero en s'appuyant sur les observations de A. Mariette, que l'aspect des premiers monuments qu'elles nous ont laissés. Les stèles sont rudes et grossières, chargées de figures et d'hiéroglyphes gauchement taillés : les traditions artistiques en honneur dans les écoles semblent différer des traditions memphites et ne présentent avec les monuments de la vi⁰ dynastie aucune de ces ressemblances qui accusent des liens de parenté. Les noms des rois et des particuliers, les titres donnés aux fonctionnaires, ont une tournure inusitée ; tout est nouveau jusqu'à la religion elle-même. C'est Osiris, c'est Khnoum, c'est Khem, c'est Ammon surtout qu'on invoque. Phtah, I-m-hotpou, Râ, tous les dieux memphites et héliopolitains se sont abaissés au rang de dieux provinciaux dans le même temps que Memphis descendait de la dignité de capitale à la condition de ville de province. »

Ape-t, devenue plus tard T-ape, d'où les Grecs ont fait Thèbes, capitale du nome de Ouas, avait été un centre habité dès l'époque de l'âge de la pierre, avant l'établissement des tribus proprement égyptiennes. Aux temps mythologiques elle se targuait d'avoir vu naître le dieu Osiris et d'avoir été le point de départ de son règne terrestre. C'était déjà une ville du temps des Schesou-Hor. La tribu de la population des Pathrousim de la Bible, par qui elle avait été fondée, y avait établi le culte du dieu à tête de bélier, adoré aussi dans les oasis occidentales et par tous les peuples libyques, dont le nom présente, suivant les localités, les variations de forme Amoun ou 'Hamon, l'Ammon des écrivains classiques, assimilé par les Grecs à leur Zeus. Après Ména, pendant toute la durée de l'Ancien Empire, elle avait été une ville sans éclat et sans renommée, mais avec une tendance marquée à l'indépendance. En effet, le célèbre chronographe grec Ératosthène avait relevé, d'après quelque monument de cette ville aujourd'hui perdu et tout à fait analogue aux deux Tables d'Abydos et à la Table de Saqqarah, une liste des rois thébains primitifs, qui est parvenue jusqu'à nous. Malgré les nombreuses altérations, dues à l'ignorance des copistes, dont elle offre la trace, on reconnaît avec certitude que les monarques memphites réellement forts, et maîtres paisibles de toute l'Égypte, y étaient seuls indiqués comme ayant régné à Thèbes, mais que dans toutes les époques troublées la liste thébaine offrait des noms différents de ceux des princes qui avaient possédé la Basse et la Moyenne Égypte. A dater de l'usurpation des rois de la dynastie héracléopolitaine, cette ville devint le centre d'une résistance à leur pouvoir, qui finit par être couronnée de succès, en faisant désormais de la cité du nome de Ouas, qui grandit rapidement, le centre de la vie nationale de l'Égypte pour une période de près de deux mille ans.

Au temps de la ixe dynastie, la ville de Thèbes et le nome de Ouas avaient pour chefs héréditaires une famille qui rattachait son origine à un fils du grand Papi Ier, de la vi^e dynastie, et dont, bien longtemps après, les rois de la xviie et de la xviiie dynastie prétendirent à leur tour descendre. Le premier dont le nom nous soit connu, En-t-ef Ier, — car tous les princes de la famille portent ce nom ou celui de Monthou-hotpou

— n'avait pas encore droit au cartouche des rois ; il ne prenait, et ses descendants ne lui ont donné que le titre de *erpâ*, « noble, » dont se décoraient tous les chefs des grandes maisons féodales égyptiennes. Sans prétendre encore au titre de roi, il parvint, certainement avant l'époque où la x⁰ dynastie succéda à la ix⁰ sur le trône de Hâ-khnen-sou, à s'assurer une situation réellement indépendante dans sa petite principauté. Son fils, Monthou-hotpou I⁰ʳ, étendit davantage ses domaines. Il osa le premier entourer son nom de l'encadrement elliptique qu'on appelle *cartouche*, et qui est une des marques extérieures de la souveraineté ; mais il n'assuma encore que la qualité d'un *hor*, c'est-à-dire d'un roi vassal du monarque suprême de l'Égypte, qui gouvernait tous les pays du sud jusqu'à la première cataracte, en s'étudiant à rendre aussi illusoire que possible le lien de sa dépendance envers le suzerain qu'il continuait à reconnaître nominalement. Tout en tenant tête aux rois héracléopolitains, les princes de Thèbes s'occupèrent activement de défendre la frontière méridionale de l'Égypte contre les attaques des populations barbares du haut Nil. Car dans la période de troubles que l'on venait de traverser, toutes les conquêtes nubiennes de la vi⁰ dynastie avaient été perdues, et le flot des tribus nègres, mêlées désormais à celles des 'Hamites du sang de Kousch, venait battre de nouveau Souannou (Syène) et Abou (Éléphantine), les deux boulevards de l'Égypte de ce côté. Monthou-hotpou III battit dans leur voisinage l'armée coalisée de treize peuples africains. En-t-ef IV, son fils, après avoir aussi vaincu les nègres et livré des combats heureux à des tribus de Âmou asiatiques, qui étaient venues, on ne sait trop par quelle voie, attaquer la Thébaïde, prit le titre de « dieu bon, maître des deux pays. » Il n'exprimait pas par ce titre l'étendue de son pouvoir effectif, car la x⁰ dynastie se maintenait toujours à Héracléopolis et possédait le pays du nord. Mais il répudiait ainsi publiquement tout lien de vasselage envers elle et proclamait la prétention de la supplanter.

En même temps qu'ils soutenaient ces luttes contre les étrangers et contre les rois d'Héracléopolis, les princes thébains s'occupaient, dans la mesure des ressources encore fort médiocres dont ils disposaient, d'embellir par des constructions nouvelles leur capitale et la ville de Qebt ou Coptos, qui était la première place de commerce de leurs États, en tant que le point où aboutissait la route au travers du désert qui les faisait communiquer avec la mer Rouge et l'Arabie.

Afin de donner une station sûre et permanente aux vaisseaux qui amenaient les marchandises précieuses de cette dernière contrée, et spécialement de l'Arabie méridionale, un des princes en question, nommé Amoni, fonda une ville à l'extrémité de la route sur la mer, à l'emplacement du Leucos Limên des Grecs et de l'actuelle Qoçéyr.

Le roi Monthou-hotpou III faisant des offrandes au dieu Ammon-Khem, bas-relief de la vallée de 'Hammamât[1].

Les célèbres carrières de Rohannou, situées le long de la même route, dans la vallée dite aujourd'hui de 'Hammamât, furent exploitées activement, à partir du règne de Monthou-hotpou III, pour les édifices de ces premiers rois thébains, dont les tombeaux étaient dans la partie la plus ancienne de la nécropole de Thèbes, au lieu que l'on nomme actuellement Drah-abou-l-Neggah. Ces sépultures furent violées par des malfaiteurs sous la XXe dynastie, et l'on possède le rapport de l'enquête judi-

---

[1] D'après Lepsius.

ciaire à laquelle ce crime donna lieu. Elles ont été depuis lors détruites, à l'exception de celle de En-t-ef Aâ II, petite pyramide en briques de construction assez grossière. On y a découvert, dans la chambre sépulcrale, une stèle de l'an 50 du roi, qui le représente accompagné de ses quatre chiens favoris, chacun de ces animaux ayant son nom écrit à côté de lui.

Après de longues compétitions, sur lesquelles nous manquons de renseignements et qui durent nécessairement présenter des vicissitudes en sens contraires, les rois de Ape-t l'emportèrent définitivement sur leurs rivaux, les rois de Hâ-khnen-sou. Le prince qui consomma le détrônement de la x° dynastie, héracléopolitaine, et qui parvint enfin à réunir les deux parties de l'Égypte sous le sceptre thébain, fut Monthouhotpou IV. Ce succès lui valut d'occuper plus tard une place d'honneur dans les listes royales, et d'y représenter souvent à lui seul la famille à laquelle il appartenait : même, dans la procession des images des ancêtres, que Râ-mes-sou II a fait figurer sur les murailles du temple de Thèbes connu des modernes sous le nom de *Rhamesséum*, Monthouhotpou IV est seul avec Ména comme roi antérieur à la xviii° dynastie. Le fondateur de la monarchie et le créateur de la puissance de Thèbes ont été ainsi choisis pour résumer dans leurs personnes les deux périodes de la haute antiquité, l'Ancien et le Moyen Empire. Manéthon faisait dater seulement du triomphe de Monthou-hotpou IV l'avènement de sa xi° dynastie, à laquelle il n'attribuait, par conséquent, que quarante-trois ans de durée, car très peu après l'avoir emporté sur ses rivaux d'Héracléopolis et s'être fait reconnaître comme légitime, puisqu'elle n'avait plus d'adversaires, la descendance directe des En-t-ef s'éteignit.

§ 2. — DOUZIÈME DYNASTIE. LE LABYRINTHE ET LE LAC MŒRIS.

La nouvelle dynastie qui succéda à ces premiers princes thébains était originaire de la même ville, et leur tenait probablement par un lien de parenté ou tout au moins d'alliance. C'est celle que Manéthon désigne comme la xii°. Tous les princes de cette maison s'appelèrent Amon-em-ha-t et Ousor-tesen, sauf le dernier, qui fut une reine appelée Sevek-nofriou (Skémiophris. M.) La xii° dynastie régna pendant deux cent treize ans, et son époque fut une époque de prospérité, de paix intérieure et de grandeur au dehors.

Son fondateur, Amon-em-ha-t Ier, ne s'assit pas sur le trône sans lutte.

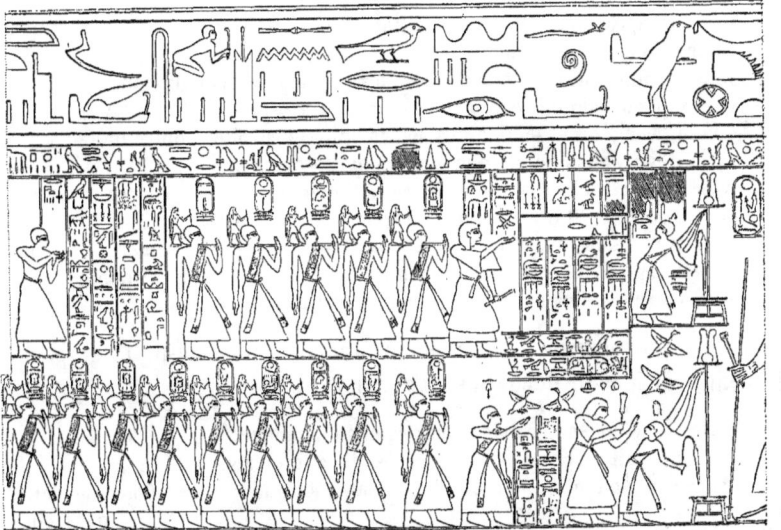

Procession des images des ancêtres à la fête d'Ammon de Thèbes, célébrée en présence de Rà-mes-sou II, bas-relief du Ramesséum de Thèbes [1].

[1] D'après Champollion et Rosellini.

Il eut affaire à des rivaux, dont les compétitions troublèrent ses premières années. C'était encore la Basse-Égypte qui était le foyer de ces résistances, car Amon-em-ha-t finit par les écraser dans une grande bataille livrée auprès de Tetaoui, forteresse qui couvrait Memphis du côté du sud. Telle est, du moins, l'ingénieuse interprétation que M. Maspero donne d'un passage mutilé du Papyrus de Turin. Le roi parle de ces luttes de ses premières années dans les curieuses Instructions à son fils Ousor-te-sen Ier qui lui étaient attribuées, et qui furent tout au moins, pendant sa vieillesse, composées sur son ordre par un écrivain de son entourage. J'emprunte la traduction, si remarquable qu'en a donnée le savant directeur de notre École française du Caire.

> « Ce fut après le repas du soir, quand vint la nuit,
> je pris une heure de joie.
> Je m'étendis sur le lit moelleux de mon palais, je m'abandonnai au repos,
> et mon cœur commença de se laisser aller au sommeil ;
> quand, voici, on assembla des armes pour se révolter contre moi,
> et je devins aussi faible que le serpent des champs.
> Alors je m'éveillai pour combattre moi-même, de mes propres membres,
> et je trouvai qu'il n'y avait qu'à frapper qui ne résistait pas.
> Si je prenais un fuyard les armes à la main, je faisais retourner cet infâme ;
> il n'avait plus de force même dans la nuit : l'on ne combattit point,
> aucun accident fâcheux ne se produisit contre moi. »

Grâce à son énergie et à sa persévérance, Amon-em-ha-t l'emporta. Il se vante de n'avoir fléchi devant aucune difficulté.

> « Soit que les sauterelles aient organisé le pillage,
> soit qu'on ait machiné des désordres dans le palais,
> soit que l'inondation ait été insuffisante et que les réservoirs se soient
> [desséchés,
> soit qu'on se soit souvenu de ta jeunesse pour agir (contre moi),
> je n'ai jamais reculé depuis que je suis né. »

Une fois maître incontesté de tout le pays, Amon-em-ha-t Ier s'occupa du soin de réparer les maux des longues guerres civiles dans lesquelles l'Égypte avait été plongée pendant plusieurs siècles. Il fit refleurir l'agriculture, en donnant ses soins au service des eaux, trop longtemps négligé. Il fallut même, comme aux premiers jours de la colonisation du pays, repousser les bêtes féroces qui avaient pullulé de nouveau dans les champs négligés et en partie dépeuplés.

> « J'ai fait labourer la terre jusqu'à Abou (Éléphantine),
> j'ai répandu la joie jusqu'à Adhou (ou Ni-Adhou, la Natho des Grecs,
> dans le Delta).

> Je suis celui qui fait pousser les trois espèces de grains, l'ami de Neprat[1].
> Le Nil a accordé à mes prières l'inondation sur tous les champs :
> point d'affamé sous moi, point d'altéré sous moi,
> car on agissait selon mes ordres,
> et tout ce que je disais était un nouveau sujet d'amour.
> J'ai terrassé le lion
> et capturé le crocodile. »

Un des plus pressants besoins de la situation était de faire respecter de nouveau l'Égypte sur ses frontières incessamment insultées. Toutes les conquêtes des rois de l'Ancien Empire en Nubie et dans l'Arabie Pétrée avaient été perdues au cours des discordes intestines, et des envahisseurs s'étaient même établis sur plusieurs points du pays. Amon-em-ha-t Ier battit les Oua-oua au delà de la première cataracte et recouvra le district des mines d'or situées entre la Basse Nubie et la mer Rouge, où Méri-Râ Papi, sous la vi^e dynastie, avait fondé les premiers établissements égyptiens après ses victoires sur les Herou-schâ et les peuples voisins. Au nord-est, il vainquit le peuple pillard des Nemma-schâ du désert de sables qui séparait l'Égypte de la Syrie, lesquels semblent correspondre aux tribus de 'Amaleq de la Bible. Enfin il contraignit à la soumission les Matsaïou, nation libyque qui avait occupé l'occident du Delta. Au lieu de les expulser, on les plia à l'obéissance en leur laissant la possession des territoires où ils s'étaient établis; et comme les barbares germaniques colonisés dans l'empire romain, ils devinrent une pépinière de soldats d'élite pour les armées égyptiennes.

Amon-em-ha-t était déjà d'âge mûr quand il était parvenu au trône. Après dix-neuf ans de règne, sentant la vieillesse arriver et désirant assurer la succession paisible de la couronne dans sa maison, il s'associa son fils Ousor-tesen Ier, auquel il remit la presque totalité du pouvoir effectif, en se réservant seulement un rôle de conseil, en suivant du fond de la retraite qu'il avait choisie les actes du jeune prince et en inspirant sa politique. C'est alors que furent composées les instructions du vieux roi à son fils, desquelles nous venons de faire quelques extraits, document fort court, mais d'un grand accent de majesté et d'une haute sagesse pratique.

> « Agis mieux encore que n'ont fait tes prédécesseurs.
> Maintiens la bonne harmonie entre tes sujets et toi,
> de peur qu'il ne s'abandonnent à la crainte.

---

[1] Le dieu des récoltes.

Ne t'isole pas au milieu d'eux.

Ne gonfle pas ton cœur, ne fais pas ton frère (uniquement) du riche et du
[noble,
mais n'admets pas non plus auprès de toi les premiers venus dont l'amitié
[n'est pas éprouvée. »

« L'association d'Ousor-tesen Ier à la couronne, dit M. Maspero, habitua les Égyptiens à considérer ce prince comme roi de fait, du vivant même de son père. Aussi lorsque Amon-em-ha-t mourut, après au moins dix années de corégence et trente ans de règne, la transition, si délicate dans une dynastie nouvelle, du fondateur à son successeur immédiat, se fit sans secousse. L'exemple d'Amon-em-ha-t Ier fut suivi dès lors par la plupart de ses descendants. Après quarante-deux ans, Ousor-tesen Ier associa au trône son fils Amon-em-ha-t II, et celui-ci, trente-deux ans plus tard, partagea le pouvoir avec Ousor-tesen II ; Amon-em-ha-t III et IV régnèrent longtemps ensemble. »

« A la fois ingénieurs et soldats, dit encore le même savant, amis des arts et protecteurs de l'agriculture, les rois de la xiie dynastie ne cessèrent un seul instant de travailler à la grandeur du pays qu'ils gouvernaient. Reculer les frontières de l'empire au détriment des peuples barbares et coloniser la vallée du Nil dans toute sa partie moyenne, de la première à la quatrième cataracte ; régulariser le système des canaux et obtenir, par la création du lac Mœris, une plus juste répartition des eaux ; orner d'édifices les grandes villes, Héliopolis, Thèbes, Tanis et cent autres moins connues ; telle fut l'œuvre qu'ils s'imposèrent et qu'ils poursuivirent de père en fils pendant plus de deux siècles. Au sortir de leurs mains, l'Égypte, agrandie d'un tiers par la conquête de la Nubie, enrichie par de longues années de paix et de bonne administration, jouissait d'une prospérité sans égale. Plus tard, au temps des guerres asiatiques et des conquêtes lointaines, elle eut plus d'éclat apparent et fit plus de bruit dans le monde ; au temps des Ousor-tesen, elle était plus heureuse. »

Du côté de l'Asie, les monarques de la xiie dynastie eurent la sagesse de ne pas chercher à étendre l'Égypte au delà des limites que la nature elle-même lui a fixées. Ils réprimèrent les brigandages des tribus du désert, que l'on désignait par les noms génériques de Sati et de Schasou, ce dernier emprunté à un terme sémitique qui signifiait « pillards » et par lequel ces tribus se qualifiaient probablement elles-mêmes. Pour mettre la partie orientale du Delta à couvert contre leurs incursions subites, Amon-em-ha-t Ier rétablit la chaîne des forteresses créées par les souverains de l'Ancien Empire à la lisière du désert, de la Méditerranée au fond de la mer Rouge, et la muraille fortifiée qui barrait la vallée communiquant du Nil au bassin des lacs Amers, le viii⁰ nome de la Basse-Égypte ou province de Nôfir-Abet, le Ouady-Toumilât de nos jours. Lui et ses successeurs, exerçant une police sévère sur les routes du désert, obligèrent les nomades à y respecter les caravanes qui amenaient de l'Asie déjà civilisée en Égypte les esclaves blancs, les aromates dont elle faisait une grande consommation, le bois et les essences de cèdre, les vases émaillés, les pierres précieuses, le lapis et les étoffes brodées ou teintes, dont les pays euphratiques se réservèrent le monopole jusqu'au temps des Romains.

En outre, dès le règne d'Ousor-tesen Ier, les princes de la xii⁰ dynastie reprirent possession des mines du Sinaï, que les souverains de l'Ancien Empire avaient déjà eues en leur puissance, établirent dans les gorges des montagnes des postes fortifiés pour la protection des établissements qu'ils y fondèrent, et donnèrent à leur exploitation une activité qu'elle n'avait pas encore eue dans les temps plus anciens. Mais sauf sur ce point, où ils eurent encore soin de limiter leur occupation au seul district minier, laissant le reste de la péninsule à la liberté des tribus indigènes, ils s'abstinrent avec un soin scrupuleux de toute tentative d'aventure dans la voie des conquêtes asiatiques. Ils ne voulurent exercer de ce côté sur les peuples de leur voisinage qu'une influence exclusivement morale. Nous en avons le tableau dans les curieux mémoires d'un aventurier égyptien nommé Sineh, qui, du temps d'un des Amon-em-ha-t, s'en alla s'établir dans le pays de Adoumâ ou d'Édom ; car ce nom nous y apparaît antérieur à la migration des Téra'hites en Palestine et à l'établissement de 'Esav, surnommé Édom dans la Genèse, auprès de la montagne de Sé'ir. L'autobiographie de ce personnage, sur laquelle nous aurons à revenir un peu plus loin, se lit dans un papyrus du musée de Berlin, que M. Chabas a traduit le premier. Quand Sineh se présente devant le chef de Tennou, un des districts d'Édom, celui-ci s'informe des nouvelles de la cour d'Égypte en homme qui a l'habitude d'en être informé. Alors le réfugié égyptien et le chef asiatique font assaut de louanges de la grandeur, de la puissance et de la justice du pharaon ; et nous y lisons cette phrase significative : « La terre se réjouit de sa domination, car c'est un agrandisseur de frontières qui saisira les pays du sud et ne convoite pas les pays du nord. »

En effet, sous la xii⁰ dynastie, l'Égypte commença, du côté du sud, à combattre pour cette grande politique qui devait être désormais la sienne pendant trente siècles, et la pousser sans cesse à revendiquer comme son patrimoine toutes les terres qu'arrose le Nil. A cette époque s'étendait au delà de la première cataracte, presque jusqu'au fond de l'Abyssinie, une contrée qui était à l'Égypte ancienne ce qu'est le Soudan à l'Égypte moderne : c'était ce qu'on appelait dès lors le pays de Kousch ou l'Éthiopie. Sans limites bien précises, sans unité d'organisation ou de territoire, l'Éthiopie nourrissait des populations nombreuses, diverses d'origine et de race ; c'étaient ici des peuplades nègres, là les tribus variées des Kouschites du sang de 'Ham, qui étaient venus s'y établir depuis le temps de la vi^e dynastie égyptienne et qui avaient valu au pays son nom. Les divers peuples de Kousch paraissent avoir été sous la xiie dynastie les vrais ennemis de l'Égypte ; c'est contre eux que sont élevées de chaque côté du Nil, au delà de la deuxième cataracte, les forteresses de Koumneh et de Semneh, qui marquent la limite méridionale à laquelle s'était alors arrêté l'empire des pharaons. Quelqu'ait été à ce moment l'état politique des autres parties du monde, l'Égypte, sous la xiie dynastie, ne s'éloigna pas des rives de son fleuve sacré.

Peu après son avènement, Amon-em-ha-t Ier avait battu les Oua-oua, qui reculèrent progressivement devant le progrès des armes égyptiennes plutôt que de se soumettre, et dont le nom se retrouve peut-être encore de nos jours dans celui des Agaoua de l'Abyssinie. Ousor-tesen Ier conquit les pays de Heh et de Schaad, célèbres par leurs carrières de calcaire blanc, qui s'étendaient jusque dans le voisinage de la seconde cataracte, et vainquit auprès de ce dernier point une confédération de sept peuples dont les noms ne reparaissent plus dans l'histoire des temps postérieurs. Amon-em-ha-t II organisa l'administration de la basse Nubie, désormais annexée à l'Égypte et y formant le nome de Qens. Ousor-tesen II continua l'œuvre de ses prédécesseurs avec éclat ; mais le grand vainqueur de Kousch, le roi guerrier par excellence dans la dynastie, fut Ousor-tesen III, le fondateur de la forteresse de Semneh. Le temple qui lui fut élevé en ce lieu plusieurs siècles plus tard, temple où deux autres dieux lui servaient en quelque sorte d'assistants, témoigne de la réalité de sa puissance et de l'impression profonde que la grandeur de son règne avait laissée dans le pays. On a aussi retrouvé à Semneh les stèles mêmes qu'il y avait fait planter pour marquer la frontière méridionale de l'Égypte. Elles portent défense aux barques des nègres de fran-

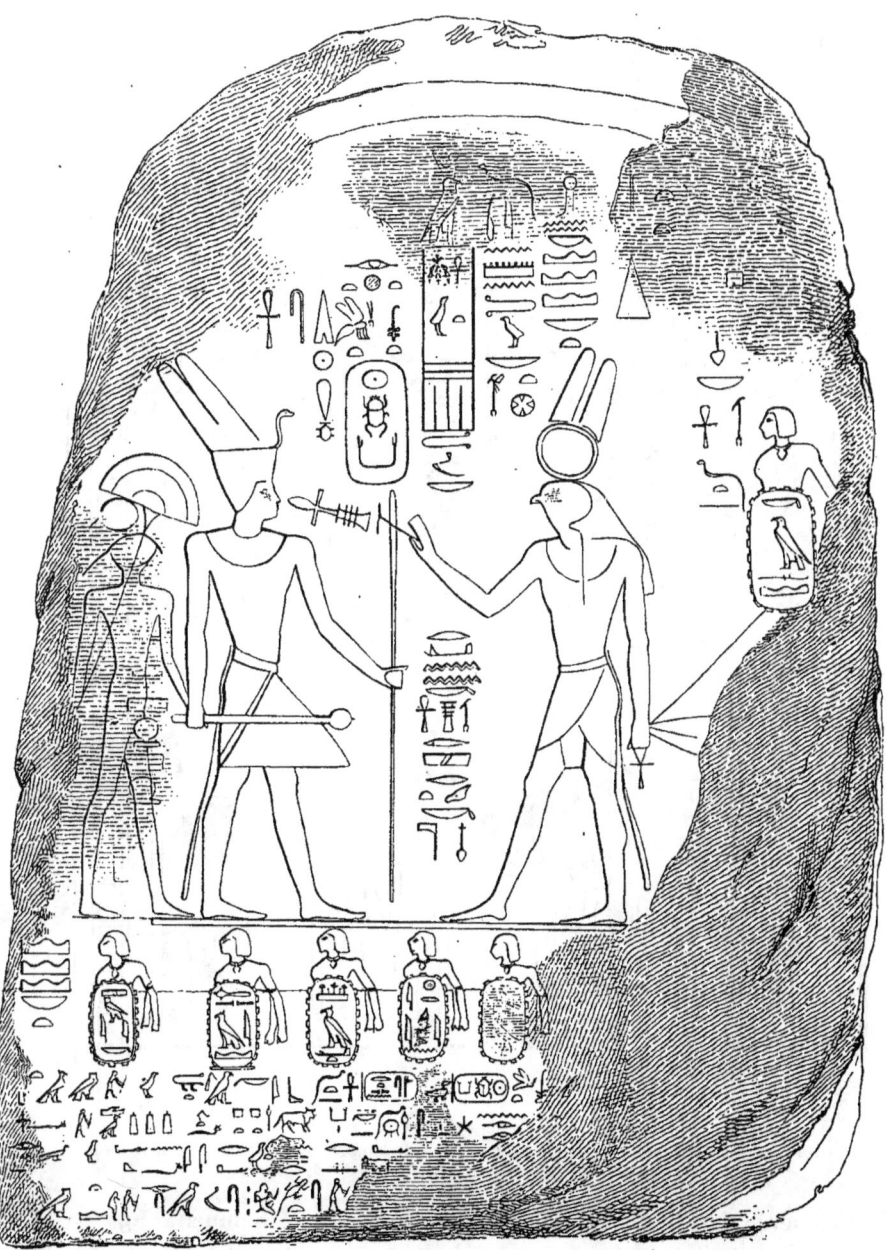

Stèle de victoire du roi Ousor-tesen Ier après la défaite des peuples de la Nubie[1].

[1] Stèle découverte à Ouady-Halfah et conservée au musée égyptien de Florence.

chir les rapides du fleuve et de pénétrer dans le pays, sauf pour le

Le roi Ousor-tesen III associé au dieu Khnoum dans le temple de Semneh et donnant avec lui la vie divine à Tahout-mès III, de la xviii° dynastie [1].

commerce des bestiaux. Au delà de la frontière de Semneh, l'Égypte proprement dite cessait, avec son administration uniforme. Mais la su-

[1] Bas-relief du temple de Semneh, d'après Lepsius.

zeraineté des pharaons s'étendait beaucoup plus loin dans le sud, et jusqu'à une fort grande distance les peuplades riveraines leur payaient un tribut régulier. Amon-em-ha-t III fit encore une expédition victorieuse dans le pays de Kousch, pour en assurer la soumission et y faire reconnaître sa suprématie par un plus grand nombre de tribus.

Pendant ces guerres qui ont donné au nom des Amon-em-ha-t et des Ousor-tesen un lustre qui ne s'est jamais effacé, l'Égypte se fortifiait à l'intérieur par l'élan vigoureux qu'elle imprimait à toutes les branches de la civilisation. Des travaux aussi prodigieux que ceux de la IV° dynastie, mais au moins en partie plus utiles, le Labyrinthe et le lac Mœris, s'exécutaient alors. Le lac Mœris était, de l'aveu de tous les anciens qui l'ont vu, l'une des merveilles des siècles pharaoniques, et rien ne pouvait mieux montrer le degré jusqu'auquel s'était élevée la science des ingénieurs égyptiens de la XII° dynastie, que ce travail dont un de nos compatriotes, Linant de Bellefonds, a reconnu le premier les vestiges.

Nous avons dit plus haut ce qu'est le Nil pour la vie de l'Égypte. Après toutes les époques de désordres et de guerres civiles, où le système des canaux, des réservoirs et des digues, qui régularisent l'effet de ses inondations, avait été négligé, mal entretenu, la remise en état de ce service d'où dépend la fertilité du pays, fut la première chose qui s'imposa aux souverains quand ils assumaient la tâche de réparateurs. Amon-em-ha-t Ier s'en était occupé dès son avènement; Ousor-tesen Ier continua ce qu'il avait commencé et fit renforcer les digues tout le long de la rive occidentale, sur laquelle portait le principal effort du fleuve. Mais si le débordement périodique est insuffisant, une partie du sol n'est pas inondée, et par conséquent reste inculte; si le Nil, au contraire, sort avec trop de violence de son lit, il emporte les digues, submerge les villages et bouleverse les terrains qu'il devrait féconder. L'Égypte oscille ainsi perpétuellement entre deux fléaux également redoutables. Frappé de ces dangers, Amon-em-ha-t III conçut et exécuta un projet gigantesque. Il existe à l'ouest de l'Heptanomide une oasis de terres cultivables, le Fayoum, perdue au milieu du désert et rattachée par une sorte d'isthme à la contrée qu'arrose le Nil. Au centre de cette oasis s'étend un large plateau, dont le niveau général est celui de la vallée de l'Égypte; à l'ouest, au contraire, une dépression considérable de terrain produit une vallée qu'un lac naturel de plus de dix lieues de longueur, le Birket-Qéroun, emplit de ses eaux. C'est au centre du plateau qu'Amon-em-ha-t III entreprit de créer, sur une surface de dix millions de mètres carrés, un autre lac artificiel. Il n'eut pas même besoin de creuser de profondes excavations; il lui suffit presque d'enfermer l'espace de terrain, que ses ingénieurs avaient déterminé, entre des digues assez fortes pour contenir les eaux et prévenir leur écoulement vers le penchant occidental de la vallée, assez hautes pour ne jamais être submergées, même au temps des plus fortes inondations. Des restes considérables de ces digues subsistent encore aujourd'hui entre les villes d'Ellahoun et de Médinet-el-Fayoum. La crue du Nil était-elle insuffisante, l'eau amenée dans le lac et comme emmagasinée servait à l'arrosement, non seulement du Fayoum, mais de toute la rive gauche du Nil jusqu'à la mer. Une trop

Restes des soubassements qui portaient les colosses royaux au centre du lac Mœris[1].

forte inondation menaçait-elle les digues, les vastes réservoirs du lac artificiel restaient ouverts, et quand le lac à son tour débordait, le trop-plein des eaux était rejeté par une écluse dans le Birket-Qéroun. Au milieu du lac, deux soubassements en forme de pyramides tronquées supportaient les colosses du roi constructeur et de sa femme.

« Les deux noms que l'Égypte avait donnés à l'admirable création d'Amon-em-ha-t III ont mérité de rester populaires, dit A. Mariette. De l'un, *meri*, c'est-à-dire « le lac » par excellence, les Grecs ont en effet tiré *Mœris,* mal appliqué par eux à un roi, tandis que l'autre, *p-iom*, qui signifiait « la mer, » est devenu dans la bouche des Arabes l'appellation de la province tout entière, Fayoum, que le génie d'un des rois de la XIIe dynastie avait dotée de ce précieux élément de fécondité. »

On appelait aussi ce lac, *hount*, « l'inondation. » De là le nom donné à l'immense temple-palais qu'Amon-em-ha-t III avait construit tout auprès et qui passait aussi pour une des merveilles de l'Égypte. On

---

[1] Ces ruines subsistent auprès du village de Biahmou, dans le Fayoum.

le qualifiait de *lope-ro-hount,* « le Palais à la bouche du lac, » d'où les Grecs ont fait *labyrinthos*. Nous reparlerons plus loin avec quelques détails du Labyrinthe, lorsque nous indiquerons sommairement les principaux monuments de l'Égypte et l'état actuel de leurs ruines.

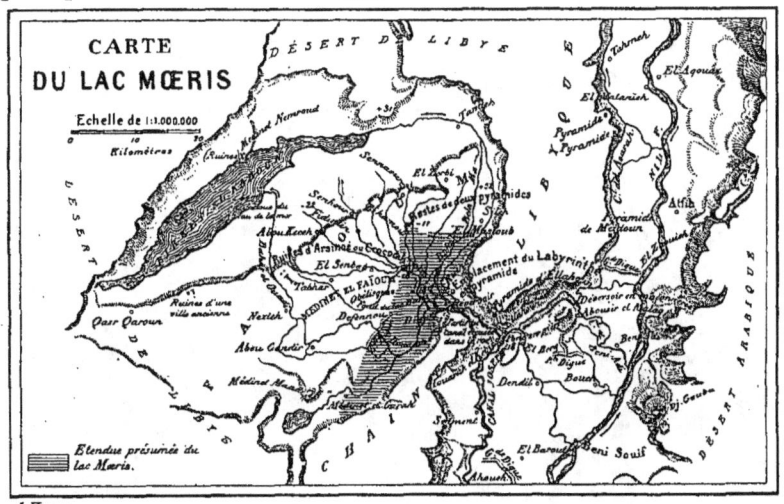

Le Fayoum et le lac Mœris, d'après la carte de Linant de Bellefonds[1].

La pyramide funéraire d'Amon-em-ha-t III y était attenante et subsiste encore[2].

Les rois de la XIIe dynastie continuaient à élever, comme ceux de l'Ancien Empire, des pyramides pour leur sépulture. Mais elles n'étaient plus aussi gigantesques que celles de la IVe dynastie, et généralement elles étaient construites en briques, au lieu de l'être en pierres de taille. Celle d'Ousor-tesen III a été reconnue à Daschour, auprès de Mem-

---

[1] Parmis les papyrus du musée de Boulaq, publiés par A. Mariette, il en est deux, provenant originairement d'un même livre, qui ont trait au lac Mœris. C'est d'abord une carte grossière de ce lac et de la ville de Scheden ou Pa-Sevek (Crocodilopolis), située sur ses bords. Une légende, qui l'accompagne, donne la superficie du bassin et concorde d'une manière fort remarquable avec les mesures de la restitution de Linant. C'en est ensuite une sorte de plan mythologique, où le lac est interprété comme une image de l'abime des eaux primordiales; les cultes de tous les sanctuaires des lieux qui l'environnaient y reçoivent des explications dans cet ordre d'idées. On retrouve là les noms de presque toutes les localités actuelles du Fayoum, dont les appellations se sont conservées depuis l'antiquité jusqu'à nos jours, avec fort peu d'altérations.

[2] Cette pyramide est située au lieu nommé Ellahoun, lequel conserve, avec l'article arabe *el,* l'ancienne appellation égyptienne *Ro-hount,* « la bouche du lac, » altérée en *La-houn* par un fait de la prononciation dialectique de l'Égypte moyenne, qui transformait presque constamment *r* en *l*.

plus. Ce sont, du reste, elle et celle d'Amon-em-ha-t III, les seules tombes

Les ruines du Labyrinthe et la pyramide d'Illahoun.

royales connues de cette dynastie. Les autres n'ont pas encore été déterminées ou ont péri, entre autres celles d'Ousor-tesen Ier, dont les

---

[2] Gravure extraite de l'*Égypte*, de Ebers.

magnificences sont décrites dans une stèle du Musée du Louvre où se lit l'épitaphe du fonctionnaire qui en avait dirigé les travaux. Il ne reste non plus, en dehors des ruines fort considérables du Labyrinthe, presque rien des grandes constructions, temples et palais, dont les monarques de la xiie dynastie s'étaient étudiés à embellir les villes principales de leur royaume. Tout a été détruit lors de l'invasion des Pasteurs, qui survint peu après, dans les ravages de la première fureur de l'invasion, ou bien démoli pour faire place à des édifices nouveaux, plus vastes et plus somptueux, sous la xviiie dynastie, à la renaissance de la civilisation et de la puissance de l'Égypte. Des temples élevés par les Ousor-tesen et les Amon-em-ha-t, il ne subsiste guères que les deux obélisques d'Héliopolis (On) et de Crocodilopolis (Pa-Sevek, appelée plus tard Arsinoé, du temps des Lagides), dans le Fayoum, avec quelques beaux colosses exhumés dans les fouilles de Mariette à Tanis et à Abydos. En effet, dans la première de ces deux villes Amon-em-ha-t Ier avait fondé, en l'honneur des dieux de Memphis, un temple que ses successeurs agrandirent à l'envi, et dans la seconde Ousor-tesen Ier avait restauré le sanctuaire antique d'Osiris. A Karnak, sur l'emplacement de l'ancienne Thèbes, quelques restes d'un portique attestent qu'Ousor-tesen Ier avait commencé la construction du grand temple d'Ammon ; enfin, à Memphis, les voyageurs grecs nous attestent que les propylées du nord du fameux temple de Phtah étaient dus à l'auteur du Labyrinthe, c'est-à-dire à Amon-em-ha-t III. Une peinture autrefois relevée par Wilkinson dans un hypogée de Berscheh, sur le territoire de l'ancien xive nome de la Haute-Égypte, hypogée datant de la xiie dynastie, représente le transport d'un énorme colosse royal. Il est posé sur une sorte de traîneau, que des centaines d'hommes halent avec des cordes, sous l'escorte de troupes. D'autres suivent, prêts à les relayer ou portant des pièces de bois de rechange pour le traîneau et des vases d'eau destinés à l'arroser, de façon à l'empêcher de prendre feu au frottement. Un homme, debout à l'avant du traîneau, verse à terre le contenu d'un de ces vases. Le chef d'équipe se tient sur les genoux du colosse, et de là commande la manœuvre, en marquant le rythme des efforts simultanés que doivent faire les hommes attelés aux cordes, par le battement de ses mains, qu'accompagne un autre contre-maître en frappant des sortes de cymbales. La méthode singulièrement primitive que les Égyptiens, en l'absence de connaissances mécaniques avancées, employèrent de tout temps pour mouvoir les masses gigantesques qu'ils met-

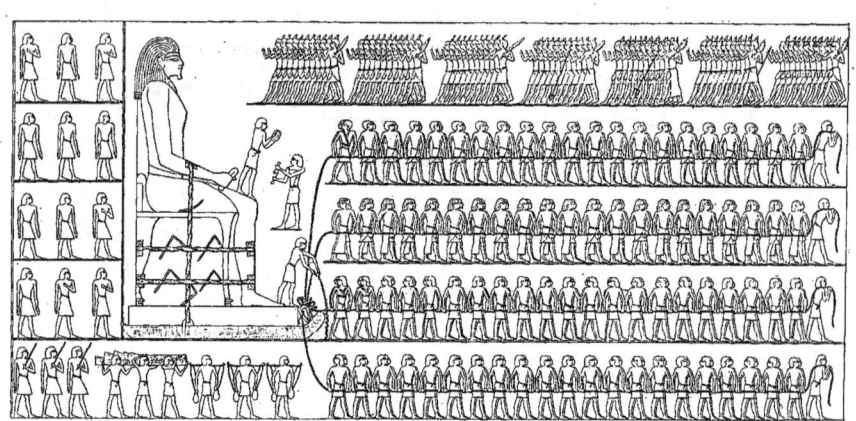

Transport d'un colosse au temps de la xiie dynastie[1].

[1] Peinture d'un hypogée de Berscheh, d'après Wilkinson.

taient en œuvre dans leurs constructions, est ici prise sur le fait.

Mais ce ne sont pas les quelques vestiges subsistants de monuments officiels qui nous renseignent suffisamment sur l'état des arts et de la civilisation sous la xii° dynastie et sur les annales de cette époque. Nos principales sources d'information sont encore alors, comme sous l'Ancien Empire, les monuments funéraires privés, les nombreuses stèles qui remplissent les musées et les tombeaux somptueusement décorés de grands personnages, fonctionnaires de la cour ou chefs féodaux des nomes, tombeaux dont les types les plus remarquables et les plus célèbres sont ceux de Béni-Hassan. Dans les usages du Moyen Empire, les tombes luxueuses, à chambre intérieure sculptée et peinte, ne sont plus construites au-dessus de terre à la façon des *mastabah* des dynasties primitives. Ce sont des excavations creusées de main d'homme dans le flanc des escarpements de la chaîne Libyque; car ce n'est guères qu'à Béni-Hassan, et par suite de circonstances locales qui ont fait fléchir en cet endroit la rigueur des usages religieux, que l'on voit les tombeaux dans la chaîne Arabique, ouvrant leur façade vers l'Occident.

§ 3. — ÉTAT DE LA SOCIÉTÉ ET DE LA CIVILISATION SOUS LA DOUZIÈME DYNASTIE.

Au milieu des troubles et des guerres civiles de la x° et de la xi° dynastie, pendant l'agonie de la puissance héracléopolitaine et les commencements laborieux de celle des princes thébains, les chefs des nomes, quelle que fût l'origine de leur pouvoir, nomination de la faveur royale ou droit héréditaire remontant à un grand nombre de générations, avaient été conduits à profiter des circonstances pour se rendre indépendants de fait, chacun dans son gouvernement. Durant de longues années, ils avaient pris parti, suivant leurs tendances et leurs intérêts, pour l'une ou l'autre des deux maisons qui se disputaient la souveraineté supérieure du pays entier, faisant acheter chèrement leur adhésion et réduisant le plus souvent à une suzeraineté purement nominale l'autorité du roi qu'ils avaient consenti à reconnaître. Quand les derniers rois de la famille des En-te-f et des Monthou-hotpou, puis Amon-em-ha-t Ier, en inaugurant une nouvelle race royale, eurent enfin réuni toute l'Égypte sous leur sceptre, triomphé de leurs rivaux et rendu effective l'action du pouvoir central, les princes des nomes durent se plier à l'obéissance et devenir des vassaux soumis. Mais à la condition de cette obéissance, les rois leur laissèrent la possession héréditaire de leurs provinces, et ce fut à eux qu'appartinrent comme de droit les plus hautes fonctions dans l'entourage personnel des Pharaons. Le temps de la xiiᵉ dynastie fut donc l'époque du plus complet développement de ce qu'on peut appeler la féodalité égyptienne.

Les tombeaux de Béni-Hassan, dans l'Égypte moyenne, en nous offrant les sépultures de plusieurs générations successives de princes du nome de Meh (xviᵉ du pays supérieur), sur la rive droite du Nil, nome dont la capitale était la ville de Hibenou, appelée des Grecs Ibiou et plus tard Théodosiopolis, — les tombeaux de Béni-Hassan, l'ancien Pa-noub-t ou Pakh, Spéos Artémidos de la géographie classique, retracent à nos yeux d'une manière particulièrement vivante l'existence de cette féodalité sous la xiiᵉ dynastie. M. Maspero, qui a fait une étude spéciale des inscriptions de ces tombeaux, comme en général de tout ce qui touche aux annales de la xiiᵉ dynastie, résume comme il suit les données que nous possédons sur la biographie des grands personnages inhumés dans les grottes de Béni-Hassan.

« Le premier d'entre eux que nous connaissions avait été institué nomarque dans la ville de Menât-Khoufou, aujourd'hui Minieh, par Amon-em-ha-t Iᵉʳ, au cours des victoires qui assurèrent à ce prince la possession incontestée de l'Égypte. Lorsqu'il devint prince de Meh, son fils Nakht lui succéda à Menât-Khoufou avec le titre de gouverneur; mais Nakht étant mort sans postérité, le roi Ousor-tesen Iᵉʳ voulut accorder à la sœur du jeune homme, Beqe-t, la qualité de princesse héritière. Beqe-t apporta le nome de Meh en dot à son mari le nomarque Nehra, et doubla de la sorte la fortune de ce dernier. L'enfant qui naquit de leur union, Khnoum-hotpou, fut nommé tout jeune gouverneur de Menât-Khoufou, titre qui paraît avoir appartenu dans la famille à l'héritier présomptif, comme plus tard, sous la xixᵉ dynastie, le titre de « prince de Kousch » appartenait à l'héritier présomptif de la couronne d'Égypte. Son mariage avec la dame Kheti, princesse héritière du nome de Sap [1], mit sous son autorité l'une des provinces les plus fertiles de l'Heptanomide. Sous son fils Nakht, la famille atteignit l'apogée de la grandeur. Nakht, reconnu dans toutes

---

[1] xviiiᵉ nome du haut pays, situé sur la rive droite du Nil, dont la capitale était Hâ-Bennou, Hipponôn des Grecs.

ses dignités, prince de Sap des droits de sa mère, reçut d'Ousor-tesen II un grand gouvernement, qui renfermait quinze des nomes du midi, depuis Pa-neb-tep-ahe (Aphroditopolis) jusqu'aux frontières de Thèbes. On voit par cet exemple avec quelle facilité les nomes, principautés héréditaires placées entre les mains de quelques grandes familles, pouvaient passer de l'une à l'autre par mariage ou par héritage, à condition pour le nouveau possesseur de se faire confirmer dans son acquisition par le souverain régnant. Les devoirs de ces petits princes envers leur

Un des princes de Meh porté dans son palanquin de cérémonie [1].

suzerain et leurs sujets étaient fort nettement définis : ils devaient l'impôt et le service militaire à l'un, bonne et exacte justice aux autres. »

Dans la longue inscription où il raconte sa vie, Amoni, le premier des princes de Meh dont nous possédions le tombeau, énumère ses services militaires sous Ousor-tesen Ier, ses campagnes dans le pays de Kousch et les soins qu'il a pris pour convoyer au travers du désert les produits des mines d'or de la Nubie. « J'ai marché, dit-il, en qualité de fils de chef, de chambellan, de général de l'infanterie, de nomarque de Meh. » Puis il vante la sagesse et l'équité de son administration dans sa province. « Toutes les terres furent ensemencées du nord au

---

[1] Peinture d'un des hypogées de Béni-Hassan, d'après Champollion.

sud. Des remerciements me furent adressés de la part du roi pour le tribut amené en gros bétail. Rien ne fut volé dans mes ateliers. J'ai

Ensemble des peintures d'une des parois du tombeau de Khnoum-hotpou, à Béni-Hassan.

travaillé, et la province entière était en pleine activité. Jamais petit enfant ne fut affligé, jamais veuve ne fut maltraitée par moi; jamais je n'ai troublé de laboureur ni entravé de pasteur... Jamais disette n'eut lieu de mon temps, et je ne laissai jamais d'affamé dans les années de mauvaise récolte. J'ai donné également à la veuve et à la femme mariée, et je n'ai pas préféré le grand au petit dans tous les jugements que j'ai rendus. Quand la crue du Nil était haute et que les propriétaires avaient bon espoir, je n'ai pas coupé les bras d'eau qui arrosent les champs. »

Engraissement des bestiaux¹.

Avec les peintures, si remarquables comme art, de ces hypogées de Béni-Hassan, l'Égypte de la xii° dynastie nous apparaît toute entière et comme prise sur le fait dans sa vie quotidienne. D'un côté ce sont les bestiaux qu'on engraisse, la terre que l'on laboure avec des charrues construites sur le modèle de celles que les fellahs de l'Égypte moderne emploient encore aujourd'hui; c'est le blé qu'on récolte et qu'on fait dépiquer par des animaux qui en foulent aux pieds les gerbes. D'un autre côté, c'est la navigation du Nil, avec les grandes barques que l'on construit et que l'on charge. Ce sont enfin les travaux des ouvriers de métier : le sculpteur sur pierre et le sculpteur sur bois taillant leurs images, l'ébéniste façonnant des meubles élégants avec des bois précieux, le verrier soufflant des flacons, le potier modelant ses vases et les enfournant, le charpentier, le corroyeur, le cordonnier, le pâtissier, le boucher, enfin des femmes qui tissent des étoffes sous la surveillance d'eunuques.

L'industrie était dès lors très active et très perfectionnée en Égypte ; elle ne fournissait pas seulement aux besoins de la consommation intérieure, mais à ceux d'un commerce considérable d'échanges avec l'étranger. L'ouvrier semble, du reste, avoir été dans une sorte de demi-servage, travaillant pour un maître auquel il de-

¹ Peinture des tombeaux de Béni-Hassan, d'après Wilkinson.
L'engraissement, au moyen d'une pâtée que l'on introduit dans la bouche des animaux est ici appliqué aux oies (1), aux antilopes (2, 3,), aux chèvres (4, 5) et aux bœufs (6, 7).

vait une partie de ses profits. Sa condition était fort dure, malgré l'étalage de charité envers les petits que les grands seigneurs font dans leurs épitaphes et dont je viens de rapporter un exemple. Nous possédons une description des différents métiers et des misères de chacun d'eux, composée par un scribe du temps de la xiie dynastie et adressée par lui à son fils. C'est à M. Maspero qu'est due la traduction de ce morceau, d'une extraordinaire difficulté d'interprétation, tableau des mœurs d'il y a près de cinq mille ans, dont le prix est

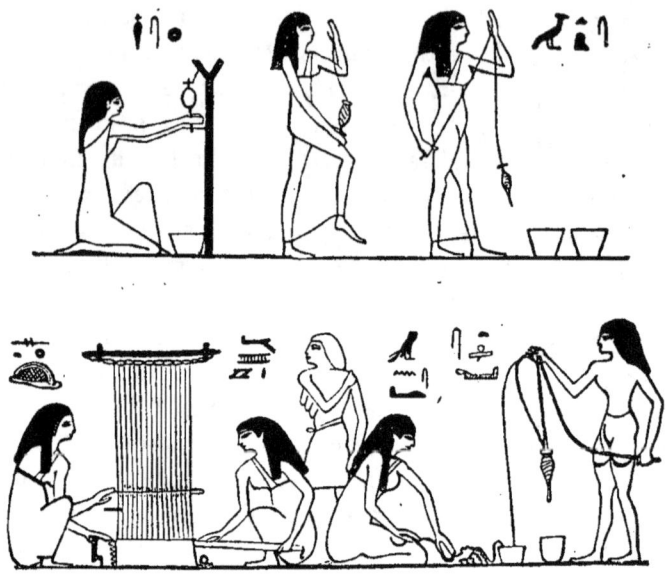

Femmes filant et tissant sous la surveillance d'un eunuque[1].

inestimable. Nous en rapportons ici tout ce qui se rapporte aux diverses professions.

> « J'ai vu le forgeron à ses travaux,
> à la gueule du four,
> ses doigts sont comme en peau de crocodile,
> il est puant plus qu'un œuf de poisson.
> Tout artisan en métaux
> a-t-il plus de repos que le laboureur?

[1] Peinture d'un tombeau de Béni-Hassan, d'après Wilkinson.

Ses champs à lui, c'est du bois ; ses outils, du métal.
La nuit, quand il est censé être libre,
il travaille encore après tout ce que ses bras ont déjà fait,
la nuit, il veille au flambeau.
 « Le tailleur de pierres cherche du travail
en toute espèce de pierres dures.

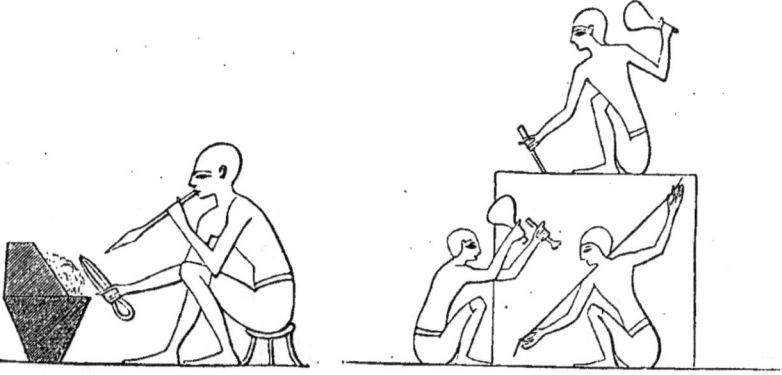

Artisan en métaux soufflant son fourneau avec un chalumeau[1].

Tailleurs de pierre[2].

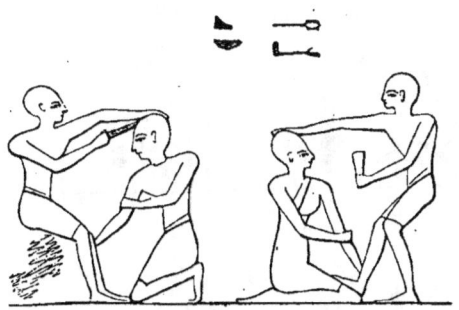

Barbiers[3].

Lorsqu'il a fini les travaux de son métier
et que ses bras sont usés, il se repose ;
comme il reste accroupi depuis le lever du soleil,
ses bras et son échine sont rompus.
 « Le barbier rase jusqu'à la nuit ;
ce n'est que lorsqu'il se met à manger qu'il s'appuie en repos sur son
[coude.

---

[1] Peinture d'un hypogée de Thèbes, d'après Wilkinson.
[2] Peinture d'un tombeau de Thèbes, d'après Wilkinson.
[3] Peinture d'un tombeau de Béni-Hassan.

Il va de groupe en groupe de maisons pour chercher les pratiques ;
il se rompt les bras pour emplir son ventre,
comme les abeilles qui mangent leurs labeurs.

« Le batelier descend jusqu'à Ni-adhou [1] pour gagner son salaire.
Quand il a accumulé travail sur travail,
qu'il a tué des oies et des flamants, qu'il a peiné sa peine,
à peine arrive-t-il à son verger,
arrive-t-il à sa maison,
qu'il lui faut s'en aller.

. . . .

« Je te dirai comme le maçon
la maladie le goûte ;

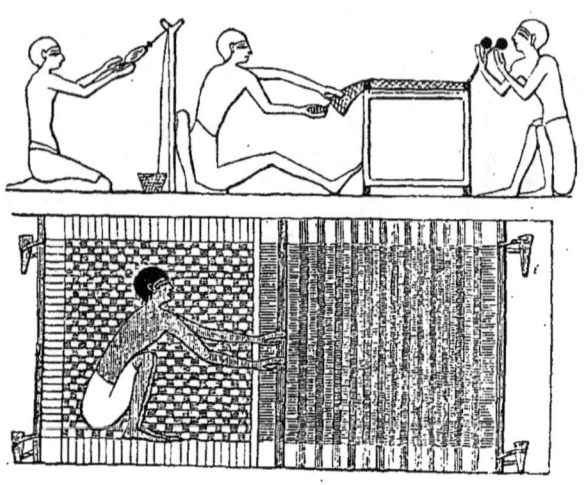

Tisserands [2].

car il est exposé aux rafales,
construisant péniblement, attaché aux chapiteaux à fleur de lotus des
[maisons,
pour atteindre ses fins.
Ses deux bras s'usent au travail,
ses vêtements sont en désordre,
il se ronge lui-même,
il ne se lave qu'une fois par jour.

. . . .

Quand il a son pain, il rentre à la maison
et bat ses enfants.

« Le tisserand, dans l'intérieur des maisons,

---

[1] Les marais de l'extrémité septentrionale du Delta.
[2] Peinture des tombeaux de Béni-Hassan, d'après Wilkinson.

est plus malheureux qu'une femme.
Ses genoux sont à la hauteur de son cœur,
il ne goûte pas l'air libre.
Si un seul jour il manque à fabriquer la quantité d'étoffe réglementaire,
il est lié comme le lotus des marais.
C'est seulement en gagnant les gardiens par des dons de pains
qu'il parvient à voir la lumière.

. . . .

« Le courrier, en partant pour les pays étrangers,
lègue ses biens à ses enfants
par crainte des bêtes sauvages et des Asiatiques.
Que lui arrive-t-il quand il est en Égypte ?
A peine arrive-t-il à son verger,
arrive-t-il à sa maison,
il lui faut s'en aller de nouveau.

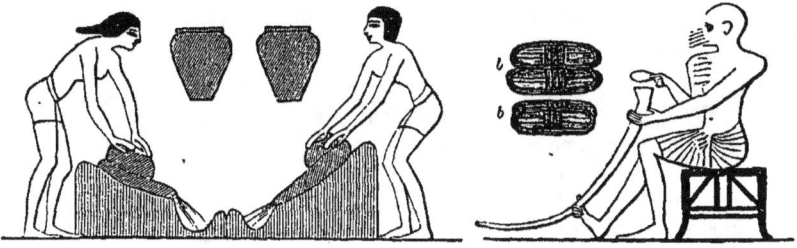

Teinturiers-foulons[1].   Corroyeur-cordonnier[2].

S'il part, sa misère lui pèse ;
s'il ne s'en va pas, il se réjouit.
« Le teinturier, ses doigts puent
l'odeur des poissons pourris ;
ses deux yeux sont battus de fatigue ;
sa main n'arrête pas.
Il passe son temps à couper des haillons ;
c'est sa nausée que les vêtements.
« Le cordonnier est très malheureux ;
il mendie éternellement ;
sa santé est celle d'un poisson crevé ;
il ronge le cuir. »

Il ne faut pas cependant prendre tous ces tableaux au pied de la lettre ; ils sont exagérés à plaisir. Si le scribe étale complaisamment les

---

[1] Représentation extraite d'un des hypogées de Béni-Hassan.
[2] Il est occupé à fabriquer un harnais, et des sandales terminées (*b*) sont dans le champ, près de lui.
Peinture d'un tombeau de Thèbes, d'après Wilkinson.

misères de toutes les professions manuelles et en charge les couleurs, c'est pour mieux faire ressortir les avantages et la noblesse de la profession des lettres vers laquelle il dirige son fils, et dans laquelle il espère qu'il brillera comme lui.

> « J'ai vu les métiers en action
> et je te fais aimer la littérature, ta mère ;
> je présente ses beautés devant ta face.
> Elle est plus importante que tous les métiers,
> elle n'est pas un vain mot sur cette terre.
> Celui qui s'est mis à en tirer profit dès son enfance est honoré ;
> on l'envoie remplir des missions.
> Celui qui n'y participe point reste dans la misère. »

Il envoie donc le jeune homme aux écoles de Khennou dans la Haute-Égypte, qui paraissent avoir été alors l'université la plus renommée pour former des scribes habiles.

> « Certes en te conduisant à Khennou,
> certes j'agis par amour pour toi ;
> car si tu as profité un seul jour dans l'école
> c'est pour l'éternité ;
> les travaux qu'on y fait sont durables comme les montagnes.
> C'est ceux-là, vite, vite, que je te fais connaître,
> que je te fais aimer. »

« Et de fait, remarque justement M. Maspero, l'étude des lettres et le rang de scribe menaient à tout ; les examens passés, le scribe pouvait être, selon ses aptitudes, prêtre, général, receveur des contributions, gouverneur de ville ou de nome, ingénieur, architecte. »

Tandis que ces remontrances du scribe Douaou-se-Kharda à son fils Papi nous font pénétrer dans l'existence des classes populaires et les inscriptions des tombeaux de Béni-Hassan dans celle des grands seigneurs féodaux de l'Égypte sous la XIIe dynastie, un autre document littéraire de la même époque nous introduit chez les populations asiatiques voisines de la frontière de cette contrée et nous fait assister à leur vie. Ce sont les mémoires de l'aventurier Sineh, qui se lisent dans un papyrus du musée de Berlin et dont nous avons déjà dit quelques mots tout à l'heure.

Obligé de fuir l'Égypte, sa patrie, pour des raisons qu'il n'indique pas et qui probablement n'étaient pas très avouables, Sineh franchit la muraille qui fermait la vallée communiquant au bassin des Lacs Amers et s'enfonce dans le désert. « Je cheminai, dit-il, pendant la nuit, et à l'aube je gagnai Peten[1] en me dirigeant vers Qamoër. La soif me surprit, je me mis à courir, mon gosier se dessécha, et je me dis : « Voilà « le goût de la mort. » Mais je relevai mon cœur et je roidis mes membres ; j'entendais la douce voix des bestiaux. J'aperçus un nomade. Je le

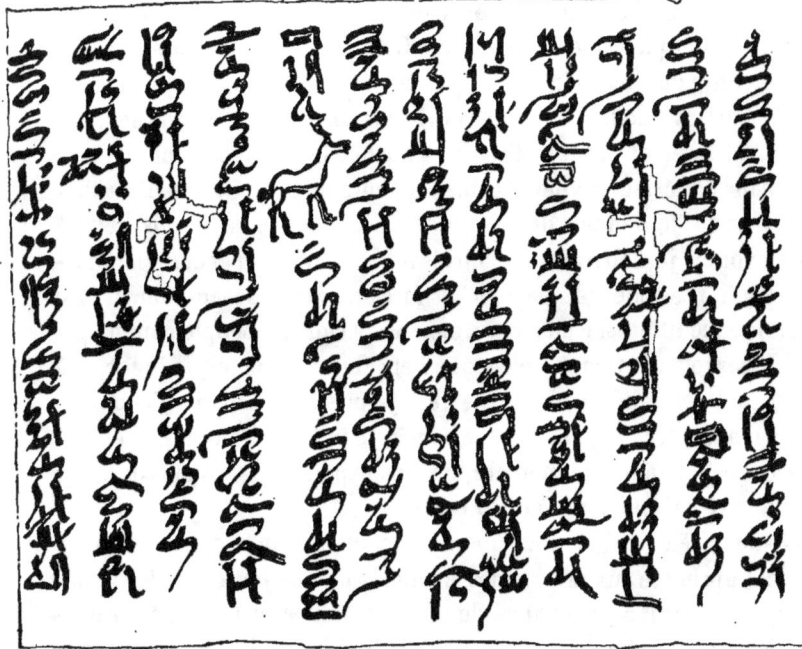

Fragment du manuscrit des mémoires de Sineh[2].

priai de me servir de guide, car je venais d'Égypte. Il me donna de l'eau et me fit bouillir du lait. J'allai avec lui dans sa tribu. »

Les Sati ou Bédouins du désert, qui avaient accueilli le fugitif, le conduisirent de station en station jusqu'au pays de Adoumâ ('Édom). Le chef du canton de Tennou, dans cette contrée, le fit mander et l'invita à se fixer auprès de lui, en lui disant : « Demeure avec moi, tu pourras entendre parler le langage de l'Égypte. » En effet Sineh trouva chez ce chef « certains hommes d'Égypte qui étaient parmi ses hôtes. » L'aventurier, alléché

---

[1] Nom manifestement sémitique, *Paddan,* « la plaine. »

[2] On remarquera la disposition de l'écriture en colonnes verticales. Elle ne s'observe plus dans les manuscrits hiératiques postérieurement à l'époque du Moyen-Empire.

par les offres du roitelet édomite, se décida à se fixer dans son pays, où il devint bientôt un des premiers. « Le chef me mit à la tête de ses enfants, me maria à sa fille aînée et me donna mon choix parmi les terres les meilleures qui lui appartenaient jusqu'aux frontières du pays voisin. C'est un bon pays nommé Aa ; il a des figues et du raisin, et produit plus de vin qu'il n'a d'eau. Le miel y est en quantité, ainsi que les oliviers, les plantations et les arbres. On y trouve de l'orge ; ses céréales n'ont point de nombre, non plus que ses bestiaux. Comme dans mes courses je savais tirer un gain considérable, il (le chef de Tennou) m'établit chef de tribu parmi les meilleures du pays... Des enfants me naquirent ; ils devinrent braves et chacun dirigeait sa tribu. Le voyageur qui allait et venait dans l'intérieur du pays se dirigeait vers moi, car j'accueillais bien tout le monde ; je donnais de l'eau à qui avait soif, je remettais l'égaré dans sa route, je délivrais, en détruisant le malfaiteur, celui qu'opprimait le Sati. Les chefs du pays, je les forçais à venir devant moi. Le roi de Tennou me fit passer plusieurs années parmi son peuple comme général de ses soldats. Chaque pays que j'envahis comme tel, je le forçai à payer tribut des produits de ses terres ; je pris ses bestiaux, j'emportai ce qui lui appartenait, j'enlevai ses bœufs, je tuai ses hommes. Il était à la merci de mon sabre, de mon arc, de mes expéditions, de mes desseins pleins de sagesse qui plaisaient au roi. »

Suit une scène qui semble un épisode du roman d'Antâr ou qu'on croirait empruntée aux mœurs des Bédouins de nos jours, car la vie immobile du désert n'a pas changé depuis des milliers d'années au travers de toutes les révolutions des pays civilisés. Un brave de Tennou, jusque-là vainqueur de tous ses rivaux, vient défier Sineh dans sa maison. Il lui propose un combat singulier dont l'issue mettra le vaincu à la merci du vainqueur. Le chef voudrait empêcher ce duel ; il a peur de perdre l'Égyptien qui conduit si bien ses troupes, avec l'expérience de la stratégie et de la discipline. Mais Sineh est piqué d'honneur, il ne veut pas avoir l'air de reculer devant un champion redoutable ; il brûle d'ailleurs de donner une verte leçon à l'insolence du bravache édomite. « Je ne le connais point, dit-il, certes je ne suis pas son allié, je me suis tenu loin de lui et de sa demeure. Ai-je jamais ouvert sa porte ou franchi ses clôtures ? Si c'est un cœur qui désire me voir tel que je suis, me dépouiller de mes chats et de mes chiens, ainsi que de mes vaches, enlever mes taureaux, mes chèvres, mes veaux afin de se les approprier, suis-je tenu de lui rendre affection pour ce qu'il a entrepris contre moi ? » L'Égyptien accepte donc le défi, et jour est pris pour le combat. « Quand l'aube arriva, Tennou vint en personne après avoir rassemblé toutes ses tribus et convoqué tous ses vassaux : il désirait voir ce combat. Tous les cœurs se tournèrent vers moi ; hommes et femmes poussaient des acclamations, mais chaque cœur s'attristait pour moi. On disait : « Y a-t-il un autre brave « capable de lutter avec celui-là ? » Il prit son bouclier, sa lance, son paquet de dards ; mais quand j'apparus, armé contre lui, je repoussai tous ses traits dispersés à terre, tant que chacun de nous ne se rua pas sur l'autre. Quand il me chargea, je lui lançai une flèche ; mon trait le frappa au cou ; il poussa un grand cri et tomba à terre. »

Si l'on joint aux deux courts écrits, dont nous venons de citer une grande partie, les Instructions du roi Amon-em-ha-t à son fils Ousor-tesen, auxquelles nous avons un peu plus haut emprunté plusieurs extraits, et le bel hymne au Nil conservé dans un papyrus du Musée Britannique, dont une portion considérable a été donnée dans le premier chapitre du présent livre (p. 16), on aura l'ensemble presque complet de ce qui est parvenu jusqu'à nous de la littérature égyptienne de la XIIe dynastie. Ces morceaux, de genres très différents, étaient tenus, au temps de la grande floraison littéraire de la XVIIIe dynastie, dans une estime singulière. Ils comptaient alors au nombre des modèles les plus accomplis de style, que l'on faisait étudier dans les écoles aux jeunes gens qui se destinaient à la carrière de scribes. Pour les maîtres de cette renaissance qui devait léguer aux générations postérieures d'autres modèles, non moins admirés et non moins imités, l'âge des Amon-em-ha-t et des Ousor-tesen était dans le passé l'époque classique par excellence, le grand siècle de la littérature. Et je crois que sur les extraits que nous en avons donnés, même au travers de l'imperfection des traductions dans nos langues modernes, qui se prêtent mal à rendre l'accent et la tournure de pensée de ces âges antiques, le lecteur aura pu juger que cette réputation n'était pas usurpée, que les lettres avaient été cultivées alors avec un véritable éclat et compté des écrivains de forte race. Le progrès est grand depuis le style, tantôt terre-à-terre et tantôt bizarrement cherché, du prince Phtah-hotpou. Et le progrès de l'élévation morale et de la profondeur des idées est encore plus considérable depuis le temps où la sagesse se réduisait aux préceptes pratiques de ce manuel du parfait courtisan sous la Ve dynastie, dont nous avons essayé plus haut de donner une idée.

C'est aussi du temps de la xi⁰ et de la xii⁰ dynastie que nous commençons à constater d'une manière formelle l'existence d'une grande partie du *Livre des Morts*. On en lit quelques-uns des chapitres les plus importants inscrits sur des sarcophages de cette époque, tandis qu'on n'en possède jusqu'à présent aucune copie, aucun extrait remontant à l'Ancien Empire. Il est vrai que, comme nous l'avons noté, l'on prétendait plus tard que certaines portions de ce livre, et des plus abstruses dans leur mysticisme transcendental, avaient été miraculeusement découvertes et publiées sous des rois des premières dynasties. Mais rien au monde ne vient garantir l'authenticité de semblables allégations, qui peuvent avoir été inventées à une date relativement tardive pour donner à ces chapitres l'autorité d'une extrême antiquité. Les fraudes pieuses de ce genre n'ont été rares à aucune époque. Ce qui est certain, c'est que les idées qui inspirent tout le *Livre des Morts*, et en particulier les chapitres en question, n'ont aucune parenté avec celles qui inspirèrent la décoration des tombes de l'Ancien Empire. Elles sont bien plus hautes, bien plus spirituelles, bien plus raffinées que celles que nous entrevoyons prédominant alors dans le sacerdoce memphite et à la cour des Pharaons. Ce sont d'autres dieux que ceux de Memphis sous l'Ancien Empire qui y tiennent la première place, qui y sont les garants du sort de l'âme dans l'autre vie, et précisément les dieux dont l'apparition au premier rang dans le culte caractérise le changement religieux qui coïncide avec le premier avènement des princes thébains. Le *Livre des morts* tout entier repose sur la religion osirienne, et de celle-ci nulle trace dans les sépultures memphites de la ii⁰ dynastie à la vi⁰. Ce livre fameux et sacré par-dessus tous les autres, qui devint jusqu'à la fin de l'existence de la civilisation égyptienne comme le code de sa doctrine sur la vie d'outre-tombe, se rattache par un lien étroit aux conceptions qui s'élaborèrent silencieusement au fond des antiques sanctuaires de la Haute-Égypte, loin du bruit mondain de la cour des rois et des grandeurs séculières, concentré à Man-nofri et dans ses alentours, et qui ne se propagèrent en prenant la prépondérance dans toute l'Égypte qu'avec le triomphe des En-t-ef et des Monthou-hotpou. S'il comprend peut-être des parties dont la rédaction remonterait aux siècles de l'Ancien Empire, ces chapitres seront restés obscurément enfermés dans le cercle restreint de l'influence de ces sanctuaires, jusqu'au moment où une Égypte nouvelle a surgi, à la suite des troubles qui mirent fin à l'Ancien Empire. La question, du reste, ne pourra être ici définitivement éclaircie qu'après la publication des longues inscriptions qui couvrent les parois des chambres funéraires des pyramides d'Ounas, de la vᵉ dynastie, et de Méri-Râ Papi ainsi que de son fils Month-em-sa-f Iᵉʳ de la vıᵉ. Ces inscriptions ont, en effet, nous dit-on, un caractère religieux et renseignent sur les doctrines de la fin de l'Ancien Empire relativement à la vie future, de manière à satisfaire complètement la curiosité. Cependant ceux qui ont pu déjà les étudier affirment que les idées qu'elles renferment ne s'écartent pas d'une façon notable de celles du *Livre des Morts*, ce qui pourrait modifier ce que nous disons ici.

En tous cas, il y a eu dans la réalité deux Égyptes successives, profondément distinctes moralement et intellectuellement : la vieille Égypte memphite, qui a duré jusqu'aux convulsions de la fin de la vıᵉ dynastie, et l'Égypte thébaine, qui a débuté à la xıᵉ. C'est cette dernière qui est la grande Égypte religieuse et philosophique que les Hébreux et les Grecs ont connue, dont ils ont vanté la sagesse et sur laquelle ils ont assis leurs jugements. L'intervalle entre les deux est précisément marqué par la chute subite de la première civilisation, si florissante pendant plusieurs siècles, et par la lacune étrange que la science constate dans l'histoire monumentale des bords du Nil, pendant un laps de temps que les listes de Manéthon remplissent par la succession de quatre dynasties.

La constatation d'une révolution aussi complète dans les mœurs et dans l'esprit, dans une partie des bases mêmes les plus essentielles de la société, d'un changement aussi radical à une certaine époque de l'existence historique de la terre des Pharaons, ne concorde pas avec l'idée qu'on se fait d'ordinaire de « l'immuable Égypte, » suivant l'expression de Bossuet. Faut-il donc rayer du tableau d'ensemble de l'histoire universelle cette notion de l'immobilité de l'Égypte, constituée dans le monde pendant tant de siècles comme la gardienne de traditions antiques et invariables? Oui, s'il s'agit de l'abîme véritable qui sépare, malgré certaines analogies persistantes, les deux civilisations de cette contrée ; non, s'il s'agit de la seconde Égypte, de l'Égypte thébaine, qui commence à la xıᵉ dynastie.

Or, c'est celle-là seulement que les penseurs des âges classiques ont connue ; c'est celle-là où ils ont été chercher des enseignements ; c'est celle-là seule qui a joué un grand rôle dans l'histoire générale du monde. L'Égypte memphite des âges primitifs, avec son développement précoce de civilisation matérielle, a été un phénomène isolé,

vivant exclusivement sur lui-même, sans expansion extérieure, sans
influence réelle sur la marche de l'humanité. L'Égypte thébaine, au
contraire, a puissamment influé sur cette marche générale du progrès
humain. C'est elle dont l'action matérielle et morale a rayonné au loin,
d'abord par ses conquêtes, puis, quand elle eut cessé d'être une
puissance militaire et prépondérante, par les leçons de sa science
et de sa sagesse, de sa religion et de sa philosophie. C'est cette seconde
Égypte qui, dans le monde, a joué successivement un double rôle :
d'abord celui d'initiatrice des peuples avec lesquels elle fut en contact,
puis, quand ces peuples se furent lancés hardiment dans la voie du
progrès, celui de conservatrice des traditions antiques, de la vieille
sagesse symbolique des âges reculés.

Sans doute, on va le voir en suivant le développement de ses annales,
l'Égypte thébaine a compté bien des révolutions ; elle a vu plus d'une
invasion étrangère s'abattre sur son territoire ; à plusieurs reprises elle
a été témoin d'éclipses et de renaissances dans sa civilisation. Il serait
facile, pour celui qui voudrait se préoccuper des détails plus que des
faits généraux et des grandes lignes de l'histoire, d'étayer sur ces faits
un paradoxe semblable à celui qu'Abel Rémusat soutint un jour au
sujet de la Chine et de l'Orient musulman, lorsqu'il prétendit montrer
dans les révolutions de ces contrées un mouvement de progrès pareil
à celui des sociétés européennes. Mais qu'importent, dans l'ensemble
de la marche générale de l'humanité, dans le jugement philosophique
à porter de haut sur le rôle que chaque peuple y a joué, ces mouvements d'un océan sans limites, ces vagues qui montent et qui descendent,
ces peuples qui se choquent, qui se brisent, ces trônes qui s'élèvent
et qui sont renversés ? Qu'importent ces variations perpétuelles, si tout
ce mouvement s'opère sur lui-même, si le genre humain n'a tiré pour
son progrès aucun profit de ces luttes ? C'est dans le profit qu'est la
différence fondamentale entre les races orientales, quelque remplie
de révolutions que soit leur histoire, et la race européenne. En Europe,
à dater du moment où la première lueur de civilisation a commencé
à luire, il n'y a pas un cri, pas un combat, pas une douleur, en quelque
sorte, qui n'aient été féconds. Le fruit de l'histoire est précisément de
chercher, dans chacun des événements et des malheurs qui se succèdent, ce que l'humanité en a tiré ; et toujours en Europe, sans forcer
le moins du monde les conséquences, nous constatons l'existence de
ces profits incessants. Mais dans l'Orient, à partir d'un certain point,

rapidement acquis dès les époques les plus reculées, il n'y a que des apparences, des illusions, des espérances, suivies des plus étranges catastrophes.

Oui, l'Égypte thébaine, la véritable Égypte dont l'historien philosophe doit avant tout tenir compte, est demeurée immobile et immuable au travers des siècles, en dépit de ses nombreuses révolutions politiques. Ni les invasions étrangères, ni les luttes intestines n'ont apporté en elle aucun changement. Elle a quelquefois plié sous la violence du torrent qui fondait sur elle ; mais une fois le torrent passé, elle s'est relevée exactement la même. D'aucune de ses crises, même les plus violentes, d'aucune de ses souffrances, d'aucun de ses triomphes n'est sorti un progrès nouveau. Plusieurs fois, comme lors de l'invasion des Pasteurs, sa civilisation a paru sombrer dans la tempête ; mais si elle a toujours refleuri tant qu'elle ne s'est trouvée qu'en face de la barbarie, aucune de ses renaissances n'est parvenue à la porter au delà du point où elle s'était une fois arrêtée. Telle elle était sous les Ousor-tesen et les Amon-em-ha-t, telle nous la retrouvons sous les Râ-mes-sou ; telle elle était encore sans modifications quand elle commença à entrer en rapports avec les Grecs. Elle ne s'était pas constituée sans peine ; cette seconde civilisation égyptienne avait été précédée par une première phase, notablement différente, et ce fut seulement à l'époque de la xie dynastie qu'elle s'assit sur ses bases définitives. Mais depuis lors jusqu'à la conquête d'Alexandre, deux mille sept cent ans s'écoulèrent, pendant lesquels elle ne bougea pas. Vingt-sept siècles d'immobilité ! C'est un fait presque unique dans l'histoire du monde, et qui suffit à légitimer le jugement que l'histoire a toujours porté de l'antique Égypte.

Au point de vue de la perfection des arts plastiques, l'époque de la xiie dynastie est, comme au point de vue de la littérature, un des moments les plus remarquables dans l'histoire de la civilisation de l'Égypte. Sans doute nous ne connaissons que très imparfaitement ce qu'était alors l'architecture. Il ne subsiste plus ni un temple ni un palais de cet âge. Les révolutions, qui depuis les Amon-em-ha-t et les Ousor-tesen ont bouleversé le sol de l'Égypte, ont fait disparaître presque jusqu'aux débris de ses grands édifices. La plupart ont dû périr lors de l'invasion des Pasteurs, dont la rage paraît s'être particulièrement exercée sur tout ce qui rappelait le souvenir des princes de la xiie dynastie. Et ceux qui avaient traversé cette période de désastres, comme le Labyrinthe, que les Grecs virent encore intact et dans sa splendeur, ont été réduits dans les siècles qui ont suivi à un état de ruine qui ne permet plus d'en apprécier l'architecture. Nous connaissons seulement l'impression que ce dernier édifice avait produite sur les Hellènes, si bon juges en pareille matière. « J'ai vu le Labyrinthe, dit Hérodote, et je l'ai trouvé plus grand encore que sa renommée. On rassemblerait tous les édifices et toutes les constructions des Grecs, qu'on les trouverait inférieurs comme travail et comme coût à cet édifice; et pourtant, le temple d'Éphèse est remarquable et aussi celui de Samos. Les pyramides encore m'avaient paru plus grandes que leur renommée, et une seule d'entre elles équivaut à beau-

Façade d'un des hypogées de Béni-Hassan.

coup des plus grandes constructions grecques; et pourtant le Labyrinthe surpasse même les pyramides. »

Et ce n'étaient pas seulement les proportions, la masse, qui faisaient le mérite de ces édifices de la xii° dynastie, comme elles avaient fait celui des pyramides de l'Ancien Empire. Il suffit des façades des tombeaux de Béni-Hassan pour montrer que l'architecture égyptienne avait su dès lors produire de véritables chefs-d'œuvre. On peut juger, d'ailleurs, par ces tombeaux que l'architecture de la xii° dynastie différait profondément de celle des âges primitifs. C'est un art tout nouveau, dont les règles seront reprises lorsque, après une seconde éclipse, la culture égyptienne renaîtra encore une fois, à l'aurore de la période historique que l'on appelle le Nouvel Empire. Une des conceptions les plus puissantes et les plus originales de l'architecture égyptienne, celle des salles hypostyles, a été créée sous la xii° dynastie; on en comptait plusieurs, de proportions gigantesques, au Labyrinthe. Ce qui est propre à l'art architectural de cette époque, c'est l'emploi de la colonne en forme de prisme polygonal, que l'on a appelée *proto-dorique* et qui semble, en effet, avoir été le point de départ de la création de l'ordre dorique des Grecs, bien que le chapiteau n'en ait point de coussinet, et que l'abaque, très épais, y repose directement sur l'extrémité supérieure du fût. On observe cette colonne, à la fois ferme et élégante, qui ne se reproduit guère plus tard, aux façades et même dans l'intérieur de plusieurs des hypogées de Béni-Hassan, ainsi que dans les restes du portique d'Ousor-tesen Ier à Karnak.

Cependant la tradition de l'art de l'Ancien Empire se continuait encore

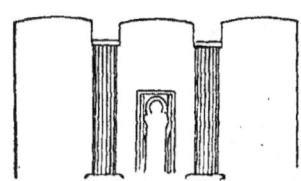

Coupe transversale du vestibule d'un des tombeaux de Béni-Hassan.

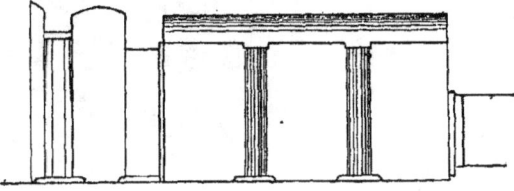

Coupe longitudinale du même tombeau, montrant la disposition des colonnes proto-doriques.

en partie dans l'architecture privée au temps de la xii° dynastie. Auguste Mariette avait pu restituer complètement, à l'Exposition Universelle de 1878, une maison de cette époque, déblayée dans ses fouilles à Abydos et dont assez de débris avaient été retrouvés pour permettre cette restauration avec certitude [1]. Les murs de cet édifice, construits de briques crues, étaient revêtus en dehors de dalles calcaires minces imitant un appareillage en pierres de taille. Les parements des pavillons carrés et des ailes étaient inclinés comme ceux des temples, mais la façade centrale s'élevait avec un aplomb vertical. L'ornementation de cette façade était encore absolument celle que nous avons vue dans les stèles des tombes des dynasties primitives, continuant à simuler un poutrellage aux intervalles remplis de pisé. C'est en bois qu'étaient exécutées les colonnettes à chapiteaux en fleur de lotus, formant les meneaux verticaux des fenêtres, aux deux étages des pavillons carrés qui flanquaient les deux

---

[1] M. A. Rhoné a décrit et justifié cette restitution dans la *Gazette des Beaux-Arts*. C'est à son article que nous empruntons la gravure de la page suivante.

côtés de la façade. A l'intérieur, le plan de la maison dessinait une cour carrée, entourée d'un portique de colonnes prismatiques en bois, sur lequel s'ouvraient les différentes pièces. Nous donnons une vue de ce spécimen de l'architecture privée du Moyen Empire, tel qu'il avait été rétabli, avec un soin archéologique minutieux, dans les jardins du Trocadéro.

Mais ce que l'on connaît le mieux dans l'art de la xii⁰ dynastie est la sculpture. Elle se montre, dans les œuvres de cette époque, parvenue, à l'abri de la paix publique, à un degré de progrès et de perfection que les plus beaux travaux de la xviii⁰ et de la xix⁰ dynastie ont pu à peine égaler. Les qualités prédominantes dans la sculpture de cet âge sont la finesse, l'élégance et l'harmonie des proportions. La réalité et la vie de l'école primitive ne se retrouvent déjà plus au même degré; l'art n'a plus la même

Maison égyptienne de la xii⁰ dynastie, restituée par A. Mariette.

liberté ; il est soumis aux entraves des règles sacerdotales. Le canon hiératique des proportions est fixé tel qu'il sera repris après l'expulsion des Pasteurs ; il ne reste plus de vestiges de l'art primitif que dans l'énergie et la hardiesse avec laquelle sont rendus les muscles des bras et des jambes. Mais les défauts qui sont venus plus tard entacher la sculpture égyptienne, la convention dans le rendu des détails, la lourdeur des jointures, la roideur exagérée des figures, se laissent à peine pressentir. Les matières les plus dures et les plus réfractaires sont travaillées avec une délicatesse et un fini d'exécution qui, même dans les œuvres colossales, atteint celui du camée. Les statues d'Amon-em-ha-t Ier et d'Ousor-tesen Ier, découvertes à Tanis par A. Mariette, égalent presque sous ce rapport la statue de Kha-f-Râ. Elles paraissaient si belles aux Égyptiens des temps postérieurs que des Pharaons de la xixe dynastie, Râ-mes-sou II et Me-ne-Phtah, les ont usurpées. Cependant si la sculpture de la xiie dynastie est beaucoup plus fine que celle des monuments les plus parfaits de la xviiie, elle n'égale pas la grandeur monumentale des productions de cette dernière époque.

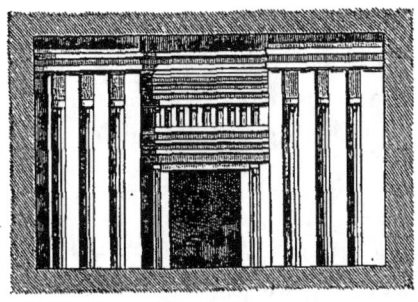

Type de la décoration architecturale de l'Ancien-Empire[1].

§ 4. — TREIZIÈME ET QUATORZIÈME DYNASTIES.

Si l'histoire de la xiie dynastie est claire et bien connue, établie par de nombreux monuments, les annales de l'Égypte ne présentent pas, au contraire, de période plus obscure que celle qui s'étend de là jusqu'à la xviiie, période longue et remplie de révolutions, de troubles, de déchirements, marquée enfin par une catastrophe terrible, la plus grande et la plus durable qu'enregistre l'histoire égyptienne, qui vint une seconde fois interrompre la chaîne de la civilisation sur les bords du Nil et rayer l'Égypte du rang des nations. Les dynasties de cette époque ne sont représentées dans les extraits de Manéthon que par des chiffres totaux de durée, et encore les différentes versions que nous possédons

[1] Voyez aussi la figure de la page 87.

de ces extraits ne se trouvent-elles pas d'accord pour le nombre des rois, la longueur du règne des dynasties et quelquefois l'indication de leur origine. Ajoutons, pour comble d'obscurité, que cette partie de l'histoire est la seule pour laquelle Manéthon avait indubitablement (le témoignage des chronographes est formel) admis dans ses listes des dynasties collatérales, mais qu'en même temps, dans les extraits que nous en avons, aucune indication positive ne désigne celles qui furent contemporaines.

« L'Égypte était en pleine prospérité à la mort d'Amon-em-ha-t III. La XII° dynastie avait conquis la Nubie et recouvré la péninsule du Sinaï, assaini le sol, régularisé l'inondation, orné les principales villes de temples et de monuments, assuré la bonne administration et par suite doublé la richesse du pays : en un mot, elle avait terminé l'œuvre de réparation que la dynastie précédente n'avait pu qu'ébaucher. C'est à ce moment qu'elle s'éteignit après deux règnes insignifiants, ceux d'Amon-em-ha-t IV et de sa sœur Sevek-nofriou. Treize ans et quelques mois s'étaient à peine écoulés depuis la mort d'Amon-em-ha-t III, quand Sevek-hotpou Ier monta sur le trône et commença la XIII° dynastie[1]. »

Cette dynastie était originaire de Thèbes, comme les deux précédentes. Manéthon lui donne soixante rois et quatre cent cinquante-trois ans de durée. On a retrouvé sur les monuments les noms de la plupart de ses princes, qui presque tous s'appelaient Sevek-hotpou et Nofri-hotpou; mais leur ordre de succession est encore fort incertain. Pendant la longue période de temps comptée à cette maison royale, la série dynastique, plusieurs fois interrompue par le manque d'héritier mâle, se renoua par le droit de succession que la loi de Baï-noutriou reconnaissait aux princesses et qu'elles transmettaient à leurs descendants. Sevek-hotpou II, fils d'un simple prêtre nommé Monthou-hotpou et d'une princesse royale, reçut la couronne en héritage de sa mère ; Nofri-hotpou II, dont le père n'appartenait pas non plus à la famille régnante, devint roi du chef de sa mère Ka-Ma. A côté de ces substitutions pacifiques, on entrevoit quelques traces de révolutions militaires. Un colosse de granit trouvé à Tanis porte les légendes d'un roi de cet époque dont le nom propre, Mer-meschou ou Mer-menfiou (il y a doute sur la lecture), n'est pas autre chose que le titre de « général. » « Je n'ai pas besoin de faire remarquer ce que ce

---

[1] Maspero.

nom royal a de singulier, dit ici A. Mariette. Qu'est-ce en effet que ce général qui se sert de son seul titre pour en former son *cartouche-nom?* Les grands prêtres qui enlevèrent le pouvoir aux derniers Râ-mes-sou usèrent d'un procédé analogue ; mais ces usurpateurs ne cachèrent pas leur nom, et s'ils inscrivirent leur dignité dans un cartouche, on notera comme une différence radicale que ce fut dans un *cartouche-prénom*[1]. »

Le roi Nofri-hotpou II, d'après une statue du Musée de Berlin.

Aucun édifice de la XIIIe dynastie n'est parvenu jusqu'à nous. Mais un certain nombre de débris attestent que ses rois avaient fait exécuter des travaux considérables, non seulement à Thèbes et à Abydos, mais dans un certain nombre de villes du Delta, principalement à Tanis[2], qui, malgré leur origine thébaine[3], paraît avoir été une de leurs résidences favorites. Le style des œuvres

---

[1] Les noms des rois égyptiens sont toujours inscrits dans des encadrements elliptiques auxquels on a donné la qualification de « cartouches. » Chaque prince en a deux : le premier, précédé du titre de « roi de la Haute et de la Basse-Égypte, » est le « cartouche-prénom ; » il renferme un titre du dieu Râ ou Soleil, que le roi adoptait à son avènement pour se désigner comme le représentant de ce dieu sur la terre ; le second, précédé du titre de « fils du Soleil, » est le « cartouche-nom ; » il contient le nom propre que le prince portait déjà avant d'avoir ceint la couronne et qu'il gardait étant roi.

[2] C'est seulement plus tard, sous les Pasteurs, que cette ville reçut le nom sémitique de Tsan, d'où les Grecs ont fait Tanis et la Bible Ço'an. On ignore comment elle s'appelait sous la XIIIe dynastie.

[3] Cette origine thébaine est affirmée par Manéthon. Pourtant la façon dont, par leurs noms propres mêmes, les rois de la XIIIe dynastie se placent sous la protection spéciale du dieu Sevek ou Sebek, est étrangère à la religion de Thèbes. Elle semblerait plutôt de nature à faire croire que la famille de ces princes provenait primitivement d'un des cantons de l'Égypte où régnait le culte de Sevek et du crocodile, son animal sacré, soit de Scheden ou Pa-Sevek (Crocodilopolis) dans le Fayoum, soit des nomes de Sâpi-rès (Prosopite) et de Nôfir-ament (Métélite et Ménélaïte) dans la Basse-Égypte.

de sculpture de cette époque, bien que fort remarquable encore, est déjà inférieur à celui des œuvres de la xii⁰ dynastie : les proportions de la figure humaine commencent à s'y altérer, le modelé des membres à perdre de sa vigueur et de son fini. Des monuments de nature diverse que l'on connaît des Pharaons de la treizième maison royale, il est permis de conclure que l'Égypte, du moins pendant les premiers siècles de la domination de cette maison, n'avait rien perdu de son ancienne prospérité, qu'elle restait maîtresse de tout son territoire et aussi florissante intérieurement que sous la xii⁰ dynastie. Quant aux guerres que les monarques de cette époque entreprirent,

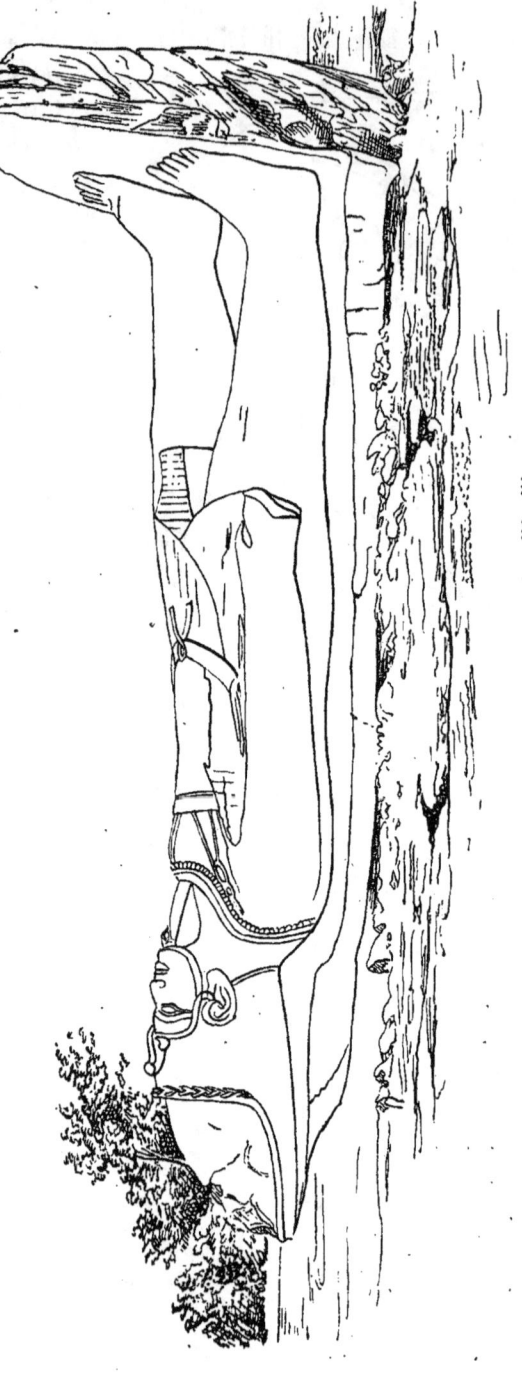

Colosse renversé de la xiii⁰ dynastie, dans l'île d'Argo.

le silence des monuments permet à peine même les conjectures. Cependant on doit conclure de la présence d'un colosse de Sevek-hotpou VI, le vingt-quatrième ou vingt-cinquième roi de la dynastie, dans l'île d'Argo, près de Dongolah, que l'Égypte avait encore élargi alors, du côté du sud, les frontières qu'elle possédait sous la dynastie précédente. En outre, c'est à la xiii° dynastie que paraît, d'après son style, devoir être rapporté le fragment d'un colosse en granit rose usurpé plus tard par le roi Amon-hotpou III (de la xviii° dynastie), fragment que possède le Louvre et dont la base porte une longue liste de nations nègres subjuguées. Une inscription du même temps, gravée sur un rocher de la vallée de 'Hammamât, le long de la route conduisant à la mer Rouge, parle du commerce de pierres précieuses qui se faisait alors avec le pays de Pount, c'est-à-dire l'Arabie méridionale, et montre l'influence égyptienne régnant sans partage sur cette dernière contrée.

Une particularité qui se rapporte à cette époque mérite d'être notée et jette un jour précieux sur l'histoire physique de la vallée du Nil. Il existe à Semneh des rochers à pic situés au-dessus du fleuve et qui portent, à sept mètres au-dessus des plus hautes eaux actuelles, des inscriptions hiéroglyphiques. Or, de la traduction de ces inscriptions — lesquelles sont des cotes de niveau de la crue du Nil, relevées par les scribes-ingénieurs chargés de les observer sur ce point depuis le règne d'Amon-em-ha-t III — il résulte que sous la xii° et la xiii° dynastie, dont elles sont datées, le fleuve, qui sous la xviii° dynastie avait déjà le même niveau qu'aujourd'hui, montait à Semneh, au temps de l'inondation, à sept mètres plus haut. Cet énorme changement doit être attribué à la lente destruction de masses granitiques, qui, comme un barrage naturel, maintenaient jadis la partie supérieure du Nil à un niveau beaucoup plus élevé, et qui, à l'une des cataractes, peut-être à Ouady-Halfah, produisaient une véritable cascade, semblable à celle du Niagara ou à la chute du Rhin près de Schaffhouse. Alors le Nil, étendant ses eaux en une profonde et large nappe en amont de Semneh, devait baigner de vastes régions aujourd'hui stériles en partie, telles que le Dongolah, le Fazo'glo, la Nubie méridionale et l'île de Méroé. Mais lé fleuve, par l'action séculaire de ses eaux, ronge molécule à molécule la barrière de rochers que la nature lui avait opposée, et dont les débris embarrassent encore aujourd'hui son courant. C'est par le même procédé que l'Amazone a creusé dans le roc vif le célèbre défilé de Manzeriche ; que le Danube a desséché l'un après l'autre ses cinq bassins ou lacs primitifs ; que le Rhin s'est frayé un passage entre la Forêt-Noire et les Vosges ; que le Nil lui-même, dans les temps préhistoriques, avait rompu ses barrages de Silsilis et de Syène ; que le Niagara enfin, corrodant sans cesse le rocher du haut duquel il tombe, recule insensiblement, avec une vitesse que l'on a pu calculer à quelques centaines d'années près, vers le lac Érié, qui restera à sec, ainsi que sa fameuse cataracte, le jour où celle-ci l'aura rejoint en arrière. L'étude des alluvions du Nil a révélé l'existence de trois niveaux successifs. Un savant anglais, sir Gardner Wilkinson, fait remonter, d'après ses observations géologiques, à quinze ou dix-sept siècles avant Jésus-Christ, la principale de ces révolutions. Mais comme les données monumentales les plus positives prouvent qu'elle était déjà accomplie avant l'expulsion des Pasteurs, on doit reculer de trois ou quatre siècles encore la rupture des barrages naturels du haut Nil, et la placer dans l'intervalle entre la xiiie et la xviiie dynastie.

Tous les monuments de la xiiie dynastie, que nous avons cités tout à l'heure, et qui prouvent une domination s'étendant sur la totalité du territoire égyptien, appartiennent au premier tiers de la durée de cette dynastie. Des princes qui continuèrent cette maison nous n'avons pas de monuments contemporains ; leurs noms sont seulement connus par les listes royales, comme celle de la Salle des Ancêtres de Karnak ou les fragments du papyrus de Turin. Rien ne s'oppose donc formellement à ce que nous adoptions l'opinion proposée déjà par plusieurs érudits modernes, et qui paraît la plus vraisemblable, opinion d'après laquelle la xive dynastie de Manéthon, originaire de Khsôou, la Xoïs des Grecs, se serait élevée dans le Delta, en compétition avec la xiiie dynastie thébaine, pendant toute la fin de celle-ci, résultat préparé par la façon dont ses premiers princes avaient favorisé les villes de la Basse-Égypte aux dépens de celles de la Haute-Égypte. La division du pays en deux royaumes rivaux et ennemis, ainsi que la décadence qui avait dû résulter forcément de ces troubles, aurait été la cause principale qui facilita le succès de l'invasion des Pasteurs. Nous ne savons rien, d'ailleurs, de l'histoire de la dynastie xoïte. Les extraits de Manéthon lui donnent soixante-dix rois, nombre évidemment exagéré ; quant à sa durée, les chiffres varient ; mais parmi ceux qui sont donnés, celui qui paraît avoir pour lui les meilleures autorités est celui de cent quatre-vingt-quatre ans. La xiii° dynastie thébaine, si l'on admet comme nous cette contemporanéité, aurait donc régné deux cent soixante-neuf ans seule sur toute l'Égypte, et le reste du temps sur les provinces méridionales, en antagonisme avec les rebelles du Delta.

§ 5 — INVASION ET DOMINATION DES PASTEURS.

« Il y eut, dit Manéthon dans un fragment que nous a conservé l'historien juif Josèphe, un roi nommé Amintimaos (nom évidemment corrompu par les copistes grecs), sous le règne de qui le souffle de la colère de Dieu s'éleva, je ne sais pourquoi, contre nous. Contrairement à toute attente, des hommes obscurs, venant du côté de l'Orient, s'enhardirent à faire une invasion dans notre pays, dont ils s'emparèrent à main armée, facilement et sans combat. Ils assujettirent les chefs qui y commandaient, brûlèrent cruellement les villes et renversèrent les temples des dieux ; ils firent aux habitants tout le mal possible, égorgeant les uns, réduisant en esclavage les femmes et les enfants des autres. » Il ajoute un peu plus loin : « Toute cette race fut appelée Hycsôs, c'est-à-dire « rois pasteurs, » car dans la langue sacrée *hyc* signifie « roi », et *sôs* veut dire « pasteurs » dans le dialecte commun. » Les deux mots cités ici se sont retrouvés dans les inscriptions hiéroglyphiques, le premier sous la forme *hiq*, désignant un chef subordonné, qui n'a pas la plénitude de l'autorité royale (caractérisée par le titre de *souten*), en particulier les chefs de tribus sémitiques, le second sous la forme *Schasou* comme désignant les Bédouins. Cependant jusqu'à présent, tous les monuments égyptiens connus désignent les envahisseurs, appelés Hycsôs dans le fragment de Manéthon, par les noms de *Mentiou*, « pasteurs, » et de *Satiou*, « archers. »

Dans le livre qui sera consacré à l'histoire de l'Asie euphratique, et dans celui qui plus tard traitera des Phéniciens, nous montrerons comment l'invasion des Pasteurs en Égypte se rattache à tout un vaste mouvement de populations amené par l'irruption des 'Elamites dans la Chaldée et la Babylonie et leurs conquêtes forçant à l'émigration des peuples entiers jusque-là fixés dans les environs du golfe Persique. La principale de ces migrations fut celle des Kènânéens, qui quittèrent alors leurs primitives demeures pour venir s'établir dans la Palestine, fait qui était encore récent lorsqu'Abraham y arriva lui-même avec sa tribu pastorale. L'invasion de l'Égypte fut comme le dernier terme et le dernier acte de ce grand mouvement de nations, comparable à celui des invasions barbares à la fin de l'Empire romain. Il est cependant probable que la vallée du Nil ne fut pas le terme extrême où s'arrêta le flot, mais qu'au contraire certains essaims d'envahisseurs ne firent que traverser le Delta pour se porter jusque dans la Libye, peut-être jusqu'à l'extrémité occidentale du littoral du nord de l'Afrique. Quoiqu'il en soit, la masse des Pasteurs offrait certainement un ramassis confus de toutes les hordes nomades de l'Asie antérieure. Il résulte même formellement du type anthropologique des statues de Pasteurs découvertes à Tanis, et qui se reproduit si exactement encore chez ceux de leurs descendants qui habitent encore les environs du lac Menzaleh, que l'élément des populations touraniennes d'au delà du Tigre, c'est-à-dire un élément fortement métissé de sang de la race jaune, y tenait une place très considérable, formait peut-être la majorité des tribus qui franchirent la frontière d'Égypte. C'est ce que j'ai pu constater, avec M. le docteur Hamy, sur les monuments et sur les représentants des populations actuellement vivantes qu'il nous a été donné d'étudier en 1869 dans la Basse-Égypte. Mais en même temps l'hégémonie du mouvement appartenait, suivant les extraits de Manéthon, aux Kénânéens ; d'autres indices sont, au contraire, de nature à faire penser que la tribu dirigeante et dans laquelle furent choisis les rois que se donnèrent les Pasteurs, était étroitement apparentée aux Khéta des documents hiéroglyphiques, les 'Hittim de la Bible, dont nous chercherons plus loin à déterminer le véritable caractère ethnographique ; ils avaient le même dieu national, Soutekh.

L'étude des monuments atteste la réalité des affreuses dévastations du premier moment de l'invasion. A l'exception d'un seul, tous les temples antérieurs à cet événement ont disparu, et l'on n'en retrouve que des débris épars, qui portent des traces d'une destruction violente. Dans les nécropoles, telles que celle d'Abydos, la série des sépultures privées décorées avec luxe s'arrête brusquement, comme si la vie du pays était tout à coup interrompue. Dans ce premier élan, irrésistible et sauvage, le flot de l'invasion alla-t-il jusqu'aux extrémités méridionales de l'Égypte? C'est ce qu'on ne saurait dire positivement ; car tout est encore profondément obscur dans cette histoire. Quoiqu'il en soit, il est certain qu'au sud les conquérants barbares rencontrèrent bientôt une énergique résistance. Une famille de princes thébains, qui dans certains des extraits de Manéthon est comptée comme la xv° dynastie, organisa la défense dans la Haute-Égypte et y tint tête pendant deux siècles environ aux Pasteurs, maîtres de la Basse et de la Moyenne-Égypte. Les annales rédigées en grec d'après les archives sacerdotales par le prêtre de Sébennytus, au temps des premiers Lagides, paraissent avoir admis ensuite, comme la xvi° dynastie, une période de deux autres siècles durant lesquels les Pasteurs auraient exercé sur tout le pays une domination incontestée. Dire ce que pendant ces quatre cents ans l'Égypte eut à subir de bouleversements est impossible. Le seul fait qu'il soit permis de donner comme certain, c'est que pas un monument de cette époque désolée n'est venu jusqu'à nous pour nous apprendre ce que devint, sous les Hycsôs, l'antique splendeur de l'Égypte. Nous assistons donc, sous la xv° et la xvi° dynastie, à un nouveau naufrage de la civilisation égyptienne. Si vigoureux qu'il ait été, l'élan donné par les Ousor-tesen et les Amon-em-ha-t s'arrête subitement ; la série des monuments s'interrompt, et l'Égypte nous instruit, par son silence même, des calamités dont elle fut frappée.

M. Chabas a rassemblé dans un important mémoire tous les renseignements fournis par les documents égyptiens originaux sur l'époque des Pasteurs. Pour leur conciliation avec les données des fragments de Manéthon, M. Maspero a proposé une reconstruction historique de toute cette période, reconstruction qui n'est pas également certaine dans toutes ses parties, mais qui est pourtant la meilleure et la plus vraisemblable de celles que l'on ait tentées. Aussi est-ce celle que nous adoptons.

Manéthon, dans la suite du fragment dont nous avons déjà rapporté le commencement après avoir raconté les horribles ravages du premier moment de l'invasion, continue en disant : « Les Pasteurs firent roi l'un d'entre eux, nommé Salatis (suivant d'autres versions, Saïtês). Celui-ci, qui fixa sa résidence à Memphis, soumit au tribut la haute et la basse région, laissant garnison dans les lieux les plus convenables. Il se fortifia surtout du côté de l'Orient, craignant que les Assyriens, alors plus puissants que lui, ne vinssent envahir son royaume. Trouvant, dans le nome de Séthroé[1], une ville très convenable à son dessein et nom-

---

[1] Les manuscrits grecs de Josèphe, qui nous a conservé ce fragment, portent par erreur « le nome Saïte, » mais la version arménienne d'Eusèbe donne « Méthraïte, » qui a conduit à la correction certaine « Séthroïte. »

mée Avaris (Hâ-ouar) d'après une ancienne tradition religieuse[1], il la rebâtit, la fortifia beaucoup et y plaça, pour garder complètement le pays, une colonie de deux cent quarante mille hommes complètement armés. C'est là qu'il résidait pendant l'été, distribuant à ses soldats le blé et la solde, et les exerçant avec soin aux armes, par crainte des ennemis du dehors. » Salatis pourrait bien avoir été en réalité, au lieu du nom propre du premier roi des Pasteurs, le titre que lui donnaient ses sujets d'origine asiatique. Il semble, en effet, que l'on y retrouve le sémitique *schalit*, « dominateur, souverain supérieur, » de la racine *schalat ;* et il est remarquable que, bien des siècles après, les Assyriens donnassent au souverain de l'Égypte, d'après une ancienne tradition, non pas le même titre qu'aux autres rois, mais, à côté de la qualification de *pir'hou*, correspondant au *para'oh* de la Bible, qui est l'égyptien *par-âa*, la qualification sémitique de *schiltannou* (sultan), qu'ils n'emploient pour aucun autre souverain.

En tous cas, le récit de Manéthon montre le personnage qu'il appelle Salatis s'occupant d'établir un gouvernement régulier parmi les hordes jusque-là confuses des envahisseurs, d'assurer la conservation de la riche conquête qu'ils venaient de faire, en exploitant le pays au lieu de continuer à le piller, et de régler, après la cessation des premiers massacres, la condition des vaincus sous leurs nouveaux maîtres. Le pays, en somme, fut laissé aux indigènes, réduits à l'état de rayas, comme on dirait aujourd'hui en Orient, et pour organiser son administration, le roi des Pasteurs dut forcément recourir à des scribes égyptiens, seuls au courant des ressources de la contrée et des pratiques fiscales. Des garnisons et des colonies militaires, établies sur les points stratégiques, garantirent contre les tentatives de révoltes de la part de ces indigènes. Mais il ne dut pas y avoir, à proprement parler, de colonisation sérieuse du sol égyptien par les conquérants venus de l'Asie, ailleurs que dans le Delta, et spécialement dans sa partie orientale. Cette contrée paraît avoir été habitée dès la plus haute antiquité par une population quelque peu différente de celle du reste de l'Égypte, d'un caractère plus asiatique et probablement mélangée dans une certaine mesure d'éléments proprement sémitiques. C'est celle que le tableau ethnographique du chapitre X de la Genèse, parmi les fils qu'il donne à Miçraïm, le représentant des Égyptiens, désigne spécialement sous le nom de Kas-

---

[1] Hâ-ouar veut dire en égyptien « la maison de la jambe; » la légende mythologique qui s'y rapportait devait être un épisode du dépècement du corps d'Osiris par Set ou Typhon.

lou'him, en signalant son étroite parenté avec les habitants de l'extrémité méridionale de la Syrie, du pays qui fut plus tard occupé par les Pelischtim ou Philistins. La portion orientale du Delta, siège de cette population particulière, fut pour l'Égypte, avant même que Ména n'eut établi la royauté, le berceau du culte de deux divinités importantes, qui prirent une place de premier ordre dans le panthéon national, mais qui pourtant se rattachent par leur origine au cycle des divinités euphratico-syriennes : Hathor, dont on expliqua ensuite le nom en égyptien, par une étymologie factice, en Hâ-t-Hor, « la demeure d'Horus, » mais qu'en même temps on savait bien être la déesse de l'Arabie, et dont le nom, en effet, est originairement le même que celui de la 'Athar araméenne et arabe, Ischtar à Babylone et en Assyrie, 'Aschtharth en Phénicie ; puis Set, le dieu particulier du pays du nord en opposition à Horus, dieu du pays du sud, dont le Soutekh des Pasteurs et des Khéta n'est qu'une forme amplifiée par une gutturale, que nous retrouvons adoré sous le nom de Schita dans plusieurs localités de l'Assyrie et qu'il faut peut-être comparer au patriarche antédiluvien Scheth dans les récits de la Genèse. A une date plus récente, l'élément asiatique de la population du Delta oriental avait été renforcé par des immigrations pacifiques. Pour combler les vides que les siècles de guerres civiles, qui avaient succédé à la vi[e] dynastie, avaient produits parmi les habitants de la vallée du Nil, la politique des rois de la xiie dynastie avait favorisé et provoqué l'établissement, comme colons, de familles et même de tribus entières de Sémites. Les peintures du tombeau de Khnoum-hotpou, à Béni-Hassan, nous font assister à l'arrivée d'une de ces familles, composée de trente-sept personnes, dit l'inscription accompagnant la scène, qui vient se fixer jusque dans le nome de Meh (voy. le troisième registre, en partant du haut, dans les peintures de la paroi du tombeau de Khnoum-hotpou reproduite à la page 120). Mais c'est surtout dans la Basse-Égypte que ces immigrations sémitiques avaient été nombreuses. Les colonies qu'elles avaient établies sous les auspices des Pharaons durent se montrer plus sympathiques que les Égyptiens proprement dits aux envahisseurs, avec une partie desquels au moins elles avaient une certaine parenté, accusée encore par l'affinité du langage, et surtout elles se fusionnèrent mieux avec eux.

Aussi est-ce dans la région occupée par ces populations plus sympathiques aux Pasteurs, et au milieu desquelles ils avaient naturellement préféré s'établir, que Salatis établit sa ville forte ou plutôt son grand camp retranché de Hâ-ouar (aujourd'hui Tell-el-Her), dont les habitants, organisés militairement et constamment exercés au métier des armes, constituaient pour la monarchie des Pasteurs un noyau permanent d'armée, où elle pouvait puiser les soldats dont elle avait besoin. Hâ-ouar était ainsi, par rapport à l'Égypte, le réduit inexpugnable de la domination de ses nouveaux maîtres, réduit placé en dehors du danger possible des insurrections indigènes et appuyé à l'Asie, d'où l'on pouvait au besoin tirer des auxiliaires et de nouvelles recrues ; en même temps, par rapport aux pays asiatiques, c'était un boulevard qui couvrait les possessions égyptiennes des Pasteurs contre la poussée éventuelle d'un nouveau flot d'envahisseurs qui pourrait chercher à leur enlever leur conquête ; il les mettait aussi à l'abri des dangers dont les menaçait la puissance des rois de 'Elam et de la Chaldée, qui à ce moment portaient leurs armes victorieuses en Syrie, qui vinrent même jusqu'à la frontière d'Égypte et dans la péninsule du Sinaï. Et ce sont sûrement ces monarques que les fragments de Manéthon désignent par un emploi abusif et proleptique du nom des Assyriens, qui appartiennent en réalité à une autre période historique.

Les noms des successeurs de Salatis sont, dans les fragments de Manéthon, Anon (dans d'autres versions Bnon), Apachnas (ou Pachnan), Apophis, Iannês (ou Staan) et Assêth. Le nom du premier, sous sa forme originale authentique, Annoub, se lit sur un fragment du Papyrus de Turin, suivi du commencement de celui d'un autre roi, Ap..., qui est manifestement l'Apachnas de Manéthon. C'est sûrement l'appellation d'Apapi, que nous retrouvons portée par un autre roi des Pasteurs, de date un peu postérieure, qui a été hellénisée en Apophis. Enfin As-Set donne une forme égyptienne excellente, où entre précisément en composition le nom du dieu Set, que les envahisseurs avaient choisi dans le panthéon pharaonique pour lui adresser leurs hommages à l'exclusion de tout autre, parce qu'ils avaient reconnu en lui leur dieu national Soutekh. Les cinq princes en question, qui avec Salatis régnèrent plus de deux siècles, passèrent tout leur temps, disent les extraits de Manéthon, « à faire une guerre perpétuelle, désirant arracher jusqu'à la racine de l'Égypte. » A la fin ils réussirent à renverser les princes thébains qui s'étaient maintenus indépendants au sein des provinces du sud, continuant à porter le titre royal, et que l'histoire officielle, aux temps postérieurs, compta comme formant la xve dynastie. Les Pasteurs régnèrent alors sur l'Égypte entière, reconnus comme rois jusqu'aux cataractes, et c'est à dater de ce moment de leur triomphe complet que leur lignée était enregistrée dans les listes royales en tant que la xvi⁰ dynastie.

Déjà tout en poursuivant systématiquement la lutte contre les derniers restes d'indépendance nationale, les conquérants étrangers solidement établis dans la Basse-Égypte, s'étaient, comme les Tartares en Chine, laissé gagner par la population supérieure des vaincus. Ils avaient admis des indigènes à leur cour et dans leur administration, adopté en grande partie les mœurs égyptiennes tout en les combinant avec certains usages à eux propres. S'appliquant le protocole pompeux, traditionnel dans la monarchie égyptienne, avec quelques légères modifications, leurs rois s'étaient étudiés à se transformer en véritables Pharaons. Du moment qu'ils n'avaient pas pu exterminer la population du sang de Miçraïm, ils avaient tendu à se faire accepter par elle, tout en la maintenant dans un état d'infériorité par rapport à la nouvelle caste militaire, recrutée dans les rangs des envahisseurs. Cette tendance se prononça bien plus et produisit tous ses effets sous la xvi⁰ dynastie, quand ils furent devenus les maîtres incontestés du pays entier. La domination des Pasteurs eut alors son moment culminant ; la civilisation et les arts refleurirent sous leur autorité, grâce à la paix qu'ils parvenaient à maintenir. Et ce fut une sorte de civilisation mixte, mais où les éléments égyptiens l'emportaient sur les éléments asiatiques.

On se remit à élever des monuments et à embellir de nouveau les villes dévastées dans la première rage de l'invasion, particulièrement Tanis, dont les Pasteurs avaient fait décidément leur capitale, sous la protection de la forteresse de Hâ-ouar. C'est alors qu'il faut placer le roi Set-aâ-pehti Noubti, mentionné dans une stèle de Râ-mes-sou II (xix⁰ dynastie) comme ayant, 400 ans avant lui, relevé la ville de Tanis et y ayant commencé la construction du grand temple de Set ou Soutekh. La ville existait déjà sous la xii⁰ et la xiii⁰ dynastie, et nous ignorons comment elle s'appelait à cette époque, où son temple principal était consacré à Phtah. Ce sont les Pasteurs, et probablement Set-aâ-peh-ti Noubti, qui, en la rétablissant et en la développant — sept ans après que les 'Hittim Kenânéens eurent bâti 'Hébrôn en Palestine, dit la Bible — lui donnèrent le nom sémitique de Ço'an, « le point de départ (des caravanes), » qui revêtit en égyptien la forme Tsan, d'où les Grecs ont fait Tanis. Mais le principal monarque de la dynastie des Pasteurs, maîtres de toute l'Égypte, est un second Apapi, dont nous possédons un certain nombre de monuments, découverts dans les fouilles de Mariette

Les fouilles de Tanis.

à Tanis, fouilles dont ils ont été un des résultats les plus capitaux.

Ces monuments et les autres débris de l'âge des Pasteurs que l'on a rencontrés sur différents points de la Basse-Égypte, sont tous des œuvres de sculpture ; car pas un seul édifice de cette époque n'est parvenu jusqu'à nous. L'art en est remarquable. Les morceaux capitaux, tous conservés au Musée de Boulaq, sont d'abord un groupe en granit d'une très belle exécution, qui représente deux personnages en costume égyptien, mais avec une barbe épaisse et une coiffure en énormes tresses, absolument inconnues aux véritables Égyptiens, tenant sur leurs mains étendues une table d'offrandes chargée de poissons, de fleurs de lotus et d'oiseaux aquatiques, en un mot des diverses productions naturelles des lacs du Delta ; puis quatre grands sphinx en diorite sur lesquels est gravé le nom du roi Apapi. Ces derniers, au lieu de la coiffure ordinaire des sphinx égyptiens, ont la tête couverte d'une épaisse crinière de lion, qui leur donne une physionomie tout à fait particulière. Les diverses sculptures de l'époque des Pasteurs représentent, du

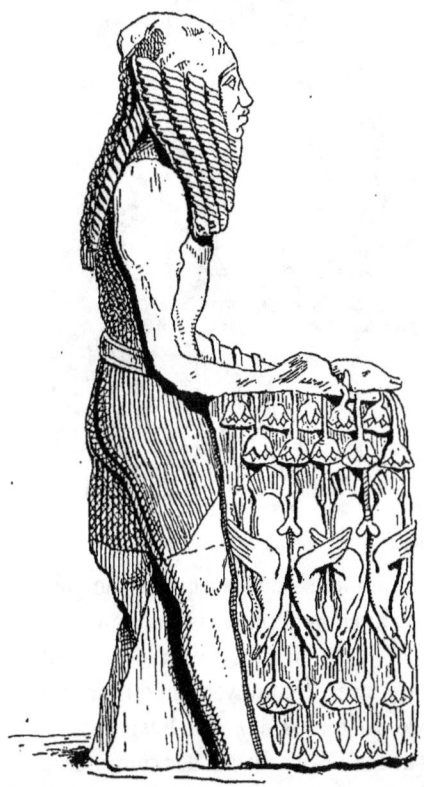

Groupe du temps des Pasteurs, au musée de Boulaq.

reste, une race dont le type est radicalement différent de celui des Égyptiens, une race aux traits anguleux, sévères et vivement accentués, aux pommettes en particulier extraordinairement saillantes, une race qui n'est même pas purement sémitique et devait être, comme je l'ai déjà dit tout à l'heure, assez fortement mêlée de ces éléments que nous qualifions de touraniens. Des fouilles de Tanis est aussi résultée la constatation de ce fait que les derniers rois Pasteurs avaient relevé, dans les temples qu'ils reconstruisaient, les statues d'âges antérieurs provenant des édifices religieux renversés dans les premiers moments de l'invasion, en y gravant seulement leurs noms comme une nouvelle consécration.

C'est sous un Apophis, c'est-à-dire un Apapi, probablement le second du nom, que la tradition recueillie par les écrivains de l'Orient hellénisé, dans les environs de l'ère chrétienne, plaçait la venue en Égypte de Yoseph, fils du patriarche Ya'aqob, et son élévation à la dignité de premier ministre du Pharaon. Le tableau que le livre de la Genèse retrace à cette occasion de la cour du prince, qu'elle place manifestement dans une des villes de la Basse-Égypte, sans doute à Tanis, est infiniment instructif, et s'accorde bien avec l'impression qui résulte des monuments originaux des Pasteurs. La cour est toute égyptienne dans ses usages et dans ses allures, et pourtant, sous ce vernis extérieur, on y sent quelque chose d'étranger. Cet épisode biblique rentre, d'ailleurs, singulièrement bien dans le ca-

Tête d'un des sphinx du roi Pasteur Apapi II [1].

dre historique du moment. En effet, comme le remarque avec juste raison M. Maspero, « si, du temps des anciens Pharaons indigènes, les peuples de Syrie étaient accourus en foule sur cette terre d'Égypte qui les traitait en sujets, peut-être en esclaves, le mouvement d'immigration dut être plus considérable encore du temps des rois Pasteurs. Les nouveaux venus trouvaient en effet sur les bords du Nil des hommes de même race qu'eux, tournés en Égyptiens, il est vrai, mais non pas au point d'avoir perdu tout souvenir de leur langue et de leur origine. Ils furent reçus avec d'autant plus d'empressement que les conquérants sentaient le besoin de se fortifier. Le palais des rois s'ouvrit plus d'une fois à des conseillers et à des favorites asiatiques ; le camp retranché de Hâ-ouar enferma souvent des recrues syriennes ou arabes. Invasions, famines, guerres civiles, tout semblait conspirer à jeter en Égypte non pas seulement des individus isolés, mais des familles et des tribus entières. »

---

[1] D'après A. Rhoné, l'*Égypte à petites journées*.

C'est ainsi que Yoseph, une fois bien établi dans la faveur du roi Apapi, appela sur le territoire égyptien son père Ya'aqob et ses frères, avec leurs serviteurs et toute leur tribu, que la famine rendait disposés à quitter le pays de Kena'an. Les Benê-Yisraël, qui formaient déjà un groupe respectable de population, furent établis, nous dit la Bible, dans le canton de Goschen, c'est-à-dire de la ville de Qosem (la Phacusa de la géographie classique), capitale du xx° nome de la Basse-Égypte ou nome arabique. C'était déjà sous un roi des Pasteurs, probablement sous un de ceux qui luttèrent contre la xv° dynastie dans la Thébaïde et la vainquirent, que, quelques générations auparavant, Abraham était descendu momentanément en Égypte avec sa tribu et avait eu avec le Pharaon d'origine étrangère les démêlés que raconte le livre de la Genèse.

Pendant que les arts et la civilisation refleurissaient dans la Basse-Égypte, en se mettant au service des dominateurs barbares, les provinces du sud, écrasées dans la défaite de la xv° dynastie après une lutte longue et désespérée qui n'avait pas laissé le loisir de cultiver les arts de la paix, commençaient à se relever péniblement. Même du temps de la xvi° dynastie, les monarques du sang des Pasteurs ne paraissent pas avoir étendu leur administration directe au delà du Fayoum, point extrême où l'on ait rencontré leurs monuments. Plus au midi, contents d'avoir brisé la puissance des princes thébains qui s'étaient élevés en antagonisme contre eux, ils laissaient la contrée aux mains d'une féodalité indigène, soumise envers eux à la condition de vassaux et de tributaires. Chaque nome avait son *hiq* égyptien, son petit prince local, dépendant du Pharaon étranger de Tanis, lequel se bornait à surveiller tous ces chefs égyptiens au moyen de garnisons établies dans des postes choisis, à lever exactement leur tribut et à maintenir un état de morcellement qui rappelait celui dont avait été précédé l'avènement de la xi° dynastie, et qui leur semblait un obstacle certain à toute reprise d'une résistance nationale sérieuse. Plus d'une fois il dut y avoir, pendant le cours de la xvi° dynastie, des tentatives de révolte, impuissantes et bientôt réprimées, de la part de tel ou tel des feudataires de la Haute-Égypte. Mais ces mouvements qui préludaient à la grande lutte de la délivrance, étouffés obscurément, n'ont laissé de traces ni chez les historiens ni sur les monuments.

Pourtant il arrive un moment où l'on sent qu'un souffle de réveil commence à passer sur Thèbes. La plus ancienne nécropole de cette ville (située au lieu que l'on appelle aujourd'hui Drah-abou-l-Neggah) commence à redonner des monuments, qui portent l'empreinte d'une civilisation renaissant au sortir d'une période de ténèbres où tout a sombré. La cité sainte d'Ammon tend à redevenir le centre religieux et politique de l'Égypte méridionale. Son *hiq*, toujours vassal du roi étranger qui trône dans le Delta, prend une sorte d'hégémonie, encore mal définie, sur les autres princes de nomes du haut pays. « La renaissance qui se manifeste à Thèbes, dit A. Mariette, sur la haute expérience de qui nous aimons à nous appuyer, offre des analogies singulières avec celle que l'on constate au commencement de la XIe dynastie. Les mêmes vases, les mêmes armes, les mêmes meubles se retrouvent dans les tombes. » Le type des sarcophages redevient ce qu'il était sous la XIe dynastie, type tout particulier qui ne se retrouve absolument qu'à ces deux époques. Par allusion au mythe de la déesse Isis, qui protège le cadavre de son frère Osiris, auquel le mort est assimilé, en étendant sur lui ses bras armés d'ailes, les cercueils sont couverts d'un système d'ailes peintes en couleurs variées et éclatantes. En outre, les individus, au moment de la nouvelle renaissance thébaine d'où finit par sortir la libération de l'Égypte, s'appellent, comme sous la XIe dynastie, En-te-f, Amoni, Ah-mès, Aah-hotpou, si bien qu'aujourd'hui l'œil le plus exercé a peine à distinguer entre eux des monuments que plusieurs siècles et une longue invasion séparent. Des indices d'une sérieuse valeur semblent d'ailleurs indiquer que les princes de Thèbes qui bientôt, en prenant le titre de rois (*souten*) au lieu de celui de simples régents locaux (*hiq*), allaient former la XVIIe dynastie, se rattachaient par un lien de parenté encore obscur aux anciens rois de la XIe, ou du moins en avaient la prétention.

§ 6. — DIX-SEPTIÈME DYNASTIE. EXPULSION DES PASTEURS.
AH-MÈS.

Cependant une crise suprême se préparait. A mesure que la puissance des princes de Thèbes s'affermissait, à mesure qu'ils se sentaient plus forts, ils tendaient à secouer le joug de vasselage que faisaient peser sur eux les étrangers, à attaquer ceux-ci dans leurs forteresses et à purger de ces barbares le sol sacré de l'Égypte.

Un précieux papyrus du Musée Britannique, qui paraît le fragment d'une chronique assez étendue de la délivrance nationale, ou plutôt d'une sorte de conte dont ces événements formaient le cadre[1], raconte le commencement de la lutte. Il débute ainsi : « Il arriva que la terre d'Égypte était aux mains des Impurs, et il n'y eut plus de seigneur roi (*souten*). Alors il arriva que le roi Râ-soqnoun (Ta-aâ) fut seulement un *hiq* dans la Haute-Égypte. Et les Impurs dans la ville de Râ (Héliopolis) avaient pour chef Apapi dans Hâ-ouar. Le pays entier lui payait tribut de ses produits manufacturés et le comblait de toutes les bonnes choses de la terre de l'inondation. Voici que le roi Apapi se choisit le dieu Soutekh comme seigneur, et il ne fut pas serviteur d'aucun dieu existant dans le pays entier, si ce n'est de Soutekh. Il lui construisit un temple en travail excellent et éternel à sa porte royale, et il se leva chaque jour pour sacrifier des victimes à Soutekh, et les chefs vassaux du souverain étaient là, tenant des guirlandes de fleurs, avec le rite qu'on observe au temple de Râ Har-m-akhou-ti. Le roi Apapi envoya un message pour l'annoncer au roi Râ-soqnoun (Ta-aâ), le prince de la ville de la Haute-Égypte (Thèbes). » Ce début est tout historique, mais la suite du texte tourne complètement au conte. Apapi envoie proposer une énigme à Ta-aâ, en lui promettant de reconnaître Ammon-Râ de Thèbes pour dieu s'il parvient à la résoudre, mais en exigeant qu'il en abandonne le culte pour celui de Soutekh s'il est incapable de la résoudre. Le prince de la Thébaïde a beau assembler ses conseillers et ses sages, il n'arrive pas à trouver la clef de l'énigme du roi Pasteur de Hâ-ouar. Alors il lui en propose une autre à son tour. Ici s'arrête le fragment conservé du papyrus, mais il est facile de deviner que l'auteur du conte faisait sortir de cet échange puéril de problèmes insolubles la querelle qui amenait la grande lutte entre le prince national et son suzerain étrangerr

Il semble, du reste, qu'effectivement la querelle religieuse entre les deux cultes d'Ammon et de Soutekh ne fut pas étrangère à la rupture définitive entre Râ-soqnoun Ta-aâ de Thèbes et Apapi de Hâ-ouar et Tsan, accepté jusque-là comme souverain par toute l'Egypte. Des deux côtés on fit des armements. Ta-aâ prit le titre de roi et inaugura la dynastie qui dans les listes nationales figurait comme la xviie. C'était la guerre de l'indépendance qui s'engageait.

---

[1] Il a été traduit intégralement pour la première fois par M. Maspero, dans ses *Études égyptologiques*.

Elle fut longue et sanglante, et sans doute marquée par bien des péripéties que nous ignorons. Tous les petits princes égyptiens, chefs de nomes, acceptèrent la direction des princes de Thèbes et prirent parti pour eux contre l'ennemi national. Sous les règnes de Ta-aâ Ier et de Ta-aâ II, peut-être de quelques autres encore dont nous ne connaissons pas les noms, la lutte se poursuivit sans trêve, sans doute avec des alternatives de succès et de revers, mais les Égyptiens avancèrent en gagnant le terrain pied à pied, et les Pasteurs, chassés des positions qu'ils occupaient dans l'Égypte moyenne, furent refoulés sous Memphis. Cette grande ville fut enlevée d'assaut par un roi que les extraits de Manéthon appellent Alisphragmouthosis et dont nous ignorons le véritable nom. Mais la guerre ne finit pas pour cela ; elle se prolongea longtemps encore dans le Delta, toujours avec le même acharnement. Appuyés à leur grand camp retranché de Hâ-ouar, les Pasteurs tinrent tête avec opiniâtreté aux efforts des rois thébains et de leurs auxiliaires et vassaux. Le prince que les listes de Manéthon appellent Tethmosis (peut-être un Tahout-mès), Ta-aâ-qen et Ka-mès échouèrent successivement devant l'inexpugnable citadelle des Pasteurs. Ah-mès, fils et successeur de Ka-mès, fut plus heureux.

« A la fin, dit Manéthon dans un fragment qui nous a encore été conservé par Josèphe, les Pasteurs, vaincus, furent chassés du reste de l'Égypte et renfermés dans un terrain de dix mille aroures (mesure de superficie), nommé Avaris (Hâ-ouar). Ce terrain avait été entouré par les Pasteurs d'un mur haut et solide, pour y garder en sûreté leurs richesses et leur butin. Le fils du roi essaya de prendre la ville par force et l'assiégea avec quatre cent quatre vingt mille hommes ; mais, désespérant d'y réussir, il traita à ces conditions : que les ennemis abandonneraient l'Égypte et se retireraient en sûreté où ils voudraient. Ils se retirèrent donc, emportant leurs biens ; leur nombre montait à deux cent quarante mille et ils prirent par le désert la route de Syrie. Mais craignant la puissance des Assyriens, alors dominateurs de l'Asie, ils s'arrêtèrent dans le pays qu'on nomme aujourd'hui Judée. » Ici encore l'autorité de Manéthon est appuyée, non pour tous les détails, il est vrai, mais pour l'ensemble des faits, par le témoignage des monuments et spécialement par l'inscription funéraire d'un officier de fortune parvenu aux grades les plus élevés, Ah-mès, fils d'Abna, qui avait pris une part active à la guerre de délivrance et après avoir débuté comme simple matelot, avait fini par devenir grand amiral. Cette inscription, d'un prix extrême pour l'histoire, raconte toute la vie du personnage ; elle a été l'objet des études particulièrement approfondies de l'illustre vicomte E. de Rougé. « Lorsque je suis né dans la forteresse de Nekheb[1], dit le défunt Ahmès dans son épitaphe, mon père était batelier du feu roi Ta-aâ.... Je fis le matelot tour à tour avec lui dans le vaisseau nommé « le Veau, » au temps du feu roi Ah-mès... J'allai à la flotte du Nord pour combattre. J'avais le service d'accompagner le roi lorsqu'il monta sur son char. Et l'on assiégea la forteresse de Hâ-ouar, et je combattis sur mes jambes devant Sa Majesté. Voici que je passai sur le vaisseau nommé « l'Intronisation à Memphis. » On livra un combat naval sur l'eau qui porte le nom d'eau de Hâ-ouar (la branche Pélusiaque du Nil)... La louange du roi me fut accordée et je reçus le collier d'or pour la bravoure.... Le combat se fit au sud de la forteresse... On prit la forteresse de Hâ-ouar, et j'en enlevai un homme et deux femmes, en tout trois têtes, que Sa Majesté m'accorda comme esclaves. » C'est en l'an 5 du règne de Ah-mès qu'eut lieu la reddition de Hâ-ouar. La population de la ville et l'armée qui la défendait, se retirèrent librement, en vertu d'une capitulation, passèrent l'isthme et se réfugièrent dans la Palestine méridionale, au milieu des Kenânéens. Mais les Égyptiens ne leur permirent pas d'y rester rassemblés, préparant un retour offensif. L'année suivante, ils les y poursuivirent et les dispersèrent en les battant une dernière fois près de Scharohen (dans la Bible Scharou'hem), ville qui appartint plus tard à la tribu de Schimé'on.

Mais le gros de la nation des Pasteurs, établie dans l'orient du Delta, préféra l'esclavage sur la riche terre d'Égypte aux chances de liberté dans des conditions plus précaires que lui offrait l'émigration. Ils restèrent dans le pays, et avec eux les tribus syriennes et téra'hites auxquelles ils avaient donné l'hospitalité, entre autres les Israélites. Ah-mès leur permit de garder, pour les cultiver à titre de colons, les terres dont leurs ancêtres s'étaient emparés. Et comme les Pasteurs, à la différence des Benê-Yisraël, n'eurent pas d'exode, ce sont leurs descendants directs que nous retrouvons dans ces étrangers aux membres robustes, à la face sévère et allongée, qui peuplent encore aujourd'hui les bords du lac Menzaleh. Le camp retranché de Hâ-ouar fut détruit. La forteresse

---

[1] L'Ilithyia des Grecs. Au temps de la XVIIe dynastie cette ville était la principale place forte du royaume de la Haute-Égypte; aussi était-elle gouvernée par un prince du sang, qui portait le titre de « fils royal de Nekheb. »

de Tsar (Séthroé ou Héracléopolis du Delta) fut établie à quelque distance de son emplacement, autant pour contenir ces colons d'une fidélité douteuse que pour servir de boulevard et d'avant-poste à l'Égypte contre une nouvelle entreprise des populations asiatiques. Tanis, la capitale des rois étrangers, fut traitée en ennemie et laissée, jusqu'au règne de

La reine Nofri-t-ari et son fils Amon-hotpou I[er][1].

Râ-mes-sou II, dans l'état de désolation où la guerre l'avait mise; et pendant plusieurs siècles elle ne figure plus dans l'histoire.

Ah-mès, pour avoir un appui dans sa lutte contre les restes des dominateurs asiatiques, s'était tourné vers le sud et avait épousé une princesse éthiopienne, nommée Nofri-t-ari, que les monuments représentent toujours avec les traits réguliers, le nez droit, mais les chairs peintes en noir. Ce mariage fut la source des prétentions que ses suc-

---

[1] Peinture d'un tombeau de Thèbes, d'après Lepsius.

cesseurs élevèrent constamment à la souveraineté de l'Éthiopie. Ah-mès, du reste, possédait la Nubie ou pays de Qens, comme les princes thébains de la xvii° dynastie. Mais pendant les péripéties et les embarras de la guerre du Nord, les Nubiens avaient profité des circonstances pour se révolter. Hâ-ouar une fois prise, le roi Ah-mès se retourna vers la Nubie et en quelques combats dompta les rebelles ; nous le savons par l'épitaphe du chef des nautoniers, Ah-mès, fils d'Abna, qui prit également part à cette expédition.

Le reste du règne fut consacré aux travaux de la paix, à guérir les plaies invétérées de la domination étrangère, à relever les ruines dont la guerre de l'indépendance, en un siècle et demi de luttes incessantes, avait couvert le sol de l'Égypte, enfin à réorganiser l'administration du pays et à rétablir sur des bases solides l'unité nationale. Les petits princes qui avaient aidé les rois de la xvii° dynastie, et Ah-mès lui-même, dans le conflit avec les Pasteurs, furent réduits, par le pouvoir central désormais plus fort, à la condition de gouverneurs héréditaires des nomes, dont les rois postérieurs s'étudièrent ensuite à restreindre graduellement le pouvoir, tendant à les remplacer par de simples fonctionnaires à la nomination et à la révocation de l'autorité royale. Mais comme expédient provisoire, pour ménager la transition et rendre ceux des petits princes locaux, qui avaient pris part à la guerre de la délivrance, moins sensibles à la perte de leur autorité réelle, on les laissa, leur vie durant, garder les honneurs et le titre de roi (*souten*), que beaucoup d'entre eux avaient pris au milieu de l'anarchie générale, et dont ils se parèrent jusqu'à la mort.

Depuis plusieurs siècles, les Pasteurs de Tanis avaient seuls construit des temples et des édifices publics ; les princes indigènes de la Haute-Égypte n'en avaient eu ni le temps ni les moyens. Aussi, dans la plupart des villes, ceux des monuments religieux qui n'avaient pas été détruits violemment par des incidents de guerre, tombaient en ruines et appelaient une urgente restauration. Ce fut un des soins du règne d'Ah-mès. A Thèbes il commença la reconstruction du grand temple d'Ammon, si magnifiquement poursuivie par ses successeurs. En l'an 22 de son règne, une cérémonie solennelle, commémorée dans une inscription qu'on lit encore, gravée sur les rochers, inaugura la reprise des travaux des carrières de Troufou (aujourd'hui Tourah) et la restauration du temple de Phtah à Memphis. Les nombreux prisonniers, faits sur les Pasteurs et sur les Nubiens, servaient, sous le

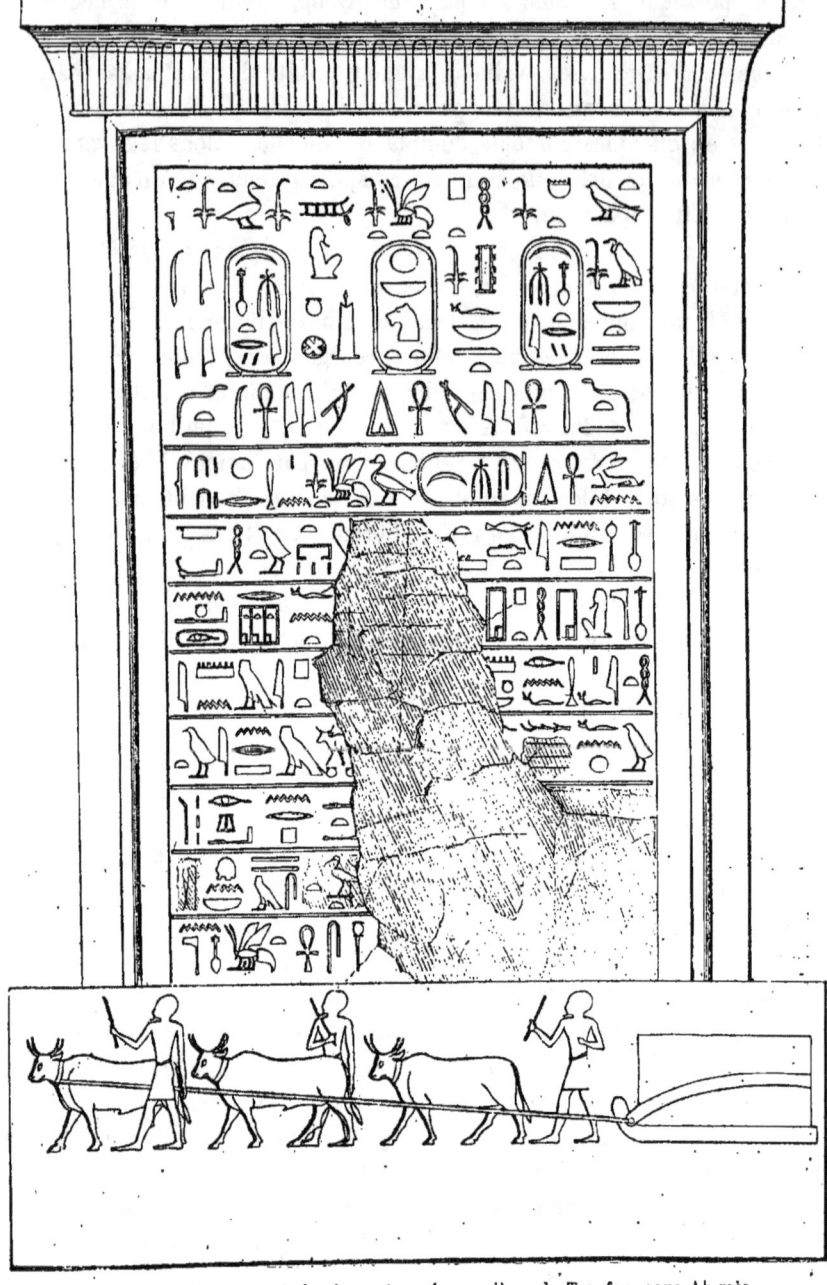

Stèle commémorative de la réouverture des carrières de Troufou, sous Ah-mès.

bâton des contre-maîtres égyptiens, aux corvées de cette entreprise.

La délivrance du territoire et l'entière destruction du pouvoir des étrangers fut, dès le règne même d'Ah-mès, le signal d'une explosion magnifique et immédiate de la vie nationale et de la civilisation, si longtemps comprimées. En quelques années l'Égypte reconquit les cinq siècles que l'invasion des Pasteurs lui avait fait perdre. De la Méditerranée aux cataractes, les deux rives du Nil se couvrirent d'édifices. Des voies nouvelles furent ouvertes au commerce ; l'agriculture, l'industrie, les arts, prirent un prodigieux essor. Les incomparables bijoux découverts par M. Mariette sur la momie de la reine Aah-hotpou, veuve de Ka-mès et mère d'Ah-mès, bijoux qui font la gloire du musée

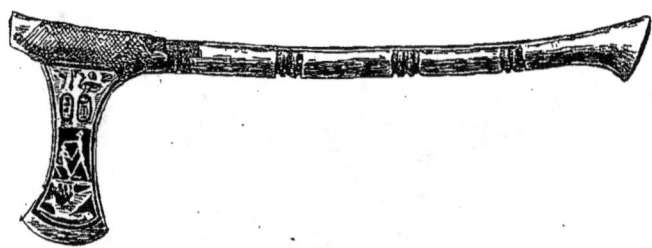

Hache d'armes du tombeau de la reine Aah-hotpou.

Poignard du tombeau de la reine Aah-hotpou.

de Boulaq, et que l'on a pu voir à Paris pendant l'Exposition Universelle de 1867, prouvent à quel degré de perfection l'art et l'industrie étaient revenus en Égypte quelques années seulement après l'entière délivrance du sol national. A examiner la longue chaîne d'or, si souple et si finement tressée, à laquelle pend un scarabée d'un merveilleux travail, le diadème et ses deux sphinx d'or, les bracelets, le pectoral découpé à jour, tous les objets en général qui composent ce trésor, on a peine à croire qu'au moment où ils sortaient de l'atelier des bijoutiers de Thèbes, le pays voyait à peine se terminer des désastres de plusieurs siècles.

Nous mettons sous les yeux de nos lecteurs la représentation de trois de ces objets historiques. C'est d'abord une hache, symbole ordinaire de la notion de divinité. Le manche est en bois de cèdre recouvert d'une feuille d'or. Des hiéroglyphes y sont découpés à jour et contiennent au complet le protocole royal d'Ah-mès. Des plaquettes de lapis, de cornaline, de turquoise et de feldspath sont encastrées dans ces découpures et forment de distance en distance des anneaux autour du manche. Le tranchant est de bronze revêtu d'une épaisse feuille d'or, avec des représentations sur chaque face. D'un côté ce sont des bouquets de lotus, dessinés en pierres dures sur un champ d'or. De l'autre, sur un fond bleu sombre, donné par une pâte si compacte qu'elle semble être de la pierre, se détache la figure d'Ah-mès, le bras levé pour frapper un barbare qu'il a saisi par les cheveux; au-dessus de cette scène est une sorte de griffon à tête d'aigle. Dans les récits de batailles, les rois égyptiens sont souvent comparés au griffon pour la rapidité de leur course lorsqu'ils

Barque en or, provenant du tombeau de la reine Aah-hotpou.

se précipitent au milieu des ennemis. Le tranchant de cette hache est entré dans le manche, fendu à son extrémité, et assujetti par un réseau de lanières d'or.

Quant au poignard, dont nous donnons aussi le dessin, ce n'est pas un moins remarquable spécimen de ce que savaient faire alors les ouvriers égyptiens. Le manche est en bois revêtu d'or. Quatre têtes de femmes, du style le plus élégant, forment le pommeau. La poignée est décorée d'un semis de triangles alternativement en or, lapis, cornaline feldspath, disposés en damier. Le pourtour de la lame est en or massif. Une bande de métal dur et noirâtre, dont il serait intéressant de rechercher l'alliage, en occupe le centre; des ornements en or damasquiné, de l'exécution la plus parfaite, se détachent vivement sur ce métal sombre. La légende royale d'Ah-mès y est encore reproduite. D'un côté, elle est accompagnée par une suite de sauterelles qui vont en s'amincissant jusqu'à l'extrémité du poignard ; de l'autre, on voit la représentation tout asiatique d'un lion qui se précipite sur un taureau. On éprouve quelque étonnement à la rencontrer sur un objet portant le nom du roi qui acheva l'expulsion des étrangers asiatiques du sol de l'Égypte.

Le troisième des objets du tombeau de la reine Aah-hotpou, que nous reproduisons, porte les cartouches du roi Ka-mès. C'est une petite barque en or, garnie de ses rameurs et montée sur des roues. Cette représentation de barque en miniature a trait aux rites des funérailles et à l'idée des navigations que le mort avait à accomplir sur les eaux du monde infernal.

Porcs et porcher[1].

Une chose qu'il importe de noter dans la civilisation égyptienne, telle qu'elle se reconstitue au sortir de la domination des Pasteurs, c'est le changement profond qui s'est opéré pendant le cours de cette domination dans les animaux domestiques que possède et dont dispose l'agriculture des riverains du Nil. L'élève de nombreuses espèces d'antilopes dans des parcs, à l'état semi-domestique, si florissante sous l'Ancien Empire et déjà moins développée au temps de la XIIe dynastie, est complètement abandonnée. Sous les dynasties primitives on ne trouve qu'une seule mention du porc, animal tenu pour impur chez les Égyptiens en vertu de raisons religieuses, et pas une du temps du Moyen Empire. Après la défaite des Pasteurs, nous voyons, au contraire, des troupeaux

---

[1] Peintures de tombeaux de Thèbes, d'après Wilkinson.

nombreux de cet animal élevés en Égypte, mais servant seulement à l'alimentation des colonies de population d'origine étrangère qui ne tenaient pas compte à la rigueur des prescriptions diététiques de la religion égyptienne. Les porchers constituent alors une sorte de caste à part, impure et méprisée, qui n'appartient certainement pas au sang de Miçraïm. Plus de trace, dans l'Égypte nouvelle qui recommence avec la xvii° et la xviii° dynastie, de l'emploi du chien hyénoïde comme animal de meute servant à la chasse. Mais les espèces de chiens proprement dits, restent aussi nombreuses que sous la xii° dynastie, où celles qui étaient déjà connues du temps de l'Ancien Empire avaient été accrues de races nouvelles, importées des pays du haut Nil, en même temps que le chat domestique, devenu depuis le Moyen Empire le compagnon le plus habituel des Égyptiens dans l'intérieur de leurs maisons et l'un de leurs animaux sacrés.

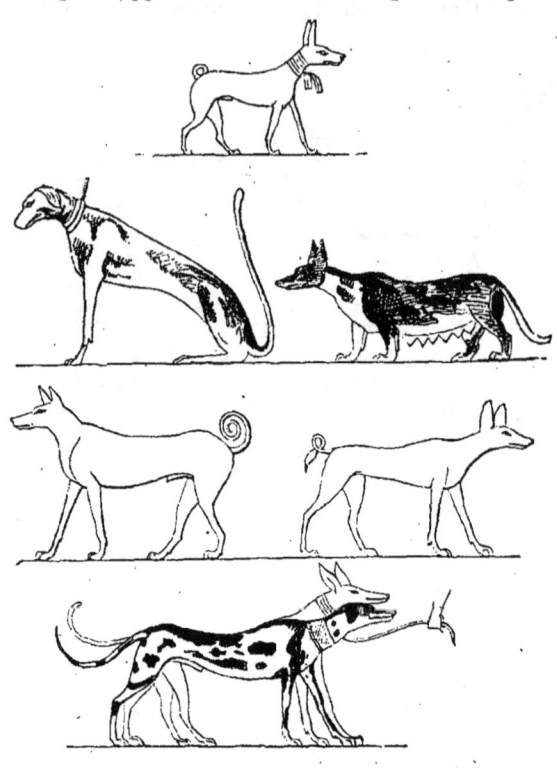

Les diverses espèces de chiens que possédaient les anciens Égyptiens[1].

Dans cet ordre, le fait le plus considérable qui se soit produit en Égypte pendant la période historique de la domination des Pasteurs est l'introduction du cheval.

La figure et la mention du cheval font absolument défaut sur les monuments égyptiens de l'Ancien et du Moyen Empire. Il est certain que cet animal était alors inconnu sur les bords du Nil et dans les pays

---

[1] D'après Wilkinson.

de la Palestine méridionale et de l'Arabie Pétrée avec lesquels l'Égypte entretenait des relations habituelles. C'est l'âne qui y était la bête de somme employée exclusivement depuis la plus haute antiquité. Et ici le témoignage des monuments pharaoniques s'accorde avec celui du livre de la Genèse, ce fidèle et inappréciable miroir de la vie patriarcale. Quand les richesses des premiers patriarches y sont énumérées, on parle de leurs chameaux, de leurs ânes, de leurs troupeaux de bœufs et de moutons, mais jamais de chevaux, tandis que cet animal apparaît dans l'Exode comme d'un usage général. La seule mention que la Genèse fasse du cheval est lorsque la famille de Ya'aqob vient s'établir en Égypte auprès de Yoseph. Mais ceci se rapporte à la dernière époque des faits rapportés dans le livre, au temps des derniers rois Pasteurs en Égypte. Le témoignage coïncide ici, à peu d'années près, avec la plus ancienne mention du cheval que nous puissions relever sur les monuments égyptiens, avec le passage de l'inscription funéraire d'Ah-mès, fils d'Abna, où il est parlé du char de guerre du roi Ah-mès.

Personnage monté sur un âne [1].

En effet, c'est sur les plateaux de la Haute-Asie que le cheval a été réduit à l'état domestique. Les Aryas, les peuples altaïques et aussi les Touraniens à l'est du Tigre l'ont possédé comme tel dès une époque extrêmement ancienne, antérieure à toute histoire. Les Sémites et les 'Hamites, au contraire, ne l'ont connu qu'à une date relativement récente. Même pour l'antique peuple des Schoumers et Akkads du bassin inférieur de l'Euphrate et du Tigre, le cheval, s'ils le possédaient, n'avait pas d'autre nom que « la bête de somme de l'Orient, » comme le chameau était « la bête de somme du pays maritime » (de la côte arabe du golfe Persique), l'âne restant encore « la bête de somme » par excellence.

C'est seulement avec le grand mouvement de populations auquel se rattache l'invasion des Pasteurs sur les rives du Nil, que le cheval, amené par les tribus qui venaient de l'autre côté du Tigre, fut introduit dans les pays à l'occident de l'Euphrate, aussi bien en Syrie, en Palestine et en Arabie qu'en Égypte. Et une fois introduit il s'y naturalisa

[1] Représentation d'un tombeau du voisinage des Pyramides.

rapidement ; son usage s'y généralisa avec une promptitude comparable à celle avec laquelle il se répandit dans toute l'Amérique après que les Espagnols l'y eurent apporté. Apparu pour la première fois en Égypte avec les hordes des envahisseurs asiatiques, le cheval y trouva des conditions éminemment propres à son élève, qui devint une des grandes industries agricoles de la contrée. Déjà, sous les derniers règnes des Pasteurs, il y était universellement répandu, et sous la xviiie dynastie on l'y employait au labourage. Les chars de guerre, attelés de deux

Char de guerre égyptien, restitué par Wilkinson, d'après les monuments.

chevaux à l'imitation de ceux des Assyro-Babyloniens et des Khéta, devinrent une des forces des armées égyptiennes, quand elles se lancèrent dans la voie des conquêtes. Il se forma même bientôt en Égypte une race spéciale de chevaux, race de grande taille et très estimée ; et quelques siècles après l'introduction de cet animal dans la vallée du Nil, on voyait des rois asiatiques, comme Schelomoh, en tirer des attelages à grand prix.

La chronologie commence à se débrouiller, en même temps que l'histoire, vers l'époque de l'expulsion des Pasteurs. La liste empruntée à Manéthon, et conservée par Josèphe, qui contient la durée des règnes depuis Tahout-mès Ier jusqu'à Râ-mes-sou II, peut, malgré quelques erreurs, généralement faciles à rectifier dans l'état actuel de la science, nous conduire assez près du règne de Râ-mes-sou III, fixé par une observation astronomique à la fin du xive siècle avant notre ère. Il en résulte que la xviiie dynastie commence très peu avant le début du xviie siècle : c'est la date qu'il faut assigner à l'extinction de la domination des Pasteurs asiatiques.

CHAPITRE IV

LES GRANDS CONQUÉRANTS DU NOUVEL EMPIRE.
PUISSANCE EXTÉRIEURE DE L'ÉGYPTE.

§ 1. — LA DIX-HUITIÈME DYNASTIE. PREMIERS SUCCESSEURS D'AH-MÈS.

L'entière délivrance du sol national inaugure le règne de la grande et glorieuse dynastie que l'on compte comme la xviii°. Bien que descendu des rois thébains antérieurs, Ah-mès a dû à la gloire de ses exploits d'être compté comme chef de race. C'est aussi lui qui ouvre la troisième période historique, désignée par le nom de Nouvel Empire.

A dater de ce moment et pour plusieurs siècles, la puissance extérieure de l'Égypte va prendre un développement énorme et qu'elle n'avait jamais connu, même aux époques les plus brillantes de son histoire antérieure ; la monarchie des Pharaons va principalement tourner ses efforts vers des conquêtes en Asie. Elle a reconnu, par l'expérience douloureuse des cinq derniers siècles, que c'est de là que désormais le danger peut venir pour elle. Aussi, pour prévenir une nouvelle invasion des Pasteurs, sa politique devient-elle d'aller chercher en Asie, sur leur propre territoire, les ennemis et les envahisseurs possibles, de les combattre à outrance et de les soumettre à son sceptre. Mais elle n'abandonne pas pour cela les traditions politiques inaugurées par les rois de la xii° dynastie, la revendication de toute la vallée du Nil comme un patrimoine dépendant légitimement de l'Égypte. Ainsi les expéditions guerrières vers le sud et vers le nord-est alternent constamment et ne cessent pas un seul instant pendant toute la durée de la xviii° dynastie.

« Ce n'est plus, remarque M. Maspero, des sources du Nil Bleu aux sources de l'Euphrate, sur toute l'Éthiopie et sur toute la Syrie, que victoires et conquêtes perpétuelles. Un jour, on apprenait à Thèbes la défaite des nègres d'Abyssinie, l'arrivée du général ou du prince victorieux, de son butin, de ses soldats. Des processions fantastiques de girafes menées au licol, de cynocéphales enchaînés, de panthères et de guépards apprivoisés, s'allongeaient indéfiniment dans les rues. Le lendemain, victoire remportée à l'occident du Delta sur les Libyens et leurs alliés. Les barbares du nord, coiffés de casques étranges ou la tête encadrée dans le mufle d'une bête fauve dont la peau flottait sur leurs épaules, venaient étaler aux yeux des Égyptiens brunis leurs grands corps blancs ornés de peintures et de tatouages. Puis c'était un succès sur les Routennou ou la prise d'une place forte, entrepôt du commerce syrien. Le défilé recommençait aux fanfares du clairon et aux roulements du tambour ; les acclamations de la multitude et le

Soldats des différents corps d'infanterie de l'armée égyptienne au temps de la xviiie et de la xixe dynastie[1].

chant des prêtres accueillaient partout le cortège triomphal du Pharaon. »

Nous avons déjà vu, l'année après la prise de Hâ-ouar, Ah-mès aller poursuivre les débris des Pasteurs dans le midi du pays de Kéna'an, où ils essayaient de se reformer, les battre et les disperser à Scharohen (Scharou'hem)[2]. Ses successeurs le suivirent dans cette voie et y marchèrent à pas rapides. Bientôt ils eurent soumis toutes les provinces asiatiques jusqu'à l'Euphrate. Mais avant d'entamer le récit de leurs guerres et de leurs conquêtes d'après les témoignages monumentaux, très nombreux pour cette époque, je crois nécessaire d'exposer brièvement l'état dans lequel les Égyptiens de la xviiie dynastie trouvèrent les contrées et les populations asiatiques, et d'en esquisser le tableau, tel que leurs inscriptions

---

[1] D'après Wilkinson.

[2] Pour tous ces noms de la géographie asiatique, nous donnons la forme des documents hiéroglyphiques, puis, entre parenthèses, la forme sémitique originale, empruntée la plupart du temps à la Bible, ou, lorsque celle-ci n'est pas connue, la forme du nom chez les écrivains grecs ou romains.

historiques nous en font connaître les principaux traits. On pourra déjà juger par ce tableau des facilités et des obstacles que les Pharaons trouvèrent pour leurs entreprises dans cet état de choses.

Immédiatement sur la frontière nord-est de l'Égypte, le désert qui la sépare de la Syrie était occupé par les tribus de Bédouins nomades que les textes hiéroglyphiques appellent toujours Schasou, c'est-à-dire pillards. Les principaux et les plus voisins de l'Égypte étaient les 'Amaleqim de la Bible, les 'Amâliqa des historiens arabes ; mais ce nom s'appliquait également aux Édomites ou Iduméens et aux Midianites, qui sont quelquefois désignés parmi les Schasou, et même en général à toutes les tribus errantes du désert d'Arabie. Au sud du désert occupé par ces Schasou, appelés également quelquefois Sati, le pays du Mafek, c'est-

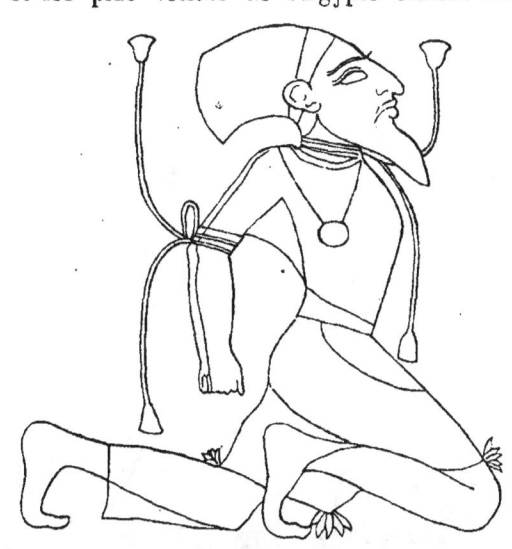

Captif des Schasou[1].

à-dire la péninsule du Sinaï, offrait ses importantes colonies égyptiennes, fondées dès l'époque du roi Snéfrou, de la IIIe dynastie, pour l'exploitation des mines de cuivre et de turquoises. Perdus toutes les fois que l'Égypte avait subi un abaissement temporaire, ces établissements avaient été recouvrés et reformés dès qu'un pouvoir fort y avait de nouveau fait sentir son autorité. Avant la fin du règne d'Ahmès ils étaient occupés de nouveau et les travaux des mines reprenaient avec une grande activité. Les ruines de ces colonies égyptiennes du Sinaï subsistent encore, riches en monuments et surtout en sculptures historiques, aux deux localités de Serbout-el-Khadem, où les débris appartiennent principalement au Nouvel Empire, et de Ouady-Magarah, où les grands bas-reliefs taillés dans les rochers remontent, au contraire, en partie jusqu'aux temps de la IIIe et de la VIe dynastie.

[1] Figure sculptée à Médinet-Abou.

Ruines de Serbout-el-Khadem.

Ouady-Magarah.

C'est surtout par mer, au travers du golfe Héroopolite de la mer Rouge, que les établissements égyptiens de la péninsule du Sinaï communiquaient avec la mère patrie. On évitait ainsi la traversée pénible du désert, infesté par les incursions des Schasou, que toute la police des Pharaons les plus puissants ne parvenait qu'imparfaitement à réprimer. Au fond du golfe Élanitique, qui enveloppe du côté de l'est le pays du Mafek, s'élevaient les deux villes de Houtsioun ('Eçion-geber) et de Altou ou Iltou (Elath, Ælana), importantes par leur rôle d'entrepôts du commerce des caravanes avec l'intérieur de l'Arabie. Par delà et plus au sud-est, les listes de peuples vaincus et tributaires mentionnent les pays de Nehschou, Mabounou, Setehbou, Heratstoum et quelques autres encore dont le site doit être cherché dans la portion de l'Arabie désignée aujourd'hui par le nom de 'Hedjâz. Mais nous manquons jusqu'ici de documents qui permettent d'en établir la position d'une manière plus précise.

Guerrier kénânéen de la Palestine au temps de la XVIIIe dynastie.

La Palestine était toute entière aux mains des Kénânéens, qui ne formaient pas une monarchie puissante, mais étaient dans l'état de morcellement où Yehoschou'a (Josué) les retrouva encore un peu plus tard lorsqu'il conduisit les Hébreux dans leur pays. Ils étaient divisés en une infinité de petites principautés, chaque ville presque ayant son roi particulier, souvent rival ou même ennemi de ses voisins. Cet état de morcellement et de particularisme local faisait des Kénânéens de la Palestine une proie facile pour toute conquête, car il ne leur permettait guère de se grouper tous ensemble contre un ennemi commun. Mais en même temps il rendait difficile une soumission absolue et complète du pays, car il était essentiellement de nature à favoriser des insurrections partielles et sans cesse renaissantes. Au milieu des tribus kénânéennes, établies depuis assez peu dans cette contrée, subsistaient encore quelques débris des populations qui l'occupaient avant elles et qu'elles avaient exterminées. Tels étaient les 'Enaqim et les 'Horim du mont Sê'ir, dont la fusion avec une des tribus des Téra'hites avait donné naissance à la nation des Édomites. L'imagination populaire donnait dès lors à ces restes dispersés des plus anciens habitants de la Palestine des noms qui les représentaient comme des personnages redoutables et à demi fabuleux, des géants (Réphaïm), des êtres à la voix bourdonnante et indistincte (Zomzommim), toujours en mouvement (Zouzim), des monstres inspirant la terreur (Émim). A l'est du bassin de la mer Morte, entre cette forte dépression du sol et le désert, quelques tribus issues du sang des Téra'hites, qui n'avaient pas suivi le mouvement d'émigration des Benê-Yisraêl vers l'Égypte, se développaient péniblement aux dépens des populations voisines ; celles de 'Ammôn disputaient aux Amorim kenânéens le pays situé au nord de la rivière Arnôn ; celles de Moab vivaient au sud de la même rivière ; enfin celles de Edôm, groupées autour du mont Sê'ir, où elles s'étaient mêlées aux 'Horim et à certaines fractions des 'Amaleqim, qui les y avaient précédées, touchaient vers le nord aux Moabites et s'étendaient au sud dans la direction de la mer Rouge.

Habitant du pays de Kefta (Phénicie)[1].

Tandis que les diverses nations kénânéennes de la Palestine, fixées sur un sol fertile, s'adonnaient à l'agriculture, d'autres rameaux de même race, leurs frères par le sang et la langue, s'étaient établis le long des côtes, entre le mont Karmana (Karmel) et l'embouchure du fleuve Aranta (Oronte), occupant une bande de territoire resserrée d'un côté par la mer, de l'autre par le mont Lebanôn ou Liban, que les Égyptiens appelaient Lemenen. Ce sont ceux que les Grecs ont appelés Phéniciens et dont les documents hiéroglyphiques désignent le pays sous le nom de Kefta. Par un instinct naturel, dont les conditions de la contrée où ils avaient posé leurs demeures avaient encore renforcé les effets, ils s'étaient faits marins et commerçants, et dès lors ils avaient commencé à créer de nombreux comptoirs sur le littoral dans toutes les parties du bassin de la Méditerranée. Un livre spécial de la présente histoire sera consacré à ces Phéniciens, à leurs annales, à leur commerce et au rôle qu'ils jouèrent, d'agents singulièrement actifs de diffusion et de propagande de la civilisation chez les peuples encore barbares du monde européen.

---

[1] Figure empruntée aux peintures du tombeau de Rekh-ma-Râ, à Thèbes, datant du règne de Tahout-mès III.

Les populations syriennes, divisées, comme nous l'avons déjà vu, par l'ethnographie de la Genèse, entre les descendances d'Aram et de Loud, occupaient, au nord des Kénânéens agricoles de la Palestine, les pays qui vont du versant oriental de l'Antiliban jusqu'à l'Euphrate (appelé en égyptien Pouharrat) et même au delà de ce fleuve jusqu'au Kabour (le Khabour des documents assyriens, Kebâr de la Bible, Chaboras de la géographie classique). La région septentrionale de ces contrées entre le mont Amana (Khamanou des Assyriens, Amanos des Grecs) et la rivière Kabour, traversée par l'Euphrate et limitée par son grand affluent mésopotamien, constituait proprement ce que les Égyptiens désignaient par le nom, d'origine sémitique, de Naharina ou « pays des deux fleuves. » Cette appellation, du reste, a été successivement appliquée à des pays différents, qui offraient ce trait commun d'être arrosés par deux cours d'eau.; car le Aram-Naharaïm de la Genèse est sûrement la plaine de Dammeseq ou Damas, et plus tard nous rencontrons le nom de Naharaïn désignant la Mésopotamie des Grecs,

Guerriers araméens du pays de Khar.

la région entre l'Euphrate et le Tigre, spécialement dans sa partie nord, et pour les Assyriens le Nahiri est le massif des montagnes où ces deux grands fleuves prennent leur source.

Le pays des peuples proprement syriens d'Aram et de Loud, fondus plus tard ensemble sous le nom commun d'Araméens, était qualifié par les Égyptiens de Routen, nom que nous avons eu déjà l'occasion d'étudier plus haut (t. Ier, p. 290) et d'assimiler au Loud biblique. On distingue, d'ailleurs, le Routen supérieur ou Khar, qui embrasse l'Aramée méridionale, c'est-à-dire le pays auquel le nom d'Aram appartient encore exclusivement dans la Genèse, et le Routen inférieur ou proprement dit, l'Aramée septentrionale, qui est le Loud des plus anciens souvenirs du peuple hébreu. L'appellation de Routennou, c'est-à-dire de peuples de Routen, a d'ailleurs une signification très vague et très flottante, qui arrive à englober toutes les tribus de la Syrie entière, sans distinction de race. Les Routennou du temps de la xviiie dynastie sont des populations déjà parvenues au plus haut degré de la civilisation, sous l'influence des grands foyers de culture du bassin de l'Euphrate et du Tigre. Ils ont une industrie développée, un grand commerce, une littérature, et sous aucun de ces rapports ils ne se montrent inférieurs aux Égyptiens qui les subjuguent. Leurs villes sont populeuses, riches et quelques-unes apparaissent déjà comme de grandes cités. D'ailleurs, chez eux pas d'unité politique ; ils sont divisés en une multitude de royaumes d'importance variable. C'est seulement l'approche d'un danger commun, en particulier la menace de la conquête pharaonique, qui les groupe momentanément en confédérations, dont l'étendue varie suivant les circonstances et dont le lien est toujours des plus lâches.

Le nom de Routen a, quant à son extension et à sa signification précise, quelque chose d'aussi vague et d'aussi flottant que celui de Kousch, qui nous a déjà frappé par ce caractère incertain. Ainsi les Kénânéens de la Palestine

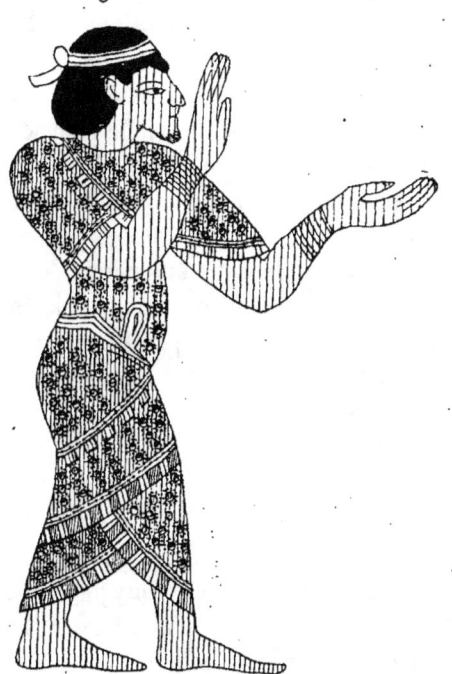

Ambassadeur du Routen inférieur[1].

sont en général englobés, avec les Araméens de la région de Dammeseq, dans le Routen supérieur ou Khar. Quant au Routen inférieur, on l'étend quelquefois au delà de l'Euphrate et même du Kabour, de manière à y comprendre le pays de Singar (Singara de la géographie classique), et celui d'Assour (Asschour pour les indigènes), qui venait depuis peu d'être constitué en monarchie, encore bien faible, par le prince Belou-kapkapi et où Ninive était déjà fondée, mais n'avait pas supplanté comme capitale l'antique cité d'Asschour. On va même jusqu'à compter Babel ou Babylone comme appartenant encore au Routen.

---

[1] D'après les peintures d'un tombeau de Thèbes, datant du règne de Tou-t-ànkh-Amon (xviiie dynastie).

C'est là une extension abusive ; mais ce qui est constant, c'est de voir figurer parmi les Routennou inférieurs, entrant dans toutes leurs ligues, avec les Araméens septentrionaux ou Loudim, les peuples Kénânéens agriculteurs qui, à l'ouest de ceux-ci, tenaient la chaine du Liban et les vallées situées entre le Liban et l'Antiliban : les Khaoui ('Hivim) du bassin du Natsana ou Léontês ; les Amaour (Amorim) de Qadesch sur l'Oronte ; les gens de Hamtou ('Hamath, Épiphania des Grecs), appelés dans la Bible 'Hamathim ; ceux du pays de Tsahi, qui embrassait la montagne en arrière de la Phénicie maritime proprement dits ou Kefta, là où l'ethnographie biblique place les populations des Arqim, des Sinim et des Çemarim, descendants de Kéna'an. On manque de documents pour déterminer si l'on doit rattacher aux Kénânéens ou aux Araméens les habitants des cantons que les monuments égyptiens de la xviii° et de la xix° dynastie énumèrent comme se succédant plus au nord dans les montagnes entre l'Oronte et la mer : Lemanen, dont le nom est spécialisé à la partie la plus septentrionale du Liban ; Assou, situé vers la hauteur de Laodicée, c'est-à-dire dans les parages où le fleuve reçoit encore aujourd'hui des habitants indigènes le nom d'Assy ; Ouan qui correspond au massif du mont Casius et à l'intérieur du coude du bas Oronte.

Tous ces cantons étaient compris dans le Routen inférieur, aussi bien que le pays araméen de Aoup, qu'on peut assimiler assez exactement à la Cyrrhestique des Grecs. On y joignait aussi les Khéta, 'Hittim de la Bible. Ceux-ci habitaient d'abord les vallées de la chaîne de l'Amana et de là s'étendirent graduellement jusqu'à l'Euphrate. Ils y formèrent un empire guerrier et redoutable, une monarchie fortement centralisée. C'est là qu'ils étaient encore au temps de Schelomoh (Salomon), lorsque ce prince s'alliait à eux et épousait la fille de leur roi. Mais la puissance du royaume des 'Hittim ne paraît pas avoir été déjà, sous la xviii° dynastie, assez florissante pour donner ombrage aux Égyptiens. Ils étaient alors simplement des membres assez obscurs des diverses confédérations du Routen inférieur. Ce n'est que sous la dynastie suivante que nous les voyons prendre un rôle dans les affaires de l'Asie occidentale.

Le premier successeur d'Ah-mès fut Amon-hotpou Ier, nommé Aménophis par les Grecs. Sous son règne les Schasou du désert furent soumis, autant du moins que des Bédouins peuvent l'être, car presque tous les autres rois, même les plus puissants, durent envoyer des expéditions châtier de temps en temps leurs brigandages. La conquête du pays de

Amon-hotpou Ier porté en triomphe[1].

Kéna'an fit aussi de grands progrès pendant ce règne, où les troupes égyptiennes furent occupées presque constamment à réduire les bico-

[1] Bas-relief de Karnak, d'après Rosellini.

ques des roitelets de la Palestine. Du côté du sud, Amon-hoptou Ier consacra plusieurs expéditions à rétablir l'ancienne autorité des Égyptiens sur une partie de l'Éthiopie, sur laquelle il revendiquait des droits héréditaires, comme fils de la reine noire, Ah-mès Nofri-t-ari.

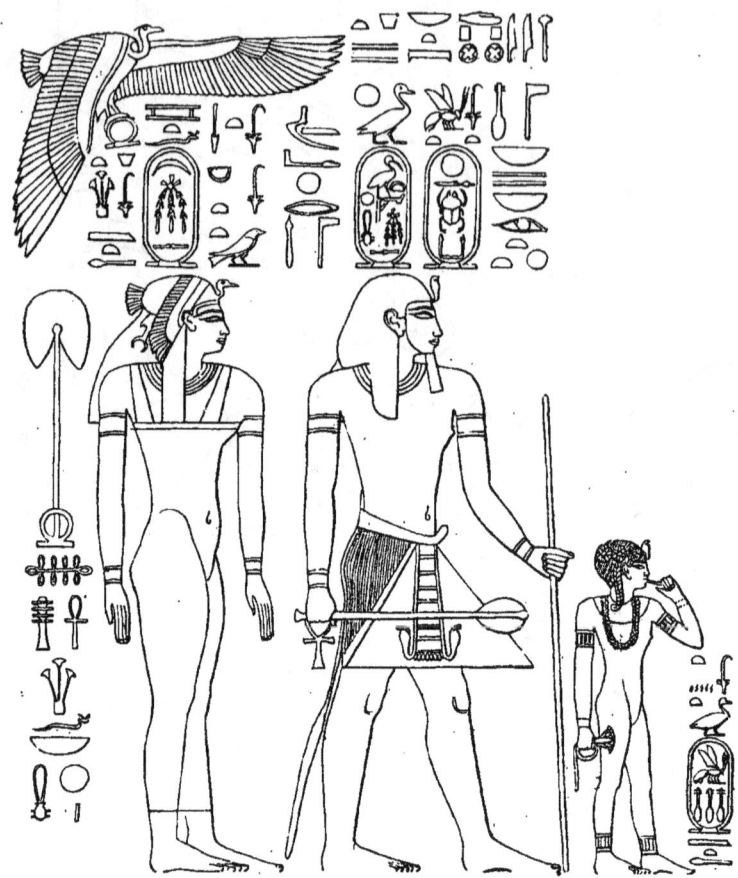

Tahout-mès Ier avec sa femme et sœur Ah-mès et une de leurs filles[1].

Tahout-mès Ier (appelé Thouthmosis dans les transcriptions grecques de Manéthon), monta ensuite sur le trône. Il poursuivit les succès de son prédécesseur en Éthiopie, et on peut juger du point jusqu'où il recula dans cette direction les limites de l'empire égyptien, en voyant une inscription de la deuxième année de son règne gravée sur les

---

[1] D'après Lepsius.

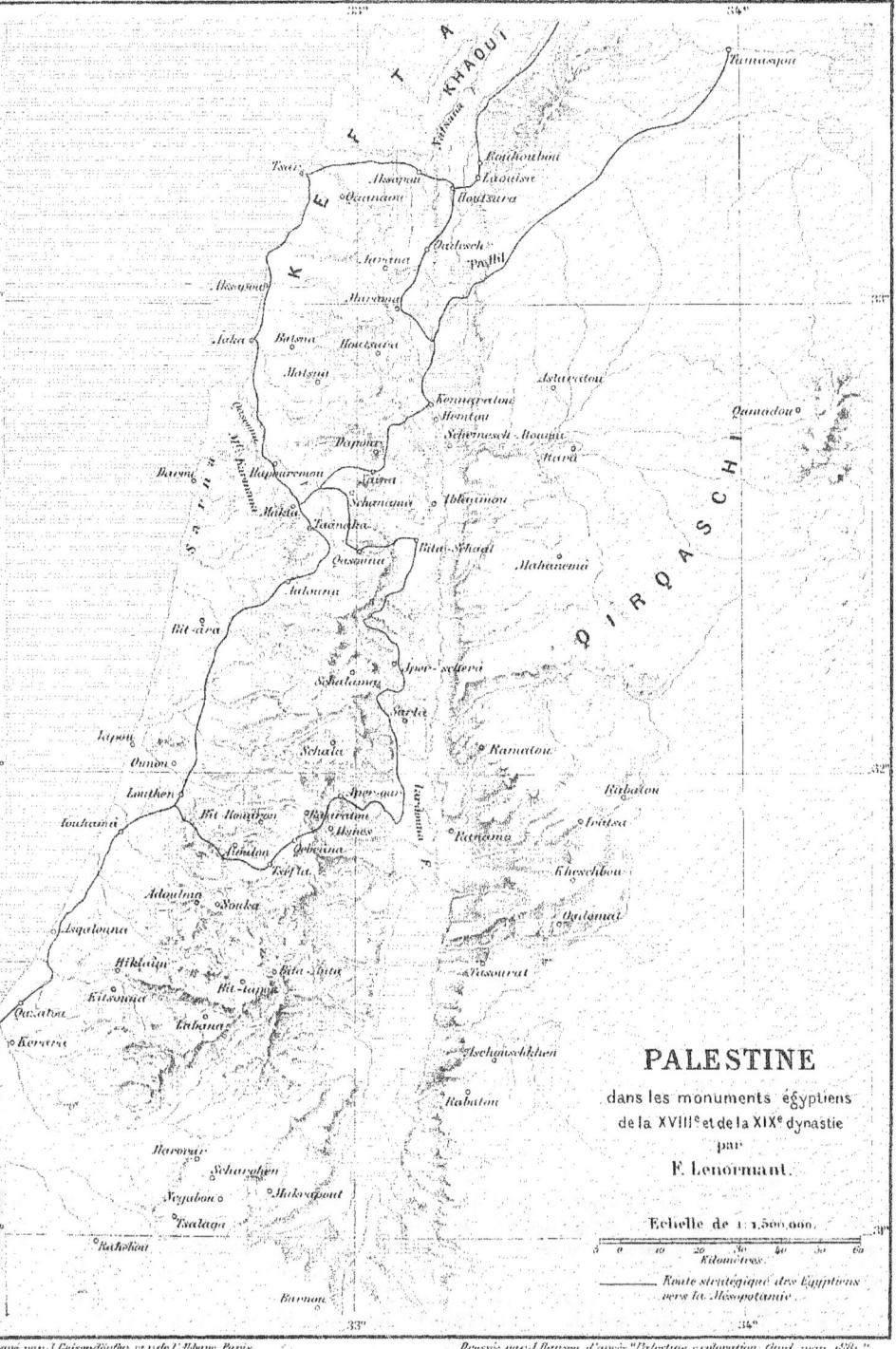

rochers en face de l'île de Tombos, presque aussi haut sur le cours du Nil que celle d'Argo. Mais ce fut au nord qu'une entreprise plus hardie illustra le nom de Tahout-mès Iᵉʳ. Ayant achevé la soumission des Kénânéens de la Palestine, il poussa plus loin et vint, dans les environs de Dammeseq, se heurter aux Routennou, qui avaient rassemblé leurs contingents pour repousser un ennemi dont ils n'avaient pu voir qu'avec terreur la puissance grandir rapidement. Les Routennou furent vaincus, mais le roi Tahout-mès, qui avait mesuré leurs forces, jugea que la domination égyptienne en Syrie ne serait jamais solidement établie s'il ne les réduisait à l'impuissance et ne promenait ses armes victorieuses jusqu'au fond de leur territoire. Il poussa donc sa marche de manière à atteindre l'Euphrate, sur les bords duquel il éleva des stèles triomphales, non loin de la grande ville de Qarqamischa ou Qarqémisch. Son règne marque donc un nouveau pas en avant dans la voie où l'Égypte était désormais engagée ; il inaugure l'ère des grandes expéditions en Asie, des conquêtes lointaines.

« Cette première campagne de Tahout-mès Iᵉʳ, ou plutôt ce voyage de découverte, dit M. Maspero, traça la route que les armées égyptiennes devaient suivre désormais dans toutes leurs guerres, sans jamais s'en écarter. Au sortir d'Égypte[1] elles marchaient sur Ro-peh (Raphia), la plus méridionale des villes syriennes, de là sur Qazatou ('Azah, Gaza), Asqalouna (Aschqelôn) et Iouhama[2]. A la station de Iouhama, la route se divisait en deux branches. La première, de moitié plus courte que l'autre, menait droit au nord, laissant un peu sur la gauche le grand port de Iapou (Yaphô, Joppé) et ses jardins délicieux[3] ; près d'Aalouna elle s'enfonçait dans les gorges du mont Karmana (Karmel), puis reparaissait dans la plaine, un peu au nord de Taânaka (Ta'anach), une des villes royales des Kénânéens, et, quelques milles plus loin, aboutissait à Makta (Megiddô). L'autre branche tournait à l'est, au sortir de Iouhama, et courait à travers les monts des Amorim ; elle remontait vers le Iardouna (le Jourdain) par Tsefta et Sarta (Çarthan), contournait les massifs qui furent plus tard à Éphraïm par 'Aper ('Aphrah) la Grande et 'Aper la Petite, laissait un peu sur la droite Bit-

---

[1] C'est à la sortie d'Égypte que l'on rencontrait la ville de Iartsa, correspondant à la Rhinocorura de la géographie classique (aujourd'hui El-Arysch) ou bien à Iénysus.

Dans l'intérieur des terres, les villes de la frontière du désert et de la Palestine étaient Barnou (Qadesch-Barne'a), Rahebou (Rehoboth), Negabou (Negeb) et Kerara (Gerar).

[2] Jamnia des Grecs et des Romains, Yabné-El de la Bible.

[3] Plus au nord, la fameuse plaine de Sarna (Saron), avec la ville de Darou (Dôr).

schaal (Beth-schean), puis descendait dans la plaine de Yizre'el par Qasouna (Qischôn) et Schanama (Schounem), pour aboutir derrière Makta (Megiddo), à peu près à mi-distance entre la ville et le mont Dapourou (Tabor). Makta ou Megiddo, bâtie au bord du torrent de Qina (Qanah), barrait les voies du Liban et pouvait à volonté ouvrir ou fermer la route aux armées qui marchaient vers l'Euphrate. Aussi joua-t-elle dans toutes les guerres des Égyptiens en Asie un rôle prépondérant : elle fut le point de ralliement des forces kénânéennes et le poste avancé des peuples du nord contre les attaques venues du sud. Une bataille perdue sous ses murs livrait la Palestine entière aux mains du vainqueur et lui permettait de continuer sa marche vers la Cœlésyrie.

« Au sortir de Makta, les Égyptiens franchissaient le Tabor et débouchaient sur les bords de la mer de Galilée, auprès de Kennaratou (Kinnereth), remontaient le Iardouna presque jusqu'à sa source par Marama (Merôm), Qadesch (plus tard Qedesch de Naphtali), Louisa (Laisch), Houtsâra ('Haçôr), Rouhoubou (Beth-Rehob) et franchissaient les collines qui séparent la vallée du Iardouna (Yardan, Jourdain) de celle du Natsana (le Léontès de la géographie classique), non loin du bourg actuel de Ghazzeh. Ils remontaient jusqu'à la source du Natsana[1], et descendaient la vallée de l'Aranta (l'Oronte) jusqu'à Hamtou ('Hamath). Qadesch la Grande était la plus importante des villes qu'ils rencontraient en chemin. Elle était bâtie au pays des Amaour (Amorim), sur la rive et dans un des replis de l'Aranta. Les chefs syriens, battus à Makta (Megiddo), rétrogradaient d'ordinaire jusqu'à cette ville et livraient leur seconde bataille sous ses murs. Vaincus, ils n'avaient d'autre ressource que de se disperser et de s'enfermer chacun dans sa forteresse. Les rois d'Égypte longeaient l'Oronte, prenaient Hamtou ('Hamath), puis, arrivés à peu près à la hauteur où fut bâtie plus tard Antioche, tournaient à droite et gagnaient Khilbou[2] ('Helbôn, 'Haleb des Arabes) et Padana

---

[1] Une diramation de la route stratégique allait plus à l'est gagner Tamasqou (Dammeseq, aujourd'hui Damas), puis, passant par Aoubil (Abel, l'Abila des Grecs), rejoignait la voie principale vers On (Héliopolis de Cœlésyrie, aujourd'hui Baalbek).

Une autre, se détachant à Makta dans la direction de l'ouest et longeant le bord de la mer, desservait toutes les villes phéniciennes, Aaka ('Akko, plus tard Ptolémaïs), Aksapou (Achzib, Ecdippa), Tsar (Çôr, Tyr), Tsarapouta (Çarphath, Sarepta), Tsidouna (Çidôn, Sidon), Barouta (Béryte) et Gapouna (Gebal, Byblos), puis au delà de cette dernière cité, traversait les montagnes pour gagner Qadesch.

[2] Entre Qadesch et Hamtou, la route passait par Toubakhi ou Tibekhat, que nous assimi-

(Patin des textes cunéiformes, Batnæ des géographes classiques). De là à Qarqamischa (Qarqémisch) il n'y avait que quelques heures de marche[1].

« Les peuples situés à droite et à gauche de cette route militaire reconnurent l'autorité des Pharaons et firent partie de leur empire. Les uns, à l'exemple des Phéniciens, se soumirent presque sans combat; il fallut, pour réduire les autres, de longues guerres et des batailles acharnées. Aussi bien ne peut-on guère se représenter la domination égyptienne comme quelque chose d'analogue à ce que fut plus tard la domination romaine. La Syrie, l'Arabie, l'Éthiopie ne devinrent jamais des provinces assimilées aux nomes de l'Égypte et administrées par des officiers de race égyptienne. Elles gardèrent leurs anciennes lois, leurs anciennes religions, leurs anciennes coutumes, leurs dynasties, restèrent, en un mot, ce qu'elles étaient avant la conquête. Elles formaient une sorte d'empire féodal, dont le Pharaon était le suzerain, et les chefs syriens et nègres les grands vassaux. Les vassaux devaient hommage au suzerain, lui payaient tribut, accordaient aux troupes égyptiennes et refusaient aux ennemies le libre passage sur leur territoire. Pour le reste, ils étaient maîtres chez eux et pouvaient s'attaquer les uns les autres, faire la paix, chercher des alliances, sans que le suzerain songeât à s'y opposer.

« Un empire établi de la sorte n'était pas des plus solides. Tant que le pouvoir suprême était aux mains d'un prince énergique, ou plutôt tant que le souvenir de la défaite restait assez vivant dans l'esprit des vaincus pour étouffer leurs velléités d'indépendance, les chefs syriens demeuraient fidèles à leur vasselage et payaient l'impôt. Mais la mort du souverain régnant et l'avènement d'un nouveau souverain, un échec ou

---

lons à l'Arethusa des géographes grecs et romains, entre Hamtou et Khilbou par Tounep (Apamée) et Anaougas (probablement Chalcis), deux villes importantes du pays de Aoup, qui comprenait aussi Inouamou (Imma), Karouna (Cyrrhus) et Khanretsa (Ciliza). Le pays de Gagama, situé plus au nord, le Gangoum des documents cunéiformes assyriens, paraît correspondre au canton situé entre Germanicia et Doliché.

[1] Les autres villes, qui s'échelonnaient le long de l'Euphrate, dans la partie de son cours que les armées égyptiennes atteignirent habituellement sous les rois de la XVIIIe dynastie, étaient : au nord de Qarqamischa, Ni, place fort importante, la Ninus Vetus d'Ammien Marcellin, la Ninive sur l'Euphrate de Diodore de Sicile, dont les vastes ruines sont aujourd'hui désignées sous le nom de Djérablous, puis Pederi (Perhor); au sud de Qarqamischa, Arzakana, l'Araziqou des textes cunéiformes (Eragiza), et Hourankar, dont le site devait correspondre environ à celui de Barbalissus.

Au delà de l'Euphrate, en face de Qarqamischa, la voie stratégique des Égyptiens traversait le pays de Matenaou (Mitani des Assyriens) et venait aboutir sur le Kabour, au gué de Sidikan (aujourd'hui Arbân).

simplement le bruit d'un échec subi par les généraux égyptiens, le moindre événement suffisait à soulever une révolte générale. Chaque peuple refusait l'impôt, les différents royaumes redevenaient indépendants, l'Égypte se trouvait en quelques jours réduite à son seul territoire. Il fallait alors recommencer tout à nouveau. D'ordinaire une coalition se formait et ses troupes réunies attendaient le choc sous Makta ou sous Qadesch. Une ou deux batailles avaient raison de cet effort : les alliés se séparaient et couraient se fortifier chacun dans son royaume ou dans sa ville. Les Égyptiens ne trouvaient plus devant eux de grandes armées ; mais ils devaient poursuivre chaque prince rebelle et l'assiéger longuement avant de le réduire. La révolte avait renversé l'empire en un jour ; il fallait plusieurs années de combats, quelquefois même tout un long règne pour le rétablir en son intégrité. C'est en vain que, pour prévenir la rébellion, le vainqueur avait recours aux moyens de rigueur, saccageait les campagnes, enlevait les troupeaux, mettait les villes à feu et à sang, déposait et faisait mourir les chefs, emmenait des tribus entières en esclavage, rien n'y faisait. Après avoir conquis le pays pendant la durée de chaque règne, on le perdait au commencement du règne suivant, pour le reconquérir et le reperdre plus tard, sans arriver jamais à rien fonder qui durât. »

Tahout-mès Ier régna vingt et un ans et mourut en laissant la couronne à son fils Tahout-mès II et à sa fille Ha-t-schepou, frère et sœur mariés ensemble suivant l'usage de la monarchie égyptienne, qui justifiait ces unions incestueuses par l'exemple divin d'Osiris et d'Isis. Sous Tahout-mès II, l'Éthiopie se montre à la fin soumise, et pour de longs siècles. Les pays du sud formèrent dès lors une vice-royauté, dont le territoire s'étendait de la première cataracte aux montagnes de l'Abyssinie[1]. Le gouvernement de cette immense province constituait la première charge de l'État. Confié d'abord à des fonctionnaires d'un rang supérieur, il devint bientôt l'apanage de l'héritier de la couronne, avec le titre de « fils royal de Kousch. » « Quelquefois ce titre était purement honori-

---

[1] La vice-royauté de Kousch était divisée en treize districts ou provinces, qui sont, en les énumérant du nord au sud, P-i-lak (Philœ), Bok (Contra-Pselcis), Mâma (Primis), Mehi (Meæ), Neh-âou (Noa), Atef-ti (Tasitia), Bohon (Boôn), To-ouats (Autoba), P-noubs (Pnups), Pet-en-Hor (Pontyris), Napat (Napata), Maràou (Méroé) et Pehou-Qens. Ce sont là les districts de la partie de la vallée du Nil, jusqu'au pied des montagnes de l'Abyssinie, qui avait reçu une colonisation égyptienne. Les pays barbares, situés plus au sud, qui gardaient leur organisation nationale et leurs chefs indigènes, mais payaient tribut à l'Égypte, étaient aussi soumis à l'autorité du « fils royal de Kousch. »

fique ; le jeune prince demeurait auprès de son père tandis qu'un chef administrait pour lui le pays. Souvent il gouvernait lui-même et faisait dans les régions du haut Nil l'apprentissage de son métier de roi[1]. »

§ 2. — SUITE DE LA DIX-HUITIÈME DYNASTIE. TAHOUT-MÈS III. APOGÉE DE LA PUISSANCE MILITAIRE DE L'ÉGYPTE.
(VERS 1600, RÈGNE D'UN DEMI-SIÈCLE.)

Il ne paraît pas que Tahout-mès II, dont le règne fut assez court, ait été un prince guerrier. Il eut pour successeur son frère Tahout-mès III.

Celui-ci, à son avènement, était encore un enfant. Il fut placé sous la tutelle de sa sœur aînée, Ha-t-schepou, veuve de Tahout-mès II. Mais cette régence devint une véritable usurpation. Ha-t-schepou prétendait avoir à la couronne des droits personnels, égaux au moins à ceux de son frère. Elle commença par se déclarer associée à lui, puis bientôt le mit entièrement de côté et s'attribua à elle-même toutes les prérogatives de la puissance souveraine. Elle construisit et dédia les temples en son nom, offrit le sacrifice royal, commanda les armées en personne ; elle alla même jusqu'à se faire représenter en homme avec la barbe postiche des souverains. Son règne fut, du reste, éclatant. L'histoire d'Égypte ne connaît pas de roi qui, déjà grand par ses conquêtes et son influence politique, n'ait laissé après lui des preuves de son goût pour les arts et des monuments magnifiques. Ha-t-schepou fut de ce nombre. Parmi les œuvres principales dues à l'initiative de cette reine, on doit noter les deux gigantesques obélisques dont l'un est encore debout au milieu des ruines de Karnak. Les inscriptions nous apprennent que la reine avait élevé ces deux obélisques en souvenir de son père Tahout-mès Ier. Les légendes gravées sur les bases font connaître quelques particularités dignes d'être rapportées. On y voit, par exemple, que le sommet des obélisques devait être recouvert d'un pyramidion formé de l'or enlevé aux ennemis. Dans un autre passage, l'inscription raconte que l'érection du monument tout entier, depuis son extraction de la montagne de Syène, n'avait duré que sept mois. On juge par ces détails des efforts qu'il fallut faire pour transporter et mettre debout, en si peu de temps, une masse qui a 30 mètres de hauteur et pèse 374,000 kilogrammes.

[1] Maspero.

Le temple de Deir-el-Bahari, à Thèbes, si grandiose dans la conception de son plan et surtout dans sa disposition en terrasses successives, est également un monument dû à la magnificence de Ha-t-schepou. Les exploits guerriers de la reine sont l'objet des représentations gravées sur les murs de cet édifice. Là, de grands bas-reliefs, sculptés avec une hardiesse et une largeur de ciseau qui étonnent, font assister à tous les incidents de la conquête du pays de Pount. Ce nom, dont nous avons

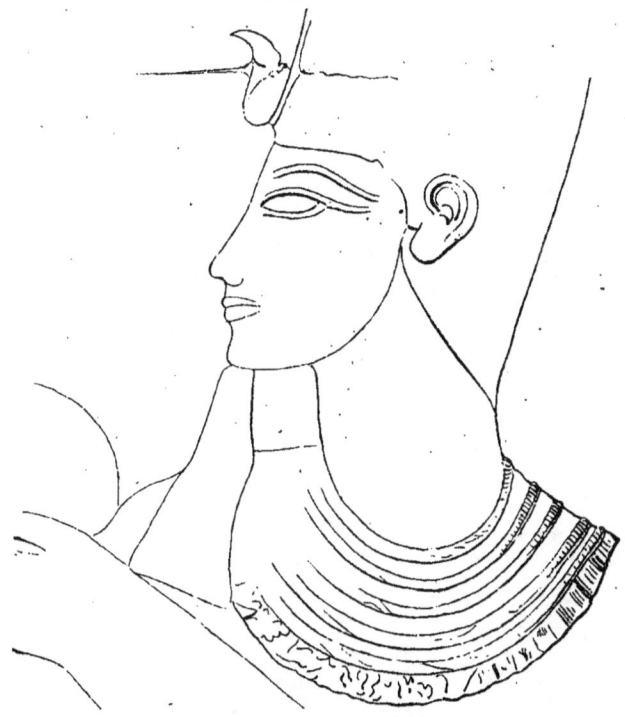

La reine Ha-t-schepou avec la barbe des rois.

déjà parlé (t. I, p. 271), était appliqué par les Égyptiens à l'ensemble des pays qui, au sud du débouché de la mer Rouge, environnaient le golfe Avalitique, à la côte actuelle des Somâlis, en Afrique, et à la côte opposée du Yémen ou Arabie-Heureuse. L'Égypte avait noué dès une époque ancienne des relations de commerce maritime avec le Pount, et en tirait les plus précieuses marchandises. C'était le pays des aromates, de l'or et des pierreries. Une partie de ces richesses étaient des produits du sol même de Pount; une autre partie y était importée de l'Inde, entre laquelle et l'Arabie méridionale existait un intercours de navigation remontant

Le temple de Deïr-el-Bahari, restitué par M. E. Brune, d'après les ruines subsistantes.

à la plus haute antiquité. Les ports du Yémen étaient les entrepôts où s'accumulaient les marchandises indiennes, qui de là prenaient la route de la vallée du Nil, par la mer Rouge, et du bassin de l'Euphrate et du Tigre, par le golfe Persique. Par delà le Pount, et bien plus loin dans l'est, était le To-noutri ou la « Terre divine, » dont on parlait beaucoup mais où nul Egyptien n'avait mis les pieds, sorte d'Eldorado à demi fantastique, qui semblait fuir devant ceux qui s'obstinaient à le chercher. Les plus précieuses marchandises que l'on rapportait du pays de Pount passaient pour venir du To-noutri, et toute l'ambition des riverains

Habitations des indigènes du pays de Pount[1].

du Nil était d'arriver à commercer directement avec cette contrée merveilleuse, qu'ils n'atteignirent jamais. Il y a de grandes probabilités pour que le nom de To-noutri n'ait pas été autre chose qu'une traduction égyptienne du nom de Ni-touq-ki, « le Pays qui possède les dieux, » que portait dans la langue suméro-accadienne, idiome de ses plus anciens habitants, l'île de Dilmoun, la Tylos des géographes grecs et latins, la principale des Bahreïn actuelles, pays des pêcheries de perles, où se concentraient, pour être ensuite expédiés par mer, l'encens et la myrrhe de la contrée d'Omân.

Quoiqu'il en soit, maîtresse déjà de la Syrie et de l'Ethiopie, où elle maintenait fièrement la puissance égyptienne, la reine Ha-t-schepou

---

[1] D'après les sculptures de Deir-el-Bahari. Ces habitations rappellent celles des villages lacustres de notre Europe préhistorique (voy. t. I. p. 176). Ce sont de même des huttes circulaires aux parois en clayonnages, peut-être recouvertes de peaux. Afin de se mettre à l'abri des bêtes féroces, elles sont construites sur une plateforme que soutiennent des pilotis, et on y accède par une échelle. Des arbres et des plantes aux formes étranges, appartenant à la végétation sud-africaine, entourent les huttes. Des oiseaux aux couleurs éclatantes volent dans les branches.

résolut, suivant les expressions mêmes de ses monuments épigraphiques, de « connaître la terre de Pount jusqu'aux extrémités du To-noutri. » Voulant soumettre à son sceptre cette terre d'où l'on tirait tant de bois précieux, de métaux, d'ivoire, les parfums et les gommes les plus recherchées, elle fit construire sur la mer Rouge une grande flotte de guerre, la première qu'aient vu ces parages et dont elle a fait complaisamment représenter les vaisseaux sur les murailles de l'édifice de Deir-el-Bahari. La reine s'y embarqua elle-même et fit voile vers le Pount. On n'y rencontra pas de résistance sérieuse. La vieille reine qui gouvernait le canton où l'on avait abordé, et que les bas-reliefs représentent avec le corps monstrueusement déformé par un excès de graisse, se soumit sans combat. La flotte égyptienne

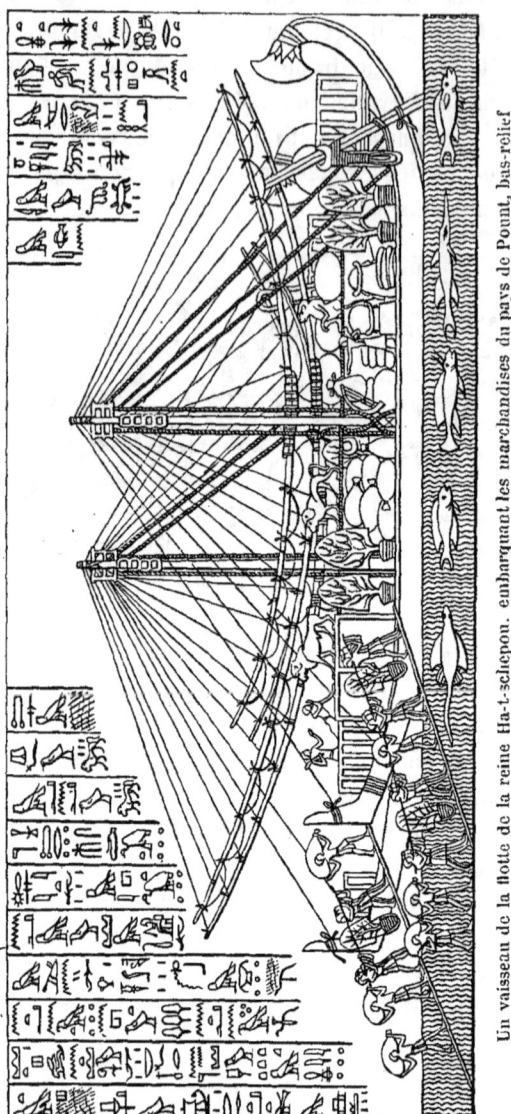

Un vaisseau de la flotte de la reine Ha-t-schepou, embarquant les marchandises du pays de Pount, bas-relief de Deir-el-Bahari.

embarqua d'abondantes richesses de toute nature livrées en tribut, parmi lesquelles des arbres à aromates, disposés dans des paniers avec des mottes de terre pour être replantés dans les jardins de Thèbes.

Satisfaite de ce premier succès, Ha-t-schepou revint en Égypte sans avoir cherché à pousser jusqu'au To-noutri, et le Pount resta pour quelque temps tributaire des Pharaons.

En résumé, Ha-t-schepou fut la digne sœur des Tahout-mès et n'occupe pas une des moindres places dans la série des souverains illustres qui,

La reine du pays de Pount apportant son tribut aux Égyptiens.

sous la xviii° dynastie, ont laissé leurs pas si profondément marqués sur le sol de l'Égypte. Pendant vingt ans elle s'attribua la puissance royale. Mais sa mort fut suivie d'une violente réaction contre sa mémoire, que Tahout-mès III poursuivit avec acharnement comme celle d'une usurpatrice. Il fit marteler partout sur les monuments le nom Ha-t-schepou, et, supprimant officiellement le temps de pouvoir de sa sœur, il data son avènement effectif de l'an 21 de son règne.

Des Pharaons de cet âge, et peut-être de toutes les annales égyptiennes, le plus grand sans contredit fut Tahout-mès III. Sous son règne, l'Égypte est à l'apogée de sa puissance. A l'intérieur, une prévoyante

Transport des arbres à aromates.

organisation des forces du pays assure partout l'ordre et le progrès. A l'extérieur, l'Égypte devient par ses victoires l'arbitre du monde civilisé ; suivant l'expression poétique du temps, « elle pose ses frontières où il lui plaît, » et son empire s'étend sur l'Abyssinie actuelle, le Soudan, la Nubie, la Syrie, la Mésopotamie, le bassin entier de l'Euphrate et du Tigre et le pourtour du golfe Avalite.

Tahout-mès III raconte lui-même, dans les annales de son règne,

Tahout-mès III et la reine sa femme[1].

gravées sur la muraille du sanctuaire du temple de Karnak, qu'il a fait

[1] D'après Lepsius. La reine, debout derrière le roi assis, est représentée de plus petite taille, en marque de subordination et d'infériorité de rang.

sa première expédition de conquête l'an 22 de son règne, compté en y comprenant sa minorité. Il est sans doute bien difficile, et quelquefois même impossible, malgré les beaux travaux de MM. Birch, Brugsch, de Rougé et Mariette, qui se sont spécialement occupés de ce long texte, de reconnaître quel est, dans notre géographie, l'équivalent exact de tous les noms de villes et de peuples successivement énumérés dans l'histoire des guerres de Tahout-mès. Mais on en connaît assez aujourd'hui pour se faire une idée satisfaisante de l'ensemble. C'est aux travaux des savants qui viennent d'être nommés que nous empruntons l'analyse des données fournies par le monument que l'on a pris l'habitude de désigner sous le nom d' « Annales de Tahout-mès III » ou de « Mur numérique de Karnak, » à cause du grand nombre d'indications numériques qu'il contient sur les prisonniers faits ou le butin enlevé. Ces chiffres précis et modestes sont pour nous un garant inappréciable de la sincérité d'une relation pour ainsi dire officielle et statistique, où l'emphase superbe ordinaire aux monarques orientaux ne se retrouve pas.

Un soulèvement général de toute l'Asie avait coïncidé avec l'accession du nouveau roi aux affaires. Les Routennou avaient refusé le tribut, croyant sans doute que Tahout-mès, privé des conseils de l'expérience de sa sœur Ha-t-schepou, ne saurait pas les réduire. L'insurrection avait gagné la Palestine, dont les petits princes kenânéens s'étaient groupés dans un effort commun contre la domination pharaonique. A peine quelques places fortes, comme Qazatou ('Azah, Gaza), étaient-elles restées aux Égyptiens dans cette contrée. L'année 22 fut surtout occupée en préparatifs et l'on s'y borna au siège de quelques villes du midi de la Palestine, attribuées plus tard à la tribu de Schime'ôn, et par la prise desquelles le prince rétablit les communications par terre entre l'Égypte et Qazatou. Ce fut cette dernière ville qui fut choisie comme base des grandes opérations de l'année suivante.

Au printemps de l'an 23, le 3 ou le 4 du mois de pachons[1], le roi se trouvait de sa personne à Qazatou et prenait le commandement des troupes. Le 5, une forteresse voisine était obligée de se rendre, et

---

[1] « Le premier pachons, régulièrement et théoriquement, était censé correspondre au solstice d'été, ce qui eut lieu effectivement en 1785 et en 280 av. J.-C.; mais l'année égyptienne étant de 365 jours, sans années bissextiles, on perdait 97 jours en 400 ans sur l'année vraie, et, sous Tahout-mès III, le premier pachons tombait vers le milieu du mois de mai. » (Robiou.)

Tahout-mès se portait aussitôt en avant. Il apprit le 16, à Iouhama, que les princes syriens et kénânéens confédérés contre lui, sous la conduite du roi de Qadesch, étaient en marche et concentraient leurs forces à Makta (Mégiddo), sur ce champ de bataille où s'est tant de fois décidé le sort de la Syrie. Rejetant comme entaché de lâcheté le conseil de suivre le chemin le plus long pour tourner les montagnes qui le séparaient de l'ennemi et éviter de l'aborder de front, le Pharaon marcha droit aux confédérés et campa le 19 sur les premiers escarpements, à l'entrée d'un col difficile, où l'on n'avait pas eu le soin de le prévenir avec des forces assez nombreuses ; il le franchit malgré tous les obstacles, et le 20 il était avec ses troupes sur les bords du torrent de Qina (Qanah), qui sépara plus tard les tribus de Menasscheh et de Éphraïm, et qui traverse la plaine au sud de Megiddo. Les annales de Karnak contiennent à cet endroit une courte proclamation adressée par le Pharaon à ses troupes, à la veille d'engager la bataille.

Le 21 pachons, à l'aube du jour, il disposa son armée pour l'attaque, appuyant sa droite au ruisseau de Qina et étendant sa gauche au nord-ouest de Makta ou Megiddo, de manière à déborder la ville ; Tahout-mès commandait en personne le centre de sa ligne. L'énumération des contingents que lui opposaient les ennemis comprend toutes les villes importantes de la Palestine et des provinces araméennes situées entre l'Antiliban et l'Euphrate. Dès le premier choc, les Asiatiques culbutés s'enfuirent vers Makta ; mais les défenseurs de la place, saisis d'effroi, avaient fermé leurs portes, et les chefs furent obligés de se faire hisser sur les remparts avec des cordes pour échapper à la poursuite des Egyptiens. Les nombres très modérés que le texte nous donne pour les morts des ennemis et les captifs faits dans la bataille, annoncent un esprit de véracité qui rehausse fort l'intérêt de ce récit. Quatre-vingt-trois morts et 340 prisonniers sont seulement comptés pour le jour de la bataille de Megiddo. La poursuite avait cependant été vive, car le texte dit qu'au moment où les chefs ennemis gagnaient la forteresse, « les guerriers de Sa Majesté ne firent pas même attention à saisir le butin qu'ils laissaient tomber. » Le petit nombre des morts peut s'expliquer par le voisinage des montagnes, où le mouvement des Egyptiens refoula les vaincus ; chez les anciens, à cause de leurs armes défensives et des conditions dans lesquelles on combattait, la déroute était beaucoup plus meurtrière que la bataille. Mais la prise de 2,132 chevaux et de 924 chars de guerre, ainsi que les chiffres très considérables du butin, attestent l'entière dispersion de l'armée des Asiatiques. Quelques jours après, la ville de Makta ou Megiddo, bloquée et réduite à la famine, fut forcée de se rendre sans combat ; comme tous les princes ligués y avaient cherché un refuge, ce fait d'armes décida du succès de la campagne. Tahout-mès ne rencontra plus de résistance sérieuse ; le reste de sa marche, à travers la Palestine jusqu'au Liban et les provinces syriennes jusqu'à l'Euphrate, ne fut qu'une promenade triomphale. Les chefs qui ne s'étaient pas trouvés à la bataille de Megiddo se hâtèrent de faire leur soumission et de protester de leur fidélité ; les forteresses ouvrirent leurs portes et celles qui essayèrent de tenir furent rapidement enlevées.

Les listes géographiques des pylones de Karnak, si savamment étudiées par Auguste Mariette, énumèrent 119 villes, dont les plus septentrionales sont Barouta (Bêrouth, Béryte) et Tamasqou (Dammeseq) ; ce sont celles qui se soumirent avant que le Pharaon ne poussât plus au nord, et les six groupes entre lesquels elles sont réparties semblent correspondre aux zones d'opérations d'autant de colonnes chargées d'occuper le pays après la victoire. L'énumération embrasse les pays qui furent plus tard celui des Pelischtim, les royaumes de Yehoudah et de Yisraël, le midi de la Phénicie, plus toute la Pérée ou contrée à l'est du Iardouna (Jourdain), depuis Aschouschkhen (Schi'hôn) dans le pays de Moab, au sud, jusqu'à Tamasqou, au nord, en passant par Kheschbou ('Heschbôn), Iratsa (Ya'ezer), Mahanamâ (Ma'hanaïm), Atara (Edre'ï, Adraa), Astaratou ('Aschtharôth Qarnaïm), Qamadou (Canatha) et Pa-Hil (le canton représenté par le nom de 'Houl dans le chapitre X de la Genèse, voy. plus haut, t. Ier, p. 289). Il résulte aussi de ces listes géographiques de Karnak que, dans la Palestine proprement dite les deux cantons où la révolte avait été le plus générale, où toutes les villes y avaient pris part, étaient compris, l'un entre Kerara (Gerar), Harhorar ('Aro'er) et Makrapout (Beth-Merkabôth), au sud, Iapou (Yaphô, Joppé), Ounou (Ono), Schala (Schiloh) et Sarta (Çarthan), au nord ; l'autre entre Taânaka et Makta, au sud, Qaanaou (Qanah), Aksapou (Achzaph) et Louisa (Laïsch), au nord.

Avant même la fin de la campagne, Tahout-mès avait incorporé dans son armée des légions entières de soldats pris parmi les vaincus, qui s'empressaient de demander à le servir. Après avoir mis garnison dans les trois principales villes du Routen inférieur, en deçà de l'Euphrate. il rentra en Égypte, emmenant des milliers de prisonniers et d'otages.

Mais dès le printemps suivant il était de nouveau à la tête de ses troupes et passait l'Euphrate non loin de Qaramqischa; puis de là poussait jusqu'à Sidikan, sur le Kabour, où il élevait, pour s'assurer toujours la traversée facile du fleuve, une puissante forteresse dont les ruines subsistent encore aujourd'hui. On y a découvert de nombreux objets de petite dimension, portant les cartouches de Tahout-mès III et d'Amon-hotpou III. Cette fois il n'eut pas même à combattre; les Routennou d'au-delà de l'Euphrate se soumirent sans essayer de résistance, et les rois de Singar et d'Assour lui envoyèrent un tribut avant qu'il n'eût cherché à pénétrer dans leur pays.

Quatre ans de paix absolue succédèrent à ces campagnes victorieuses. Mais les annales du sanctuaire de Karnak font recommencer les guerres dans la vingt-neuvième année du règne.

Captif des Amaour de Qadesch [1].

Le roi de Qadesch, remis du trouble où l'avait jeté la défaite de Megiddo, avait repris les armes et entraîné dans sa rébellion tout le nord de la Syrie. L'an 29, Tahout-mès conquit Arattou (Arvad, Aradus) sur la côte de la Méditerranée, et dans les provinces araméennes qui vont vers l'Euphrate, Khilbou ('Helbôn, 'Haleb) ainsi que Tounep, qui est représentée comme une ville de grande importance et que nous croyons pouvoir assimiler à Apamée; il pénétra aussi dans le pays de Tsahi, qui, nous l'avons déjà dit, embrassait une partie des montagnes du Liban, entre les villes phéniciennes et la Cœlésyrie. L'année suivante, c'est Qadesch sur l'Aranta qui fut assiégée à son tour, prise d'assaut, pillée et démantelée. Arattou révoltée de nouveau est aussi emportée de vive force. Aussitôt tous les chefs du Routen inférieur se hâtent d'opérer leur soumission. La mention

[1] Sculpture de Médinet-Abou.

qu'on trouve de cet événement dans la grande inscription de Karnak est faite dans des termes qui nous éclairent sur la nature du pouvoir exercé par les Pharaons dans les contrées asiatiques qu'ils soumettaient à leurs armes : « Voici qu'on amena les fils des princes et leurs frères pour être remis au pouvoir du roi et conduits en Égypte. Si quelqu'un des chefs venait à mourir, Sa Majesté devait faire partir son successeur pour occuper sa place. » On le voit, c'est l'organisation des royaumes soumis sous l'empire romain. Chaque contrée, comme nous l'avons déjà dit, conservait un gouvernement national et un roi, mais en reconnaissant la suzeraineté du Pharaon, en lui payant tribut et en fournissant à son armée des contingents auxiliaires. Les jeunes princes étaient gardés en otages à la cour de Thèbes, où ils recevaient sans doute une éducation tout égyptienne, et c'était parmi eux que le Pharaon choisissait et investissait du pouvoir les successeurs des rois vassaux qui venaient à mourir.

En l'an 33, dix ans après la grande bataille de Megiddo, Tahout-mès se rendait dans le Naharina, suivi d'une nombreuse armée, et y élevait une stèle commémorative « pour avoir élargi les frontières de l'Égypte. » Franchissant ensuite l'Euphrate, il s'enfonçait dans les plaines de la Mésopotamie, y battait les Routennou d'au-delà du fleuve et les mettait en fuite, « sans que nul osât regarder derrière lui. » Les enseignes de l'Égypte n'avaient pas encore dépassé jusque-là le fleuve Kabour. Tahout-mès le franchit cette année et, recevant sur sa route la soumission de Singar, il pénétra dans le pays d'Assour. Le roi de cette dernière contrée n'opposa aucune résistance, et dans son pays et au retour la marche des Égyptiens ne fut plus qu'une pompe triomphale. L'Euphrate repassé vers la hauteur de son confluent avec le Kabour, on traversa le pays de Takhis, le Çou'hi des documents cunéiformes, qui s'étendait sur la rive droite du fleuve en remontant vers le nord jusqu'au lac Nesrou, et l'on eut de nouveau à y combattre les indigènes. Le district dont la ville de Nì était la capitale n'essaya pas, au contraire, de lutter, et accueillit les Égyptiens en payant l'hommage à leur roi. L'armée put s'y livrer sans crainte à la chasse des éléphants, alors nombreux sur les rives de l'Euphrate et du Tigre ; on tua cent vingt de ces animaux, dont les défenses furent rapportées en Égypte avec les tributs d'Assour et ceux que le roi de Babel se hâta d'envoyer pour épargner à ses États la visite du conquérant. Le retour de cette lointaine expédition s'effectua en paix et sans rencontrer aucun obstacle. Les peuples de Tsahi, de Lemenen ou de la haute chaîne du Liban, d'Assou, district septentrional de la même montagne célèbre par ses mines de fer, et de Khéta, envoyèrent sur le passage du Pharaon des ambassadeurs chargés de lui remettre de riches tributs. Les villes d'au delà du Iardouna et de la mer Morte firent de même, entre autres Kheschbou ('Heschbôn), Atsourat ou Tasourat ('Atarôth), Rabatou (Rabbath-'Ammôn) et Aschouschkhen (Schi'hôn).

Cependant la soumission du pays de Tsahi était encore très imparfaite, et dans les deux années suivantes il fallut diriger contre ce pays et contre les villes les plus voisines du Routen inférieur, comme Anaougas (Chalcis), des expéditions, renouvelées encore en l'an 38. En 39 se place encore la répression de révoltes partielles dans le bas Routen. Enfin, dans la 42ᵉ année du règne, Qadesch, dont le roi avait suivi Tahoutmès en vassal soumis dans son expédition de l'an 33, relevée de ses ruines et fortifiée à nouveau, reprit la tête d'une nouvelle coalition, et il fallut une seconde fois la prendre d'assaut. Ce fut là, du reste, le dernier effort de la Syrie pour son indépendance sous le règne de Tahoutmès III, et les douze dernières années qu'il porta le sceptre ne virent plus qu'une soumission absolue de ses vassaux asiatiques à son égard.

Tels sont les faits qu'énumèrent les annales gravées sur la muraille du sanctuaire de Karnak, lesquelles ne comprennent que les événements des guerres d'Asie. Ces guerres demeurèrent toujours célèbres et même donnèrent lieu plus tard à tout un cycle de légendes et de contes, où s'exerça l'habileté des littérateurs égyptiens. M. Maspero en a fait connaître un curieux exemple en traduisant le récit de la prise de Iapou par Tahouti, l'un des principaux généraux de Tahoutmès, tel qu'on le lit dans le Papyrus Harris, nº 500, conservé au Musée Britannique. La reprise de Iapou après la bataille de Makta (Megiddo) est un fait parfaitement historique ; le personnage de Tahouti ne l'est pas moins. Nos musées renferment plusieurs objets qui lui ont appartenu et qui portent son nom. Il était scribe royal, général d'armée, gouverneur de provinces étrangères, et il finit même par arriver au titre de « délégué du roi dans tous les pays du nord, situés le long du Ouatsour, » c'est-à-dire du littoral de la Méditerranée. Mais son exploit de Iapou est tourné en historiette du genre de celles qu'Hérodote a si avidement recueillies, historiette où nous rencontrons des traits qui, de conte en conte, ont fini par se perpétuer jusque dans les *Mille et une Nuits*.

Depuis quelque temps Iapou, d'après ce récit, résistait victorieusement à tous les efforts des Égyptiens. Ne pouvant pas la réduire par la force, Tahouti eut recours à la ruse. Il feignit de quitter le service du roi, à la suite d'un passe-droit, et vint demander asile au chef de Iapou. Celui-ci l'accueillit favorablement, le retint à boire avec lui et pendant ce temps fit visiter ses bagages. On y trouva « la grande canne du roi Tahout-mès, » que Tahouti avoua avoir volée en partant. Il paraît qu'elle était célèbre, car le chef de Iapou demanda aussitôt à la voir. Tandis qu'il l'examinait avec une avide curiosité, Tahouti, enfermé seul à seul avec lui, s'en saisit et l'assomma d'un coup de cette terrible canne, porté à la tempe. Sortant alors de la chambre, il dit à l'écuyer du chef, au nom de son maître, de faire entrer dans la ville le reste du convoi de bagages, venu avec lui, qui attendait à la porte. C'étaient 500 hommes, portant autant de grandes jarres soigneusement fermées. Deux cents d'entre elles renfermaient chacune un soldat armé, qui s'y tenait blotti, exactement comme les voleurs d'Ali-Baba dans le conte arabe. Les autres étaient remplies de cordes et d'entraves pour attacher des prisonniers. Le convoi introduit, les soldats sortirent des jarres où ils étaient cachés et se jetèrent sur la garnison de Iapou, complètement désorientée par la disparition de son chef. Ils en vinrent facilement à bout et les cordes apportées avec eux servirent à lier les captifs.

Il serait assez difficile de croire que les choses se passèrent ainsi dans la réalité et que ce récit est de l'histoire, et non pas un conte arrangé à plaisir.

Tandis que les événements dont nous avons esquissé le tableau d'après des documents plus authentiques se déroulaient en Asie, Tahout-mès III était le premier des souverains égyptiens à se créer une flotte considérable dans le Ouats-our, ou la mer Méditerranée, sur les eaux de laquelle il acquérait en peu d'années une suprématie absolue. Cette flotte était sans doute montée par des marins phéniciens, car jamais, à aucune époque, les Égyptiens n'ont été navigateurs, et, du reste, il ressort des monuments qu'à dater de leur soumission aux Pharaons, les cités de Kefta ou de la Phénicie, à qui sans doute la monarchie égyptienne avait fait des conditions particulièrement favorables, gardèrent pendant plusieurs siècles à cette monarchie une inébranlable fidélité, qui contraste avec la conduite des autres populations kénânéennes. Les Annales du sanctuaire de Karnak mentionnent dans les années 33, 34 et 38 le paiement des tributs de la grande île de Asebi, appelée aussi Sebinaï [1], qui est

---

[1] La lecture de ces noms est douteuse; elle pourrait être aussi bien Amasi et Masinaï.

incontestablement Cypre. Ils consistent en barres de métal des riches mines qui faisaient la renommée de cette île. Mais les résultats des campagnes de la flotte de Tahout-mès et ses conquêtes dans le bassin de la Méditerranée sont principalement connus par l'inscription d'une stèle monumentale découverte à Karnak par A. Mariette, inscription d'un style tout biblique et d'une admirable poésie, qui a été traduite par le vicomte de Rougé. Nous en citerons quelques versets, comme échantillons du grand style lyrique égyptien au temps de la xviii° dynastie. Les triomphes de la puissance de Tahout-mès, dans toutes les directions où s'adressait l'activité guerrière des Égyptiens, y sont successivement passés en revue. La parole est placée dans la bouche d'Ammon-Râ, le dieu suprême de Thèbes.

« Je suis venu, je t'ai accordé de frapper les princes de Tsahi, je les ai jetés sous tes pieds à travers leurs contrées. Je leur ai fait voir ta majesté, telle qu'un seigneur de lumière, éclairant leurs faces comme mon image.

« Je suis venu, je t'ai accordé de frapper les peuples asiatiques ; tu as réduit en captivité les chefs des Routennou. Je leur ai fait voir ta majesté, revêtue de ses ornements ; tu saisissais tes armes et tu combattais sur ton char.

« Je suis venu, je t'ai accordé de frapper la terre d'Orient ; Kefta et Asebi sont sous ta terreur. Je leur ai fait voir ta majesté, telle qu'un jeune taureau au cœur ferme, aux cornes aiguës, auquel on ne peut résister.

« Je suis venu, je t'ai accordé de frapper ceux qui résident dans leurs ports ; les contrées de Mâden[1] tremblent devant toi. Je leur ai fait voir ta majesté, semblable au requin, maître terrible des eaux, qu'on ne peut approcher.

« Je suis venu, je t'ai accordé de frapper ceux qui résident dans les îles ; ceux qui habitent au milieu de la mer sont atteints par tes rugissements. Je leur ai fait voir ta majesté, pareille à un vengeur qui se dresse sur le dos de sa victime.

« Je suis venu, je t'ai accordé de frapper les Ta'hennou[2] ; les îles des Danaouna[3] sont au pouvoir de tes esprits. Je leur ai fait voir ta majesté,

---

[1] Pays encore indéterminé, qui touchait à une des mers que fréquentaient les vaisseaux de la flotte égyptienne. Peut-être est-ce le pays de Midian, sur la rive orientale du golfe Élanitique.
[2] Les peuples blancs du nord de la Libye.
[3] Les Danaoi ou Grecs.

telle qu'un lion furieux se couchant sur leurs cadavres, à travers leurs vallées.

« Je suis venu, je t'ai accordé de frapper les extrémités de la mer ; le pourtour de la grande zone des eaux est serré dans ta main. Je leur ai fait voir ta majesté, semblable à l'épervier qui plane, embrassant dans son regard tout ce qu'il lui plaît.

« Je suis venu, je t'ai accordé ceux qui résistent dans les lagunes[1], de lier les maîtres des sables[2] en captivité. Je leur ai fait voir ta majesté, semblable au chacal du midi[3], seigneur de vitesse, coureur qui rôde entre les deux régions.

Captif nègre du pays de Talaoua, aujourd'hui Zoulla[5].

« Je suis venu, je t'ai accordé de frapper les barbares de Qens[4]; jusqu'au peuple de Pat, tout est dans ta main. Je leur ai fait voir ta majesté, semblable à tes deux frères, dont j'ai réuni les bras pour assurer ta puissance. »

D'autres faits montrent que la domination de Tahout-mès était paisiblement assise sur tout le pays de Kousch ou l'Éthiopie. Une grotte d'Ibrim, dans la Basse-Nubie, nous fait voir le « fils royal de Kousch, » présentant au Pharaon les tributs en or, en argent et en grains provenant de cette contrée. C'est Tahout-mès III qui fonda et dédia au Soleil le temple d'Amada. A Semneh il restaura le temple où l'on adorait le roi de la XIIe dynastie, Ousortesen III (voy. plus haut, la figure de la p. 111); Koummeh, en face de Semneh, le mont Dosche et l'île de Saï, un peu au-dessous de celle de Tombos, puis, plus près de l'Égypte, Korte, Pselcis, Talmis, nous ont aussi con-

---

[1] Les habitants des marais du haut Nil.
[2] Les Herou-schâ, qui occupaient le désert entre la Nubie et la mer Rouge.
[3] Le chacal divin, gardien du point cardinal du Midi.
[4] La Nubie.
[5] Sculpture de Médinet-Abou.

servé sa mémoire. Au-delà des limites de l'Éthiopie proprement dite, dans le pays des nègres, auquel on étendait abusivement le nom de

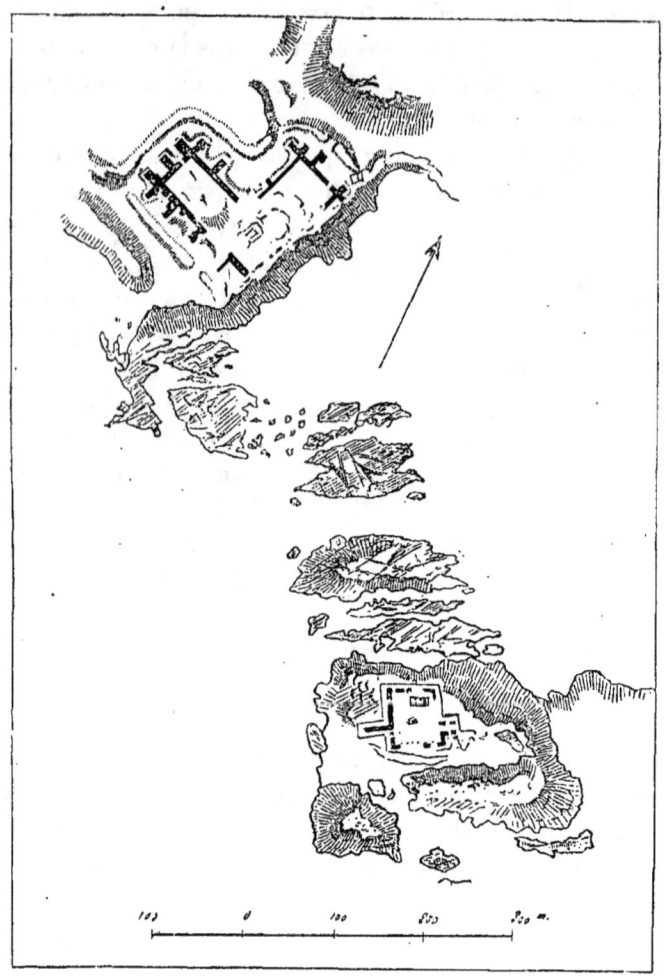

Plan des deux forteresses de Semneh et de Koummeh avec la cataracte qu'elles défendent[1].

Kousch, les expéditions sous le même règne furent fréquentes et victorieuses. Les campagnes dans cette direction étaient, du reste, des razzias bien plus que de véritables guerres. « Les tribus nègres du haut Nil,

---

[1] Ces deux forteresses ont été fondées par Ousor-tesen III (XIIe dynastie) et restaurées par Tahout-mès III.

habituées de longue date à trembler devant les Égyptiens, tenaient à peine et cherchaient un refuge dans le désert, les montagnes ou les marais; le vainqueur entrait dans les villages abandonnés, pillait et brûlait les cabanes, y faisait quelques prisonniers, ramassait les troupeaux et les objets précieux, bois d'ornement, dents d'éléphants, poudre et lingots d'or, vases de métal émaillés ou ciselés, plumes d'autruche, que les pauvres gens n'avaient pas eu le temps de cacher ou d'emmener avec eux, puis rentrait triomphalement sur le territoire égyptien après quelques semaines de victoires faciles[1]. » Sur un des pylones de Karnak nous voyons quarante-sept prisonniers africains défiler devant le roi, chacun portant le nom d'une tribu soumise. La plupart de ces noms ont été identifiés par Auguste Mariette. Ils embrassent tout le territoire de l'Abyssinie, divisé en trois régions principales, Berberat, Tekaraou et Arama, le pays de Berber, le Tigré et l'Amara. Celle des tribus de cette contrée qui donne le plus affaire aux généraux égyptiens est celle des Ouâ-ouâ,

Captif nègre du pays de Qoulases, aujoud'hui Kassala[2].

que nous avons vu constamment reculer vers le Sud, sans vouloir se soumettre, depuis le temps de la vi⁰ dynastie où elle touchait à la frontière d'Egypte. D'autres peuplades que Tahout-mès III combattit en Abyssinie nous révèlent l'origine de nations qui, 2,000 ans plus tard, sous la décadence romaine, devenues puissantes et redoutables, descendirent le Nil pour venir assaillir l'Egypte sur son extrémité méridionale. Telles sont les tribus de Betsou, de Anbat et de Balma, dans lesquelles on reconnaît avec certitude les ancêtres des Bougaïtes ou Bedja, des Noubades ou Nubiens proprement dits, et des Blemmyes, effroi de

[1] Maspero.
[2] Sculpture de Médinet-Abou.

l'Egypte romaine. D'autres listes de vaincus nègres, où les identifications sont plus difficiles, semblent se reporter sur le Nil Blanc jusqu'à la région des grands lacs et dans les parties du Soudan situées à l'occident du fleuve. Une troisième liste, toujours gravée sur les pylones de Karnak, donne trente noms de tribus et de localités de la Libye, qui n'ont pas encore été suffisamment étudiés. On a trouvé des monuments du règne de Tahout-mès III à Scherschell en Algérie ; il n'y a rien d'impossible à ce qu'ils marquent en réalité jusqu'où s'étendait, sur les côtes septentrionales d'Afrique, le pouvoir de ce prince, propagé par ses vassaux phéniciens.

Tahout-mès entretenait une flotte sur la mer Rouge en même temps que sur la Méditerranée. Le long de la côte d'Abyssinie cette flotte avait des stations à Adala (Adulis) et dans les îles de Douloulak (Dahlak), Aalaklak (Alalaiou des géographes classiques) et Boukak (Bacchias). Le Pount lui payait tribut, comme à sa sœur Ha-t-schepou. Une des listes géographiques de Karnak enregistre quarante noms de localités de la partie africaine de cette contrée, c'est-à-dire de la côte des Somâlis actuels. Nous y relevons ceux de Aouhal (Avalis, 'Havilah de la Bible), Mehtsema (Madjalem), Moumtou (Mundu), 'Hebou (Cobé), Afouah (sur le cap Guard-afoui). Le point extrême mentionné est Ahfou, qui correspond au Ras-Hafoun de nos jours.

Un règne aussi glorieux et aussi prospère ne pouvait manquer de laisser sur le sol de l'Égypte de nombreux et magnifiques monuments. Ceux de Tahout-mès III sont en effet très multipliés du Delta aux cataractes, tous du plus admirable style, d'une exécution savante et pleine de finesse. C'est à Héliopolis, à Memphis, à Ombos, à Eléphantine et surtout à Thèbes, que se remarquent encore aujourd'hui les plus importants vestiges des grandes constructions élevées par ce prince. Tahout-mès II et Ha-t-schepou avaient déjà fort agrandi le temple principal d'Ammon à Karnak, en environnant de constructions nouvelles l'édifice bâti par les rois de la XIIe dynastie. Mais ce fut Tahout-mès III qui commença à donner à ce temple les proportions et la magnificence, développées encore par les monarques de la XIXe dynastie, qui devaient en faire le plus vaste monument religieux du monde et l'une des merveilles de l'Egypte.

Pendant de longs siècles l'Égypte rendit un culte divin à la mémoire de son grand roi Tahout-mès III. Et une infinité de personnes, jusqu'aux temps des Grecs et des Romains, portèrent sur eux, comme des talismans qui assuraient la réussite et la bonne fortune, des scarabées de toute matière où son cartouche prénom était gravé en creux, comme sur un cachet.

§ 3. — DERNIERS ROIS DE LA DIX-HUITIÈME DYNASTIE.
TROUBLES RELIGIEUX.
(XVI° SIÈCLE).

Tahout-mès III mourut après 54 ans de règne nominal et 34 d'exer-

Amon-hotpou II avec la reine sa femme[1].

cice effectif du pouvoir. Amon-hotpou II lui succéda. La Syrie tremblait encore au souvenir des victoires du souverain qui venait de mourir;

---

[1] D'après Lepsius.

elle ne tenta donc pas de profiter de l'avènement de son successeur pour recouvrer son indépendance. Mais les rois des bords de l'Euphrate, comptant sur la distance pour les mettre à l'abri, refusèrent le tribut. Amon-hotpou se mit aussitôt en marche pour aller les châtier et « comme un lion furieux » se dirigea vers le pays d'Assour, qui avait donné le premier exemple de la révolte. Avant la fin de sa première année de règne, il avait franchi l'Euphrate. Une bataille fut livrée sur les bords du cours d'eau Arasatou (dont le nom se conserve dans celui de la localité actuelle d'Irzah), non loin de la ville d'Anatou (Anatho), et les Égyptiens y remportèrent la victoire. Le Pharaon passa l'hiver en Mésopotamie et ne reprit les opérations qu'au printemps. Le 10 du mois d'épiphi de l'an 2 de son règne, il se présentait devant Nî (Ninus Vetus), qui ouvrait ses portes sans essayer de résistance. « Les habitants, hommes et femmes, étaient sur les murs pour honorer Sa Majesté. » Après avoir reçu la capitulation de cette grande cité, Amon-hotpou descendit le cours de l'Euphrate jusqu'à l'endroit où il est le plus rapproché du Tigre, dans le nord de la Babylonie. Là se trouvait la ville d'Akad, c'est-à-dire Agadhê, qui, sur la rive gauche de l'Euphrate, faisait pendant à Simpar ou Sipar (Sippara) sur la rive droite ; leur réunion constituant l'ensemble que la Bible désigne par le nom de Sépharvaïm, la double Sipar. Agadhê avait été pendant longtemps la capitale d'un royaume antique et puissant ; désormais soumise à la suprématie de Babylone, elle n'en restait pas moins une ville de premier ordre. Amon-hotpou la prit de vive force, et ce fut le terme le plus lointain de son expédition. Quand il rentra triomphant en Égypte, au commencement de sa troisième année, il rapportait avec lui les corps, salés ou embaumés, de sept rois du pays de Takhisa, qu'il avait tués de sa propre main. Six furent pendus sous les murs de Thèbes, et le septième à Napat (Napata), capitale de la vice-royauté de Kousch, « pour que les nègres pussent voir les victoires de Sa Majesté durant l'éternité, parmi toutes les terres et tous les peuples du monde, depuis qu'elle prit possession des peuples du Sud et châtia les peuples du Nord. » Une grotte d'Ibrim, au fond de laquelle la statue du roi siège sans façon entre les dieux du pays, contient aussi une inscription qui énumère les tributs apportés par le « fils royal de Kousch. » Mais tout indique que le règne d'Amon-hotpou II fut très court. Les listes extraites de Manéthon ne le nomment pas, et les inscriptions le font seules connaître.

Le pouvoir de Tahout-mès IV, qui lui succéda, ne fut pas long non plus. Les fragments de Manéthon lui donnent neuf ans, et l'on n'en connaît pas d'inscription postérieure à l'an 7 ; la plus récente représente ce prince comme vainqueur des noirs. Dans un autre monument,

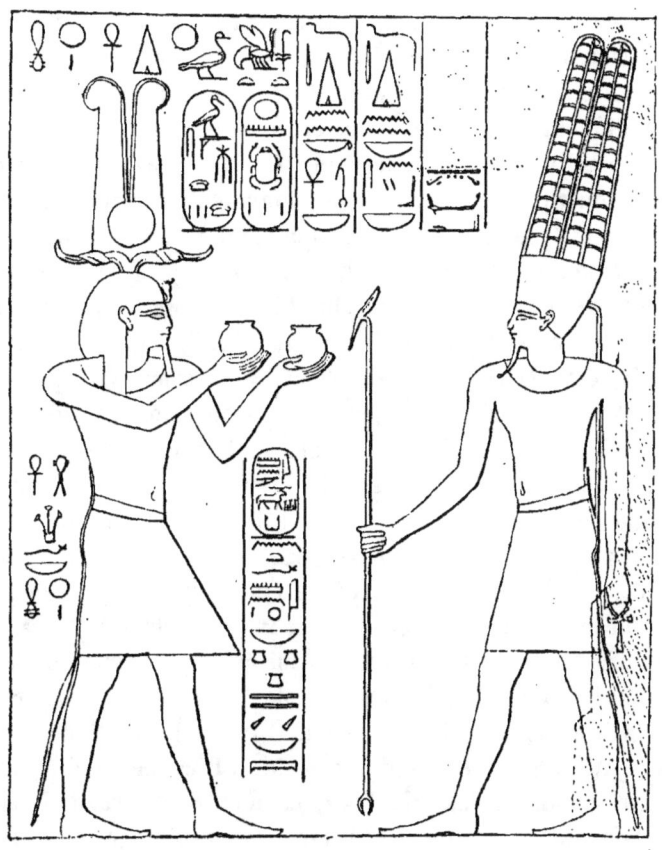

Tahout-mès IV présentant des offrandes au dieu Ammon[1].

il reçoit les tributs du Routen. Les limites de l'empire se maintenaient.

L'époque des grandes guerres renaît avec Amon-hotpou III. On connaît une date de sa trente-sixième année, et l'on pourrait faire une

Bas-relief de Thèbes, d'après Lepsius.

longue énumération des contrées asiatiques ou africaines qui, de gré ou de force, lui ont été soumises; son empire, dit une inscription, s'étendait du nord au sud depuis l'extrémité du Naharina, en Asie, jusqu'au pays de Kala, au midi de l'Abyssinie. Mais il faut avouer que les expéditions de ses troupes n'étaient pas toujours fort chevaleresques et semblent avoir eu souvent pour but (surtout celles qu'on faisait en Afrique) la chasse aux esclaves, si l'on en juge par une inscription de Semneh, où il est question de sept cent quarante prisonniers nègres, dont la moitié sont des femmes et des enfants.

Amon-hotpou III, durant son long règne, fut un prince essentiellement bâtisseur. Il couvrit les rives du Nil de monuments remarquables par leur grandeur et la perfection des sculptures dont ils sont ornés. Le temple d'Ammon au Djebel-Barkal, l'antique Napata, en Éthiopie, est l'œuvre de ce règne, ainsi que celui de Soleb, près de la troisième cataracte. A Syène, à Éléphantine, à Silsilis, à Ilithyia, au Sérapéum de Memphis, dans la presqu'île du Sinaï, se rencontrent aussi des souvenirs d'Amon-hotpou III. Il ajouta des constructions considérables au temple de Karnak et fit bâtir, toujours en l'honneur d'Ammon, la portion du temple de Louqsor ensevelie aujourd'hui sous les maisons du village qui porte ce nom. L'emphatique inscription qu'il fit graver à l'endroit le plus visible de ce temple, regardé à bon droit comme un des chefs-d'œuvre de l'art égyptien, mérite d'être rapportée pour donner au lecteur une idée de ce qu'était le fastueux protocole des Pharaons. « Il est l'Horus, le taureau puissant, celui qui domine par le glaive et détruit tous les barbares ; il est le roi de la Haute et de la Basse-Égypte, le maître absolu, le fils du Soleil. Il frappe les chefs de toutes les contrées. Aucun pays ne tient devant sa face. Il marche et il rassemble la victoire, comme Horus, fils d'Isis, comme le soleil dans le ciel. Il renverse leurs forteresses mêmes. Il obtient pour l'Égypte les tributs de toutes les nations par sa vaillance, lui, le seigneur des deux mondes, le fils du Soleil. »

Mais ce n'est pas par ses conquêtes que ce Pharaon a obtenu sa grande célébrité ; ce n'est pas même sous son véritable nom. C'est par l'une des deux statues colossales qu'il s'éleva à Thèbes, sur la rive gauche du Nil, en avant d'un temple aujourd'hui détruit, statues qui se dressent encore aujourd'hui au milieu de la plaine et continuent à faire, comme dans l'antiquité, l'étonnement des voyageurs par leurs dimensions. Un de ces colosses, sous le nom de Memnon, a prodigieuse-

ment occupé l'imagination des Grecs et des Romains, aux deux premiers
siècles de l'Empire. Ils croyaient y voir, ou plutôt y entendre Memnon

Les deux colosses d'Aménôthès III, à Thèbes[1].

l'Éthiopien, l'un des défenseurs de Troie, saluant chaque matin sa
mère l'Aurore. Un savant mémoire de Letronne, s'appuyant sur les
observations physiques de Rosière lors de la grande expédition d'Égypte,

---

[1] Gravure extraite de l'*Égypte*, de Ebers. La statue que les Grecs désignaient par le nom de Memnon est celle qui se trouve la plus éloignée du spectateur.

a complètement expliqué ce prétendu prodige, auquel l'empereur Hadrien vint assister en personne. Le bruit mystérieux était produit par le crépitement de la pierre granitique qui forme le colosse, lorsque les premiers rayons du soleil la frappaient tout imprégnée de la rosée de la nuit, qui avait pénétré dans les fissures de la roche. C'est un phénomène d'histoire naturelle bien constaté ; il ne se produisit dans le colosse de Thèbes qu'à partir du tremblement de terre qui, vers le temps de Tibère, en abattit la partie supérieure et découvrit ainsi dans la masse des veines plus sensibles à l'action de la rosée ; il cessa lorsque la statue fut réparée et mise par Septime-Sévère dans l'état où nous la voyons aujourd'hui.

Amon-hoptou III fut remplacé sur le trône par son fils Amon-hotpou IV. Celui-ci, dans sa politique extérieure, suivit l'exemple de ses prédécessseurs, et certains monuments nous le font voir, debout sur son char et suivi de ses sept filles qui combattent avec lui, foulant aux pieds de ses chevaux les Asiatiques vaincus. Mais à l'intérieur, le règne de ce prince présente des faits tout particuliers, qui constituent un des épisodes les plus extraordinaires des annales pharaoniques.

Le type de son visage n'a rien d'égyptien, et ses traits, sur tous les monuments, portent l'empreinte d'un idiotisme parfaitement caractérisé, qui devait le livrer tout entier à l'influence qui saurait s'emparer de lui. Le premier peut-être, depuis le commencement de la monarchie égyptienne, il porta la main sur la religion du pays et voulut la réformer, ou plutôt la détruire de fond en comble pour y substituer un autre culte. A la place de la religion jusqu'alors constituée et demeurée invariable, il voulut établir le culte d'un dieu unique, adoré dans la splendeur du disque solaire, sous le nom d'Aten, que l'on a comparé, non sans raison, à l'Adôn ou Adonaï sémitique. Sur les monuments, le nouveau dieu est représenté par un disque dont les rayons descendent vers la terre ; chacun de ces rayons est terminé par une main tenant la croix ansée, emblème de vie. Partout où va le roi, le disque solaire l'accompagne, répandant sur lui la bénédiction.

Après avoir d'abord essayé de propager l'adoration de son dieu en laissant liberté entière à ceux qui voulaient rester fidèles à la religion nationale, le monarque, entraîné par un zèle fanatique, mit de côté toute prudence. Une persécution en règle sévit dans l'empire ; les temples des anciens dieux furent fermés, et leurs figures, ainsi que leurs noms, partout effacés des monuments, surtout la figure et le nom d'Ammon, le dieu suprême de Thèbes. Le roi lui-même changea son nom, qui contenait comme élément composant celui du dieu proscrit, et au lieu d'Amon-hotpou se fit appeler Khou-n-Aten, ce qui signifie « splendeur du disque solaire. » Voulant rompre avec toutes les traditions de ses ancêtres, le roi réformateur abandonna Thèbes et se bâtit une capitale dans une autre partie de l'Égypte, au lieu appelé aujourd'hui Tell-el-Amarna. Les ruines de cette ville, délaissée après sa mort, nous ont conservé

Amon-hotpou IV Khou-n-Aten, monté sur son char de guerre [1].

beaucoup de monuments de son règne, d'un art fort avancé, où on le voit présidant à toutes les cérémonies de son nouveau culte. Quand il cessa de vivre, il se préparait à raser le grand temple d'Ammon à Karnak, le sanctuaire le plus vénéré des dynasties thébaines, que tous ses prédécesseurs s'étaient attachés à agrandir et à embellir à l'envi. Sur ses ruines il voulait élever une immense pyramide à degrés, imitée

---

[1] Bas-relief de Tell-el-Amarna, d'après Lepsius.

de celles de la Chaldée et de la Babylonie, laquelle devait être consacrée à son dieu Aten.

Il semble aujourd'hui prouvé que c'est la mère d'Amon-hotpou IV, la reine Tiï, femme au-dessus de l'ordinaire et toute-puissante sur l'esprit de son fils, qui l'inspira et le guida dans ses entreprises religieuses. Cette reine n'était pas égyptienne; les monuments la représentent avec les

La reine Tiï.

cheveux blonds, les yeux bleus, les chairs peintes en rose, comme les femmes des races septentrionales. Une inscription, conservée au musée de Boulaq, la cite comme issue d'un père et d'une mère dont les noms ne sont pas égyptiens, et qui n'appartenaient cependant pas à un sang royal étranger; c'était donc l'enfant de quelqu'une des familles d'origine non-égyptienne qui peuplaient alors le Delta, épousée pour sa beauté par le roi Amon-hotpou III. En dressant des autels à un dieu que l'Égypte n'avait pas connu jusqu'alors, Khou-n-Aten aurait avant tout obéi aux traditions du sang étranger qui, par sa mère coulait dans ses veines. Il fit pour Aten ou Adôn ce que les Pasteurs avaient fait pour Soutekh

Avec lui un certain parti étranger triompha, et c'est peut-être par là que peuvent être expliqués les bas-reliefs de Tell-el-Amarna, qui nous montrent ce prince entouré de fonctionnaires à la physionomie aussi singulière et aussi peu égyptienne que la sienne.

Il y a même plus. Amon-hotpou Khou-n-Aten n'a pas seulement la figure d'un idiot. Comme l'a remarqué depuis longtemps A. Mariette, toutes

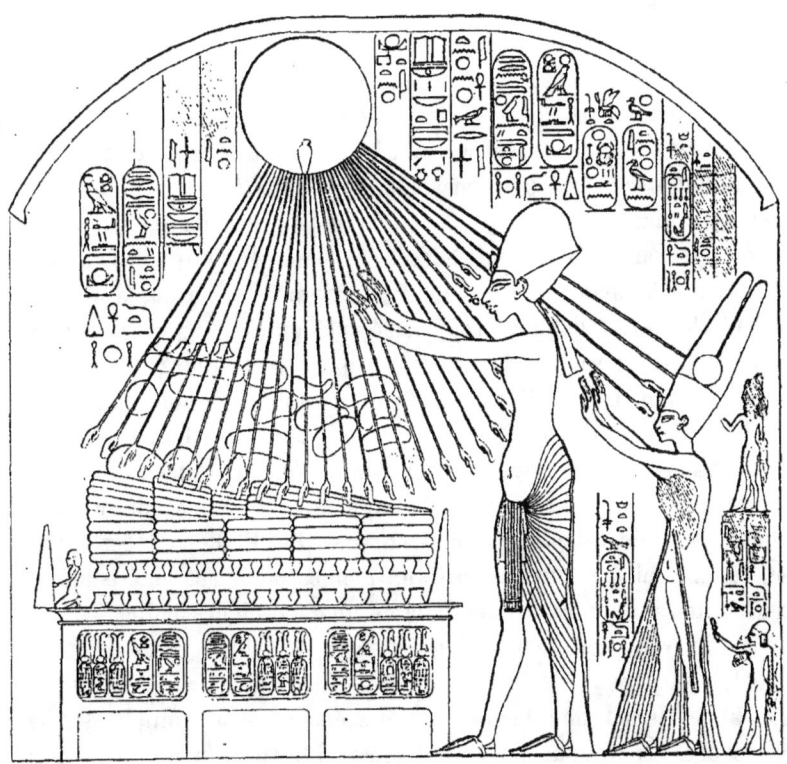

Amon-hotpou IV Khou-n-Aten, avec sa femme et deux de ses filles, adorant son nouveau dieu.

les images de ce roi « forcent à reconnaître dans l'ensemble de sa personne ce type particulier et étrange que la mutilation imprime sur la face, les pectoraux et l'abdomen des eunuques. » Le fils d'Amon-hotpou III avait été marié très jeune à sa sœur Nofri-tiou-ta et en avait eu sept filles avant d'avoir atteint beaucoup plus de vingt ans. C'est alors qu'il dut subir l'éviration qui a marqué son empreinte sur sa personne physique.

[1] Bas-relief de Tell-el-Amarna, d'après Lepsius.

On a supposé que ç'avait pu être le résultat de quelque accident de guerre, les nègres ayant eu de tout temps l'habitude de mutiler leurs prisonniers. Mais en réalité rien ne justifie une semblable conjecture. Il est bien plus probable que la mutilation d'Amon-hotpou IV dut être volontaire, qu'elle fut un premier acte de son fanatisme outré pour la religion nouvelle qu'il voulait faire triompher. C'était une des particularités et une des hontes les plus révoltantes des religions syro-phéniciennes que cette aberration de l'esprit de dévotion qui y poussait certains hommes à se consacrer aux dieux en leur faisant le sacrifice de leur virilité. Adonnés aux pratiques les plus infâmes qui pouvaient découler du renoncement à leur sexe, ces eunuques volontaires étaient désignés par les noms de *qedeschim*, ou « consacrés, » et de *kelbim*, ou « chiens. » L'empereur Élagabale montra à Rome stupéfaite jusqu'à quels immondes excès pouvait descendre un qedesch couronné, devenu par les hasards de l'hérédité le maître du monde. Près de deux mille ans avant lui, Khou-n-Aten avait donné un spectacle analogue à l'Égypte ; tout au moins, car on n'a pas le droit de lui attribuer sans preuves les mêmes débauches, il lui avait fait voir, le front ceint de la double couronne, un fanatique qui dans son zèle s'était dépouillé des attributs de la virilité. Et les personnages qui prennent auprès de lui la place des Égyptiens de pure race dans sa nouvelle capitale, qui composent sa cour, auxquels il confie les plus grandes charges de l'État, sont des eunuques comme lui, reconnaissables aux mêmes signes caractéristiques. Khou-n-Aten se montre à nous comme un qedesch des cultes syriens assis sur le trône des Pharaons, qui s'entoure exclusivement de qedeschim tels que lui.

Les Benê-Yisraël, dont le nombre s'était énormément multiplié depuis près de dix générations qu'ils habitaient l'Égypte, n'eurent-ils pas une part dans la tentative, étrange et bien imparfaite, de monothéisme solaire d'Amon-hotpou IV? Je crois que l'on est en droit de le supposer. Il y a de curieux rapprochements à faire entre les formes extérieures du culte des Israélites dans le désert et celles que révèlent les monuments de Tell-el-Amarna ; certains meubles sacrés, comme la « Table des pains de proposition, », que l'Exode décrit dans le Ohel-mo'ed ou Tabernacle, se retrouvent au milieu des objets du culte d'Aten et ne figurent dans les représentations d'aucune autre époque. Mais ce qui est bien plus significatif, c'est que le début de la persécution contre les 'Ebryim ou Benê-Yisraël, qui se termina par l'Exode, coïncide assez exactement avec la fin des troubles religieux excités par les tentatives de réforme, ou plutôt de révolution absolue dans le culte, du fils de la reine Tiï. Pendant leur séjour en Égypte et avant la mission de Moscheh, nous le verrons dans le livre de cette histoire qui leur sera consacré, le monothéisme des descendants de Ya'aqob s'était fort altéré. Il s'était surtout matérialisé : entourés d'idolâtres, les enfants de Yisraël avaient peine à se décider à ne pas adorer Élohim ou El-Schaddaï (qu'ils n'appelaient pas encore Yahveh) sous une forme précise, visible et matérielle. Corrompue de cette manière, leur antique religion patriarcale devait être bien près de celle que prétendit établir le roi Amon-hotpou IV.

Après la mort de ce prince, l'Égypte demeura désorganisée et en proie aux factions. L'histoire de l'empire des Pharaons est alors pleine d'obscurités, et des découvertes ultérieures pourront seules pleinement l'éclaircir. On voit plusieurs personnages, dont quelques-uns grands officiers de la cour d'Amon-hotpou Khou-n-Aten et maris de ses filles, se succéder rapidement et se disputer le pouvoir. Ils essayèrent de faire vivre en paix côte à côte l'ancienne et la nouvelle religion, pratiquant alternativement l'une et l'autre dans les cérémonies publiques. Ceux de ces princes que l'on connaît sont Aï, frère de lait et gendre d'Amon-hotpou IV, Tou-t-ânkh-Amon et Râ-sâa-ka-khéprou, qui avaient aussi épousé des filles d'Amon-hotpou IV. Celui dont l'autorité paraît avoir été la mieux assise est Tou-t-ânkh-Amon, dont on retrouve des monuments mutilés en Éthiopie, à Thèbes et à Memphis, qui posséda donc toute l'Égypte, sauf peut-être une partie du Delta. Il fit des campagnes en Asie et reçut les tributs du Routen supérieur. Comme son prédécesseur Aï, il appartenait par sa naissance au sacerdoce thébain. Tou-t-ânkh-Amon s'étudia, pendant le temps qu'il passa sur le trône, à amener la pacification religieuse, pratiquant pour sa part le culte antique d'Ammon et figurant officiellement dans ses cérémonies, mais en même temps laissant une entière liberté au nouveau culte d'Aten, le traitant même avec bienveillance, et ne refusant pas, à l'occasion, d'assister à ses rites.

Au milieu de tous ces désordres, dont les listes de Manéthon portent la trace manifeste, parmi les souverains éphémères qui se succèdent rapidement sur un trône contesté, apparaît la figure de Hor-em-heb (l'Horus des fragments de Manéthon). C'était un homme d'une famille distinguée, mais de condition privée, qui ne tenait à la maison royale que par sa mère, la princesse Notem-Mout, belle-sœur d'Amon-hotpou IV Khou-n-Aten. Il vivait dans la ville de Ha-souten, du xviiie nome de l'Égypte supérieure, dans une retraite prudente et honorée, où il s'était fait une réputation de haute sagesse, quand un des derniers successeurs du roi hérétique l'appela à la cour et le désigna

Le roi Hor-em-heb.

comme prince héritier. L'avènement de Hor-em-heb fut l'œuvre du parti sacerdotal et orthodoxe. Son intronisation, qui eut lieu solennellement dans le grand temple d'Ammon à Thèbes, est racontée, avec sa vie antérieure, dans la longue inscription d'une statue du musée de Turin.

Triomphe de Hor-em-heb, après ses victoires sur les nègres¹.

Le dieu Ammon donnant à Hor-em-heb la suprématie sur les peuples africains[1].

[1] Bas-relief de Silsilis, d'après Champollion et Rosellini.

Le début de son règne fut brillant. Une inscription datée de sa deuxième année accompagne à Khennou ou Silsilis le tableau de son triomphe, au retour d'une campagne victorieuse sur le haut Nil. Un chef égyptien reproche aux captifs d'avoir refusé d'entendre celui qui leur disait : « Voici que le lion s'approche de la terre d'Éthiopie. » Plus loin l'inscription dit au roi : « Le dieu gracieux revient, porté par les chefs de tous les pays,... ce roi, directeur des mondes, approuvé par le dieu Soleil, fils du Soleil... Le nom de Sa Majesté s'est fait connaître dans la terre de Kousch, que le roi a châtiée conformément aux paroles que lui avait adressées son père Ammon. » A la même date, on perçoit encore le tribut de Pount ; mais il n'est pas question de la Syrie.

Puis, après cette deuxième année, silence complet dans l'histoire, bien que Hor-em-heb ait régné nominalement, et suivant le système des listes postérieures, trente-six à trente-sept ans[1]. On connaît seulement un petit nombre de monuments qui furent érigés par les ordres de ce prince. On distingue aussi les traces de réactions violentes contre les innovations d'Amon-hotpou IV et contre tout ce qui tenait à lui. Les noms des prétendants, ses successeurs, sont partout martelés ; les édifices construits par eux sont jetés à terre ; la nouvelle ville de Tell-el-Amarna est détruite et systématiquement dévastée. Tout indique donc un temps rempli de troubles, de révolutions continuelles, de discordes civiles et religieuses, de secousses violentes en sens contraire. Sans doute une partie des compétitions dont les monuments nous offrent les vestiges, durent être contemporaines de Horem-heb et remplir peut-être la presque totalité de son règne officiel. Il y a là, nous le répétons, des obscurités encore impénétrables dans l'état actuel de la science, et que la découverte de monuments nouveaux pourra seule un jour dissiper. C'est au milieu de ces obscurités, au milieu des troubles que nous venons d'indiquer, que se termine, avec le règne de Hor-em-heb, la XVIII° dynastie qui, pendant les 241 ans qu'elle occupa le trône, avait su porter au plus haut point la gloire et la puissance de l'Égypte.

---

[1] Le monument d'un particulier parle de la 21° année de Hor-em-heb, et semble indiquer qu'il avait alors un compétiteur du nom de Amon-hotpou.

§ 4. — COMMENCEMENT DE LA DIX-NEUVIÈME DYNASTIE. SÉTI Ier.
(XVe SIÈCLE).

Sous la XIXe dynastie, à laquelle le trône passe après la mort de Hor-em-heb, la fortune de l'Égypte se maintient avec un certain éclat; mais, à travers les lueurs que jettent sur cette époque quelques rois guerriers, on commence à apercevoir divers symptômes qui présagent une dislocation prochaine. Si menaçante sous la XVIIIe dynastie, l'Égypte devient désormais presque toujours menacée.

Le prince qui commence cette série royale est Râ-mes-sou Ier. Hor-em-heb était mort sans laisser d'héritiers directs; la couronne vacante fut saisie par Râ-mes-sou, général renommé et déjà avancé en âge, qui avait brillamment servi à la tête des armées sous Aï, Tou-t-ânkh-Amen et Hor-em-heb, mais qui n'appartenait pas à la race royale. Il n'était même pas de pur sang égyptien. Les traits de son visage, de celui de son fils Séti et de celui de son petit-fils Râ-mes-sou II, tous fort beaux et aux lignes d'une régularité classique, ne sont aucunement ceux de la race de Miçraïm; ils révèlent une origine empruntée à quelque autre peuple. Mais ce qui est le plus extraordinaire, c'est que des indices auxquels il est difficile de ne pas ajouter foi révèlent que la race étrangère dont descendait Râ-mes-sou Ier, et par suite tous les princes de la XIXe dynastie, était celle des Pasteurs, demeurés comme colons dans le Delta. C'est ainsi seulement que peut s'expliquer le fait inattendu qui est résulté d'une inscription découverte à Tanis par A. Mariette. Cette inscription est relative au rétablissement, par Râ-mes-sou II, du culte de Soutekh, le dieu national des Hycsos, dans leur ancienne capitale. Or, le fils de Séti Ier y donne au roi des Pasteurs Set-aâ-pehti Noubti le titre de « son père » ou « son ancêtre, » et fait dater une ère du règne de ce prince.

On n'a que peu de monuments de Râ-mes-sou Ier, qui régna seulement six à sept ans, occupé à rétablir l'ordre à l'intérieur du pays et à faire respecter ses frontières par les étrangers.

Pendant les troubles politiques et religieux de la fin de la XVIIIe dynastie, l'Égypte n'avait plus été en mesure de maintenir sa puissance extérieure. Le vaste empire créé en Asie par les Tahout-mès s'était écroulé; la Syrie toute entière, avec la Palestine, avait échappé à la domination pharaonique. Une grave révolution s'était, d'ailleurs, opérée pendant cet intervalle dans l'état territorial des pays syriens; un adversaire qui fut pour l'Égypte bien autrement redoutable que les Routennou s'y était développé et y avait acquis la prépondérance à leur place. C'était le peuple des 'Hittim ou Khéta, d'abord englobé dans la confédération du Routen inférieur et confiné dans les vallées du mont Amana (Amanos), où Tahout-mès III n'avait pas jugé nécessaire d'aller les chercher en personne, se contentant de recevoir leur tribut avec celui du reste de la confédération. Profitant de l'éclipse momentanée de l'Égypte et aussi de changements dont nous ne connaissons pas le détail dans les populations araméennes, le peuple de Khéta était sorti de ses montagnes et s'était conquis, aux dépens des Routennou, un empire qui embrassait en Syrie tout l'espace compris entre la rive gauche de l'Euphrate, le Taurus et la mer, descendant au midi jusqu'à Qadesch et même jusqu'à Tamasqou (Dammeseq). Constitués en monarchie unique, possesseur d'une nombreuse et vaillante armée, les 'Hittim ou Khéta, apparentés à la tribu royale des Pasteurs, aspiraient ouvertement à dominer toute la Syrie et à prendre leur revanche des exploits d'Ah-mès et de ses successeurs, en écrasant la puissance extérieure de l'Égypte.

Les Khéta soulevèrent un problème ethnographique fort difficile et fort intéressant, que les récents travaux de M. Sayce ont élucidé d'une manière singulièrement heureuse, et qui paraît définitive. Comme ils sont exactement homonymes d'autres 'Hittim, que la Bible place dans le midi de la Palestine, auprès de 'Hébron, et rattache à la race de Kéna'an, l'on a cru longtemps que les 'Hittim du nord ou Khéta étaient kénânéens[1], et l'on s'est jeté par là dans d'inextricables difficultés historiques. Il est bien établi aujourd'hui qu'il n'en est rien, et que les 'Hittim du nord et du sud n'avaient de commun qu'une ressemblance de nom purement fortuite.

Les Khéta des monuments égyptiens, Khatti des textes cunéiformes, 'Hittim septentrionaux de la Bible, sont un peuple qui, par le type et la langue, diffère absolument des Sémites et des 'Hamites. Ils se rattachent au groupe de populations dont le Taurus était le centre, et que l'ethnographie biblique désigne par le nom de Thiras, en le rangeant dans la famille de Yapheth, groupe dont l'habitat principal est délimité par le cours du haut Euphrate, la frontière méridionale de la Cappadoce,

---

[1] C'est ce que j'ai encore admis, d'après l'opinion commune, dans le tome Ier de cet ouvrage, p. 273.

les montagnes de la Cilicie Trachée, la mer Méditerranée, et au sud une ligne tirée de l'embouchure de l'Oronte et l'Euphrate. Ils sont certainement apparentés, d'une part aux peuples de Meschech et de Thoubal, leurs voisins du nord, de l'autre aux peuples de race caucasienne, tels que les Saspires et les Alarodiens (Magog de la Genèse), qui dans la haute antiquité s'étendaient sur le massif des montagnes de l'Arménie de manière à venir les toucher à l'extrémité sud-ouest de leur domaine ; mais cette parenté est encore très imparfaitement définie.

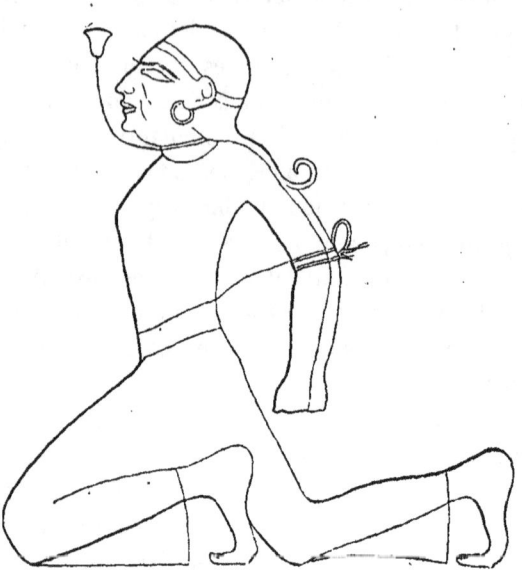

Captif de la nation des Khéta [1].

Au point de vue du type physique, les Khéta, dans celles des sculptures égyptiennes qui ont encore conservé leur coloration, sont représentés avec un teint rosé, moins jaune et plus clair que celui des Âmou ou Sémites, moins blanc que celui des Tama'hou ou Tahennou, correspondant à la race de Yapheth. Leurs cheveux sont noirs. Leurs traits se rapprochent sensiblement de ceux des blancs allophyles du Caucase. L'obésité est fréquente parmi eux. A la différence des Sémites et de la plupart des Orientaux, ils se rasent exactement la barbe et les moustaches, de manière à avoir la face complètement glabre. Quelquefois même, par exemple dans les bas-reliefs d'Isamboul, on leur voit la chevelure également rasée, sauf une mèche réservée au sommet du crâne.

On ne connaît guère de l'idiome des Khéta que les noms propres d'hommes et de lieux qu'enregistrent les inscriptions égyptiennes et assyriennes. Mais ces noms, d'une physionomie toute particulière et qui n'ont d'analogues que ceux que portent aussi, sur les monuments

[1] Sculpture de Médinet-Abou.

ninivites, les Ciliciens et les gens des pays de Koummoukh (la Commagène, entendue comme occupant les deux rives de l'Euphrate), de Samalla (où est aujourd'hui Marasch) et de Patin (dans la contrée d'Antioche), ces noms, dis-je, ne sont sûrement ni sémitiques, ni aryens. Une des lois grammaticales que l'on y discerne est celle-ci que le génitif peut se marquer par une simple apposition, et alors précède le mot dont il dépend, ou bien par le moyen d'un suffixe de déclinaison, et alors suit ce nom [1] : exemples *Khéta-sira*, « prince de Khéta, » et *Gar-gami-s*, « la ville des Gami. »

Les Khéta ont un art barbare, une certaine industrie, une civilisation

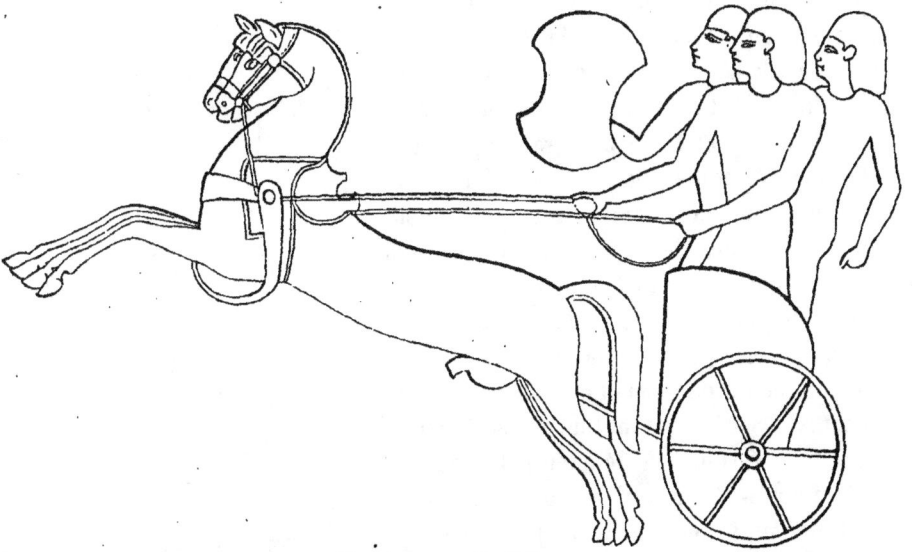

Char de guerre des Khéta.

assez développée, influencée sous certains côtés par la culture primitive de Babylone, mais sous d'autres profondément originale. Ils possèdent un système d'écriture hiéroglyphique tout particulier, dont ils paraissent les inventeurs (nous en avons déjà parlé plus haut, tome Ier, p. 413 et suiv.). On mentionne chez eux l'existence d'une littérature, de poètes ou d'historiographes officiels.

Ce qu'on sait de leur constitution politique, à l'époque de leur plus grande puissance, révèle un empire fortement organisé, avec une administration régulière et une chancellerie développée. Un roi gouverne la nation et a sous lui des chefs de districts, qui semblent héréditaires

---

[1] La même loi s'observe dans le protomédique ou médo-élamite.

et qui paraissent avoir porté le titre de *sar* ou *sira*. Il a pour vassaux quelques rois étrangers, comme celui de Qadi et celui de Qadesch. Mais c'est surtout la guerre qui paraît avoir été le grand objectif des Khéta ; c'est pour elle qu'ils se montrent le plus puissamment constitués. Leur armée est nombreuse, parfaitement disciplinée, et déploie sur les champs de bataille une tactique régulière et savante. Elle se compose de deux éléments distincts, les troupes nationales et les auxiliaires et mercenaires étrangers, commandés par des généraux Khéta. Les troupes nationales se composent de chars et de gens de pied, qui se forment en phalange serrée et profonde, armée de la lance et d'une courte dague, sans bouclier, paraît-il. Les chars de guerre sont de construction très légère, traînés par deux chevaux et montés par trois hommes, un conducteur et deux combattants, qui portent un petit bouclier de forme spéciale, arrondi à la base et au sommet et échancré sur les côtés. Un autre trait de costume, caractéristique des Khéta, est la haute tiare se terminant en pointe qui formait la coiffure officielle de leurs princes et dont l'image sert même, dans leur écriture, à dénoter l'idée de roi. Les monuments égyptiens la représentent de la même façon que leurs propres sculptures. En revanche, les Égyptiens ont omis de chausser les Khéta des bottes ou autres chaussures à l'extrémité recourbée, comme des souliers à la poulaine, qu'ils portaient à l'habitude, du moins à titre de chaussure de guerre, et qu'ils ont toujours soin de figurer dans les œuvres de leur art (voy. la p. 225 et plus loin la représentation du bas-relief sculpté sur les rochers de Nymphi, près de Smyrnep).

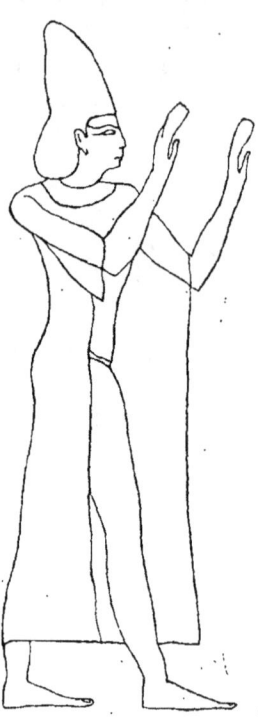

Un roi des Khéta.

Le grand dieu des Khéta est le même que celui des Pasteurs en Égypte, Soutekh. De même qu'en Phénicie — ainsi que nous le verrons dans le chapitre consacré à l'histoire de ce pays — à côté du Ba'al suprême, chaque ville a son Ba'al propre, le Ba'al-Çôr, par exemple, et le Ba'al Çidôn à Tyr et à Sidon ; chez les Khéta chaque ville principale a son Soutekh. Ainsi, dans un traité nous voyons invoquer à titre de garants, comme autant de dieux différents, le Soutekh de Khéta, le Soutekh de Tounep, le Soutekh d'Arnema, le Soutekh de Tsaranda, le Soutekh de Pilqa (la Phalga d'Isidore de Charax, sur l'Euphrate), le Soutekh de Khissap, le Soutekh de Sarsou et le Soutekh de Khilbou. Soutekh est, d'ailleurs, un personnage d'origine sémitique, comme la plupart des dieux des Khéta que nous font connaître les monuments égyptiens ou assyriens : Âstartha, la 'Aschtharth phénicienne ; Tharga-tha, la 'Athar-'Athê des Araméens, la grande déesse de Bambyce ou Hiérapolis ; Sanda, que l'on a assimilé à Héraclês. Seul le dieu Tarkhou est sans analogue connu chez les Babyloniens et les Sémites.

Sortis des gorges de leurs montagnes, les Khéta s'étendirent d'abord sur les plaines du Naharina occidental, jusqu'à l'Euphrate. Leur ancienne extension de ce côté est attestée par l'antiquité du nom de la ville de Qarqamischa ou Qarqémisch, que l'on trouve mentionnée dès les débuts de la xviii° dynastie ; car Gar-gamis, forme ancienne de ce nom, est une appellation qui, dans la langue des Khéta, veut dire « la ville des Gami, » c'est-à-dire de la tribu 'hittite que les Égyptiens appellent Gagama et les Assyriens Gamgoum, les uns et les autres sous une forme redoublée. Ils descendirent ensuite vers le sud, pendant les dernières années de la xviii° dynastie, et s'étendirent de ce côté aux dépens des Routennou, c'est-à-dire des peuples de Loud et d'Aram, les refoulant ou les subjuguant. Ils occupèrent ainsi 'Hamath, où ils se maintinrent assez tard, jusque vers le viii° siècle avant l'ère chrétienne, firent de Qadesch leur tributaire et portèrent leur domination jusqu'à Dammeseq. Ce sont eux, en effet, qui donnèrent à cette cité le nouveau nom emprunté à leur propre langue, de Gar-imiris, « la ville des Imiri, » c'est-à-dire des Amaour ou Amorim, nom que les Assyriens leur empruntèrent, mais qui ne prévalut pas contre l'appellation araméenne antérieure.

La situation géographique de la chaîne de l'Amana (Amanus), qui avait été le foyer de leur développement national, plaçait les Khéta ou 'Hittim septentrionaux à cheval entre la Syrie et l'Asie-Mineure et leur donnait la facilité de s'étendre de l'un et de l'autre côté. Dès le premier moment de la création de leur puissance, l'expansion de leur influence s'était largement propagée en Asie-Mineure, où ils exercèrent une suprématie de plusieurs siècles, et où le souvenir de leur nom, sous la forme Kêteioi, était encore vivant à l'époque de la composition des poèmes homériques. Dans leurs grandes guerres contre les Égyptiens, les Khéta font combattre dans leurs rangs en Syrie, comme vassaux et auxiliaires, les contingents des principaux peuples de l'Asie-Mineure, jusqu'à la Mysie et la Troade. Dans cette contrée, jusqu'au

Bas-relief accompagné d'hiéroglyphes 'hittites, à Ibriz en Lycaonie[1].

massif du Sipyle et aux environs de Smyrne, dans une direction, jusqu'au fond de la Ptérie, dans une autre, on rencontre de distance en distance, sculptés sur les rochers, de grands bas-reliefs d'un art particulier et assez sauvage, où se confondent, se marient les deux influences de l'Égypte et de l'Assyrie, et où se reconnaît la marque du style des

---

[1] D'après les *Transactions of the Society of biblical Archæology*.

Khéta. Ces bas-reliefs, dont le style a servi de point de départ à l'art indigène de l'Asie-Mineure dans sa forme la plus ancienne, ont en général le caractère de monuments de victoires ou de représentations religieuses, et sont presque toujours accompagnés d'inscriptions tracées en hiéroglyphes 'hittites. Du reste, les monuments de cette écriture, nombreux dans le nord de la Syrie, y descendent jusqu'au pays de 'Hamath, en même temps qu'ils s'étendent dans l'Asie-Mineure.

Avec ces nouveaux adversaires, les Égyptiens n'allaient plus avoir affaire, comme avec les Routennou, à une multitude de petits princes divisés d'intérêts, qui ne parvenaient que difficilement à former des ligues sans cohésion solide. Il leur fallait lutter contre une grande monarchie, contre un empire puissant dont les forces balançaient les leurs. Ce fut Râ-messou Ier qui engagea

Portrait de Séti Ier.

le duel avec les Khéta, en entreprenant de recouvrer la Syrie, perdue pour l'Égypte. Après une première expédition, qui avait eu pour objet d'assurer la possession paisible des pays du haut Nil, ce prince tourna ses armes vers le nord-est. Il pénétra en Palestine et n'eut pas de peine à rétablir son autorité sur ce pays, qui n'avait plus la force de tenter une longue résistance et avait fini par prendre l'habitude de se livrer presque sans combat à quiconque l'envahissait. Mais en arrivant sur l'Aranta, c'est aux Khéta eux-mêmes qu'il se heurta, rencontrant de leur part une énergie à laquelle il ne sembla pas s'être attendu. Aussi s'en lassa-t-il bientôt, et après une seule campagne il signa, avec Saploul, roi des Khéta, un traité où les deux parties figuraient sur un pied d'égalité. C'est là un fait nouveau dans les annales de l'Égypte. Il montre à lui seul combien la position de cette puissance avait déjà changé depuis le temps des Tahout-mès et des Amon-hot-pou. « Jamais les Pharaons d'alors, remarque avec raison M. Maspero, n'auraient considéré des princes syriens comme des égaux avec qui l'on pouvait conclure une paix honorable : ils ne voyaient en eux que des ennemis qu'il fallait vaincre ou des rebelles qu'il fallait châtier. La guerre se terminait par leur soumission sans conditions ou par leur ruine complète, mais non par une simple convention. »

Séti Ier, surnommé Mi-n-Phtah, le Séthos de la tradition grecque, fils et successeur de Râ-mes-sou Ier, fut un des plus grands et des plus guerriers parmi les souverains de l'Égypte. Ce fut aussi un prince essentiellement bâtisseur. Il fit élever en entier le grand temple d'Osiris à Aboud ou Abydos, long de 162 mètres et l'un des plus beaux de l'Égypte, rendu intact à la lumière par les fouilles d'Auguste Mariette. A Thèbes, il fut le fondateur d'un autre magnifique temple, celui de Qournah, ainsi appelé aujourd'hui d'un village moderne bâti en partie

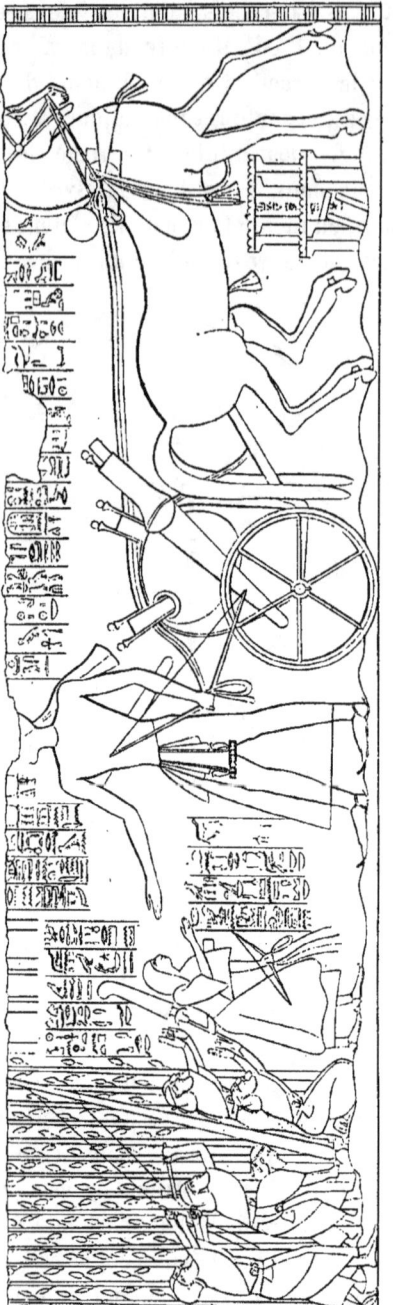

Les Lemaeuen abattant les arbres de leurs forêts pour le service du roi Séti Ier et en sa présence [1].

[1] Bas-relief de Karnak, d'après Rosellini.

Séti Ier présentant les prisonniers et le butin de ses guerres aux grandes divinités de Thèbes, Ammon, Mout et Khonsou[1].

[1] Bas-relief de Karnak, d'après Champollion et Rosellini.

dans la cour même de cet édifice. Le tombeau souterrain du même monarque, dont on a peine à concevoir qu'un architecte ait osé seulement concevoir le plan, doit être aussi rangé parmi les œuvres les plus remarquables de l'art pharaonique. Mais le plus éclatant des souvenirs monumentaux que Séti ait laissés est la fameuse Salle hypostyle ou Salle des Colonnes, dans cet immense temple d'Ammon à Karnak, auquel tant de générations successives ont travaillé, salle pour laquelle les voyageurs de nos jours ont épuisé le langage de l'admiration, et dont nous reparlerons encore plus loin.

Les exploits de Séti sont représentés dans les sculptures des murailles de cette salle gigantesque. Un de ces tableaux, toujours ornés de longues inscriptions, représente le Pharaon attaquant les nomades pillards du désert, les Schasou, que nous connaissons déjà. Dans un autre les Lemanen ou habitants du haut Liban, coupent les cèdres et les cyprès de leurs forêts pour les constructions du roi qui les a vaincus. Les Routennou sont taillés en pièces et se soumettent au tribut. De grandes batailles sont livrées contre les Khéta dans le nord de la Syrie. Enfin le roi reparaît en Égypte avec de nombreux captifs. Il est accueilli sur la frontière par les grands de son empire, puis il présente au dieu Ammon, dans Thèbes, ses prisonniers asiatiques. C'est toute une épopée guerrière, une Sétéide complète, qui se déroule en une série d'immenses tableaux de la plus puissante sculpture.

Ainsi la plus belle œuvre d'art de ce règne est en même temps un monument historique d'une très haute importance et contribue largement à nous en faire connaître les annales. En combinant les faits qui ressortent de ces tableaux et de leurs inscriptions avec le témoignage des inscriptions trouvées ailleurs, on arrive à un résultat dont nous ne pouvons malheureusement présenter ici qu'une rapide esquisse.

Avant de porter ses armes en Syrie, Séti dut tout d'abord, dès la première année de son règne, assurer la tranquillité des frontières de l'Égypte elle-même, du côté de l'isthme de Suez, en châtiant les Schasou, dont les déprédations étaient depuis quelque temps parvenues à leur comble, et qui avaient poussé l'audace jusqu'à venir attaquer la ville de Tsar, chef-lieu du quatorzième nome de la Basse-Égypte, dans laquelle nous reconnaissons la Séthroê des Grecs ou Héracléopolis du Delta. Le Pharaon les battit sans peine, les rejeta dans le désert, et, les y poursuivant, força leurs tribus à rentrer dans l'obéissance.

L'année suivante, Séti se rendit de sa personne en Syrie à la tête d'une

Séti 1ᵉʳ combattant les Schasou et les poursuivant entre les forteresses de la frontière d'Égypte, à l'entrée du désert [1].

[1] Bas-relief de Karnak.

nombreuse armée. Il ne paraît pas avoir rencontré, sauf sur un très petit nombre de points, de résistance en Palestine, où tous les petits princes kénânéens se hâtèrent de lui apporter leurs tribus et de fournir des contingents à ses troupes. Les Routennou, c'est-à-dire les Araméens, furent aussi facilement subjugués.

Ceux qui restaient encore indépendants, dans le pays de Tamasqou et dans les plaines entre l'Antiliban et l'Euphrate, firent leur soumission, avec les chefs du pays de Çahi. Quelques princes d'au delà de l'Euphrate, comme ceux de Singar et d'Assour, prirent même peur et se hâtèrent d'envoyer au roi d'Égypte, pour gagner sa bienveillance, des présents auquel l'orgueil du Pharaon donna le caractère de tributs.

Mais les difficultés véritables commencèrent quand Séti, marchant droit au vrai danger, pénétra dans la vallée du haut Aranta

Défaite des Kétânéens et prise de Pa-Kanâna, à l'entrée de la Palestine [1].

[1] Bas-relief de la salle hypostyle de Karnak.

Défaite des Amaour par Séti Ier et capture de Qadesch [1].

(Oronte) pour attaquer la frontière méridionale du royaume de Khéta. La lutte se concentra pour quelque temps dans le pays d'Amaour, autour de la forteresse de Qadesch, qui tomba aux mains des Égyptiens après plusieurs combats heureux. Ce succès, quelque considérable qu'il fût, ne mit pas fin à la guerre. Elle dura plusieurs années encore, sans que rien vînt à bout de la ténacité des Khéta, qui défendirent pied à pied leur territoire. Fatigué à la fin de tueries indécises, Séti se décida à signer un traité avec Mothanar, roi des Khéta, traité par lequel ces derniers conservèrent leurs possessions intactes, même Qadesch qui leur fut rendue, mais s'engagèrent à ne plus attaquer les provinces égyptiennes, à ne plus y fomenter de rébel-

---

[1] Bas-relief de Karnak.

lions contre l'autorité du Pharaon, avec lequel le roi de Khéta concluait une alliance offensive et défensive contre tout ennemi.

Salué par les cris de triomphe de l'Égypte, qui se croyait revenue aux beaux temps des Tahout-mès et des Amon-hotpou, le résultat ne correspondait cependant pas d'une manière complète à l'énergie de l'effort tenté par Séti contre l'Asie. L'empire de la xviiie dynastie était loin d'être reconstitué. Les Khéta barraient désormais le chemin de l'Euphrate aux Pharaons, qui ne pouvaient plus, comme au siècle précédent, porter leurs armes victorieuses jusqu'au Kabour et à l'Euphrate. Les possessions égyptiennes en Syrie se réduisaient désormais à la Palestine et à l'Aramée méridionale, résignées à leur sort, ainsi qu'à la Phénicie, dont les marchands trouvaient qu'un tribut volontaire coûtait moins cher qu'une guerre contre le Pharaon et que la perte de leur indépendance était largement compensée par le monopole du commerce maritime de l'Égypte. Séti réorganisa l'administration de ces possessions, de manière à leur faire regagner en cohésion et en solidité ce qu'elles avaient perdu en étendue. Au lieu de se borner, comme avaient fait les Tahout-mès, à exiger un tribut régulier des chefs indigènes, il imposa à ces provinces des gouverneurs égyptiens et mit des garnisons permanentes dans les principales places fortes, comme Qazatou, Asqalouna et Makta.

En revanche, Séti Ier ne paraît pas avoir fait de tentative bien sérieuse pour reprendre les conquêtes maritimes de Tahout-mès III. Aucun indice ne permet de supposer qu'il ait eu sur la Méditerranée une flotte de guerre considérable, et qu'il ait cherché à rétablir une domination effective sur les îles, perdues pendant les troubles de la fin de la xviiie dynastie. Il est vrai que de ce côté venait de se former une puissance redoutable, que nous verrons bientôt se mesurer avec les rois d'Égypte, celle de la marine des nations pélasgiques, qui ne paraît pas avoir encore existé sous Tahout-mès III.

C'est sous Séti Ier que paraît avoir été établie — du moins on n'en connaît pas jusqu'ici d'exemples antérieurs à son règne — la liste des peuples vaincus ou tributaires du nord, représentant l'étendue à laquelle prétendait l'empire pharaonique, liste qui se reproduit ensuite comme stéréotypée sur les monuments des règnes les plus différents jusqu'à la fin de la xxe dynastie, tant que l'Égypte n'a pas renoncé aux conquêtes en Asie.

Précédée du titre général de *To-mehit*, « le monde du nord, » la liste débute par ce qu'on appelait « les neuf peuples, » sorte de résumé consacré par la tradition, et remontant à une époque antérieure, des principales divisions ethniques connues des Égyptiens, en laissant en dehors la race noire, c'est-à-dire des populations que la Bible comprend dans l'humanité Noa'hide. Les noms de ces « neuf peuples » sont :

1° To-mehit, désignation générique que nous venons d'expliquer ;
2° Hâ-nebou, mot à mot « toutes les îles, » expression qui correspond exactement aux *iyê haggôîm*, « les îles des nations » de la Bible, qu'au temps de la domination macédonienne les scribes égyptiens ont appliquée aux Grecs, et qui, en effet, désignait, sous la xviii° et la xix° dynastie, les habitants des îles et des côtes de la mer Égée ;
3° Pat, pays dont la situation précise est encore inconnue, mais que

l'on oppose quelquefois à l'Éthiopie et au pays des nègres, comme représentant l'extrême nord ;

4° 'Ham, qui rappelle le nom analogue de la descendance de Noa'h dans la Genèse ;

5° Petti-schou, de nouveau appellation que l'on ne saurait expliquer dans l'état actuel des connaissances, mais qui désigne certainement un peuple de nomades archers ;

6° Tahennou, les peuples à la peau blanche et aux cheveux blonds de la Libye ;

7° Anou-Qens ou « les Anou de Nubie, » qu'on s'étonne de voir figurer parmi les peuples du nord, et qui n'ont pu y trouver place que parce qu'on se souvenait de leur origine asiatique ;

8° Mentaou-en-Menti, les pasteurs de l'Asie ;

9° Khéta.

Ceci est une liste donnée par une tradition qui remontait fort haut, sinon à l'époque de la xii° et de la xiii° dynastie, du moins au temps des Pasteurs, et que l'on conservait, à l'imitation de l'antiquité, en tête de l'énumération générale, sans se préoccuper sérieusement de son application à l'état présent des choses. C'est seulement après que commence la série de noms plus nouveaux et plus précis, arrêtée sous le règne de Séti.

Celle-ci donne :

Naharina, le pays du mont Amana au fleuve Kabour, traversé dans sa partie centrale par le Pouharat ou Euphrate ;

Alosa, Lysias sur l'Oronte ;

Aka, 'Akko, plus tard Ptolémaïs, en Phénicie ;

Tsamâith, ville syrienne qui demeure indéterminée ;

Pa-hil, le canton de 'Houl de l'ethnographie biblique, à l'est des « eaux de Merom, » lac Samochonitis de la géographie classique, lac de 'Houleh des Arabes ;

Bit-schaal, Beth-Schean ou Scythopolis en Palestine, auprès du Jourdain ;

Inouamou, Imma, entre Antioche et Berœa (Khilbou, 'Helbôn) ;

..amâhmou, nom d'une ville sans doute voisine, dont la lecture, et par suite l'assimilation, restent incertaines ;

Anrotsa, Orthosia en Phénicie ;

Qamadou, Canatha dans l'Auranitide ;

Tsar, Çòr ou Tyr ;

Aouthou, Avatha, ville voisine de Tyr ;

Bit-Anta, Beth-'Anoth dans la Palestine, qui appartint plus tard à la tribu de Yehoudah ;

Routen supérieur ;

Routen inférieur ;

Singar, en Mésopotamie ;

Ounou, Ono en Palestine, près de Joppé ;

Qadesch, la grande forteresse de l'Oronte ;

Tounep, dans la Syrie du nord, que nous avons identifié avec Apamée ;

Takbis, le pays de Çou'hi des documents cunéiformes, sur la rive droite de l'Euphrate, depuis le lac Nesrou jusqu'en face de l'embouchure du Kabour ;

Pa-bekh, d'assimilation encore incertaine ;

Qadnef (?), qui est dans le même cas ;

Asebi (ou Amasi), l'île de Cypre ;

Assou, canton minier des montagnes entre le bas Oronte et la mer, dont nous avons plus haut indiqué la situation ;

Mennous, aujourd'hui El-Mensy, dans le voisinage de Ledjjoûn, localité marquée par des ruines importantes ;

Apouqta, le célèbre sanctuaire d'Aphaca dans le Liban, l'un des principaux sièges du culte de Tammouz ou Adonis ;

Balnou, Balanée, sur le littoral de la Syrie du nord ;

Arrapkha, dont le nom rappelle celui du pays d'Arrapkhou dans le voisinage de l'Assyrie, l'Arrapachitis des géographes grecs et romains, mais qu'il est cependant peu vraisemblable de chercher si loin dans l'est ;

Artinou, jusqu'à présent sans identification ;

Suivent six noms, trop mutilés, dans tous les exemplaires que l'on possède de cette liste, pour qu'on puisse les commenter avec quelque chance de succès ;

Schasou, les nomades ou Bédouins du désert de Syrie ;

Althou ou Ilthou, Ilath, Ælana sur la mer Rouge ;

Enfin quelques noms que nous avons déjà signalés plus haut (p. 174) comme devant se rapporter au 'Hedjâz d'Arabie, mais sans qu'on puisse en déterminer la situation d'une manière plus précise.

On peut douter que le roi, sous lequel cette liste fut établie pour la première fois, ait obtenu la soumission effective de tous les pays et de toutes les villes dont elle comprend les noms. Mais du moins ses armes avaient dû les toucher.

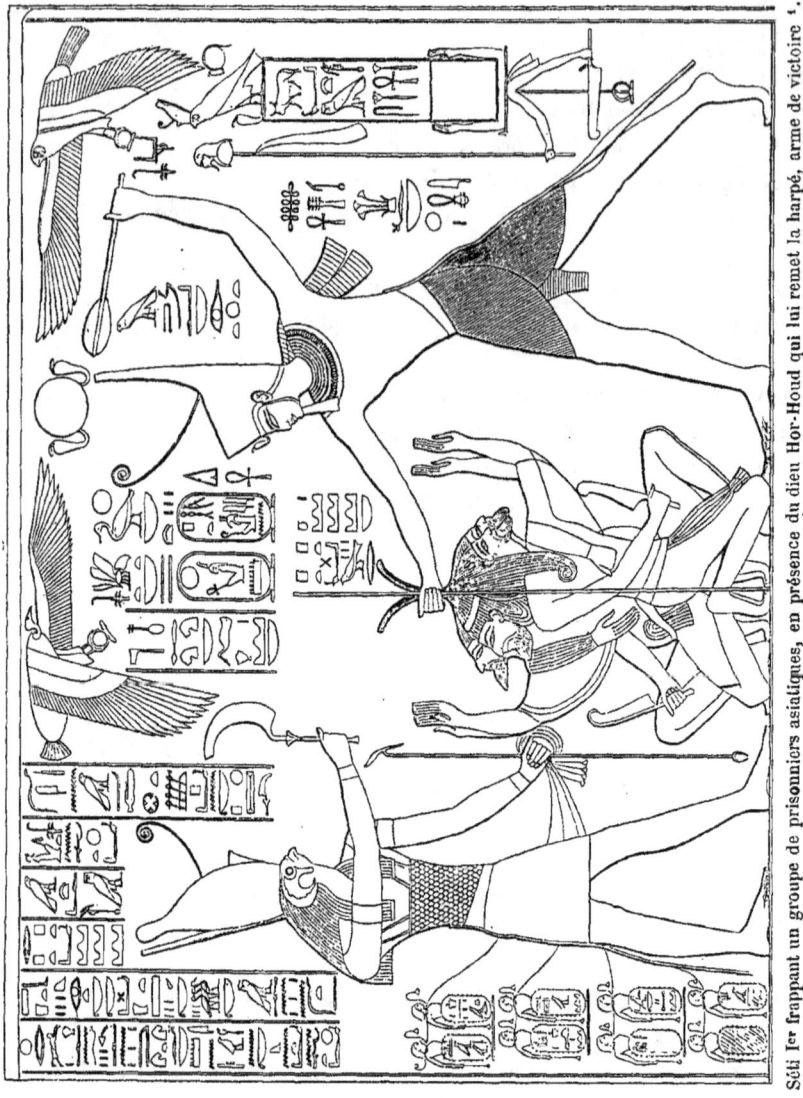

Séti Ier frappant un groupe de prisonniers asiatiques, en présence du dieu Hor-Houd qui lui remet la harpé, arme de victoire [1].

Du côté du sud, les troubles religieux et politiques n'avaient aucunement ébranlé la paisible possession du vaste pays de Kousch par les

---

[1] Bas-relief de Thèbes.

Pharaons. Séti n'eut donc aucune entreprise considérable à tourner de ce côté. Il se borna à lancer de temps à autre, comme ses prédécesseurs, quelques expéditions, autant de chasse aux esclaves que de guerre, contre les populations à demi barbares limitrophes de l'Éthiopie, et en particulier contre les nègres. Dans les sculptures d'un temple construit vers les frontières de la Nubie, à l'est du lieu nommé présentement Radésieh, ce prince est représenté tenant par la chevelure un groupe de prisonniers noirs ; c'est une représentation destinée à exprimer avec énergie que leurs tribus étaient réduites à sa discrétion.

Sur la frontière nord-ouest de l'Égypte, Séti réprima les menaces des Tama'hou ou Libyens et envoya quelques expéditions heureuses sur leur territoire. Enfin il reforma la flotte égyptienne de la mer Rouge, qui vint croiser sur les côtes du pays de Pount et y fit reconnaître de nouveau la suzeraineté pharaonique, établie pour la première fois sous Ha-t-schepou.

Il est d'ailleurs certain que des courses sanglantes à travers l'Asie et des constructions fastueuses n'ont pas seules occupé la monarchie égyptienne sous ce règne. Beaucoup y fut donné aux travaux publics d'utilité générale. Sachant que les mines d'or, situées dans le désert au midi de l'Égypte, étaient d'un accès difficile et d'un séjour plus difficile encore à cause de l'extrême sécheresse du pays, Séti Ier ordonna, la neuvième année de son règne, d'y creuser un puits artésien (fait important pour donner la mesure de l'habileté des ingénieurs égyptiens à cette époque), puits où l'eau de la nappe souterraine jaillit en abondance. Encouragé par un tel succès, le roi résolut de fonder en ce lieu une forteresse et un temple, où il vint en personne adorer ses dieux ; on avait eu soin de le placer lui-même en leur compagnie, comme une des divinités du lieu. Tel est le récit que fournit une longue inscription, qui est gravée sur une stèle découverte à Koubân en Nubie, Bok des anciens Égyptiens, Contra-Pselcis des Romains, et aujourd'hui conservée au château d'Uriage, en Dauphiné.

Nous reproduisons un bas-relief de la salle hypostyle de Karnak où l'on a cru retrouver la trace d'une œuvre beaucoup plus importante du règne de Séti. La tradition postérieure, transmise par les Grecs, a dans bien des cas confondu les actions de ce monarque et de son fils Râ-messou II, surnommé Sésostris. Ce dernier passait dans l'antiquité classique pour l'auteur de la magnifique entreprise de relier par un canal navigable le Nil et la mer Rouge, entreprise que les rois grecs d'Égypte reprirent plus tard et menèrent à bonne fin, mais que ruina la barbarie musulmane. Car l'idée même n'était pas encore venue de la conception bien autrement grandiose et féconde que notre siècle a réalisée, grâce au génie et à l'indomptable persévérance d'un Français, celle de mettre les deux mers en communication directe au travers de l'isthme de Suez. Le bas-relief représente Séti revenant de ses conquêtes en Égypte, monté sur son char de guerre auquel sont suspendues les têtes coupées des chefs ennemis tués dans les combats, précédé et suivi de prisonniers enchaînés. Les principales stations de l'itinéraire du roi sont marquées avec leurs noms dans le champ inférieur du tableau, et l'on a pensé y reconnaître une représentation du canal du Nil à la mer Rouge, qui aurait été ainsi créé sous Séti, au lieu de l'avoir été sous Râ-mes-sou.

Mais il n'en est rien, et le monument allégué n'enlève aucunement à Sésostris la gloire de l'entreprise la plus réellement utile de son règne. En effet, la série des stations de la marche de Séti, bien comprise, nous porte, pour son entrée en Égypte, sur un tout autre point qu'Héroopolis et le trajet du canal de la mer Rouge. Le roi, pour venir de Syrie en Égypte en traversant le désert, se dirige d'est en ouest ; par conséquent le tableau est orienté avec le sud en haut, le nord en bas, l'est à la gauche du spectateur et l'ouest à sa droite. La première station, la plus orientale, est marquée par un château bâti auprès d'un réservoir d'eau, qui se trouve figuré en bas, un peu en arrière des roues du char ; elle s'appelle *Ouatsi-en-Seti-Minphtah*, « le Puits de Séti Mi-n-Phtah. » C'est un lieu d'abreuvement des caravanes, que le roi avait créé dans le désert même après ses victoires sur les Schasou. Vient ensuite la seconde station, indiquée de même, entre la roue du char royal et ses chevaux. C'est *Pa-magadil-en-Seti*, « la Tour de Séti, » la forteresse de la lisière du désert et des terres cultivées, appelée Migdol dans la Bible et Magdolum dans la géographie classique. Bâtie ou agrandie par Séti, elle était devenue le chef-lieu d'un district dépendant du xix° nome de la Basse-Égypte, Am-pehou ou nome Pélusiaque. La troisième station est marquée, sous les pieds des chevaux, par un château plus grand, sur les bords d'un bassin carré, bordé d'arbres. Son nom est *Ta-â-pa-maou*, « la Demeure du lion. » Son emplacement, encore inconnu, doit être cherché à l'ouest de Migdol, là où se trouve aujourd'hui un rameau du lac Menzaleh, de formation moderne. Le lieu vers lequel se dirige la marche du roi est une ville importante, située, avec un pont ou un gué, à cheval sur les deux rives d'un cours d'eau (désigné

Rentrée triomphale de Séti Ier en Égypte.

par le nom *Pa-dena*, « le canal ») où se jouent des crocodiles: C'est, nous dit l'inscription qui en accompagne la représentation, *Pa-khtoum-en-Tsar*, « la forteresse de Tsar, » capitale du xiv° nome de la Basse-Égypte, que nous avons eu déjà l'occasion d'identifier avec Séthroê ou Héracléopolis du Delta. Le canal sur lequel nous la voyons bâtie est donc la branche Pélusiaque du Nil, la plus orientale de toutes, celle que l'on rencontrait la première en venant de Palestine. Par conséquent le lac poissonneux, appelé *Akabou*, dans lequel elle débouche au bas du tableau, c'est-à-dire au nord, est celui qui s'étendait des environs de Séthroê à la mer et qui se trouve actuellement englobé dans la vaste étendue du lac Menzaleh, dont le développement a tant augmenté depuis l'antiquité.

Rien n'indique que Séti Ier ait dû recommencer les grandes expéditions du commencement de son règne en Asie. Tout semble prouver, au contraire, que jusqu'à sa mort la domination qu'il avait rétablie sur une partie de la Syrie demeura incontestée. La terreur inspirée par son nom et par l'ascendant de ses armes suffit sans doute, tant qu'il vécut, pour conserver les peuples dans la soumission. Les Khéta eux-mêmes observaient fidèlement le traité, et, tout en se préparant dans le silence à de nouvelles et plus terribles guerres, respectaient avec soin les provinces soumises à l'Égypte. Nous n'avons plus un seul monument daté du règne de Séti Ier postérieurement à sa trentième année, et pourtant tous les extraits de Manéthon lui font occuper le trône plus de cinquante ans. Mais il est probable qu'ils sont à corriger sur ce point et qu'en réalité les années royales de Séti ne dépassèrent pas beaucoup le chiffre de trente. En outre, pendant toute la fin de son règne, ce monarque fut singulièrement effacé par son fils Râ-mes-sou, à l'égard duquel sa position était d'une nature très particulière.

Ici, du reste, nous laissons la parole à M. Maspero, qui a contribué plus que tout autre, par ses travaux personnels, à éclaircir un problème d'histoire fort embarrassant au premier abord.

« Du vivant de son père, Séti avait épousé une princesse de l'ancienne famille royale, petite-fille d'Amon-hotpou III et nommée Tiï comme sa grand'mère : il avait de la sorte légitimé l'usurpation dont Râ-mes-sou Ier s'était rendu coupable. Le fils qui naquit de cette union, Râ-mes-sou, hérita naturellement de tous les droits de sa mère, et dès l'instant de sa naissance fut considéré par les Égyptiens loyalistes comme seul souverain de droit. Son père, roi de fait, fut contraint de l'associer au trône alors qu'il était encore « petit garçon, » sans doute pour éviter une révolte. Ce ne fut d'abord qu'une fiction légale, agréable sans doute aux amis des vieilles traditions politiques, mais indifférente au reste de la nation, et peu respectée par Séti lui-même ou par les ministres de son gouvernement. Pendant toute cette première partie de son existence, Râ-mes-sou ne fut précisément ni roi ni prince héréditaire : il occupa entre ces deux conditions une place intermédiaire et

Râ-mes-sou II dans son enfance, avec la tresse des princes héritiers et l'uræus des rois.

probablement assez mal définie. Souverain reconnu des deux Égyptes, en principe il avait droit à tous les insignes et à toutes les prérogatives de la royauté, mais en fait il ne portait pas toujours les uns et n'exerçait nullement les autres. Il avait droit à l'uræus et à la double couronne, mais s'en tenait le plus souvent à la coiffure ordinaire des princes royaux, une grosse tresse recourbée et pendante. (Voy. plus haut, p. 38, la gravure de la Nouvelle Table d'Abydos, où Râ-mes-sou, avec les simples insignes des princes héritiers, figure en compagnie de son père Séti, rendant hommage aux rois morts depuis l'origine de la monarchie.) Il avait droit aux deux cartouches et aux qualifications les plus pompeuses de la chancellerie égyptienne ; mais les scribes chargés de rédiger les inscriptions oubliaient souvent d'y insérer son nom, et ne lui accordaient que les titres modestes de « fils qui aime son père » ou d'héritier. Il avait droit au poste d'honneur et au rôle principal dans les cérémonies du culte, mais les monuments nous le montrent toujours au second rang : il tient un plat d'offrande, verse une libation ou prononce les invocations tandis que son père accomplit les rites sacrés. Râ-mes-sou n'avait du roi que le titre et l'apparence ; les scribes de la chancellerie oubliaient ses droits indiscutables, ou, s'ils venaient à se les rappeler, ce n'était que par occasion ou par boutade.

« Dès l'âge de dix ans Râ-mes-sou fit la guerre en Syrie, et, s'il faut en croire les historiens grecs, en Arabie. C'est à la suite de ces campagnes qu'éprouvé par l'habitude du commandement militaire et mûri par l'âge, il commença de prendre une part active au gouvernement intérieur de ses États et réclama son héritage royal. La transformation du prince obscur et presque inconnu de ses sujets en roi, « maître des deux mondes » et craint de tous ses ennemis, se produisit lentement, graduellement, au fur et à mesure que la valeur personnelle de Râ-mes-sou se développait et s'accentuait de plus en plus. Séti, vieilli et fatigué des guerres de sa jeunesse, lui céda peu à peu le pouvoir et finit par disparaître presque entièrement devant son glorieux fils. Retiré dans ses palais, il y acheva sa vie entouré d'honneurs divins. Certains tableaux du temple d'Abydos le montrent assis sur le trône, au milieu des dieux ; il tient la massue d'une main et de l'autre un sceptre complexe formé par la réunion des divers symboles de force et de vie. Isis est à ses côtés, et les dieux parèdres, rangés trois à trois, siègent derrière le couple tout-puissant auquel Râ-mes-sou rend hommage. C'est une apothéose anticipée dont la conception fait honneur à la piété du nouveau roi, mais ne laisse aucun doute sur la situation réelle de Séti dans sa vieillesse. On adore un dieu, mais il ne règne pas. Séti ne faisait pas exception à cette règle commune ; on l'adorait, mais il ne régnait plus. »

C'est dans cette période, tandis que son père vivait encore, que Râ-mes-sou eut l'occasion de combattre, à l'occident du Delta, les Schardana (Sardones) et les Tourscha (Tursanes ou Tyrrhéniens), venus d'au delà de la mer Méditerranée, qui s'étaient unis aux Lebou (Libyens). L'échec que ces envahisseurs, qui font alors leur première apparition dans l'histoire d'Égypte, essuyèrent en cette occasion fut assez sérieux pour les dégoûter de toute nouvelle tentative pendant plus d'un demi-siècle.

La situation ainsi assurée du côté du nord, Râ-mes-sou se rendit en Éthiopie, où il passa les dernières années du règne de son père, occupé à combattre et à réduire les tribus des rives du haut Nil et de l'Abyssinie, qui s'étaient mises en révolte ouverte. La guerre fut longue, sanglante et acharnée, beaucoup plus qu'on n'avait depuis longtemps l'habitude de les voir dans ces contrées. Les murs des temples souterrains d'Ibsamboul et de Beit-Oually en Nubie sont couverts de grands tableaux sculptés et peints qui représentent les principaux épisodes de la campagne et le triomphe de Râ-mes-sou, vainqueur des nègres. C'est peut-être alors qu'il s'occupa des affaires du Pount africain, où Strabon dit qu'on voyait de ses stèles tout le long de la Côte des Aromates, et qu'il établit sur le littoral ouest de la mer Rouge des colonies qui portaient encore à l'époque grecque le nom de « mur de Sésostris. »

Râ-mes-sou était encore dans le pays de Kousch quand il reçut la nouvelle de la mort de son père. Il rentra aussitôt en Égypte pour prendre définitivement possession du pouvoir, qu'il allait désormais exercer seul. Il compta comme une nouvelle ère ce règne sans partage, et tandis qu'on avait daté jusque là par les années du règne de Séti, il fit partir de ce moment la première année de son règne personnel, au lieu d'en faire, comme Tahout-mès III, remonter le début à son association à la couronne.

§ 5. — Râ-mes-sou II. — Sésostris.
(FIN DU XVe ET PREMIÈRE MOITIÉ DU XVIe SIÈCLE.)

Râ-mes-sou II, surnommé Mi-Amoun (l'aimé d'Ammon), devait être âgé de trente ans environ quand il se trouva seul maître de la couronne. Il avait déjà de nombreux enfants, dont les aînés commençaient à être en âge de le suivre à la guerre. Son règne, même sans compter l'époque où il avait été associé à son père, fut un des plus longs des annales égyptiennes ; car il occupa le trône 67 ans depuis la mort de Séti. C'est, parmi les Pharaons, le constructeur par excellence. Il est pour ainsi dire impossible de rencontrer en Égypte une ruine, une butte antique, sans y lire son nom. Les deux magnifiques temples souterrains ou spéos d'Ibsamboul en Nubie, le Rameséum de Qournah, à Thèbes, une notable portion des temples de Karnak et de Louqsor, le petit

[1] Bas-relief du temple de Beit-Oually, d'après Rosellini.

Râ-mes-sou II dans sa jeunesse, accompagné de ses deux fils premiers-nés, défait les nègres d'Éthiopie [1].

Captifs, butin et animaux rares ramenés en trophées du pays des nègres [1].

[1] Bas-relief du temple de Beit-Oually, d'après Rosellini.

temple d'Abydos, sont ses œuvres. Il éleva aussi des édifices considérables à Memphis, où un splendide colosse retrace ses traits; dans le Fayoum et à Tanis, qu'il fit sortir des ruines où cette ville était restée depuis la défaite des Pasteurs et où il restaura le sanctuaire de Soutekh, en l'agrandissant. Râ-mes-sou II dut à la longueur de son règne d'avoir pu réaliser tant de travaux; il le dut aussi à ses guerres, qui lui livrèrent

Râ-mes-sou II roi, tête du colosse de Memphis.

un nombre considérable de prisonniers qu'il employa, selon l'usage égyptien, aux constructions publiques. A ces causes ajoutons encore la présence sur les bords du Nil de tribus nombreuses de race étrangère, que la fertilité du sol et la politique du gouvernement sous les règnes précédents avaient attirées des plaines de l'Asie dans le Delta. Par les ouvriers qu'ils fournissaient aux travaux des temples, à l'édification des villes, au curage des canaux, ces étrangers rendaient à l'Égypte l'hospitalité qu'elle leur fournissait, et c'est ainsi que, sous ce même Râ-mes-sou II, la Bible nous montre les Benê-Yisraël occupés dans l'est du Delta à la construction de deux villes, dont l'une porte le nom du roi.

Râ-mes-sou II a été célèbre en Europe bien avant notre siècle, bien avant que les monuments de l'Égypte n'aient été intelligibles pour nous. Tacite parle de lui, en l'appelant *Ramses*, d'après ce que les prêtres de Thèbes avaient dit à Germanicus, quand il fit le voyage d'Égypte. Hérodote avait appelé le même prince Sésostris, et le nom avait fait fortune ; mais l'écrivain grec ne l'avait pas inventé. Râ-mes-sou avait reçu de son vivant, et par une cause qui nous échappe, les surnoms populaires de Sestesou-Râ et de Sesou-Râ, qui furent accommodés aux oreilles grecques dans la prononciation Sésostris, à laquelle Diodore de Sicile substitue la forme Sésoosis.

Autour de ces surnoms populaires, une légende s'était formée peu à peu dans le cours des siècles, qui réunissait sur la tête d'un même personnage tous les exploits des conquérants et des princes guerriers de l'Égypte, aussi bien des Tahout-mès et de Séti que des différents Râ-mes-sou, et qui les amplifiaient encore en y englobant tous les pays connus, comme le fait constamment la légende. Ce sont ces traditions légendaires, ces récits fabuleux courant dans la bouche du peuple, que les Grecs, aussi bien l'intelligent et exact Hérodote que le compilateur Diodore de Sicile, ont avidement recueillis de leurs *ciceroni* en Égypte, incapables qu'ils étaient de recourir directement aux véritables sources historiques. C'est avec ces récits que pendant des siècles et des siècles on a écrit l'histoire d'Égypte, histoire aussi positive et aussi vraie jusqu'à la découverte de Champollion que le serait celle de Charlemagne, si on prétendait la tirer de nos *Chansons de geste* du moyen âge.

Sésostris, suivant les légendes dont les Grecs se sont faits les échos, avait été merveilleusement préparé par son éducation au rôle de conquérant. Dès son enfance, son père avait réuni autour de lui les enfants nés dans le même jour, et lui avait fait faire, ainsi qu'à ses jeunes compagnons, l'apprentissage de la guerre par de rudes exercices, par de longues courses, par des luttes continuelles contre les animaux du désert et contre ses sauvages habitants. Après la mort de son père, Sésostris aspira à d'autres exploits et rêva d'autres conquêtes. L'Éthiopie fut la première contrée qu'il soumit. Il lui imposa un tribut en or, en ébène et en dents d'éléphants. Ensuite il équipa sur le golfe Arabique une flotte de quatre cents vaisseaux longs, les premiers de ce genre que l'Égypte eût vus. Tandis que cette flotte subjuguait les rivages de la mer Rouge, Sésostris, à la tête de son armée de terre, envahissait l'Asie. Il subjugua la Syrie, la Mésopotamie, l'Assyrie, la Médie, la

Perse, la Bactriane et l'Inde, et pénétra jusqu'au delà du Gange. Remontant ensuite vers le nord, il soumit les tribus scythiques jusqu'au Tanaïs, établit dans l'isthme qui sépare la mer Noire de la mer Caspienne une colonie qui fonda l'État de Colchos, passa en Asie Mineure, où il laissa des monuments de ses victoires[1]; enfin, traversant le Bosphore, s'avança dans la Thrace, où la disette, la rigueur du climat, la difficulté des lieux, mirent un terme à ses triomphes. Au bout de neuf ans, Sésostris revint dans ses États, traînant à sa

Bas-relief prétendu de Sésostris à Nymphi.

suite une foule de captifs, chargé d'immenses dépouilles et couvert de gloire.

Telle est la légende. Le lecteur a déjà pu s'apercevoir qu'elle attribue à Sésostris la conquête de pays depuis longtemps déjà soumis à l'Égypte, comme l'Éthiopie, et des gloires qui appartiennent à des souverains antérieurs, comme la création de la marine et la réduction des côtes

---

[1] Un de ces monuments que la légende attribuait à Sésostris, et qu'Hérodote dit avoir vus, subsiste encore, sculpté sur un rocher à Nymphi près de Smyrne. Nous en donnons ici la représentation. Il sera facile au lecteur de reconnaître que ce n'est en aucune façon une œuvre de l'art égyptien, comme M. Perrot l'a montré dans une intéressante dissertation publiée par la *Revue archéologique* en 1867. Les récentes recherches de M. Sayce ont établi que le bas-relief de Nymphi avait été exécuté, sinon par les Hittim ou Kêteioi eux-mêmes, du moins sous leur influence, et que l'inscription qui y accompagne la figure royale est en hiéroglyphes hittites.

de la mer Rouge ; mais surtout elle fait parcourir triomphalement par ce prince des pays où jamais, à aucune époque, les armes égyptiennes ne pénétrèrent, par exemple l'Inde et la Perse, et en général tous les pays aryens situés au delà du Tigre, ainsi que les provinces plus septentrionales que l'Arménie. C'est le pendant exact de ceux de nos poèmes du moyen âge qui, enchérissant toujours sur les exploits de Charlemagne et amplifiant ses conquêtes, lui font prendre Jérusalem et délivrer le Saint Sépulcre.

Si nous recherchons maintenant la réalité des faits, telle qu'elle ressort du témoignage des monuments officiels de Râ-mes-sou Sésostris eux-mêmes, bien emphatiques pourtant dans leur langage et souvent suspects d'exagération, nous voyons s'évanouir tout le mirage de ces prodigieuses conquêtes. Râ-mes-sou II, sans doute, fut un prince guerrier, qui passa une grande partie de son règne à combattre ; mais il ne fut pas un conquérant. Il n'ajouta pas une seule province à l'Égypte. Au sud, au nord, à l'ouest, il fut toujours réduit à la défensive, en butte à chaque instant à des révoltes des peuples soumis de nouveau par son aïeul et son père, et la gloire de son règne se réduit à avoir maintenu, au prix d'énormes efforts, l'intégrité de l'empire. Bien loin qu'il ait pu pénétrer jusqu'aux rives du Gange, il ne porta jamais en Asie ses armes aussi loin que Tahout-mès III et Amon-hotpou II ; il n'est pas même certain qu'il ait en aucun moment atteint l'Euphrate, et ses laborieuses campagnes furent concentrées dans la Syrie septentrionale En un mot, la gigantesque renommée de Sésostris est entièrement fabuleuse ; c'est une de ces gloires légendaires et sans fondement, que les Grecs acceptaient trop facilement et qui disparaissent devant la critique, ainsi que devant le progrès de la connaissance des faits positifs de l'histoire.

Voyons maintenant ce que fut en réalité le règne de Râ-mes-sou II, tel que les monuments des rives du Nil nous le font connaître jusque dans ses détails.

Les débuts en furent paisibles. Les trois premières années qui suivirent la mort de Séti ne virent pas de guerre sérieuse. Mais sous ce calme apparent un observateur attentif eût pu discerner que des événements graves se préparaient. Un frémissement significatif commençait à agiter la Palestine et se traduisait déjà par des révoltes partielles, qui à deux fois amenèrent le Pharaon dans ce pays. Une fois même il poussa de sa personne jusqu'aux environs de Bêrouth (Béryte), où il laissa une stèle commémorative de son passage, sculptée sur les rochers auprès de l'embouchure du fleuve appelé aujourd'hui Nahr-el-Kelb, le Lycus de la géographie gréco-romaine. Averti par ces symptômes, le roi d'Égypte avait si bien le sentiment des graves dangers qui allaient

Stèle de victoire de l'an IV de Râ-mes-sou II, au Nahr-el-Kelb[1].

bientôt le menacer de ce côté, qu'il s'occupait activement de fortifier la frontière orientale du Delta et y fondait de nouvelles villes, destinées à servir de bases d'opérations et de ravitaillement pour ses armées de Syrie. La principale fut celle que la Bible appelle Ramsès et dont le nom complet était Pa-Râmessou-aâ-nakhtou, « la ville de Râ-mes-sou

[1] D'après Lepsius.

le très brave ; » elle était située vers l'extrémité orientale du canal du Nil à la mer Rouge, dont l'antiquité classique, nous l'avons déjà dit tout à l'heure, attribue la création à Sésostris. D'autres villes de la même région, agrandies aussi par ce roi, reçurent également le nom de Pa-Râ-mes-sou, par exemple Tanis.

Les Khéta restaient encore, en apparence, fidèles aux engagements du traité qu'ils avaient conclu avec Séti. Ils se maintenaient en paix avec les Égyptiens. Mais c'étaient eux qui fomentaient sous main les mouvements de la Palestine, et ils travaillaient à les généraliser. Eux-mêmes se préparaient silencieusement à la guerre et disposaient tout pour tenter un grand effort, qu'ils espéraient rendre décisif, en groupant autour d'eux assez d'éléments pour abattre la puissance de l'Égypte. C'est à la fin de la quatrième année de Râ-mes-sou qu'ils se crurent en mesure de lever le masque et d'ouvrir les hostilités. Une grande armée se réunit dans la Syrie septentrionale, menaçant à la fois la Palestine, qu'elle appelait à la révolte, et le pays de Miçraïm lui-même. Les monuments du règne de Râ-mes-sou nous ont conservé les noms des États dont les troupes coalisées formaient cette armée. C'étaient d'abord les Khéta ('Hittim) avec le royaume de Qadesch, les gens de Khilbou ('Helbôn, Haleb), de Qirqamischa, de Qadi (dont le siège paraît avoir été vers la Cilicie), apparentés à eux par la langue et la race, les hommes de Qirqaschi (Girgaschim), appartenant au sang de Kéna'an, et les Phéniciens d'Arattou (Arvad), seuls infidèles à la monarchie égyptienne, pour laquelle tenaient toujours ceux de Gapouna (Gebal) et de Tsidouna (Çidon). Les populations araméennes ou des Routennou y étaient représentées par les États de d'Anaougas (Chalcis), du Naharina et de Qazouatan, qui est peut-être le Gouzanou des documents cunéiformes, le Gozan de la Bible, dans le nord de la Mésopotamie. En même temps, attirés par l'appât du pillage, les peuples de l'Asie Mineure, vassaux ou alliés des 'Hittim, avaient envoyé des soldats à l'armée rassemblée par Móthanar, le roi des Khéta qui avait déjà combattu Séti Ier. C'étaient ceux de Léka (les Lyciens), d'Akérit (les Cariens), de Masa (les Mysiens), de Padasa (Pédasos sur la frontière de la Mysie et de la Troade), de Maouna (les Mæoniens), de Dardana (les Dardaniens), enfin de Mouschanet, nom dans lequel on est tenté de reconnaître le Maschnaki des documents assyriens, les Mossynœques de la géographie classique. L'armée était fort nombreuse, car, au jour de la bataille décisive, un seul des confédérés, le prince de Khilbou, mit en ligne

18,000 hommes ; et dans la même journée les Asiatiques engagèrent 2,500 chars de guerre, montés chacun par trois hommes.

Au printemps de l'an 5, Râ-mes-sou, partant d'Égypte, marcha au devant des Khéta et de leurs alliés. Traversant rapidement la Palestine, qui lui obéissait encore, il alla droit au nord et atteignit Qadesch et la vallée de l'Aranta sans avoir encore rencontré la grande armée des ennemis. C'est alors que se place un exploit personnel du roi Râ-mes-sou, éternellement rappelé sur ses monuments, où la louange en revient à satiété jusqu'à la fin de son règne, sculpté sur les murailles de tous les temples élevés par ce prince, exploit qui prouve plus de bravoure que de vrais talents militaires. Cet épisode de l'histoire du Sésostris des Grecs fait le sujet d'un poème épique, long environ comme un chant de l'Iliade, que composa un scribe du nom de Pen-ta-our et dont on a trouvé le texte gravé tout au long sur les murailles des temples de Karnak, de Louqsor et d'Ibsamboul, puis écrit en caractères hiératiques dans un papyrus du Musée Britannique [1]. Ce précieux texte a été traduit par le vicomte de Rougé ; nous croyons utile d'en placer ici l'analyse avec quelques citations textuelles, pour donner à nos lecteurs l'idée de ce qu'est un poème héroïque égyptien, une épopée historique, composée par un des plus fameux lettrés de l'époque, deux ans seulement après l'événement qu'elle célèbre.

On était dans l'été de la cinquième année de Râ-mes-sou. Le Pharaon, cherchant les ennemis qui se repliaient lentement devant lui pour faire tête seulement sur leur propre territoire, avait pénétré jusqu'à Schabtoun, localité située vers les sources du Rivus Sabbaticus de la géographie classique, dans les montagnes à l'ouest d'Émèse. Là deux Schasou, deux Bédouins, se présentèrent devant lui. Ils se disaient envoyés par leurs chefs pour rejoindre l'armée égyptienne et lui apporter des nouvelles certaines des Khéta, qui les avaient fait marcher de force avec eux. Ils assuraient que l'ennemi effrayé s'était retiré dans la direction de Khilbou, où il se concentrait, à quarante lieues de là. Mais c'était là une perfidie, un mensonge tramé par les chefs des Khéta pour faire tomber le Pharaon dans un piège ; avec leurs nombreux alliés, ils s'étaient mis en embuscade à quelque distance au nord-ouest de Qadesch. Trompé par les rapports des faux transfuges, Râ-mes-sou s'avança sans défiance au delà de la ville, n'ayant avec lui que sa garde, tandis que les légions

---

[1] La première page de ce manuscrit, que nous reproduisons en fac-similé réduit, se trouve au musée du Louvre.

d'Ammon, de Râ, de Phtah et de Soutekh, qui formaient le gros de son armée, restaient à quelque distance en arrière. Sur ces entrefaites, les éclaireurs amenèrent deux hommes de l'armée ennemie, qu'ils venaient de saisir. Forcés de parler sous le bâton, ils avouèrent que, loin de s'enfuir, les Khéta étaient pleins de confiance dans le nombre de leurs troupes et de leurs alliés, et qu'ils se tenaient tout près de là pour surprendre le roi. Les généraux égyptiens, mandés par Râ-mes-sou,

Première page du manuscrit du poëme de Pen-ta-our.

furent très déconcertés de s'être laissé tromper par le premier rapport et de l'avoir ainsi entraîné lui-même dans une erreur aussi dangereuse. On envoya en toute hâte courir après l'armée pour l'appeler vers le lieu où se trouvait l'ennemi. Mais avant qu'elle ne fût arrivée, toutes les forces des Khéta sortirent de leur embuscade et se jetèrent sur la petite troupe qui entourait Râ-mes-sou, espérant enlever le Pharaon et le faire prisonnier. Le roi d'Égypte avait la retraite coupée ; il ne lui restait plus qu'à faire bonne contenance et à tâcher de tenir avec sa garde jusqu'à ce qu'il fût secouru.

Tels sont les faits que rappelle assez brièvement l'exposition du poème et qui préparent au récit des hauts faits personnels de Râ-mes-sou.

« Les archers et les chars du roi cédèrent devant l'ennemi... Voici que Sa Majesté se leva comme son père le dieu Month ; il saisit ses armes et revêtit sa cuirasse, semblable à Baal dans l'heure de sa puissance... Lançant son char, il pénétra au milieu des rangs des Khéta pervers. Il était seul de sa personne, aucun autre avec lui... Il se trouva enveloppé par 2,500 chars, coupé dans sa retraite par tous les guerriers du pervers Khéta et des peuples nombreux qui l'accompagnaient... Chacun de leurs chars portait trois hommes, et ils s'étaient tous réunis. »

Devant un pareil danger, Râ-mes-sou est un instant troublé. Il invoque le grand dieu de Thèbes, Ammon, et lui demande de le secourir, en lui rappelant l'éclat dont il a environné son culte et les temples magnifiques qu'il lui a élevés, comme les héros d'Homère rappellent à Zeus Olympien toutes les hécatombes qu'ils ont immolées en son honneur.

« Aucun prince n'est avec moi, aucun général, aucun officier des archers ou des chars ! Mes soldats m'ont abandonné, mes cavaliers ont fui ; pas un n'est resté pour combattre auprès de moi ! Qui es-tu donc, ô mon père Ammon ? Est-ce qu'un père oublie son fils ? Ai-je donc fait quelque chose sans toi ? N'ai-je pas marché et ne me suis-je pas arrêté sur ta parole ? Je n'ai point violé tes ordres...

« Ne t'ai-je pas consacré des offrandes innombrables ? J'ai rempli ta demeure sacrée de mes prisonniers ; je t'ai bâti un temple pour des millions d'années... Je t'ai offert le monde entier pour enrichir tes domaines. J'ai fait sacrifier devant toi trente mille bœufs... J'ai fait venir des obélisques d'Éléphantine, et c'est moi qui ai fait amener ces pierres éternelles. Mes vaisseaux naviguent pour toi sur la mer, et ils t'apportent les tributs des nations.

« ... Je t'invoque, ô mon père Ammon ! Me voici au milieu de peuples nombreux et inconnus de moi ; toutes les nations se sont réunies contre moi, et je suis seul de ma personne, aucun autre avec moi. Mes soldats m'ont abandonné ; aucun de mes cavaliers n'a regardé vers moi, et quand je les appelais, pas un d'eux n'a écouté ma voix. Mais je sais qu'Ammon vaut mieux pour moi qu'un million de soldats, que cent mille cavaliers, que dix mille frères ou fils, fussent-ils tous réunis ensemble. »

Ici la divinité intervient au milieu de la lutte comme dans les combats d'Homère. Ammon a entendu la prière de Râ-mes-sou ; il relève son courage abattu ; il lui rend des forces et l'excite par ces paroles : « J'accours à toi, je suis avec toi. C'est moi, ton père ; ma main est avec toi, et je vaux mieux pour toi que des centaines de mille hommes. Je suis le seigneur de la force, qui aime la vaillance ; j'ai trouvé ton cœur courageux, et je suis satisfait. Ma volonté s'accomplira... Je serai sur eux comme Baal dans son heure. Les deux mille cinq cents chars, quand je serai au milieu d'eux, seront brisés devant tes chevaux... Leurs cœurs faibliront dans leurs flancs et tous leurs membres s'amolliront. Ils ne sauront plus lancer les flèches et ne trouveront plus de cœur pour tenir la lance. Je vais les faire sauter dans les eaux, comme s'y jette le crocodile ; ils seront précipités les uns sur les autres et se tueront entre eux. »

Raffermi et encouragé par ce secours divin, le roi s'élance sur les Khéta, qui s'arrêtent, stupéfaits de sa témérité. Il fait mordre la poussière aux plus vaillants de leurs guerriers, et s'ouvre un passage sanglant sur leurs cadavres. Mais l'ennemi, un instant effrayé, reprend courage en voyant que l'armée égyptienne n'accourt pas au cri de son roi. Râ-mes-sou est de nouveau enveloppé par les chars de guerre des plus braves chefs de l'armée des Khéta.

Ici le poète, par une forme d'emphase assez commune dans les textes de la littérature égyptienne, et dont son épopée même offre d'autres exemples, change la personne du discours et met le récit dans la bouche du roi lui-même. « Lorsque Menna, mon écuyer, vit que j'étais environné par une multitude de chars, il faiblit, et le cœur lui manqua ; une grande terreur envahit ses membres, et il dit : « Mon bon « seigneur, ô roi généreux ! grand protecteur de l'Égypte au jour du « combat ! nous restons seuls au milieu des ennemis, car les archers et « les chars nous ont abandonnés. Arrête-toi, et sauvons le souffle de « nos vies. »

Mais le roi n'écoute pas ces conseils de la crainte. Il répond à son écuyer : « Courage ! raffermis ton cœur ! Je vais entrer au milieu d'eux, comme se précipite l'épervier, tuant et massacrant ; je vais les jeter dans la poussière. » Puis, confiant dans la protection d'Ammon, il lance son char et abat quiconque s'oppose à son passage. Six fois Râ-mes-sou charge ainsi les Khéta, et le poète les représente, saisis d'admiration à la vue de tant de vaillance, se disant l'un à l'autre : « Ce n'est pas un homme qui est au milieu de nous, c'est Soutekh le grand guerrier, c'est Baal en personne. Ce ne sont pas les actions d'un homme, ce qu'il fait. Seul, tout seul, il repousse des centaines de mille, sans officiers et sans soldats. »

Enfin l'armée arrive vers le soir et dégage Râ-mes-sou. Il rassemble ses généraux et les accable de reproches. Il leur rappelle les bienfaits et les faveurs dont il les a comblés, tout le bien qu'il répand sur l'Égypte du haut de son trône ! « A quiconque m'adresse ses requêtes, dit-il, je fais justice moi-même chaque jour. » S'adressant en particulier aux officiers chargés de gouverner les provinces de la Syrie et de veiller à la garde des frontières, il leur reproche vivement la négligence qu'ils ont mise à s'informer des mouvements de l'ennemi. Enfin il les réprimande tous de leur lâcheté, à laquelle il oppose le courage dont il a fait preuve. « Oh! quel beau fait d'armes pour présenter de riches offrandes à Thèbes, que la faute honteuse de mes soldats et de mes chars ! Plus grande qu'on ne peut le dire, car j'ai déployé ma valeur, et ni archers ni chars n'étaient auprès de moi. Le monde entier a donné passage aux efforts de mon bras victorieux, et j'étais seul, aucun autre avec moi..... Les peuples m'ont vu et répéteront mon nom jusqu'aux régions éloignées et inconnues. Ceux que ma main a laissé vivre se sont retournés en suppliants à la vue de mes exploits. Des millions d'hommes étaient venus, et leurs pieds ne pouvaient plus s'arrêter dans leur fuite. »

Les soldats égyptiens célèbrent par leurs acclamations unanimes la valeur de leur roi et contemplent avec étonnement les cadavres que sa main a renversés. Mais Râ-mes-sou ne répond que par des paroles de blâme aux éloges de ses généraux, et opposant à leur conduite imprudente et pusillanime la constance des deux fidèles animaux qui l'ont arraché au danger, il ordonne de les combler de soins et d'honneurs, comme Alexandre qui, après la défaite de Pôros, fonda une ville à laquelle il donna le nom de Bucéphalia, en l'honneur de son cheval, qui l'avait porté dans toute la bataille et l'avait plusieurs fois tiré du plus grave péril. « *Victoire à Thèbes* et *Noura satisfaite* étaient mes deux grands chevaux; c'est eux qu'a trouvés ma main quand j'étais seul au milieu des ennemis. Je leur ferai prendre moi-même leur nourriture devant moi chaque jour, lorsque je serai dans mon palais, car je les ai trouvés quand j'étais au milieu des ennemis, avec Menna, mon écuyer, et avec les officiers de ma maison qui m'accompagnaient et sont mes témoins pour le combat. Voilà ceux que j'ai trouvés. »

Dans la nuit toute l'armée est rassemblée, et le lendemain, dès l'aube du jour, Râ-mes-sou fait recommencer le combat. Ce fût la vraie bataille, l'action décisive de la campagne, dont l'échauffourée de la veille n'avait été qu'un préliminaire. Après une lutte des plus sanglantes, d'autant plus acharnée que les Khéta avaient à se venger de leur échec de la veille et les Égyptiens à se laver du reproche de lâcheté que leur avait adressé leur souverain, l'armée asiatique fut enfoncée, rompue et mise en déroute. L'écuyer du roi de Khéta, Garbatous, son principal général, Targanounas, le chef de ses mercenaires étrangers, Kamayts, et son historiographe, Khalepsira, restèrent parmi les morts. Une partie de l'armée, acculée à l'Aranta, se jeta dans le fleuve pour essayer de le traverser à la nage. Le frère du roi de Khéta, nommé Maïtsarima, parvint à se sauver ainsi; d'autres chefs de marque furent moins heureux et se noyèrent; le prince de Khilbou fut retiré du courant à demi asphyxié. Les tableaux sculptés où l'on a retracé cette mémorable bataille, le montrent pendu par les pieds et dégorgeant l'eau qu'il avait bue. Une sortie de la garnison de Qadesch sauva seule d'une entière destruction les débris des Khéta.

C'est par d'autres documents que l'épopée de Pen-ta-our, que nous connaissons les circonstances de cette bataille [1]. Le poète n'en parle que

---

[1] Nous insérons ici hors texte, en le reproduisant d'après Rosellini, l'ensemble de l'immense composition, comprenant plusieurs scènes successives et juxtaposées, qui sur l'un des pylores du temple de Louqsor retrace les principaux incidents de la bataille de Qadesch. C'est comme l'illustration figurée du poème de Pen-ta-our, avec quelques détails de plus.

Pour suivre l'ordre exact des événements retracés, il faut commencer par le registre inférieur, à la gauche du spectateur. L'armée égyptienne est en marche; son infanterie est formée en phalange serrée et profonde; les chars garnissent les ailes et forment avant-garde. Vient ensuite la représentation du camp des Égyptiens, entouré de palissades, avec dans l'intérieur toute une multitude de petites scènes variées de la vie du soldat en campagne, qui animent le tableau et amusent le regard. Dans la représentation qui suit, et qu'accompagnent de longues inscriptions, le roi, figuré de taille gigantesque par rapport aux autres personnages pour exprimer sa supériorité et sa divinité, est assis sur son trône devant la porte de son camp; ses officiers lui présentent les faux transfuges qui le trompent sur la position de l'armée des Khéta. Au-dessous, les soldats des deux principaux corps de la garde du Pharaon, Egyptiens et Schardana, distingués par leur costume, attendent ses ordres, et les deux prisonniers que l'on vient de faire avouent sous le bâton où se trouve réellement l'ennemi.

Le registre inférieur se termine, sur la droite, par une escarmouche qui s'engage entre les chars de guerre des Égyptiens et ceux des Khéta. Quelques-uns des chars montent vers un registre intermédiaire, entièrement rempli par la cavalerie attelée des deux armées, qui, formant deux masses venant chacune d'un côté opposé, se chargent au galop. Les Khéta, qui marchent de droite à gauche, sont de beaucoup les plus nombreux. Un certain nombre de chars égyptiens, montant vers l'extrémité de gauche, relient cette composition en longue bande à la première scène, plus développée en hauteur, du registre supérieur.

Là le roi, toujours de stature colossale, est presque seul, déployant la vigueur de son bras en l'absence de ses soldats. Debout sur son char, que ses deux chevaux emportent en avant avec un élan admirablement rendu par l'artiste, Râ-mes-sou décoche ses flèches sur les Khéta,

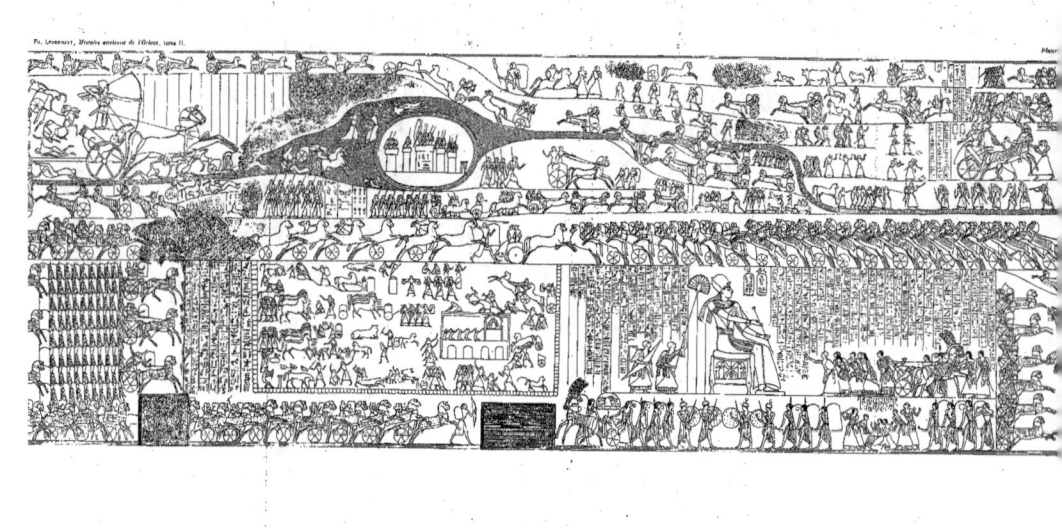

sommairement et pour y dépeindre Râ-mes-sou renouvelant les prodiges de sa valeur personnelle. « Le grand lion qui marchait auprès de ses chevaux combattait avec lui ; la fureur enflammait tous ses membres, et quiconque s'approchait tombait renversé. Le roi s'emparait d'eux et les tuait sans qu'aucun pût échapper. Taillés en pièces devant ses coursiers, leurs cadavres étendus ne formaient qu'un seul monceau sanglant. »

Il nous montre ensuite le roi de Khéta, qui, voyant la fleur de ses troupes détruite et le reste fuyant de tous côtés, se décide à demander l'*aman*, pour nous servir de l'expression moderne des Arabes, qui est celle qui s'applique le mieux en cet endroit. Mothanar envoie un parlementaire, qui s'adresse au Pharaon. « L'Égypte et le peuple de Khéta, dit cet envoyé, unissent leurs services à tes pieds, Râ (le Soleil), ton père auguste, t'a donné la domination sur eux. Veuille ne pas t'emparer de nous, ô toi dont les esprits sont grands ! Ta vaillance s'est appesantie sur la nation de Khéta. Serait-il bon pour toi de tuer tes serviteurs ? Tu es leur maître ; ton visage est en fureur et tu ne t'appaises pas. Tu es arrivé d'hier, et tu as déjà tué des centaines de mille ; tu reviens aujourd'hui, et il ne restera plus d'hommes pour devenir tes sujets. N'achève pas d'accomplir tes desseins, ô roi victorieux, génie qui te plais aux combats ! Accorde-nous le souffle de la vie. »

Le roi d'Égypte consulte ses principaux officiers sur le message du roi des Khéta et sur la réponse à y faire. D'après leur avis unanime, satisfait de l'éclat donné à ses armes par la double victoire qu'il a remportée, et ne voulant pas pousser à bout ses belliqueux adversaires, Râ-mes-sou fait la paix, et, reprenant la route du midi, se dirige vers l'Égypte avec ses compagnons de gloire. Il entre en triomphe dans sa capitale, et le dieu Ammon l'accueille dans son sanctuaire, en lui disant : « Viens, ô notre fils chéri, Râ-mes-sou. Les dieux t'ont accordé les pério-

---

dont les principaux tombent transpercés et dont les autres, épouvantés, se précipitent dans l'Aranta. Dans une île au milieu du fleuve on voit la forteresse de Qadesch, dont la garnison couronne les murs. Une division de cette garnison, composée d'infanterie, fait une sortie sur la rive droite de l'Aranta pour dégager les débris de l'armée vaincue, tandis qu'on s'occupe de sauver, en les retirant du fleuve, les chefs qui s'y noient. Une série de scènes un peu confuses, en continuant vers la droite, après la représentation de la ville de Qadesch, retracent le désarroi des restes de l'armée des Khéta après leur défaite, et les épisodes les plus saillants de leur déroute. Enfin Râ-mes-sou, monté sur son char en attitude de triomphateur et entouré de ses soldats, reçoit les officiers qui lui amènent des colonnes de prisonniers et assiste au travail des scribes qui enregistrent le nombre des mains coupées sur le champ de bataille aux ennemis morts.

des infinies de l'éternité sur le trône de ton père Ammon, et tous les peuples sont renversés sous tes sandales. »

Sans doute il est impossible de prendre à la lettre cette poésie de cour, qui attribue au bras de Râ-mes-sou des exploits fabuleux et impossibles par leur grandeur même. Mais ce qui paraît en ressortir, c'est qu'auprès de Qadesch, Râ-mes-sou, tombé dans une embuscade, fut abandonné d'une partie de ceux qui l'accompagnaient, et qu'avec une faible escorte il soutint ou prévint par des charges impétueuses le premier choc des Khéta, en sorte que l'armée eut le temps d'accourir pour le tirer du péril. Au moment des événements on exagère sans doute, surtout quand on est poète et courtisan; il est difficile de tout inventer dans un événement.

Mais où le poète avait certainement exagéré, et s'était trop hâté de chanter victoire, c'était en annonçant une soumission complète et définitive des Khéta et de leurs alliés. Le faisceau de la confédération n'avait aucunement été rompu; Râ-mes-sou s'était contenté d'une soumission nominale des chefs et d'une demande d'*aman*; faite après la bataille de Qadesch, et aussitôt il était retourné en Égypte, sans avoir entamé le pays de Khéta, sans même, semble-t-il, avoir essayé de soumettre une partie du Routen en y relevant les anciennes forteresses égyptiennes et en y exigeant le tribut à la tête de son armée. Aussi la prétendue paix conclue dans l'an 5 ne fut-elle en réalité qu'une trêve très courte. Deux ans après, c'est-à-dire l'année même où Pen-ta-our écrivait son épopée sur la prouesse du fils de Séti, Mothanar, roi des Khéta, étant mort et ayant eu pour successeur son frère Khétasira, la guerre recommença plus acharnée que jamais. Elle dura quatorze années entières, sans trêve ni interruption, guerre de postes et de sièges plutôt que de grandes batailles, les ennemis de l'Égypte y ayant évidemment renoncé au système des vastes concentrations qui leur avait si mal réussi à Qadesch. Nous n'avons malheureusement que peu de détails sur les événements successifs qui la marquèrent; mais nous savons du moins que les vicissitudes de succès et de revers y furent très grandes. Ainsi, dans la onzième année du règne de Râ-mes-sou, les Égyptiens étaient presque rejetés par les Asiatiques dans la vallée du Nil, la majeure partie de la Palestine était perdue pour eux, et ils se trouvaient réduits à considérer comme un succès la reprise d'Asqalouna, à la suite d'un siège opiniâtre. Trois ans auparavant, on avait combattu en Galilée, où les troupes égyptiennes avaient réduit Marama (Merom) et Dapour (Dabrath) au pied du Tabor, sur le territoire des Amorim méridionaux; ces exploits sont représentés sur le pylone du Ramesséum de Qournah, ainsi que la prise de Bet-Anta (Beth-'Anoth) et de Karmana (Karmel), deux localités qui appartinrent plus tard à la tribu de Yehoudah, et celle de Schalama, la Schalem de l'Écriture, dont le fameux Melkiçedeq était roi du temps d'Abraham. Mais ensuite la fortune recommença à sourire aux armes des Égyptiens; ils chassèrent les armées de la coalition de la Palestine, de la Phénicie et de la Coelésyrie, emportèrent d'assaut Qadesch, des-

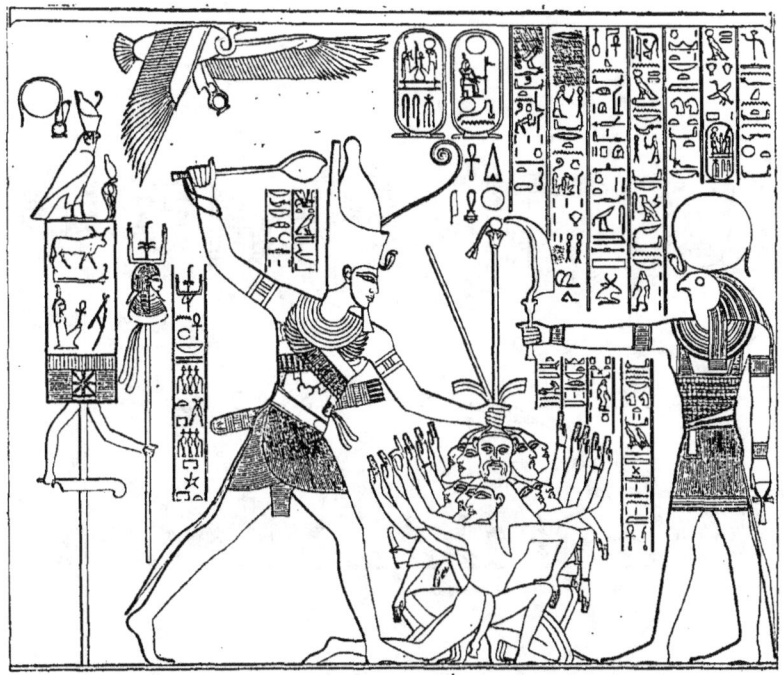

Râ-mes-sou II terrassant un groupe de prisonniers asiatiques en présence du dieu Hor-m-akhouti, qui lui remet le harpé.

cendirent la vallée de l'Aranta jusqu'à son extrémité, et pénétrèrent ainsi jusqu'au cœur du pays de Khéta, où l'on reconquit dans une ville la statue du roi, que les ennemis avaient enlevée de la Palestine comme trophée. Les monuments de Râ-mes-sou nous donnent toute une liste de villes des Khéta, prises alors, et dont les noms ont une physionomie qui s'écarte absolument de celle des noms sémitiques, par exemple Qasanalitha, Qalipa, Parihi, Qasiribana, Rihoutsa, Qasaria, Qaoutsas, Karika Qasamapoui.

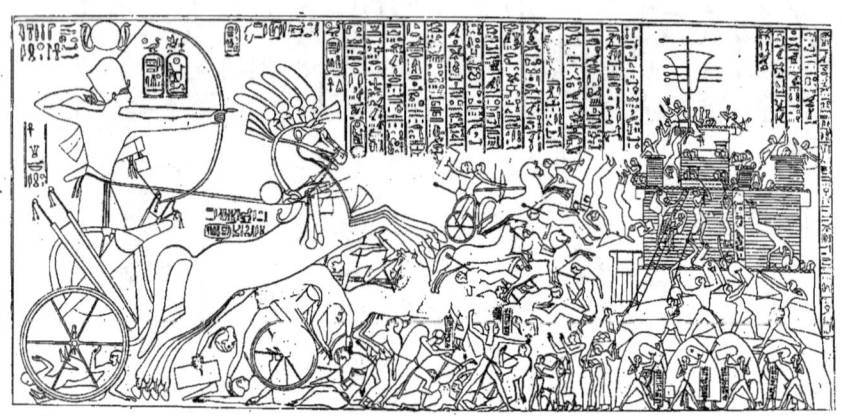

Défaite des Khêta et de leurs alliés, et prise de la forteresse de Dapour [1].

[1] Bas-relief du Ramesséum. Les attaques de la place sont dirigées par plusieurs fils du roi, auprès desquels leurs noms sont écrits.

Râ-mes-sou, pendant cette longue guerre, vint plusieurs fois prendre en personne le commandement de son armée d'Asie. Un des tableaux historiques du Ramesséum de Thèbes le montre, après une bataille contre les Khéta et leurs alliés, recevant de ses généraux le compte des ennemis tués, dont les mains coupées sont entassées à ses pieds. Dans un autre, il assiste au combat; deux de ses fils sont à la poursuite des ennemis en déroute, qui fuient vers une ville sous les remparts de laquelle sont déjà deux autres fils du roi, se préparant à livrer l'assaut.

Enfin, dans la vingt et unième année du règne de Râ-mes-sou et la quatorzième de la guerre, la lassitude réciproque amena la conclusion d'une paix sérieuse et définitive entre les deux parties belligérantes. « La minute du traité, dit M. Maspero, avait été rédigée primitivement dans la langue des Khéta; elle était gravée sur une lame d'argent qui fut solennellement remise au Pharaon dans la ville de Pa-Râmessou. Les bases du traité furent essentiellement les mêmes que celles des traités conclus auparavant entre les rois d'Égypte et les princes de Khéta au temps de Râ-mes-sou Ier et de Séti Ier. Il y fut stipulé que la paix serait éternelle entre les deux peuples. « Si quelque ennemi marche contre les pays soumis au grand roi d'Égypte et qu'il envoie dire au grand prince de Khéta: « Vois, amène-moi des forces contre eux, le grand prince de Khéta fera comme il lui aura été demandé par le grand roi d'Égypte; le grand prince de Khéta détruira ses ennemis. Que si le grand prince de Khéta préfère ne pas venir lui-même, il enverra les archers et les chars du pays de Khéta au grand roi d'Égypte pour détruire ses ennemis. » Une clause analogue assure au prince de Khéta l'appui des armées égyptiennes. Viennent ensuite des articles spéciaux destinés à protéger le commerce et l'industrie des nations alliées et à rendre plus certaine chez elles l'action de la justice. Tout criminel qui essaiera de se soustraire aux lois en se réfugiant dans le pays voisin, sera remis aux mains des officiers de la nation; tout fugitif non criminel, tout sujet enlevé par force, tout ouvrier qui se transportera d'un territoire à l'autre pour s'y fixer à demeure, sera renvoyé chez son peuple, mais sans que son expatriation puisse lui être imputée à crime. « Celui qui sera ainsi renvoyé, que sa faute ne soit pas élevée contre lui; qu'on ne détruise ni sa maison, ni sa femme, ni ses enfants; qu'on ne tue pas sa mère; qu'on ne le frappe ni dans ses yeux, ni dans sa bouche, ni dans ses pieds; qu'enfin aucune accusation criminelle ne s'élève contre lui. » Égalité et réciprocité parfaite entre les deux peuples, alliance offensive et défensive, extradition des criminels et des transfuges, telles sont les principales conditions de ce traité, qu'on peut considérer jusqu'à présent comme le monument le plus ancien de la science diplomatique. »

En traitant avec Râ-mes-sou, le roi des 'Hittim septentrionaux ou Khéta s'était séparé de ses alliés ; il n'avait rien stipulé pour eux, et, se contentant d'excellentes conditions pour lui-même, il les avait laissés se tirer d'affaire comme ils pourraient. Ceux de l'Asie Mineure rentrèrent paisiblement dans leurs foyers et ne furent pas attaqués ; car il aurait fallu traverser le pays des 'Hittim pour les attaquer. Quant à ceux du pays de Kéna'an et de la partie du Routen la plus voisine, ils ne se sentirent pas en état de continuer la lutte et ils retournèrent sous la domination égyptienne, dans les mêmes conditions qu'auparavant. Aussi un des tableaux du Ramesséum de Qournah représente-t-il Râ-mes-sou donnant alors l'investiture aux chefs des Routennou.

A dater de ce moment jusqu'à la fin du règne de Râ-mes-sou, c'est-à-dire pendant quarante-six ans, la paix la plus entière ne cessa de régner dans l'Asie occidentale, fatiguée d'une longue, sanglante et inutile guerre. Les hostilités ne recommencèrent pas entre les Égyptiens et les Khéta, et la bonne harmonie ne paraît pas avoir été troublée entre les deux empires rivaux. On ne trouve non plus sur les monuments aucune trace de révoltes dans la portion de la Syrie qui appartenait à l'Égypte. Un papyrus du Musée Britannique, traduit et commenté de la façon la plus savante par M. Chabas, contient le récit du voyage d'un fonctionnaire égyptien envoyé à cette époque en mission dans la Phénicie ; il y décrit les villes qu'il a traversées dans ce pays, soumis au sceptre de son maître : Gapouna (Gebal), « la ville des mystères », Barouta (Berouth), Tsidouna (Çidon), Tsarapouta (Çarphath, Sarepta), Tsar (Çôr, Tyr), alors simple bourgade de pêcheurs, (Achsaph), 'Houtsar ('Haçôr), 'Hamata ('Hammath de Naphtali), Tamnah, au delà de laquelle il entre par Aksapou (Achzaph) et 'Houtsara ('Haçôr), dans la Palestine, où il donne aussi, station par station, son itinéraire jusqu'à sa rentrée en Égypte.

Une alliance de famille vint, d'ailleurs, bientôt cimenter la paix qui s'était établie entre le monarque égyptien et ses rivaux du nord de la Syrie. Râ-mes-sou épousa la fille aînée du roi Khétasira, qui reçut à cette occasion le nom égyptien de Our-maa-nofriou-Râ. Deux ans après le traité que nous avons analysé, Râ-mes-sou invita son beau-père à visiter l'Égypte. Un papyrus du Musée Britannique, racontant cet événement en style poétique, représente le roi des Khéta écrivant au prince de Qadi, son vassal : « Prépare-toi, que nous allions en Égypte. La parole du roi s'est manifestée, obéissons à Râ-mes-sou. Il donne les souffles de la vie à ceux qui l'aiment ; aussi toute la terre l'aime, et Khéta ne fait plus qu'un avec lui. » Le Pharaon était venu au-devant de Khétasira dans sa ville de Pa-Râmessou-aâ-nakhtou. Il le mena avec lui jusqu'à Thèbes, et l'on exécuta à cette occasion une stèle monumentale qui représentait le roi des Khéta, avec sa fille, adorant comme un dieu son gendre le roi d'Égypte.

Râ-mes-sou, assis au milieu des dieux, adoré par sa femme et par son beau-père, le roi de Khéta.

Le résultat de l'intercours amical qui s'établit ainsi entre l'Égypte et la Syrie fut l'introduction du culte d'une foule de divinités syro-phéniciennes sur les bords du Nil. Baal, Reschpou (Rescheph), Bes (Bousch), Âstart ('Aschtharth), Ânta ('Anath), Qedescht, Kent, Ânouqt ('Onqath) et beaucoup d'autres dieux et déesses du même cycle, reçurent désormais les adorations d'un bon nombre de dévots égyptiens à côté des antiques divinités nationales. Il semble pourtant que ces dieux nouveaux restèrent confinés dans le culte individuel et privé. Rien ne prouve jusqu'ici qu'aucun temple ait été élevé officiellement à un dieu asiatique autre que Soutekh, l'ancien dieu des Pasteurs, pour lequel Râ-mes-sou professait une dévotion spéciale et dont il avait magnifiquement rétabli à Tanis le grand temple, demeuré en ruines pendant toute la durée de la xviii° dynastie. Les mêmes événements, a remarqué M. Maspero, « mirent à la mode l'usage des dialectes syriens ; les gens du monde et les savants se plurent à émailler leur langage de locutions étrangères. Il fut de bon goût de ne plus habiter une maison, *pa*, mais une *qiriath* ; de ne plus appeler une porte *ro* mais *tha-*

rad ; de ne plus s'accompagner sur la harpe, *bent,* mais sur le *kinnor.* Les vaincus, au lieu de rendre hommage, *aaou,* au Pharaon, lui firent le *schalam,* et les troupes ne voulurent plus marcher qu'au son du *toupar* ou tambour. Le nom sémitique d'un objet faisait-il défaut, on s'ingéniait à défigurer les mots égyptiens pour leur donner au moins l'apparence asiatique. Au lieu d'écrire simplement *khabes,* « lampe », *sensch,* « porte », on écrivait *khabousa, saneschâou.* Je veux bien croire que les raffinés de Thèbes et de Memphis trouvaient autant de plaisir à

Le dieu d'origine asiatique Bes.

sémitiser que nos élégants à semer la langue française de mots anglais mal prononcés ; mais je doute qu'un homme du commun comprît grand chose à leur parler prétentieux. » En tous cas, dans ce moment de mode passagère, l'Égypte, malgré la grandeur et l'antiquité de sa civilisation, empruntait à l'Asie plus qu'elle ne lui donnait.

Après avoir réduit à leurs justes proportions les trop fameuses conquêtes de Sésostris, nous devons parler de son gouvernement intérieur, sur lequel la légende ne racontait pas des choses moins fabuleuses. Plus on pénètre dans la connaissance intime de son histoire, moins Râ-mes-sou II se montre digne du surnom de Grand, que lui avaient décerné les premiers interprètes des monuments égyptiens, sur la foi des traditions grecques. On en sait maintenant assez sur lui pour pouvoir dire que c'était, en somme, un homme médiocre enivré de son pouvoir, un despote effréné, dévoré d'ambition et fastueux à l'excès, poussant la vanité jusqu'à faire effacer des monuments, partout où il le pouvait, les noms des rois ses prédécesseurs qui les avaient construits, afin d'y substituer le sien propre.

La déesse guerrière Ànta.   La déesse Ànouqt.

Ce roi-soleil de l'Égypte donna au harem royal un développement qu'il n'avait jamais eu jusqu'alors. Il eut cent soixante-dix enfants, dont cinquante-neuf fils. Se considérant comme au-dessus de toutes les lois morales, il en vint jusqu'à épouser une de ses propres filles, la princesse Bent-Anta!

Le livre de l'Exode représente Râ-mes-sou comme un tyran, à cause des persécutions qu'il fit peser sur les Benê-Yisraël. C'est, en effet, lui qui tenta de les écraser à force de travaux et qui rendit l'édit de cannibale par lequel tous leurs enfants mâles devaient être mis à mort. Mais les Hébreux ne furent pas ses seuls opprimés, et le jugement définitif de l'histoire sur son règne confirmera la qualification sévère que lui inflige la Bible. Ce n'est qu'avec un véritable sentiment d'horreur

que l'on peut songer aux miliers de captifs qui durent mourir sous le bâton des garde-chiourmes, ou bien victimes des fatigues excessives et des privations de toute nature, en élevant en qualité de forçats les gigantesques constructions auxquelles se plaisait l'insatiable orgueil du monarque égyptien. Dans les monuments du règne de Râ-mes-sou, il n'y a pas une pierre, pour ainsi dire, qui n'ait coûté une vie humaine.

« On établit sur le peuple des chefs de corvée, afin de l'accabler de travaux pénibles.

« C'est ainsi qu'il bâtit les villes de Pithom (Pa-Toum) et de Ra'amsès (Pa-Râmessou-aâ-nakhtou), pour servir de magasins au Pharaon.

« Mais plus on l'accablait, plus il multipliait et s'accroissait ; et l'on prit en aversion les Benê-Yisraël.

« Alors les Égyptiens réduisirent les Benê-Yisraël en une dure servitude.

« Ils leur rendirent la vie amère par de rudes travaux en argile et en briques, et par tous les ouvrages des champs : et c'était avec cruauté qu'ils leur imposaient toutes ces charges [1]. »

Cette description s'applique à tous les captifs de Râ-mes-sou. C'était l'habitude égyptienne de soumettre les prisonniers de guerre à cette vie de travaux forcés. Un tombeau du temps de Tahout-mès III a offert des peintures représentant des captifs asiatiques fabriquant les briques et travaillant aux constructions sous le bâton de leurs chefs de corvée, peintures qui sont le commentaire figuré des versets de l'Exode que nous venons de rapporter. Mais sous Râ-mes-sou le développement inouï des constructions rendit bien plus accablantes les fatigues des malheureux qui étaient condamnés à y prendre part.

Quand les guerres d'Asie, qui avaient d'abord alimenté ces légions de forçats, furent terminées, il fallut toujours des captifs parce qu'il fallait des ouvriers de corvées. Alors la chasse à l'homme dans les infortunées populations nègres du Soudan s'organisa sur un pied monstrueux, inconnu aux époques antérieures. Il ne s'agissait plus, comme sous les Tahout-mès ou les Amon-hotpou, d'étendre de ce côté les frontières de l'empire égyptien pour y englober les pays qui fournissaient l'ivoire et la poudre d'or. Le but principal et pour ainsi dire unique était de se procurer des esclaves. Presque chaque année de grandes razzias partaient de la province d'Éthiopie et revenaient traînant après

---

[1] *Exod*, I, 11-14.

[1] Peinture d'un tombeau de Thèbes, du temps de Tahout-mès III, d'après Wilkinson. Les captifs travaillent sous la surveillance de chefs de corvée égyptiens, armés de bâtons (1, 3 et 6). Les uns, plongés dans un étang, en retirent péniblement le limon qui doit servir à fabriquer les briques (15 et 16). D'autres transportent dans des paniers sur leurs épaules ce limon (2, 10 et 12) et le versent en tas (7), que d'autres prisonniers brassent avec des houes de bois pour mélanger la terre et la paille hachée (11 et 13). Il en est qui façonnent avec un moule de bois (8 et 14) les briques, étendues ensuite à terre en lignes régulières (d, g, k) pour sécher au soleil. Quelques-uns des captifs portent, à l'aide d'une sorte de joug posé sur leur épaule, les briques terminées et séchées (4 et 5), que l'on dispose en tas (b). Enfin l'on voit un mur commencé à construire avec les briques ainsi fabriquées (c) ; un dernier forçat (9) pioche le sol pour ouvrir le fossé des fondations où le mur sera continué.

elles des milliers de captifs noirs de tout âge et de tout sexe, chargés de chaînes. Et les principaux épisodes de ces expéditions de négriers étaient sculptés sur les murailles des temples comme des exploits glorieux!

Ceci ne suffit pas encore, et toutes les tribus étrangères, de race sémitique, qui étaient restées dans le Delta après l'expulsion des Pasteurs, toutes celles que la politique des prédécesseurs de Râ-mes-sou y avait attirées à titre de colons, furent soumises, comme les Benê-Yisraël, au régime des corvées et des travaux forcés. Ces populations étaient nombreuses. On cite, entre autres, celles des Fenkhou, qui habitaient l'Asie au temps de Tahout-mès III et dont quelques savants, mais sans raisons suffisantes, ont cru pouvoir comparer le nom à celui des Phéniciens. On sait que cette dernière appellation est d'origine purement grecque. Quant aux Benê-Yisraël, on n'a pas encore trouvé de mention d'eux dans les documents hiéroglyphiques. En y lisant, à l'époque de Râ-mes-sou et de ses premiers successeurs, le nom d'une classe particulière d'ouvriers au service des temples, qui sont appelés Aperiou, l'on avait cru d'abord que ce nom n'était autre que celui de 'Ebryim ou Hébreux. Mais cette conjecture a dû être abandonnée, car on a acquis la preuve que les Aperiou étaient égyptiens, et il est question d'eux dès la vi⁰ dynastie.

Râ-mes-sou, du reste, avait pratiqué sur une échelle inconnue avant lui le système des transplantations en masse de populations conquises, afin de rendre leurs révoltes plus difficiles, système qui devint plus tard celui des rois d'Assyrie et de Babylone. Il avait transporté en Asie des tribus entières de nègres, arrachées à leurs foyers, et envoyé en Nubie les populations asiatiques dont il prenait les terres pour les donner à ces nègres.

Ce système barbare n'était pas, du reste, sans danger. Diodore de Sicile recueillit en Égypte un récit, qui semble présenter des caractères d'authenticité, sur un fait dont, naturellement, les inscriptions officielles de Râ-mes-sou ne parlent pas, car il avait été peu glorieux pour la puissance du Pharaon. D'après ce récit, une troupe considérable de prisonniers assyriens et chaldéens d'origine, mis à travailler aux carrières des environs de Memphis, se soulevèrent, ne pouvant plus supporter l'excès des travaux qu'on leur imposait. Ils s'emparèrent d'une place forte de cette région, d'où ils faisaient des razzias sur les campagnes voisines. Après avoir essayé vainement de les réduire par la force, le superbe Sésostris dut entrer en accommodement avec eux. Il leur accorda une amnistie générale et leur laissa la possession de la ville dont ils s'étaient emparés, laquelle reçut le nom de Babylone, en souvenir de leur patrie. C'est la ville qu'on appelle aujourd'hui le Vieux-Caire et dont le vieux nom égyptien était Hâ-benben. Il est possible, du reste, que la révolte en question ait eu lieu lors des troubles qui suivirent le règne de Mi-n-Phtah, plutôt que du vivant de Râ-mes-sou lui-même.

Quoiqu'il en soit, pendant le long pouvoir de ce prince, la population rurale indigène et proprement égyptienne ne fut pas à l'abri des souffrances qui pesaient sur les colons étrangers du Delta. Le règne d'un despote qui aime la guerre et a la manie de la bâtisse, est toujours et par tous pays une effroyable calamité pour le peuple des campagnes. L'Égypte sous Râ-mes-sou II ne fit pas exception à cette règle constante de l'histoire. Un papyrus du Musée Britannique nous a conservé la correspondance du chef des bibliothécaires de Râ-mes-sou, Amon-em-Apt, avec son élève et ami Pen-ta-our, l'auteur du poème épique que nous avons analysé un peu plus haut. Une de ces lettres décrit, dans les termes suivants, l'état des campagnes et les conditions de la vie des cultivateurs.

« Ne t'es-tu pas représenté l'existence du paysan qui cultive la terre ?
Dès avant la moisson,
les vers emportent la moitié des grains,
les pourceaux mangent le reste ;
il y a des rats nombreux dans les champs ;
les sauterelles s'abattent,
les bestiaux ravagent la moisson,
les moineaux pillent les gerbes.
Si le cultivateur néglige de rentrer assez vite ce qui est sur l'aire,
les voleurs le lui enlèvent.
L'attelage se tue à tirer la charrue.
Le collecteur des finances est sur le quai à recueillir la dîme des mois-
[sons ;
il a avec lui des agents armés de bâtons,
des nègres avec des lattes de palmier ;
tous crient : « Çà, des grains. »
S'il n'en a pas, ils le jettent à terre tout de son long ;
lié, traîné au canal,
il y est plongé la tête la première.
Tandis que sa femme est enchaînée devant lui,
que ses enfants sont garrottés,

ses voisins les abandonnent
et se sauvent pour veiller à leurs récoltes. »

Ces correspondances didactiques des maîtres célèbres avec leurs disciples, qui constituaient alors un des genres littéraires les plus en vogue chez les Égyptiens, abondent en tableaux instructifs de la vie des différentes classes de la société. Ils montrent quelle lassitude éprouvait dès lors l'Égypte des guerres incessantes auxquelles la condamnaient l'ambition et l'orgueil de ses rois. Voici une description des misères de la vie militaire [1].

« Pourquoi dis-tu que l'officier d'infanterie est plus heureux que le [scribe?
Arrive, que je te peigne le sort de l'officier, l'étendue de ses misères.

La bastonnade dans l'Égypte antique[2].

On l'amène, tout enfant, pour l'enfermer dans la caserne ;
une plaie de coupure se forme sur son ventre,
une plaie d'usure est sur son front,
une plaie de déchirure est sur ses deux sourcils ;
sa tête est fendue et couverte de pus [3].
Bref, il est battu comme un rouleau de papyrus,
il est brisé par la violence.
Viens, que je te dise ses marches vers la Syrie,
ses expéditions en pays lointain.
Ses pains et son eau sont sur son épaule comme le faix d'un âne,
et font son cou et sa nuque semblables à ceux d'une bête de somme
les jointures de son échine sont brisées.
Il boit d'une eau corrompue,
puis retourne à sa garde.
Atteint-il l'ennemi,
il est comme une oie qui tremble,

---

[1] Pour ces morceaux j'emprunte la traduction de M. Maspero.
[2] Peinture d'un tombeau de Béni-Hassan, d'après Wilkinson.
[3] Il s'agit des effets produits par l'usage prolongé du casque et de la cuirasse.

> car il n'a plus de valeur en tous ses membres.
> Finit-il par retourner en Égypte,
> il est comme un bâton rongé des vers.
> Est-il malade, obligé de s'aliter,
> on l'emmène sur un âne ;
> ses vêtements, des voleurs les enlèvent ;
> ses domestiques l'abandonnent. »

Voilà pour le fantassin ; l'officier de chars de guerre n'est pas mieux traité dans un autre morceau.

> « Viens, que je te dise les devoirs fatigants de l'officier de chars.
> Lorsqu'il est placé à l'école par son père et sa mère,
> sur cinq esclaves qu'il possède il en donne deux [1].
> Après qu'on l'a dressé, il part pour choisir un attelage
> dans les écuries, en présence de Sa Majesté.
> A peine a-t-il pris les bons chevaux,
> il se réjouit à grand bruit.
> Pour arriver avec ses montures à son bourg,
> il se met au galop,
> mais il n'est bon qu'à galoper sur un bâton [2].
> Comme il ne connaît pas l'avenir qui l'attend,
> il lègue tous ses biens à son père et à sa mère,
> puis emmène un char
> dont le timon pèse trois outens,
> tandis que le char pèse cinq outens [3].
> Aussi, quand il veut aller au galop sur ce char,
> il est forcé de mettre pied à terre et de le tirer.
> Il le prend, tombe sur un reptile,
> se rejette dans les broussailles ;
> ses jambes sont mordues par le reptile,
> son talon est percé par la morsure.
> Lorsqu'on vient pour faire l'inspection de ses effets, sa misère est au [comble ;
> il est allongé sur le sol et frappé de cent coups. »

« Songez, remarque justement M. Maspero, que ces lignes furent écrites sous le règne de Râ-mes-sou II et au bruit des chants de triomphe. La multitude se laissait encore emporter à l'enthousiasme de la victoire et suivait de ses acclamations le char triomphal du Pharaon. La première ivresse passée, les classes populaires, épuisées par des siècles de guerres incessantes, écrasées sous le poids des corvées et des

---

[1] Pour payer ses frais d'éducation.

[2] L'éducation militaire égyptienne ne comprenait pas l'équitation, car c'est sur des chars que l'on combattait.

[3] C'est-à-dire un char de pacotille, dont les parties sont mal proportionnées.

impôts, retombaient dans leur découragement habituel ; les lettrés tournaient les souffrances du soldat en ridicule. » Les scribes, tels étaient à ce moment les vrais maîtres de la société égyptienne, ceux qui faisaient mouvoir la machine administrative et fiscale par laquelle le peuple était broyé, et qui seuls en profitaient. La vieille aristocratie militaire, qui avait eu ses jours de gloire et de puissance sous l'Ancien et le Moyen Empire, qui s'était relevée dans les crises de la guerre de la délivrance nationale et y avait pris une part si glorieuse, avait été systématiquement annihilée par le despotisme royal ; rien ne subsistait plus de ses anciens instincts d'indépendance et de l'esprit chevaleresque par lequel elle rachetait ses défauts. Aucune institution libre ne l'avait remplacée ; les classes inférieures n'avaient acquis aucune garantie. Le pouvoir absolu avait passé de l'épée à la plume. Tout en gardant encore certaines allures militaires, la monarchie égyptienne s'était transformée en un État bureaucratique, où les scribes étaient tout, menaient tout, exploitaient tout. C'est donc avec raison qu'Amon-em-Apt écrivait à son élève Pen-ta-our, après lui avoir décrit les misères du paysan et de l'officier :

« Celui qui se fait scribe est délivré de toute tâche servile,
est protégé contre toutes les corvées,
n'a plus à manier ni la charrue ni la houlette.
Ne portes-tu pas la palette?
C'est là ce qui établit la différence entre toi et celui qui manie la rame.
Tu es à l'abri des misères ;
point de maîtres violents au-dessus de toi,
point de supérieurs nombreux.
Sorti du sein de sa mère, l'homme
se courbe devant son supérieur ;
le conscrit sert le capitaine ;
le cadet, le commandant ;
le valet, le cultivateur.
Le soldat est fait pour le capitaine,
le courrier pour le gardien des portes,
le berger pour le boucher.
Le chasseur passe son temps à courir,
le pêcheur à se plonger dans l'eau.
Le prophète a les rites à accomplir,
le prêtre les cérémonies à faire.
. . . .
Le chef d'atelier est à son travail ;
son cheval s'enfuit du champ,
le grain de sa femme
et de ses enfants reste dans le sillon ;

sa servante est à la peine,
son valet est misérable.
Le boulanger pétrit,
met les pains au feu ;
il enfonce sa tête dans le four
et son fils le retient par les jambes ;
si la main de son fils le lâche,
il tombe là dans les flammes.
Il n'y a que le scribe ; lui, il prime
tout ce qui est dans cette terre. »

Râ-mes-sou II dans la société des dieux, qui inscrivent son nom sur les fruits de l'arbre de vie [1].

Terminons ces extraits des correspondances littéraires du temps de Râ-mes-sou II, après en avoir tiré des renseignements sur l'état des diverses classes de la société égyptienne sous le sceptre de Sésostris, par les descriptions enthousiastes que les scribes de cour donnent des

[1] Bas-relief du Ramesséum de Thèbes.
Les dieux qui entourent le roi, devenu leur égal, sont Ammon-Râ-Toum, c'est-à-dire le Soleil, dieu suprême, sous la forme qu'il revêt dans le monde inférieur, où résident les morts, Tahout à tête d'ibis, dieu de la science et de toutes les connaissances, scribe de l'assemblée des immortels, enfin Safekh, la déesse des lettres. L'emblème que ces deux derniers personnages portent de leur main gauche est celui de la pérennité pendant des millions et des millions d'années.

plaisirs de la nouvelle ville de Pa-Râmessou-aâ-nakhtou. L'un d'eux nous dit :

> « Elle s'étend entre la Palestine et l'Égypte,
> toute remplie de provisions délicieuses.
> Elle est comme la reproduction d'On du sud (Hermonthis);
> sa durée est celle de Man-nofri (Memphis) ;
> le soleil se lève
> et se couche en elle.
> Tous les hommes quittent leurs villes.
> et s'établissent sur son territoire. »

Un autre donne bien plus de détails :

> « C'est une ville fort belle, et qui n'a pas sa pareille.
> . . . .
> Ses campagnes sont pleines de toutes les choses délicieuses,
> de nourritures, de provisions, chaque jour.
> Ses viviers sont pleins de poissons,
> ses étangs d'oiseaux aquatiques ;
> ses prés foisonnent d'herbes exquises.
> . . . .
> Ses greniers sont pleins de blé et d'orge
> dont les monceaux s'élèvent jusqu'au ciel.
> . . . .
> Les grandes barques y viennent au port ;
> les provisions et les richesses y abondent chaque jour.
> Quiconque l'habite se réjouit ;
> on ne le contrarie point.
> . . . .
> Les riverains de la mer lui apportent en hommage des anguilles et des
> [poissons,
> et lui donnent le tribut de leurs marais.
> Les habitants de la ville sont en vêtements de fête chaque jour,
> de l'huile parfumée sur leurs têtes, en perruques neuves ;
> ils se tiennent sur leurs portes,
> leurs mains chargées de bouquets,
> de rameaux verts du bourg de Pâ-Hathor,
> de guirlandes du bourg de Pahour,
> au jour d'entrée du roi Râ-mes-sou. »

Le Pharaon devait payer d'un beau cadeau l'ingénieuse flatterie du scribe qui vantait comme une des merveilles du monde la ville nouvelle, à la création de laquelle il avait mis son orgueil. C'est ainsi que Louis XIV était particulièrement sensible aux louanges prodiguées à Versailles. Mais nous savons par la Bible ce que coûtaient ces créations fastueuses, et le cri de souffrance des opprimés, qui bâtissaient comme

forçats la ville dont on nous dépeint les délices, retentit plus haut pour nous que les chants de fête de ceux qui y menaient la vie douce et facile.

L'art, chez aucun peuple et à aucune époque, n'a résisté à l'influence dégradante d'un certain degré de despotisme. Les monuments de Râ-mes-sou II nous font assister à une décadence radicale de la sculpture égyptienne, qui se précipite avec une incroyable rapidité à mesure qu'on avance dans ce long règne. Il débute par des œuvres dignes de toute admiration, qui sont le *nec plus ultra* de l'art égyptien, comme les colosses de Memphis et d'Ibsamboul; mais bientôt l'oppression universelle, qui pèse sur toute la contrée comme un joug de fer, tarit la source de la grande inspiration des arts. La sève créatrice semble s'épuiser dans les entreprises gigantesques conçues par un orgueil sans bornes. Une nouvelle génération d'artistes ne vient pas remplacer celle qui s'était formée sous les souverains précédents. A la fin du règne, la décadence est complète, et dans les dernières années de Râ-mes-sou, ainsi que sous son fils Mi-n-Phtah, nous voyons apparaître des œuvres tout à fait barbares, des sculptures de la plus étrange grossièreté.

A l'époque où il avait signé son traité de paix avec le roi de Khéta, Râ-mes-sou était âgé déjà d'une cinquantaine d'années, et depuis quarante ans il avait été presque constamment aux armées. La paix une fois consolidée, il acheva rapidement de s'user dans la luxure. Aussi, après trente ans de règne, se sentit-il assez fatigué physiquement et intellectuellement pour éprouver un invincible besoin de repos et pour se résoudre, sans abdiquer, en conservant les prérogatives suprêmes de la royauté et une direction générale sur la marche des affaires, à déléguer l'exercice de l'autorité à des mains plus jeunes. Cet état de choses bizarre, où le roi laissa successivement le pouvoir à plusieurs de ses fils, investis d'une sorte de lieutenance-générale du royaume, dura trente-sept ans, car Râ-mes-sou mourut presque centenaire.

Les trois aînés de ses fils étaient déjà morts en l'an 30 de son règne. Il choisit donc, pour en faire le régent de son empire, son quatrième fils, Khâ-m-Ouas, qui paraît avoir été un de ses enfants favoris, et qui était déjà

créations de l'art égyptien. A l'intérieur, de vastes tableaux historiques, sculptés en bas-relief, qui ont conservé leur coloration antique presque intacte, retracent les principaux épisodes des guerres de Râ-mes-sou II. Les quatre colosses qui décorent la façade extérieure, et qui sont autant d'images du roi portant la double couronne de la Haute et de la Basse-Égypte, ont, assis, soixante-cinq pieds de hauteur.

investi de la dignité de chef du sacerdoce de Memphis. C'est dans cette ville qu'il résida pendant toute la durée de sa lieutenance, qui se prolongea vingt-cinq ans. On ne sait, du reste, que peu de chose du gouvernement de Khâ-m-Ouas, si ce n'est qu'il fut un prince éminemment dévot et qu'il avait laissé à la postérité la réputation d'un adepte passionné des sciences occultes. Il devint ainsi un sorte de type de prince magicien, et

Une des chambres funéraires des taureaux Apis, avec un sarcophage, dans les souterrains du Sérapéum de Memphis.

c'est comme tel qu'on fit de lui, plusieurs siècles après, le héros de romans fantastiques dont nous aurons à reparler plus loin. Par une exception unique, ce prince fut enseveli dans les souterrains sacrés du Sérapéum de Memphis, où A. Mariette a retrouvé sa tombe, renfermant de magnifiques bijoux, auprès de celles des taureaux divins Apis.

Khâ-m-Ouas mort dans l'an 55 de Râ-mes-sou, ce fut le treizième fils du roi, Mi-n-Phtah, l'aîné de ceux qui survivaient, qui prit la lieutenance du royaume. De même que Khâ-m-Ouas et la princesse Bent-Anta, il était enfant de la reine Isi-nofrit, la femme de la jeunesse du Pharaon, celle qu'il avait préférée. On lui avait décerné de bonne heure le titre de prince héritier, au détriment de frères plus âgés, mais nés d'autres mères. Il fut douze ans régent sous son père, et c'est lui qui devint roi à la mort de Râ-mes-sou. De son nom de Mi-n-Phtah les fragments de Manéthon font Amenephthès ou Aménophis, tandis qu'Hérodote a altéré en Phéron son prénom ou nom d'intronisation, Bâ-n-Râ.

§ 6. — Fin de la xix⁰ dynastie. — Invasions étrangères. — L'Exode.

(xiv⁰ siècle)

« Au début de son règne, Mi-n-Phtah n'était plus un jeune homme. Né au plus tard dans les premières années du règne de son père, il devait avoir soixante ans, sinon plus; c'était donc un vieillard succédant à un autre vieillard, dans un moment où l'Égypte aurait eu grand besoin d'un roi jeune et actif (1). » Ce n'était, d'ailleurs, ni un soldat, ni un administrateur, mais un esprit tourné presque exclusivement vers les chimères de la théurgie et de la magie, ressemblant sous ce rapport à son frère Khâ-m-Ouas. Quand le livre de l'Exode le fait résider dans la Basse-Égypte à peu de distance de la terre de Goschen où habitaient les Benê-Yisraël, il est dans la vérité historique la plus précise, car ce prince habita presque constamment Memphis ou Tanis. Et le livre biblique n'est pas moins exact quand il le dépeint entouré de prêtres magiciens, avec lesquels Moscheh (Moïse) fait assaut de prodiges pour frapper l'esprit du Pharaon.

Tout cela devait rendre Mi-n-Phtah bien peu capable de faire face aux calamités, aux guerres et aux troubles qui rendirent son règne un des plus malheureux de l'histoire d'Égypte.

Déjà la fin du règne si prolongé et si fastueux de Râ-mes-sou Sésostris avait été un temps de complète décadence en toutes choses, un temps de désastres que nous ne connaissons encore qu'imparfaitement et qui étaient le prélude des événements qui allaient se dérouler à l'avènement de son fils. L'orgueilleux monarque, qui avait étalé si pompeusement sa puissance, laissait en mourant le territoire de l'Égypte entamé du côté

[1] Maspero.

de sa frontière du Nord-Ouest. Le pays, énervé par soixante ans d'un despotisme sans frein et guidé par des mains débiles, n'était plus en état de résister à ses ennemis. Mais ce n'était plus cette fois de l'Asie que lui venaient le danger et l'invasion, c'était de la côte septentrionale d'Afrique et de la mer Méditerranée ; de nouveaux adversaires entraient en lice contre l'Égypte.

Vers l'époque de la XVIII° dynastie, une grande révolution s'était accomplie dans les populations de la côte de la Libye et des pays situés autour de la mer Égée. Dans cette dernière région elle s'était surtout

Captif de la nation des Lebou (Libyens)[1].

prononcée, semble-t-il, depuis le temps de Tahoutmès III, lequel, nous l'avons dit, avait exercé sur l'Archipel grec une véritable suprématie, par le moyen des flottes phéniciennes, qui reconnaissaient sa loi. Un flot de barbares aux cheveux blonds, aux yeux bleus, dont le type, dans les représentations monumentales, a tous les caractères, non seulement de la race blanche pure, mais de son rameau yaphétite ou aryen, s'était abattu par mer sur la côte africaine, y avait refoulé en partie vers l'intérieur l'ancienne population, issue de la race hamitique de Pout, et en partie s'était fondue avec elle, enfin avait fixé sa demeure dans le pays. C'étaient les ancêtres des populations blondes que nos soldats ont trouvées encore conservées dans l'intérieur des montagnes de la Kabylie, c'étaient les Libyens proprement dits, les Lebou des inscriptions hiéroglyphiques, et les Maschouasch, les Maxyes d'Hérodote. Les Égyptiens les désignaient sous les deux appellations génériques de Tama'hou, « hommes du nord, » et Ta'hennou, « hommes au teint clair. »

Ces peuples blonds de la Libye, venus, semble-t-il, du Nord-Est, et

[1] Sculpture de Médinet-Abou.

dans tous les cas sûrement d'au-delà de la mer, étaient étroitement alliés, et peut-être apparentés aux nations pélasgiques que l'ethnographie de la Genèse rassemble sous le nom de Yavan. Ils avaient été comme leur avant-garde vers l'occident. Ou du moins les nations pélasgiques, parties de l'Asie Mineure et de la mer Égée, les suivirent bientôt dans leur mouvement de migration maritime. C'est pour celles-ci que l'ébranlement se produisit surtout vers l'époque où la xviii° dynastie achevait de régner en Égypte. On peut aujourd'hui déterminer cette date approximative d'après les documents hiéroglyphiques. Car, ainsi que l'a dit M. Renan, « un curieux phénomène est en train de se passer en critique. L'Égypte sera bientôt comme une espèce de phare au milieu de la nuit profonde de la très haute antiquité. Les textes égyptiens deviennent les documents les plus anciens de la vieille histoire de l'Asie antérieure et du monde méditerranéen. »

Captif de la nation des Maschouasch (Maxyes)[1].

Mais ici nous laisserons, sur le mouvement de migration qui se manifeste alors chez les nations pélasgiques et qui vient se heurter à l'Égypte, la parole à M. Maspero, qui a mieux que personne compris le caractère et la portée de ces événements[2].

« Les Phrygiens, isolés dans l'intérieur des terres, ne prirent aucune part à ces migrations et laissèrent le soin de les achever à cette catégorie de peuples à moitié légendaires, Méoniens, Troyens, Lyciens, que les

[1] Sculpture de Médinet-Abou.
[2] Il faut aussi consulter à ce sujet le remarquable livre de M. d'Arbois de Jubainville sur *Les premiers habitants de l'Europe*, dont nous recommandons l'étude, tout en faisant des réserves formelles sur la théorie, erronée à nos yeux, par laquelle il sépare les Pélasges de la famille aryenne et des peuples helléniques. J'ai aussi traité cette question dans ma dissertation sur *Les antiquités de la Troade et l'histoire primitive des contrées grecques*, Paris. 1876.

historiens classiques et les monuments égyptiens nous font connaître. D'après les traditions du pays, Manês, fils de Zeus et de la Terre, eut Cotys de Callirhoë, fille de l'Océan. Cotys engendra Asios, qui donna son nom à l'Asie, et Atys, qui fonda en Lydie la dynastie des Atyades. Callithéa, fille de Tylos et femme d'Atys, mit au monde deux fils, nommés, selon les uns Tyrsênos ou Tyrrhênos et Lydos, selon les autres Torrhêbos et Lydos. L'examen de cette généalogie, où sont compris tous les héros éponymes du pays, montre qu'il y eut d'abord sur la côte ouest de l'Asie Mineure un grand peuple appelé Maiones, formé de plusieurs tribus, les Lydiens, les Tyrsènes ou Tyrrhènes (Turses, Tursanes, Tourscha), les Torrhêbes, etc. Quelques-unes de ces tribus, attirées vers la mer sans doute par l'attrait de la piraterie, finirent par quitter le pays et par aller chercher fortune au loin. « Aux jours d'Atys, fils de Manês, » raconte Hérodote, « il y eut une grande famine par toute la terre de
« Lydie... Le roi se résolut à partager la nation par moitié et à faire tirer
« les deux portions au sort : les uns devaient rester dans le pays, les
« autres s'exiler. Il continuerait de régner lui-même sur ceux qui obtien-
« draient de rester : aux émigrants il assigna pour chef son fils Tyrsênos.
« Le tirage accompli, ceux qui devaient partir descendirent à Smyrne,
« construisirent des navires, y chargèrent tout ce qui pouvait leur être
« utile et partirent à la recherche de l'abondance et d'une terre hospi-
« talière. Après avoir passé bien des peuples, ils parvinrent en Ombrie,
« où ils fondèrent des villes qu'ils habitent jusqu'à ce jour. Ils quittèrent
« leur nom de Lydiens, et, d'après le fils du roi qui leur avait servi de
« guide, se firent appeler Tyrsêniens. » Quoiqu'en dise Hérodote, cette migration[1] ne se fit pas en une seule direction : elle se prolongea pendant près de deux siècles, du temps de Séti Ier au temps de Râ-messou III, et porta sur les régions les plus diverses. On trouve les Pélasges Tyrrhêniens à Imbros, à Lemnos, à Samothrace et dans la péninsule de Chalcidique, sur les côtes et dans les îles de la Propontide, à Cythère et sur la pointe méridionale de la Laconie. Leur migration vagabonde qui pendant un certain temps les fait aller un peu dans toutes les directions par les mers, apparaissant au milieu des nations de la Grèce déjà fixées depuis plusieurs siècles, puis tout à coup disparaissant des lieux où ils avaient semblé vouloir s'établir, comme de l'Attique, sans autres causes discernables qu'un irrésistible besoin de vie errante,

[1] Précipitée peut-être par le développement de la puissance des 'Hittim septentrionaux, Khêta ou Kêteioi, en Asie-Mineure.

entraînant avec eux à leur départ des essaims de ces nations et recommençant ensuite sur d'autres points jusqu'à ce que leur masse se porte sur l'Italie, laissant seulement derrière elle dans la mer Égée quelques faibles tribus bientôt absorbées par leurs voisins, cette migration d'un caractère tout particulier, qui fut la dernière dont les contrées helléniques furent le théâtre avant l'invasion dorienne, était jusqu'à présent un phénomène inexplicable dans les annales primitives de la Grèce. C'est seulement aujourd'hui que nous pouvons en comprendre la nature

Guerriers des nations pélasgiques des Tourscha et des Tsekkri (Tyrrhéniens et Teucriens de l'Asie-Mineure)[1].

et la remettre dans son vrai cadre. En réalité, dans tous les mouvements confus de population que nous discernons maintenant durant cette période de deux siècles dans le bassin oriental de la Méditerranée et qui viennent à plusieurs reprises se heurter à l'Égypte, le fait dominant est la migration errante de l'ensemble de tribus désignées dans les souvenirs des Grecs sous le nom général de Pélasges Tyrrhéniens. Les autres nations n'y apparaissent guère qu'à l'état d'essaims attirés dans leurs courses. »

Le flot des envahisseurs septentrionaux montant toujours en Libye et ne s'arrêtant pas, renforcé au contraire par l'entrée en scène des nouvelles bandes des Tourscha ou Tyrsènes, ils débordèrent bientôt de la côte libyque, et vers la fin du règne de Séti Ier commencèrent à menacer la Basse-Égypte du côté de l'occident. Les fertiles campagnes du Delta

[1] Figures empruntées aux bas-reliefs historiques de Râ-mes-sou III à Médinet-Abou. Les Tourscha sont ceux que l'on voit sur la gauche ; les Tsekkri les précèdent à droite.

286 LES GRANDS CONQUÉRANTS DU NOUVEL EMPIRE

étaient l'objet de leurs convoitises. Nous avons déjà raconté plus haut comment, lorsque son père était encore vivant, Râ-mes-sou II leur infligea une défaite assez sérieuse pour prévenir tout retour offensif de leur part durant un demi-siècle. Dans ses guerres d'Asie, le roi avait dans ses troupes plusieurs corps de soldats recrutés parmi les prisonniers de ces nations. Il avait en particulier attaché à la garde de sa personne une légion de Schardana, séduit peut-être par l'étrange magnificence de leur costume, de même qu'aujourd'hui les Empereurs de Russie se

Schardana de la garde de Râ-mes-sou II [1].

Captif de la nation des Schardana [2].

plaisent à se faire escorter par un escadron de Circassiens couverts de mailles comme des guerriers du moyen-âge. Quand Râ-mes-sou fut devenu vieux, ni lui, ni les régents auxquels il déléguait l'exercice actif du pouvoir, n'eurent plus assez de force pour arrêter le torrent des Libyens. Les frontières de la terre de Miçraïm furent violées, des incursions continuelles dévastèrent la partie occidentale de la Basse-Égypte. Des tribus entières s'établirent même sur les terres fécondes qui demeuraient ouvertes à leurs déprédations, et, refoulant la population égyptienne, occupa plusieurs des nomes extrêmes du côté de l'ouest. Ainsi l'orgueilleux Sésostris mourut, laissant une

[1] D'après les sculptures historiques d'Ibsamboul.
[2] Sculpture de Médinet-Abou.

portion du royaume de ses pères, du cœur même de sa monarchie, envahie par les barbares.

Ce fut bien pis à l'avènement de Mi-n-Phtah. Le changement de règne parut aux nations libyennes et pélasgiques une occasion éminemment favorable pour gagner des terres sans trop de difficultés, pour se rendre maîtresses du Delta et s'y établir définitivement. Une formidable invasion s'organisa donc, et nous en connaissons les événements par une grande inscription du temple de Karnak, qui a été l'objet des études successives de E. de Rougé et de M. Chabas. Appelés par les Lebou, qui habitaient à l'ouest de l'Égypte, sur le bord de la mer, et qui entretenaient avec eux des rapports de navigation, les peuples pélasgiques envoyèrent des troupes d'émigrants débarquer vers la Cyrénaïque et la Marmarique. Ainsi se forma une nombreuse armée, composée de guerriers des diverses nations confédérées, qu'on peut diviser en deux groupes : les peuples libyens, Lebou (Libyens proprement dits), Maschouasch (Maxyes), Kahaka, et leurs alliés constants les Schardana (Sardones), qui n'étaient peut-être pas encore établis dans l'île à laquelle ils donnèrent leur nom et où la tradition antique disait qu'ils étaient venus de la côte de Libye ; puis le groupe des gens d'au-delà de la mer, Aqaiouascha (Achéens,) Leka (les Lyciens de la Grèce ou les Laconiens), Tourscha (Tyrsênes ou Tyrrhêniens), et Schekoulscha (Sicules). Parmi ces derniers, l'hégémonie appartenait aux Aqaiouascha, au moins sur les Leka et les Tourscha. Le roi des Lebou, Mermaïou, fils de Deïd, avait le commandement suprême de l'armée d'invasion. Mais l'inscription de Karnak nous apprend que « le Tourscha avait pris l'initiative de la guerre, et que chacun de ses guerriers avait amené sa femme et ses enfants, » ce qui indique bien clairement l'intention de chercher un établissement nouveau.

En voyant ainsi les Achéens et les autres habitants du Péloponnèse, dès cette époque si ancienne, en relations intimes et suivies avec les gens de la Libye, on ne peut manquer de se souvenir du cycle des fables libyennes sur l'Athênê Tritônis, le Poseidôn libyen, le passage des Argonautes au lac Triton, et du rôle qu'elles jouent de très bonne heure dans les légendes de la Grèce. Surtout le rapprochement s'impose entre ce débarquement d'Achéens et de Pélasges dans la Cyrénaïque ou la Marmarique, attaquant ensuite par sa frontière occidentale l'Égypte, où ils cherchent à se fixer, et la tradition d'un établissement primitif de Pélasges thessaliens en Cyrénaïque, bien avant la guerre de Troie. Cette dernière tradition se présente, il est vrai, sous une forme presque exclusivement mythologique, liée d'une manière inextricable au mythe religieux de la nymphe Cyrène et de son fils Aristée. On pensait jusqu'ici qu'elle avait dû se former, comme le cycle des fables libyennes, postérieurement à la fondation de la colonie dorienne de Cyrène par Battos. Mais il faut aujourd'hui reconnaître qu'elle conservait le vague souvenir d'événements réels, de ceux que révèlent maintenant les textes égyptiens et qu'Eusèbe n'a pas eu tort de donner une place dans sa Chronique à ces premiers établissements des Pélasges en Cyrénaïque, ce

Captif de la nation des « Tourscha de la mer » (Pélasges Tyrrhéniens)[1].

qu'il a fait sans doute d'après des ouvrages aujourd'hui perdus qui lui donnaient un caractère plus historique. Il est même à remarquer que la date à laquelle il les inscrit, 1333 av. J.-C., ne s'écarte pas trop de l'époque réelle résultant des monuments égyptiens. Ce ne sont pas là, du reste, les seuls récits légendaires qui mêlent d'une manière étrange aux Libyens des gens de la Grèce ou de l'Asie-Mineure. Ne racontait-on pas qu'Aristée et ses Pélasges étaient aussi passés en Sardaigne, presque aussitôt après les Sardones d'origine libyenne ? Hérodote ne fait-il pas des Maxyes, les Maschouasch des monuments égyptiens, une colonie de Teucriens de la Troade ? Il faut aujourd'hui forcément envisager ces traditions d'un autre œil qu'on ne l'a fait jusqu'ici et y voir des

[1] Sculpture de Médinet-Abou.

échos, corrompus et affaiblis par la distance, de faits que nous commençons seulement à connaître dans leur réalité.

Quoiqu'il en soit, et pour en revenir au récit, donné dans l'inscription de Karnak, de l'attaque des peuples libyens et pélasgiques contre l'Égypte au début du règne de Mi-n-Phtah, un discours, que le rédacteur de cette inscription place dans la bouche du Pharaon lui-même, décrit les maux que les envahisseurs faisaient peser sur le Delta. « Ces barbares pillent les frontières ; ces impies les violent chaque jour ; ils volent... Ils pillent les ports, ils envahissent les champs de l'Égypte, en venant par le fleuve. Ils se sont établis : les jours et les mois s'écoulent et ils restent à demeure. » Les souffrances du pays sont données comme plus grandes même que lors de l'invasion des Pasteurs. « On n'a rien vu de semblable, même au temps des rois de la Basse-Égypte, quand ce pays d'Égypte était en leur pouvoir et que la calamité persistait, au temps où les rois de la Haute-Égypte n'avaient pas la force de repousser les étrangers. »

Les barbares avançaient sans rencontrer de résistance sérieuse. La population épouvantée s'enfuyait devant eux ou bien se soumettait, mais ne tentait pas de lutte. Déjà l'armée d'invasion avait atteint les environs de Pa-ari-scheps, la Prosopis des grecs ; On (Héliopolis) et Mannofri (Memphis) étaient sérieusement menacées. Mi-n-Phtah rassembla son armée en avant de ces deux villes, pour les couvrir ; il tira d'Asie de nombreux mercenaires, afin de suppléer au manque de soldats égyptiens suffisamment exercés ; en même temps il fortifia les bords du bras central du Nil, pour empêcher les ennemis de le franchir et mettre du moins à l'abri la moitié orientale du Delta. Lançant d'abord en avant ses chars et des corps d'auxiliaires armés légèrement, le Pharaon promettait d'être en ligne au bout de quatorze jours avec le gros de ses forces. Mais il n'aimait point personnellement la bataille, et il ne voulut pas s'exposer lui-même à une défaite. Une apparition du dieu Phtah, qu'il eut en songe, vint à point l'avertir que sa grandeur l'attachait au rivage. Il envoya donc sa phalange au combat sous la conduite des survivants des généraux de son père, tandis qu'un second corps d'armée, traversant le désert, pénétrait dans la Libye pour y opérer une diversion sur les derrières de l'ennemi.

Une grande bataille fut livrée auprès de Pa-ari-scheps. Elle dura six heures et se termina par l'entière déroute des Libyens et de leurs alliés. Le récit officiel donne les chiffres de la perte des envahisseurs étrangers, chiffres que leur modération même indique comme exacts, ainsi qu'il arrive presque toujours dans les bulletins égyptiens. Les Lebou eurent 6,359 morts, les Maschouasch 6,103, les Kahaka 2,362, les Tourscha 790, les Schakalascha (Sicules) 250 ; le chiffre de la perte des Schardana, des Aqaiouascha et des Leka est malheureusement détruit. On fit 9376 prisonniers ; on s'empara d'un très-grand butin dans le camp des ennemis, entre autres de 1,307 têtes de gros bétail, enfin on releva sur le champ de bataille une quantité d'armes de bronze, abandonnées par les fuyards. Ils furent poursuivis jusqu'en dehors des frontières, sur lesquelles on se hâta de relever les forteresses et de rétablir les garnisons. Mermaïou, le roi des Lebou, avait disparu dans le combat sans que l'on pût savoir quel avait été son sort ; la nation élut un autre chef, qui s'empressa de traiter avec le Pharaon. Celui-ci s'empressa de triompher solennellement pour la victoire de ses généraux, aux acclamations du peuple délivré d'un extrême danger.

C'est ainsi que se termina et que fut repoussée cette formidable invasion, qui avait couvert de ruines une partie de l'Égypte. Mais la victoire ne fut pas si complète que Mi-n-Phtah n'en fût réduit à faire comme ces empereurs romains de la décadence, qui, impuissants à refouler complètement les barbares, leur assignaient des terres dans les provinces de l'empire après les avoir vaincus. Les tribus étrangères, appartenant principalement aux Maschouasch, qui s'étaient fixées depuis un certain temps dans le Delta et y avaient formé de véritables colonies, ne furent pas expulsées. On les conserva dans le pays, en leur imposant de reconnaître l'autorité du roi d'Égypte, et on leur accorda même le privilège de fournir un corps de troupes spécial, qui fit désormais partie de la garde du Pharaon.

Mi-n-Phtah, d'après les fragments de Manéthon, régna une trentaine d'années. Il dut donc mourir au moins nonagénaire. La plus grande partie de son règne, après l'invasion qui en avait marqué le début, paraît avoir été pacifique. Les ennemis étrangers laissaient pour quelque temps l'Égypte en repos. Mais entre les mains débiles d'un vieillard incapable de faire mouvoir avec énergie les ressorts de la machine d'un despotisme à outrance, le pays tombait dans un état d'affaissement et de désorganisation tel qu'il allait presque se décomposer au premier choc qui lui viendrait du dehors. « La faiblesse de Min-n-Phtah, dit M. Maspero d'après les observations d'Aug. Mariette, dut encourager les espérances des princes qui se croyaient des droits à la couronne :

il semble même que certains d'entre eux n'attendirent pas sa mort pour afficher ouvertement leurs prétentions. » Tel fut le cas du Râmes-sou-em-per-en-Râ, surnommé Meriou, qu'a fait connaître une stèle d'Abydos, conservée au musée de Boulaq. Ce personnage, tout en

Le roi Mi-n-Phtah adorant le dieu Ammen[1].

s'intitulant premier ministre, usurpe une partie des titres royaux, mais sans prendre le cartouche. Il affiche, en un mot, une position de régent analogue à celle que Khâ-m-Ouas et Mi-n-Phtah occupèrent successivement pendant la vieillesse de leur père Râ-mes-sou II.

C'est dans la dernière partie du règne de Mi-n-Phtah que doit être

---

[1] Stèle sculptée sur les rochers de Silsilis (Khennou). D'après Lepsius.

placé l'Exode biblique, la sortie d'Égypte des Benê-Yisraël, cantonnés depuis la fin de la période des Pasteurs dans la terre de Goschen, c'est-à-dire dans le xx⁰ nome de la Basse-Egypte, nome de Souptakhom ou Arabique, dont la capitale était Qosem. Je crois que M. Chabas a eu raison de maintenir cette date contre ceux qui ont récemment tenté de faire descendre l'événement un peu plus bas. Elle est la seule qui concorde exactement avec les données de la Bible, d'après laquelle l'Exode eut lieu du temps du successeur du « Pharaon qui ne connaissait plus Yoseph, » de celui qui avait fait bâtir aux enfants de Yisraël la ville de Ra'amsès, c'est-à-dire de Râ-mes-sou Sésostris. Tel qu'il nous est raconté dans les Livres saints, l'Exode fut un événement désastreux pour l'Égypte, à laquelle il enleva trois millions d'âmes d'une population laborieuse et utile, sans compter les fléaux que l'obstination du Pharaon à résister aux ordres divins annoncés par Moscheh fit tomber sur le pays et la destruction de l'élite de l'armée (mais non la mort du roi d'Égypte lui-même, que le texte n'implique aucunement) dans les flots de la mer des Roseaux. C'est dans le livre consacré spécialement à l'histoire des Israélites que nous examinerons en détail la narration biblique de cette sortie d'Égypte, et que nous suivrons l'itinéraire du peuple conduit par Moscheh. Nous montrerons alors combien, malgré les miracles qui remplissent le récit, il porte les traces irrécusables de la vérité historique et combien il concorde d'une manière heureuse avec l'état des choses au temps de Mi-n-Phtah. Ici nous nous bornerons à faire remarquer que les monuments officiels égyptiens se taisent au sujet de ces événements où la main de Dieu est si manifestement empreinte, comme ils se taisent sur tous les désastres qu'un succès postérieur n'a pas rachetés. Mais ce silence ne saurait être en critique une raison suffisante pour contester les événements eux-mêmes.

Les annales de l'Égypte, telles que Manéthon les avait fait connaître aux Grecs, enregistraient à la fin du règne de Mi-n-Phtah des troubles religieux et politiques, une révolte appuyée par une invasion asiatique. L'historien juif Josèphe nous a conservé le récit qu'en faisait le prêtre de Sebennytos, et il le présente comme la version égyptienne de l'Exode. Il est difficile de discerner si c'est lui qui y a donné un semblable caractère de son autorité privée, ou si telle était déjà la pensée de Manéthon. Mais en tous cas, pour nous, l'assimilation établie entre les événements racontés dans Manéthon et dans la Bible est tout à fait artificielle. Il s'agit de faits différents ou du moins d'épisodes divers du même ensemble de circonstances historiques. Car si le Moscheh biblique offre des ressemblances remarquables avec l'Osarsiph du récit égyptien, d'un autre côté l'Exode des Benê-Yisraël a un caractère bien distinct de la révolte dont parlait l'auteur des *Égyptiaques* et surtout de l'invasion qui la suivit ; mais il a pu y avoir connexité entre les deux événements. Le soulèvement des impurs a probablement facilité la sortie des Hébreux, et surtout l'état de bouleversement où tomba en ce moment l'Égypte explique très bien comment les fugitifs ne furent ni poursuivis ni inquiétés dans le désert, après que le premier corps de troupes lancé sur leurs traces eut péri dans la mer des Roseaux, comment ils purent séjourner impunément pendant quelque temps au milieu des établissements égyptiens du Sinaï, en utilisant leurs ressources métallurgiques pour les travaux du Tabernacle.

Quoi qu'il en soit, voici ce que Manéthon avait lu dans les annales de l'Égypte :

Le roi Amenophthis (Mi-n-Phtah), toujours préoccupé de théurgie et de sciences occultes, voulut un jour voir les dieux. Pour y parvenir, il consulta un voyant, qui lui répondit qu'il devait délivrer le pays de tous les lépreux et de tous les impurs. Le roi les fit donc rassembler, au nombre de quatre-vingt mille, et les condamna aux travaux forcés des carrières. Mais parmi eux il se trouva des prêtres, et l'atteinte portée à leur caractère sacré irrita les dieux. Averti de cette colère divine, le voyant se tua après avoir écrit une prophétie annonçant que les impurs trouveraient des alliés à l'extérieur et domineraient l'Égypte pendant treize ans. En effet, ils se mirent en état de révolte, se rendirent maîtres de la ville abandonnée d'Avaris et s'y constituèrent en corps de nation sous la conduite d'un prêtre d'Héliopolis, nommé Osarsiph, qui leur donna des lois contraires aux coutumes égyptiennes. Ils appelèrent alors à leur secours les descendants des Pasteurs retirés en Asie depuis plusieurs siècles et dont la ville principale était Solyme. Ceux-ci répondirent avec empressement à l'appel. Au nombre de 200,000, ils vinrent au secours des impurs révoltés et s'abattirent sur la vallée du Nil. « Ils exercèrent envers les habitants de l'Égypte la plus cruelle et la plus sanguinaire tyrannie. Non seulement ils brûlèrent villes et bourgs, pillèrent les temples et brisèrent les statues des dieux, mais ils firent cuire les animaux sacrés, obligeant leurs prêtres et leurs prophètes à les immoler eux-mêmes, et chassant ces prêtres après les avoir dépouillés. » Aménophthis ne jugea pas possible de résister à cette invasion, et ayant eu connaissance de la prophétie du voyant, il résolut de laisser passer le torrent sans y opposer d'obstacle. Il se retira donc dans la Haute-Égypte avec son armée, composée de 300,000 hommes, après avoir envoyé son fils et héritier Séthos (Séti), âgé de cinq ans, en Éthiopie, où il devait trouver un asile inviolable. Aménophthis (Mi-n-Phtah) mourut bientôt après, quand les envahisseurs étaient encore dans le pays. Et ce fut seulement au bout de quelque temps qu'un Ramessès les vainquit et les rejeta hors de l'Égypte.

La narration est singulièrement légendaire, et il est manifeste qu'on y a systématiquement forcé certains traits, comme les lois d'Osarsiph, pour rapprocher les faits de ceux de l'Exode. Mais la révolte des impurs et l'invasion asiatique, très probablement fomentée ou peut-être même conduite par les Khéta, que l'on a pu parfaitement qualifier de descendants des Pasteurs [1], doivent être réellement historiques.

Si les monuments égyptiens parvenus jusqu'à nous ne mentionnent pas cette invasion, ils offrent du moins les traces nombreuses des troubles qui en furent la conséquence. Mi-n-Phtah étant mort en laissant le pays foulé par les étrangers et son successeur légitime caché dans les provinces du Haut-Nil, un prince de la famille royale nommé Amon-mes-sou, fils ou petit-fils d'un des fils de Râ-mes-sou II morts avant leur père, ceignit la couronne dans la ville de Kheb, située au nome Matennou ou Aphroditopolite, xxiie nome du haut pays, non loin du Fayoum. Il paraît être parvenu à recouvrer au bout de quelques années la plus grande partie de l'Égypte. Son fils, proclamé après sa mort dans la ville de Kheb, Mi-n-Phtah II Si-Phtah, lui succéda. Pour légitimer son pouvoir, il épousa une fille de Mi-n-Phtah Ier, la princesse Ta-ouser, dont le grand chancelier Baï fit reconnaître dans tout le pays les droits, contestés d'abord par un parti assez nombreux. Sur tous les monuments, ce prince donne le pas à sa femme, comme reconnaissant qu'elle avait plus de titres que lui à la couronne. Le prince Séti lui-même, héritier légitime de Mi-n-Phtah Ier, toujours réfugié en Éthiopie, accepta le fait accompli de la royauté de Mi-n-Phtah Si-Phtah, et reçut de ce prince le titre de vice-roi de Kousch.

Mais au bout d'un certain temps, treize ans suivant Manéthon, Mi-n-

[1] Il n'est même pas impossible que ce soit leur « ville sainte » de Qadesch qui plus tard ait été transformée en Solyme, ayant été confondue avec Yerouschalaïm, devenue alors la « ville sainte » et la capitale du peuple de Yisraël.

Phtah Si-Phtah étant mort, Séti II fit valoir ses propres droits au trône. Ayant réuni une armée, il descendit le Nil, entra triomphalement à Thèbes et à Memphis, et s'empara de la royauté. Les deux princes successivement proclamés à Kheb furent alors rétrospectivement traités

Mi-n-Phtah et son épouse, la reine Ta-ouser, présentant des offrandes à un des dieux infernaux[1].

en usurpateurs, et leurs noms martelés sur les monuments. Mais en revanche, Amon-mes-sou et Ta-ouser figurent comme souverains réguliers et légitimes dans les listes de Manéthon; le jugement définitif de la postérité leur avait donc reconnu cette qualité. Séti II combattit avec un certain succès les Asiatiques, qui n'occupaient peut-être plus de manière

[1] Bas-relief de leur hypogée funéraire, à Thèbes. Les cartouches de Mi-n-Phtah Si-Phtah ont été effacés après sa mort, comme ceux d'un usurpateur; le nom de la reine Ta-ouser a été respecté parce qu'elle appartenait à la famille royale légitime.

permanente une partie de l'Égypte, mais qui continuaient à infester le Delta. Une inscription de sa deuxième année parle de victoires sur les étrangers, et un papyrus du Musée Britannique vante sa grandeur en termes éloquents. Il est vrai que, comme le remarque très judicieuse-

Stèle commémorative des victoires de Séti II [1].

ment M. Maspero, il n'y a pas grand fond historique à faire sur ces indications ; car le chant de victoire contenu dans le papyrus « n'est que la copie presque mot pour mot d'un chant de triomphe d'abord dédié à Mi-n-Phtah Ier, et approprié à Séti II par une simple substitution de noms. »

---

[1] D'après Lepsius.

Les listes de Manéthon donnent à ce prince une certaine durée de règne. Mais nous n'en avons que très peu de monuments ; ce qui s'explique par ce fait qu'au bout d'un temps fort court le pouvoir effectif de Séti II fut entièrement annulé, qu'il rencontra des oppositions violentes qui se traduisirent en révoltes, et que, tandis qu'il continuait à régner nominalement, son royaume tomba dans un état de complète anarchie. Les récits historiques contenus dans le grand papyrus du Musée Britannique connu sous le nom de Papyrus Harris, décrivent en ces termes l'état où en vinrent les choses : « Le pays d'Égypte s'en allait à la dérive ; ses habitants n'avaient plus de chef suprême, et cela pendant des années nombreuses, jusqu'à ce que vinrent d'autres temps. Car le pays d'Égypte était aux mains de chefs de nomes qui se tuaient entre eux, grands et petits. » Notre Musée du Louvre possède la statue d'un de ces petits princes locaux, nommé Aï-ari. C'est à Memphis qu'il exerçait son pouvoir, et il s'intitule chef du sacerdoce de cette ville par droit héréditaire ; peut-être descendait-il de Khâ-m-Ouas. Il assume en outre la qualification d'héritier supérieur des deux Égyptes, et d'autres qui impliquent une entière indépendance de fait. Pourtant il place aussi sur sa statue les cartouches du roi Séti II, comme le reconnaissant, au moins nominalement, pour son suzerain.

Mais ce fut bien pis après la mort du roi. « D'autres temps vinrent après cela, continue le Papyrus Harris, pendant des années de néant, où un Syrien, nommé Arisou, devint chef parmi les princes des nomes, et força le pays entier à prêter hommage devant lui. Chacun complotait avec le prochain pour piller les biens l'un de l'autre, et comme on traita les dieux de même que les hommes, il n'y eut plus d'offrandes faites dans les temples. » L'invasion étrangère avait recommencé, profitant de l'état d'anarchie du pays. Non seulement les provinces asiatiques, reconquises par les premiers rois de la xix⁹ dynastie, étaient de nouveau perdues ; mais c'était l'Égypte elle-même que foulaient les Asiatiques. Un Syrien avait usurpé l'autorité des Pharaons.

C'est au milieu de ces circonstances toutes particulières, où l'Égypte avait pour ainsi dire disparu, que se place la fin des quarante ans du séjour des Benê-Yisraël dans le désert, la mort de Moscheh (Moïse) au delà du Yarden et la conquête de la Terre Promise par Yehoschou'a (Josué). L'on comprend ainsi comment les Égyptiens n'y apportèrent aucun obstacle, ainsi qu'ils l'auraient probablement fait s'ils avaient été les paisibles possesseurs de la Palestine. Puis, quand Râ-mes-sou III eut rétabli les affaires de l'Égypte et recouvré les provinces asiatiques au sud du pays des Khéta, le changement qui s'était opéré dans la population de la terre de Kéna'an fut pour lui chose indifférente. Nous avons déjà vu quel était le système de la monarchie égyptienne pour le gouvernement de ses provinces d'Asie. Elle les laissait administrer par les princes indigènes sous la surveillance de résidents égyptiens. Comme les Assyriens et les Perses plus tard, comme le gouvernement turc encore aujourd'hui, pourvu que la suzeraineté du Pharaon fût reconnue, que le tribut fût exactement payé, que les provinces fournissent toujours à réquisition des contingents militaires, elle s'inquiétait peu des querelles de tribus, et voyait au contraire une garantie du maintien de son pouvoir dans les divisions des petits princes locaux et dans les querelles où ils usaient leurs forces. Une fois établis dans la Terre Promise, les 'Ebryim ou Benê-Yisraël durent accepter les conditions de la suzeraineté égyptienne quand elle se rétablit sur la Palestine; le livre de Yehoschou'a et celui des Juges ne le disent sans doute pas, mais ils ne disent aussi rien de formellement contraire. Et l'Égypte ne leur demandait pas autre chose. Il se peut même qu'après les circonstances qu'elle venait de traverser depuis la fin du règne de Mi-n-Phtah et le rôle qu'y avaient joué, soit les Khéta, soit les nations khénânéennes de la Palestine, la royauté égyptienne n'eût pas vu sans un certain plaisir l'anéantissement de ces dernières nations, toujours disposées à se tourner du côté des plus redoutables ennemis des Pharaons. Les Égyptiens ne tenaient, d'ailleurs, d'une manière absolue qu'à une chose dans la Palestine; à occuper militairement les places fortes de la grande route stratégique dont nous avons parlé plus haut, et dont la possession leur assurait la domination du pays. Yehoschou'a se garda soigneusement d'attaquer ces places; il les laissa dans l'état antérieur. Dès lors Râ-mes-sou III, quand il reprit la Palestine, n'eut pas de raisons de les molester. Lui et ses successeurs demeurèrent indifférents aux querelles des Kénânéens et des Israélites, se contentant de lever le tribut également sur les uns et les autres.

§ 7. — COMMENCEMENT DE LA VINGTIÈME DYNASTIE.
RA-MES-SOU III.
(FIN DU XIVe SIÈCLE).

Au milieu du désordre général où l'Égypte, à la suite de la mort de Séti II, paraissait près de tomber, une nouvelle dynastie surgit. Dans l'anarchie des princes de nomes, un descendant d'un des fils de Râ-mes-

Le roi Set-nekht sous la garde d'un des génies infernaux[1].

sou II, nommé Set-nekht, était maître de Thèbes. Son nom devint le drapeau autour duquel se groupèrent, contre le Syrien Arisou, les patriotes égyptiens. Après une lutte acharnée, il parvint à vaincre et à déposséder l'étranger. « Il fut, dit le Papyrus Harris, comme le dieu Khepra et comme Soutekh dans sa violence, remettant en état le pays entier qui était en désordre, tuant les rebelles qui étaient dans le Delta,

[1] Bas-relief de son tombeau, à Thèbes, d'après Lepsius.

purifiant le grand trône d'Égypte. Il fut régent des deux pays à la place du dieu Toum, s'appliquant à réorganiser ce qui avait été bouleversé, si bien que chacun reconnut un frère dans ceux qui avaient été pendant si longtemps séparés de lui comme par un mur, rétablissant les temples et les sacrifices, si bien qu'on recommença à rendre aux cycles divins leurs hommages traditionnels. »

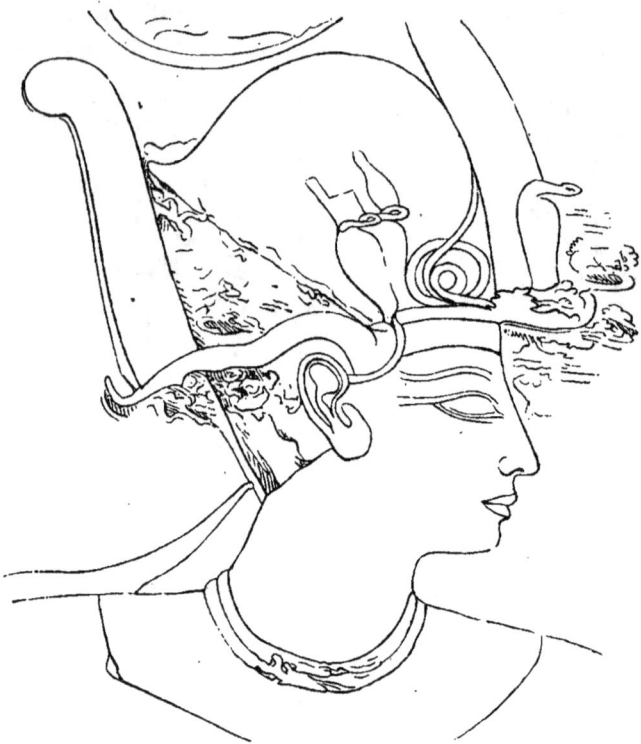

Portrait du roi Râ-mes-sou III.

Set-nekht régna peu de temps et eut pour successeur son fils Râ-messou, qu'il avait associé à son œuvre réparatrice en lui confiant une vice-royauté sur la Basse-Égypte, avec On ou Héliopolis pour résidence et capitale. Râ-mes-sou III régna trente-deux ans. Ce fut le dernier des grands souverains de l'Égypte. Pendant tout le temps qu'il occupa le trône, il ne cessa pas de travailler à rétablir à l'extérieur l'intégrité de l'empire et à l'intérieur la prospérité du pays. Ses guerres et ses conquêtes eurent, d'ailleurs, un caractère essentiellement défensif; comme les Trajan, les Marc-Aurèle et les Septime-Sévère, ses efforts furent consacrés à tenir tête au flot toujours montant des barbares, qui avant lui avait un moment rompu ses digues et, une fois refoulé, continuait à battre de tous les côtés les marches de l'empire, en présageant la ruine prochaine. Ses efforts furent heureux, du reste, et il parvint à relever pour quelque temps encore et à préserver l'édifice de puissance territoriale que la xix⁰ dynastie avait refait une seconde fois. Le temple funéraire de Médinet-Abou, à Thèbes, est le Panthéon élevé à la gloire de ce grand Pharaon. Chaque pylône, chaque porte, chaque chambre, nous y racontent les exploits qu'il accomplit. De grandes compositions sculptées retracent ses principales batailles.

La tâche que Râ-mes-sou III avait entreprise était singulièrement difficile et laborieuse. Quand il monta sur le trône, son père Set-nekht n'avait pas régné assez longtemps pour avoir pu réaliser la délivrance et la reconstitution intérieure de l'Égypte aussi complètement que sembleraient l'indiquer les expressions du Papyrus Harris. Le sol de l'Égypte était encore en partie aux mains des barbares. Du côté du nord-est, les Schasou du désert harcelaient les postes fortifiés de la frontière du Delta et rendaient impossible l'exploitation des établissements miniers du Sinaï. Du côté du nord-ouest, les peuples libyens avaient envahi et occupé de nouveau la moitié du Delta. Pendant la période d'anarchie, les différentes nations des Tama'hou, Lebou, Maschouasch, Kahaka, et leurs alliés habituels, sous la conduite de leurs chefs, Deïd, peut-être fils du Mermaïou qu'avait vaincu Mi-n-Phtah Ier, Maschaken, Tamar et Tsaoutmar, avaient quitté en masse leurs plateaux stériles pour se jeter sur les riches campagnes de la Basse-Égypte. Ils en avaient conquis tous les nomes occidentaux jusqu'au grand bras central du Nil, atteignant à l'est, près de la mer, la ville de Karbana et au sud les environs de Memphis.

Râ-mes-sou s'occupa d'abord des Bédouins ou Schasou, dont il réprima vigoureusement les brigandages. Ce fut seulement dans la cinquième année de son règne qu'il put se retourner contre les Libyens, que jusque-là il s'était borné à tenir en respect, les empêchant de pénétrer plus avant et de passer le fleuve. A la tête de son armée, désormais solidement réorganisée, le roi pénétra dans la portion du Delta que tenaient les Libyens et les battit complètement. « Ils furent épouvantés, dit une inscription traduite par M. Chabas, comme des chèvres attaquées par un taureau qui bat du pied, frappe de la corne et ébranle les montagnes en se ruant sur qui l'approche. » Les dévastations des Libyens avaient tellement exaspéré les Égyptiens que dans la bataille ils ne reçurent à quartier aucun prisonnier. Après cette défaite, les barbares de

Défaite des Libyens par Rà-mes-sou III[1].

Libye évacuèrent le territoire égyptien en toute hâte et dans un complet désordre ; des tribus entières, attardées dans le Delta, furent cernées, enlevées, puis cantonnées en lieu sûr et leurs hommes incorporés dans l'armée. Trois des grands bas-reliefs historiques de Médinet-Abou retra-

---

[1] Bas-relief de Médinet-Abou, d'après Rosellini.

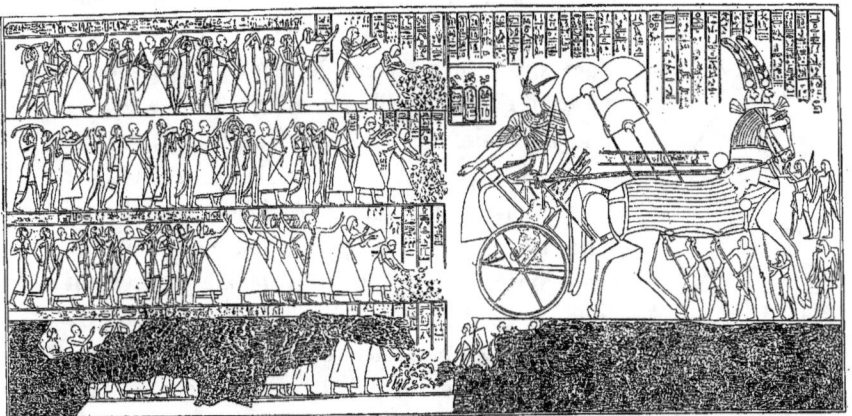

Râ-mes-sou III après la défaite des Libyens[1].

[1] Bas-relief de Médinet-Abou, d'après Rosellini. On mène au roi les prisonniers faits dans la bataille, et l'on compte devant lui les mains et les phallus enlevés aux ennemis morts.

cent les principaux épisodes de cette guerre ; mais le texte qui les accompagne est peu développé et ne fournit pas assez de renseignements à notre curiosité.

Trois ans après, c'est sur la frontière de Syrie que Râ-mes-sou eut à repousser l'invasion. Mais là encore ce ne fut pas, comme les rois de la xviiie et de la xxie dynastie, les nations sémitiques et kénânéennes qui furent ses adversaires ; ce furent les peuples de souche pélasgique habitant l'ouest de l'Asie-Mineure et le pourtour de la mer Égée. Malgré les défaites qu'ils avaient éprouvées déjà dans d'autres occasions en tentant une semblable entreprise, ces peuples n'avaient pas renoncé au projet d'établir une partie de leurs essaims dans quelqu'une des fertiles contrées appartenant à l'Égypte. Mais le désastre essuyé par eux du temps Mi-n-Phtah Ier leur avait fait voir qu'il y avait, surtout au lendemain de la défaite de leurs alliés les Tama'hou, peu de chances de succès en débarquant en Libye et en venant attaquer la partie occidentale du Delta. Ils résolurent de tenter une nouvelle voie, par la Syrie, en combinant le double mouvement d'une émigration qui suivrait la route de terre, et d'une flotte nombreuse qui viendrait débarquer aux embouchures du Nil. Le rendez-vous des forces arrivant par les deux voies devait être à la pointe nord-est du Delta, vers le point où s'élevait la ville, alors très peu importante, de Roman, qui fut plus tard Péluse.

Captif de la nation des Pélesta.

Les nations qui sont nommées dans les inscriptions de Médinet-Abou comme ayant pris part à cette entreprise, poursuivie à la fois par terre et par mer, étaient nombreuses. C'étaient « les Pélesta du milieu de la mer, » c'est-à-dire les Pélasges de la Crète ; les Tsekkri ou Teucriens de la Troade ; les Daanaou ou Danaëns du Péloponnèse ; les Tourscha ou Tyrsênes ; les Ouaschascha, dans lesquels M. Chabas a voulu voir des Osques (assimilation impossible puisque la plus ancienne forme du nom de ceux-ci est Opici) et qui seraient plutôt des Ausoniens ; enfin les Schakalascha ou Sicules. Les deux premiers de ces peuples avaient la conduite des autres, et on dit formellement que tous avaient été entraînés à la guerre par les Pélesta, qui cherchaient à prendre pied en Égypte ou en Syrie et à y former l'établissement que leurs descendants, les Pelischtim ou Philistins, possédaient en effet un siècle après sur la côte de Palestine. Une véritable émigration, composée presque exclusivement de Pélesta, conduisant avec eux leurs femmes et leurs enfants dans des chars traînés par des bœufs, et accompagnés seulement d'un petit nombre d'aventuriers des autres peuples, s'était mise en marche par terre, venant évidemment de l'Asie-Mineure, et était entrée par le nord dans la Syrie, dont les habitants n'avaient pas osé refuser le passage à cette avalanche d'hommes.

Quant à la flotte qui soutenait ce mouvement par mer, les vaisseaux en étaient ceux des Pélesta et des Tsekkri; les Daanaou, les Tourscha, les Schakalascha et les Ouaschascha n'avaient fourni que des guerriers, répartis entre les navires des deux autres peuples.

Il y a un rapprochement frappant à établir entre l'étendue qui résulte de ces données pour la confédération que Râ-mes-sou III dut combattre sur terre et sur mer dans sa huitième année, et celle que la tradition attribue à l'antique thalassocratie crétoise, à laquelle les témoignages d'Hérodote, de Thucydide, d'Aristote et de Strabon attribuent une physionomie positivement historique, bien qu'on la rattache au nom pure-

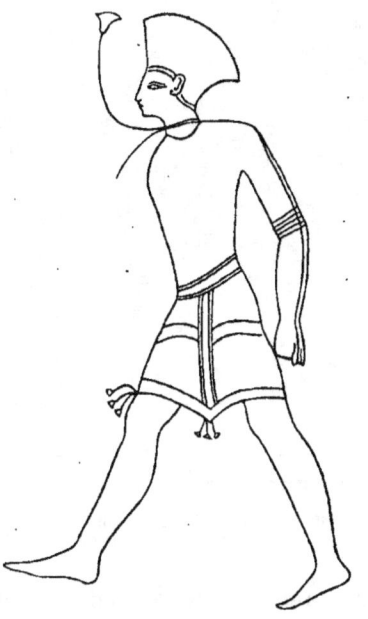

Captif de la nation des Daanaou du Péloponnèse.

ment mythique de Minos, c'est-à-dire d'une des plus vieilles conceptions héroïques de la race aryenne. Dans la confédération qui attaque l'Égypte de Râ-mes-sou III, ce sont les Pélasges du milieu de la mer, c'est-à-dire de la Crète, qui ont l'hégémonie de la manière la plus caractérisée; ce sont eux qui entraînent à leur suite les Danaëns, les Tyrsênes, les Ausoniens (?) et les Sicules. Possesseurs d'une nombreuse marine, ils ont donc une suprématie effective sur les îles de l'Archipel, le Péloponnèse et le midi de l'Italie. En même temps les Teucriens de l'Asie-Mineure prennent part à la guerre sur un pied d'égalité avec ces chefs de la confédération. Voici maintenant ce que disent les traditions grecques sur la thalassocratie crétoise. Minos, ayant formé la première marine nationale, domine les Cyclades et étend son hégémonie sur toute la Grèce. On signale des établissements crétois de cette époque dans la plupart des îles de l'Archipel; on en place également un à Ténare, en Laconie.

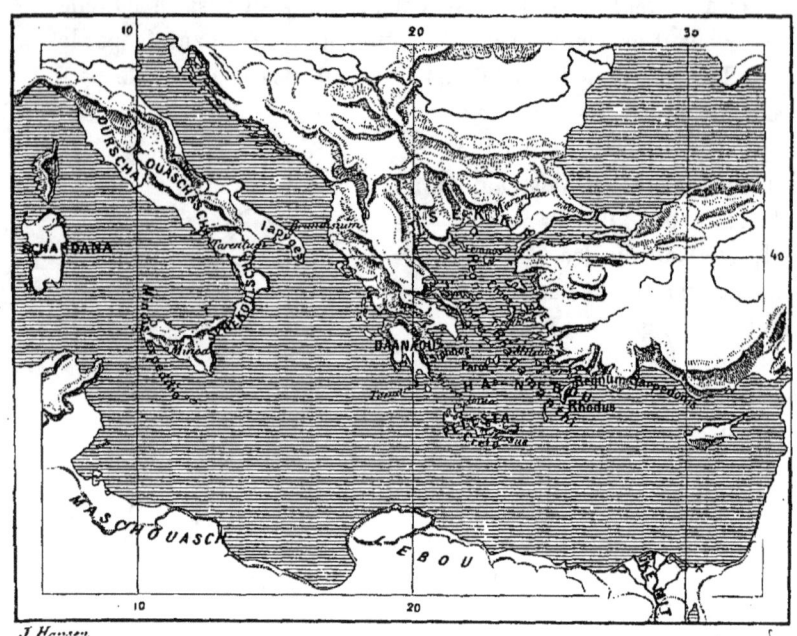

Territoires embrassés par la confédération pélasgique contre Râ-mes-sou III et par la thalassocratie crétoise de Minos[1].

Minos, avec sa flotte soumet une partie de la Sicile, où il lutte contre les Sicanes, les rivaux des Sicules, et il y fonde Heracleia-Minoa et Engyon. De son temps et immédiatement après lui, les Crétois dominent sur la Japygie, où ils bâtissent Hyria, Brentésion et Tarente. Son frère Rhadamanthe réunit sous son sceptre une partie de la côte de l'Asie-Mineure aux îles septentrionales de l'Archipel. Enfin son autre frère, Sarpédon, se forme un royaume indépendant, mais allié, en Lycie et dans une portion de la Carie et de l'Ionie. Ainsi la thalassocratie que les monuments égyptiens nous montrent contemporaine de Râ-mes-

[1] Les noms qui figurent dans les inscriptions de Râ-mes-sou III, à Médinet-Abou, sont inscrits sur cette carte en lettres capitales ; ceux qui sont empruntés aux traditions grecques sur Minos y figurent en minuscules.

sou III, et celle que la légende grecque attribue à Minos, ont le même centre et embrassent les mêmes contrées. Il semble assez difficile de ne pas les identifier.

Pourtant la tradition sicilienne, recueillie par Thucydide, disait que les Sicules, étroitement apparentés aux Latins, n'avaient passé dans l'île, habitée jusqu'alors par les Sicanes de race ibérique, qu'après la guerre troyenne, 300 ans avant l'établissement des premières colonies grecques dans le pays, c'est-à-dire vers la fin du XIe siècle av. J.-C., ce qui coïncide à peu de chose près avec la date qu'adoptait aussi l'historien syracusain Philistos. Par contre, Hellanicos en faisait un événement antérieur de plusieurs générations au siège de Troie. Avant cette émigration, les Sicules occupaient le Latium et s'étendaient plus au sud, jusqu'à l'extrême pointe de l'Italie. On serait assez tenté de croire qu'à l'époque où ils prirent part à la lutte contre Râ-mes-sou III, ils étaient encore en Italie, avec les Ausoniens (Ouaschascha) et les Tyrsènes ou Tyrrhéniens (Tourscha), auxquels il est très naturel de les voir associés. Mais ne serait-ce pas seulement un souvenir de rapports entre les thalassocrates crétois et les Sicules, habitant encore l'Italie, qui aurait ensuite donné naissance aux récits qui faisaient aller Minos en Sicile ? Il est remarquable que Thucydide n'en fasse aucune mention dans son rapide résumé de l'histoire primitive de cette grande île.

Quant aux Tourscha, Tyrsènes ou Tyrrhéniens, ils n'ont plus au temps de Râ-mes-sou III le caractère de peuple en pleine migration, qu'ils avaient sous Mi-n-Phtah Ier ; ce ne sont plus eux qui tiennent la mer, et ils n'apparaissent dans la confédération qu'à un rang secondaire, comme un peuple qui n'a fourni qu'un faible contingent et qui est assez désintéressé dans la question. Tout ceci semble indiquer que dès lors la masse de leur nation avait trouvé en Italie le lieu d'établissement longtemps cherché par elle. La constitution de la thalassocratie crétoise était d'ailleurs un fait qui n'avait pu se produire que dans un état de choses plus régulier, après que les diverses populations en mouvement sur la mer depuis près de deux siècles avaient commencé à retrouver leur assiette. Seuls, à ce moment, les Pélesta étaient encore en pleine migration ; ce sont eux qui cherchaient de nouvelles demeures. Il est évident que le gros de la migration, ceux qui descendaient par terre dans la Syrie, ne pouvait pas venir de la Crète. C'étaient des tribus pélasgiques, sœurs de celles qui, peu de temps auparavant, étaient venues renforcer les Étéocrètes et les aider à expulser les Phéniciens, mais sans doute restées en arrière dans l'Asie Mineure, dans la région d'où étaient sortis déjà les Tyrrhéniens et les Pélesta de la Crète. Seulement c'est sous l'impulsion et sur l'appel de ces derniers qu'ils se mirent en marche pour venir occuper la côte syrienne en face d'eux ; ce sont leurs frères de la Crète qui les dirigent, qui viennent les soutenir par mer et qui convoquent les autres peuples à aider à leur établissement. C'est ainsi que plus tard on put les dire sortis de la Crète, ou, pour parler le langage de la Bible, de l'île de Kaphthor, lorsque, après leur défaite, le Pharaon leur eut assigné des demeures à titres de vassaux.

Chef de la nation des Tsekkri ou Teucriens, réduit en captivité.

Un dernier point mérite encore de fixer l'attention dans la liste des peuples de la confédération maritime combattue par Râ-messou III, en l'an 8 de son règne. C'est la substitution du nom de Tsekkri ou Teucriens, pour désigner les habitants de la Troade, à celle de Dardana ou Dardaniens, qu'employaient en parlant d'eux les scribes de l'époque de Râ-mes-sou II. Dans la liste traditionnelle des rois de Troie, Dardanos précède aussi Teucros, chacun d'eux représentant l'hégémonie successive d'une population différente. Hérodote connaît une époque où les Teucriens, plusieurs générations avant la guerre troyenne, ont été le peuple prépondérant de l'Asie Mineure occidentale, et où ils ont étendu leur puissance au delà de la mer, sur le continent européen, jusqu'à la mer Ionienne à l'ouest, et jusqu'au Pénée au sud, se trouvant par suite en contact avec les populations de l'Italie, dont ils n'étaient plus séparés que par une mer étroite. La tradition fait même pénétrer jusque dans le midi de la péninsule italienne et en Sicile une tribu de Teucriens, les Elymes de Ségeste. On voit qu'il y a des éléments dignes de la plus sérieuse considération dans les souvenirs troyens. En général l'histoire critique doit tenir grand compte des généalogies héroïques de la Grèce. Elles conservent plus d'une donnée réelle, et pour en bien apprécier la valeur il faut les envisager à leur véritable point de vue. La plupart du temps elles ont le même caractère que les vieilles généalogies arabes et que celles de certains chapitres de la Bible. Les noms donnés comme ceux d'individus y correspondent à des couches successives de population ou à des époques d'histoire. La succession des événements représentés par ces noms y est fidèlement observée, si le souvenir de la distance respective des événements entre eux s'est fort oblitérée et si elle est souvent raccourcie ou allongée. En un mot, on y retrouve un squelette d'histoire encore assez facilement saisissable, mais non une chronique,

Après ces observations sur la liste des peuples qui y prirent part comme adversaires de l'Égypte, je passe aux événements mêmes de la guerre de l'an 8 de Râ-mes-sou III.

Averti à temps du danger qui le menaçait et du plan d'invasion qu'avaient arrêté les coalisés Pélasges et Teucriens, le roi d'Égypte fit activement ses préparatifs de défense. Il arma de nombreux soldats, fortifia les embouchures du Nil, mit en état les places de la frontière orientale du Delta et construisit entre Ro-peh (Raphia) et Ro-man (Péluse) une nouvelle forteresse, qu'il appela « la Tour de Râ-mes-sou III. » C'est autour de ce château qu'il rassembla son armée et attendit les envahisseurs.

Les mouvements de ceux-ci furent mal combinés, et les Égyptiens purent battre séparément leurs divisions. Celle qui arrivait par terre se présenta la première. Elle avait sur son passage écrasé et entraîné à leur suite les Khéta et les gens de Qarqamischa, de Qadi, d'Arattou et de Qadesch. Après s'être arrêtés quelque temps aux environs de cette ville, dans le pays d'Amaour, les Pélesta avaient poussé droit sur l'Égypte. Les grands bas-reliefs de Médinet-Abou représentent avec une vie singulière ces Pélesta suivis de leurs femmes et de leurs enfants, dans de lourds chariots que traînent des bœufs. On assiste réellement à la marche de ce torrent d'hommes en quête d'une nouvelle patrie, et c'est ainsi que les historiens latins décrivent celle des Cimbres et des Teutons. Assaillie par les troupes disciplinées et aguerries des Égyptiens, cette masse confuse fut facilement vaincue. On lui tua 12,500 hommes, on emporta son camp, on la cerna ; et toute l'émigration des Pélesta, après cette défaite, n'eut plus d'autre salut que de se rendre à discrétion.

Râ-mes-sou III armant ses soldats pour repousser l'invasion pélasgique[1].

[1] Bas-relief de Médinet-Abou, d'après Rosellini.

Bientôt on vit arriver les navires qui apportaient un nouveau flot d'ennemis, prêts à débarquer. La flotte égyptienne, montée sans doute en grande partie par des matelots phéniciens, s'était mise en mesure de les recevoir vigoureusement. Un gigantesque bas-relief, à Médinet-

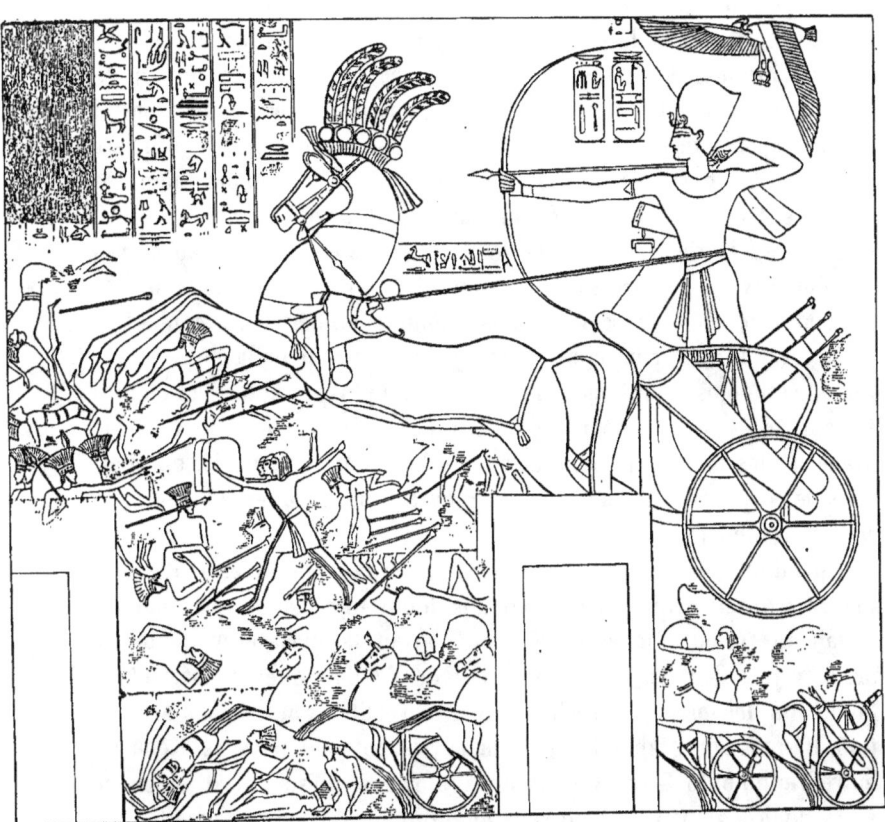

Défaite des Pélesta sur terre[1].

Abou, nous fait assister au combat naval livré devant la Tour de Râ-mes-sou et à la défaite de la flotte des Pélasges et des Teucriens. Les navires égyptiens manœuvrent à la voile et à l'aviron, et leur proue est ornée d'une tête de lion. Déjà un vaisseau des Tsekkri a coulé bas, et leur flotte se trouve resserrée entre la flotte égyptienne et le rivage,

---

[1] Bas-relief de Médinet-Abou, d'après Rosellini.

du haut duquel le roi Râ-mes-sou en personne et ses fantassins lancent une grêle de traits sur les vaisseaux ennemis. Le récit de la grande inscription concorde très exactement avec cette représentation, unique sur les monuments égyptiens. « Les embouchures du fleuve étaient comme un mur puissant de galères, de vaisseaux, de bâtiments de toute sorte, garnis de la proue à la poupe de vaillants bras armés. Les soldats d'infanterie, toute l'élite des armées d'Égypte, étaient sur le rivage comme des lions rugissants ; les gens des chars, choisis parmi les plus rapides des héros, étaient guidés par toute espèce d'officiers sûrs d'eux-mêmes. Les chevaux frémissaient de tous leurs membres et brûlaient de fouler aux pieds les nations. Pour moi, continue le roi dans la bouche duquel est placé le récit, j'étais comme le dieu Month le belliqueux ; je me dressai à leur tête et ils virent les exploits de mes bras. Moi, le roi Râ-mes-sou, j'ai agi comme un héros qui connaît sa valeur et qui étend son bras sur son peuple au jour de la mêlée. Ceux qui ont violé mes frontières ne moissonneront plus sur la terre ; le temps de leur âme est compté pour l'éternité..... Ceux qui étaient sur le rivage, je les fis tomber étendus au bord de l'eau, amoncelés en charniers de corps massacrés ; je coulai leurs vaisseaux ; leurs biens tombèrent au fond de l'eau. »

Cependant, par suite de sa première victoire sur les Pélesta, Râ-mes-sou se trouvait avoir entre les mains toute une nation prisonnière. C'était un sérieux embarras. On ne pouvait la massacrer depuis le premier jusqu'au dernier ; force était de l'établir quelque part et de lui donner des terres, de réaliser donc en réalité le but de son émigration. Râ-mes-sou établit les Pélesta sur la côte du pays de Kénâ'an, entre Yaphô et le Torrent d'Égypte, autour des villes de 'Azah, Aschdod et Aschqelôn, dont il pensait sans doute que les garnisons égyptiennes les tiendrait facilement en respect. Ce fut là que, fortifiés graduellement par de nouveaux flots d'émigrants venus de la Crète, les Pelischtim, appelés aussi quelquefois Krethim ou Crétois, fondèrent, dans la décadence de la monarchie égyptienne, une puissance qui fut quelque temps si redoutable aux Israélites et aux Phéniciens.

Râ-mes-sou se hâta de profiter du retentissement de ses succès, de l'état d'affaiblissement et de désarroi dans lequel le passage de la migration des Pélesta avait laissé les Khéta, pour ramener à l'obéissance les provinces qui avaient formé l'empire asiatique de l'Égypte sous la XIXe dynastie. Un des tableaux historiques de Médinet-Abou nous fait

Combat naval aux embouchures du Nil contre la flotte des nations pélasgiques et des Teucriens.[1]

[1] Bas-relief de Médinet-Abou, d'après Rosellini.

assister au départ des troupes pour cette nouvelle expédition. « Le roi, dit l'inscription, part pour le pays de Tsahi, comme une image du dieu Month, pour fouler aux pieds les peuples qui ont violé les frontières. Les soldats sont comme des éperviers au milieu de petits oiseaux. » Un second tableau montre le prince traversant avec son armée, pour rejoindre l'ennemi, un pays montagneux, boisé et infesté de lions, qui doit être un des contre-forts du Liban. Il s'y livre à une de ces chasses au lion qui étaient chez les Asiatiques une des occupations favorites des rois et comme une des manifestations extérieures les plus solennelles de la puissance souveraine. Enfin un dernier bas-relief retrace la bataille qui fut livrée dans le pays d'Amaour, probablement dans la vallée de l'Aranta et en avant de Qadesch, contre les Khéta et leurs alliés de Qadi, de Qarqamischa et d'Arattou. Ce fut encore une victoire pour l'armée égyptienne. Dans la longue inscription qui contient le récit de toute la campagne, Râ-mes-sou va jusqu'à dire : « J'ai effacé ces peuples et leur pays, comme s'ils n'eussent jamais existé. » Nous n'avons pas besoin de remarquer que c'est là une énorme hyperbole, mais le succès fut assez complet pour qu'à dater de ce moment les provinces au sud du pays de Khéta soient revenues sous la domination égyptienne.

En même temps que le roi, à la tête de son armée de terre, conduisait en personne cette expédition dans le nord de la Syrie, sa flotte, victorieuse de la marine pélasgique aux embouchures du Nil, se portait sur les îles de l'Archipel et les côtes de l'Asie Mineure pour y promener le pavillon égyptien et faire à leur tour trembler chez eux ceux qui avaient voulu envahir la terre sacrée de Kêmi-t. Une inscription de Médinet-Abou donne la liste des villes attaquées et soumises dans la double expédition par terre et par mer que M. Brugsch a très bien appelée « la campagne de vengeance de Râ-mes-sou III. » Presque tous les noms s'y prêtent à des assimilations faciles et certaines avec ceux de la géographie classique. L'expédition terrestre dont nous venons de parler y est représentée par les noms du mont Amana, de Khilbou ('Helbôn), de Qarqamischa, de Matenaou, le canton situé au delà de l'Euphrate juste en face de cette ville, d'Arrapkha, dont nous avons parlé plus haut (p. 236), enfin de Tabalou, le Tabal des textes cunéiformes, le Thoubal de la Bible, peuple qui occupait alors la partie orientale de la Cappadoce.

Mais le plus grand nombre des localités mentionnées dans cette liste n'ont pu être atteintes que dans la campagne maritime de la flotte,

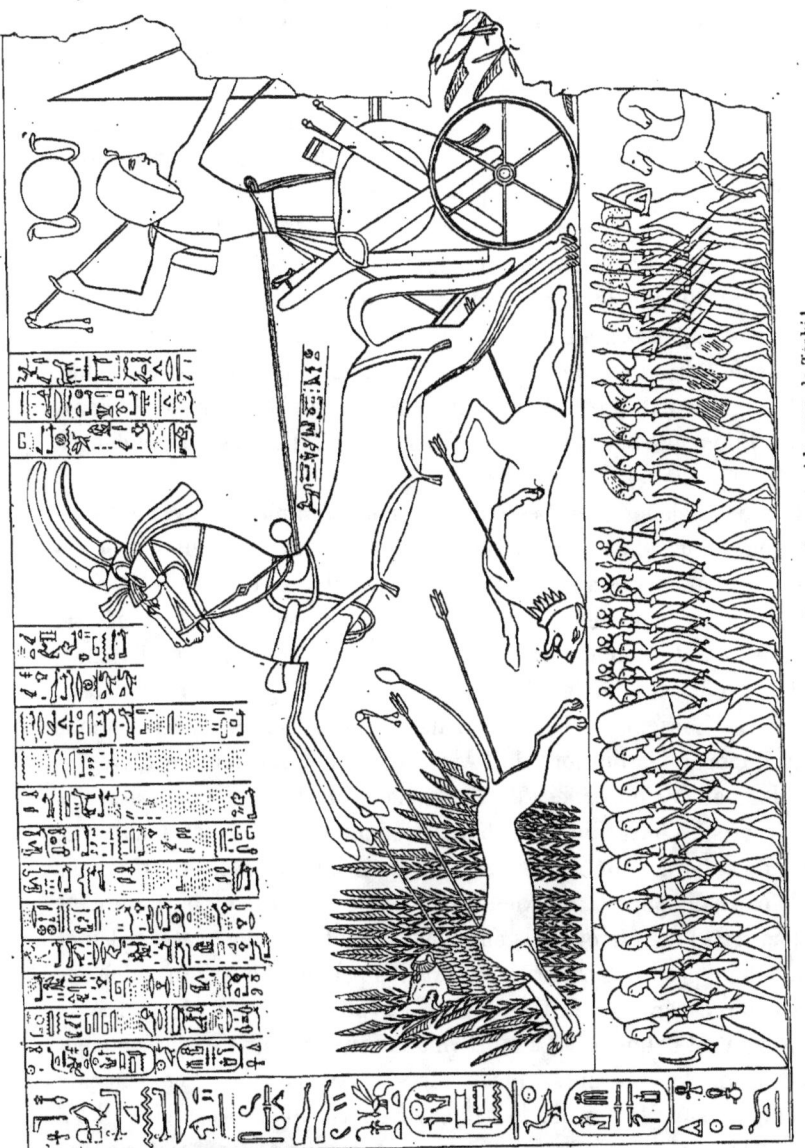

montée sans doute, comme nous l'avons déjà dit, par des matelots

[1] Bas-relief de Médinet-Abou, d'après Rosellini. On remarquera que dans les compagnies de la garde du roi, figurées au registre inférieur, après une d'Égyptiens, il y en a une de Schardana, une de Tourscha et une de Lebou.

phéniciens. Elle se porta vers la Crète, dont les Pélesta figurent au premier rang parmi ceux qu'elle contraignit à la soumission, avec la ville de Knisenen (Cnossos). Elle visita ensuite, en recevant leurs tributs, la plupart des cités de Cypre, Salamaski (Salamis), Katian (Cition), Aimar (Marion), Ital (Idalion), Kerena (Cerynia) et Kairouka (Curion). La côte voisine de la Cilicie est représentée dans la liste par les noms de Maoulnous (Mallos), Atena (Adana), Tarschka (Tarse), Sali (Soloi), Alikan (Élaiusa), près de Corycos), Aimal (Mylè), Tsaour (Tyros), Karkamasch (Coracésion) et Kouschpita (le district de Casyponis). Comme positions plus septentrionales, nous relevons encore sur le même monument les mentions de Poutar (Patara de Lycie), de Kanou (Caunos de Carie), enfin de Samai, qui semble bien être l'île de Samos. C'est le point extrême atteint vers le nord par la flotte de Râ-messou III. Elle n'alla pas chercher les Tsekkri ou Teucriens jusque dans la Troade.

Mais avec cela les guerres n'étaient pas encore finies. Dans la onzième et la douzième année de son règne, le vainqueur des Pélasges et des Asiatiques eut encore à repousser sur les frontières nord-est de l'Égypte une grande invasion des peuples libyens, qu'il avait déjà repoussés six ans auparavant. Kapour, chef des Lebou, avec son fils Maschaschar, conduisit tout son peuple à l'attaque de la Basse-Égypte, en entraînant avec lui les Maschouasch, les Sabata, les Kaïqasch et d'autres tribus moins importantes du nord de l'Afrique ; un certain nombre d'aventuriers des peuples européens de Tourscha et de Leka s'étaient associés à l'entreprise. L'invasion fut subite, et comme on ne s'y attendait pas, elle put d'abord pénétrer assez avant sans grande résistance. « Leur âme s'était dit pour la deuxième fois qu'ils passeraient leur vie dans les nomes de l'Égypte et qu'ils en laboureraient les vallées et les plaines comme leur propre territoire [1]. » Mais les peuples libyens furent déçus dans cette espérance et bientôt les Égyptiens eurent réorganisé la défense du sol national. « La mort vint sur eux en Égypte, car ils étaient accourus de leurs propres pieds vers la fournaise qui consume la corruption, sous le feu de la vaillance du roi qui sévit comme Baal du haut des cieux. Tous ses membres sont investis de force victorieuse ; de sa droite il saisit des multitudes ; sa gauche s'étend sur ceux qui sont devant lui, semblable à des flèches contre eux, pour les détruire ;

---

[1] J'emprunte pour cette inscription la belle traduction de M. Chabas.

son glaive est tranchant comme celui de son père le dieu Month. Kapour, qui était venu pour exiger l'hommage, aveuglé par la peur, jeta ses armes, et son armée fit comme lui ; il éleva au ciel un cri suppliant, et

Râ-mes-sou III rentrant vainqueur de sa dernière guerre contre les Libyens[1].

son fils suspendit son pied et sa main. Mais voilà que se leva près de lui le dieu qui connaissait ses plus secrètes pensées. Sa Majesté tomba sur leurs têtes comme une montagne de granit ; elle les écrasa et

[1] Bas-relief de Médinet-Abou.

mélangea la terre de leur sang, répandu comme de l'eau. Leur armée fut massacrée, massacrés leurs soldats... On s'empara d'eux ; on les frappa, les bras attachés, pareils à des oiseaux d'eau jetés au fond d'une barque, sous les pieds de Sa Majesté. Le roi était semblable à Month ; ses pieds victorieux pesèrent sur la tête de l'ennemi ; les chefs qui étaient devant lui furent frappés et tenus dans son poing. Ses pensées étaient joyeuses, car ses exploits étaient accomplis. » Il est certain que cette fois la victoire fut telle qu'elle mit fin pour jamais aux grandes tentatives d'invasion de l'Égypte par les Libyens, lesquelles ne se renouvelèrent plus. De nouvelles tribus de Maschouasch, faites prisonnières après la bataille, furent cantonnées sur des points choisis du Delta et y renforcèrent les colonies de la même nation que M-in-Phtah Ier y avait déjà établies, en les astreignant à des obligations de service militaire.

Non content d'en avoir fini avec ces ennemis, un moment si redoutables et d'avoir recouvré la Palestine, l'Aramée méridionale et la Phénicie, Râ-mes-sou III voulut rétablir la suzeraineté égyptienne sur le pays de Pount, telle qu'elle avait existé sous la XVIIIe et la XIXe dynastie. « J'équipai des vaisseaux et des galères, pourvus de nombreux matelots et d'une nombreuse chiourme, dit le roi dans le grand Papyrus Harris. Les chefs des auxiliaires maritimes s'y trouvaient avec des vérificateurs et des comptables pour les approvisionner des pays innombrables de l'Égypte : il y en avait de toute grandeur par dizaines de mille. Allant sur la grande mer, ils arrivèrent aux pays de Pount, sans que le mal les abattît, et préparèrent le chargement des galères et des vaisseaux en produits du To-noutri, avec toutes les merveilles mystérieuses de leur pays, et en quantités considérables des aromates de Pount, chargés par dizaines de mille, innombrables. Leurs fils, les chefs du To-noutri, vinrent eux-mêmes en Égypte avec leurs tributs. Ils arrivèrent sains et saufs au pays de Qoubti (Coptos), et abordèrent en paix avec leurs richesses. Ils les apportèrent en caravanes d'ânes et d'hommes, et les chargèrent dans des barques sur le fleuve, au port de Qoubti. »

Ces succès militaires furent traversés par des troubles intérieurs. Hérodote raconte qu'au retour de ses campagnes, Sésostris faillit être tué par trahison. « Son frère, à qui il avait confié le gouvernement, l'invita à un grand repas avec ses enfants, puis il fit entourer de bois la maison où se trouvait le roi et ordonna qu'on y mît le feu. Le roi l'ayant appris, délibéra sur-le-champ avec sa femme, qu'il avait amenée avec lui : celle-ci lui conseilla de prendre deux de ses six enfants, de les étendre sur le bois enflammé et de se sauver sur leurs corps comme sur un pont. Sésostris le fit, et brûla de la sorte deux de ses enfants; les autres se sauvèrent avec leur père. » Les monuments ont prouvé que la légende avait confondu ici Râ-mes-sou II et Râ-mes-sou III, et qu'elle rapportait sous le nom de Sésostris l'écho arrangé d'un fait réel du règne du grand monarque de la xx° dynastie. Le Musée de Turin et le Cabinet des médailles de la Bibliothèque Nationale de Paris possèdent une partie du dossier judiciaire relatif à une conspiration considérable ourdie contre Râ-mes-sou III. C'est un des frères du roi, que les pièces officielles ne désignent pas sous son nom réel, mais toujours sous le nom fictif de Pen-ta-our, qui était l'âme de ce complot. Le but en était l'assas-

Fragment du papyrus satirique de Turin.

sinat du Pharaon, à la place duquel on devait proclamer son frère. Dans les documents de l'enquête on voit le harem royal singulièrement compromis; une partie des concubines de Râ-mes-sou et des eunuques chargés de les garder prennent part au complot, avec plusieurs des officiers de la couronne. Les opérations magiques, « qui sont en abomination à tous les dieux et à toutes les déesses, » tiennent une grande place dans les actes imputés aux conjurés. Ils furent jugés par une commission spéciale et traités avec la plus extrême sévérité. Râ-mes-sou, trouvant trop douce la sentence des premiers juges qu'il avait désignés, la transforma, par un acte de son autorité suprême, en arrêt de mort et fit décapiter les juges eux-mêmes, afin d'enseigner le zèle à sa magistrature. C'est au regretté Théodule Devéria que l'on doit la traduction de ces précieux documents.

Le fait d'une opposition violente se traduisant en complots politiques, sous le règne de Râ-mes-sou III, est sans doute ce qui explique les curieux papyrus satiriques que possèdent le Musée Britannique et celui

Caricatures du papyrus satirique du Musée Britannique[1].

de Turin. Ce sont deux albums de caricatures où les principaux bas-reliefs à la gloire du roi sculptés sur les murailles du temple de Médinet-Abou, et du pavillon d'habitation qui y est joint, sont parodiés en figures d'animaux. Les sujets de guerre deviennent des combats de chats et de rats[2]; les scènes de harem se passent entre un lion et des gazelles. Ces dessins vont quelquefois jusqu'à la plus extrême licence.

Après tous ces orages, les quinze dernières années de Râ-mes-sou II! furent paisibles et florissantes. L'Égypte n'avait pas seulement reconquis son empire extérieur, elle revoyait l'activité commerciale et industrielle de ses plus beaux jours. Comme tous les Pharaons vainqueurs et disposant de nombreux captifs, il voulut immortaliser son souvenir par de grands et fastueux monuments. A Thèbes, outre la construction intégrale du vaste temple funéraire de Médinet-Abou, il agrandit le temple de Kar-

[1] La partie d'échecs entre un lion et une gazelle est une parodie d'une des scènes du harem représentées sur les murs du pavillon de Médinet-Abou, que nous reproduisons à la page en regard de celle-ci. Le troupeau de gazelles conduit par deux renards fait allusion aux concubines royales et à leurs eunuques. La figure d'une oie était l'hiéroglyphe de l'idée de « fils »; ce sont donc les nombreux enfants, nés à Râ-mes-sou des femmes de son gynécée, qui sont caricaturés par les oies qui s'avancent sous la garde d'un chat. Un scrupule que l'on comprendra nous a empêché de reproduire intégralement la scène érotique entre un lion et une gazelle, qui termine le papyrus sur la droite.

[2] Ce sont les Egyptiens qui sont les rats et les Asiatiques les chats.

nak et restaura celui de Louqsor. Dans le Delta, que les ravages des invasions avaient particulièrement dévasté, les fondations de Râ-mes-sou III furent très nombreuses; nous en avons l'énumération dans le Papyrus Harris. Entre autres, au lieu appelé aujourd'hui Tell-el-Yahoudeh, il s'était édifié un palais somptueux, construit en pisé à la manière assyrienne et babylonienne, palais où les parois intérieures des salles étaient revêtues de vastes bas-reliefs en terre émaillée retraçant des épisodes de ses combats. C'est sur les ruines abandonnées de ce palais

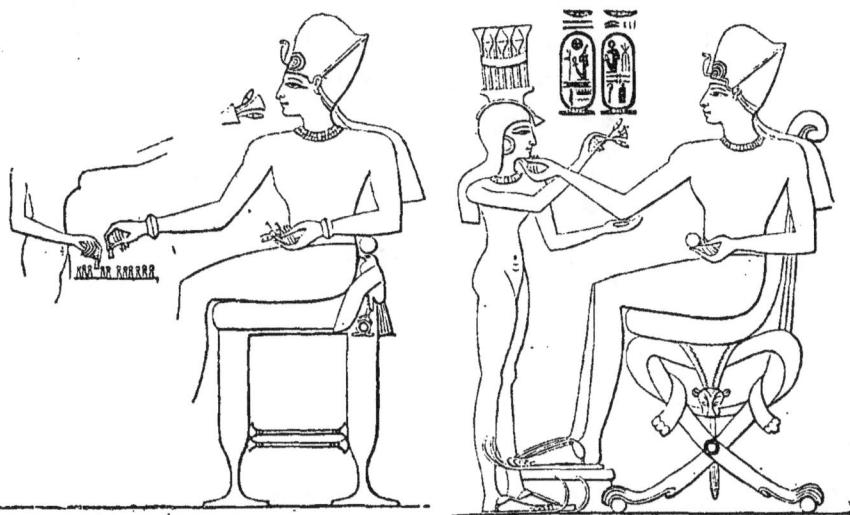

Le roi Râ-mes-sou III dans son harem avec ses concubines[1].

que, onze siècles plus tard, le grand-prêtre juif 'Oniyah (Onias) éleva, avec la permission de Ptolémée Philopator, un temple au dieu de Yisraël. Les décombres de Tell-el-Yahoudeh ont été malheureusement bouleversés dans les quinze dernières années par les fellahs sans qu'aucune surveillance scientifique se soit occupée de contrôler les trouvailles qu'ils y faisaient. Mais un certain nombre de fragments de la décoration du temple juif et de celle du palais de Râ-mes-sou III sont parvenus dans les collections européennes, en particulier dans celle du Musée Britannique.

C'est à dater du règne de Râ-mes-sou III que la chronologie égyptienne prend pour la première fois une base fixe et certaine. Elle résulte d'une

---

[1] Sculptures du pavillon de Médinet-Abou.

date précise et astronomique fournie par le monument de Médinet-Abou. Sur une muraille de ce temple, Râ-mes-sou fit graver un grand calendrier des fêtes religieuses. Or, le jour où dans ce calendrier est marquée la fête du lever de l'étoile Sothis (Sirius) indique qu'il fut gravé en commémoration de ce que l'an 12 de Râ-mes-sou III se trouva être une de ces années qui ne se représentaient qu'à de bien longs siècles d'intervalle, qui servaient de point de départ à la grande période astronomique des Égyptiens, et dans lesquelles leur année vague de 365 jours seulement concordait avec l'année solaire exacte. Les calculs de l'illustre Biot ont établi que cette coïncidence rare et solennelle s'était produite en l'année 1300 av. J.-C. Par conséquent nous pouvons inscrire avec une certitude mathématique et absolue l'avénement de Râ-mes-sou III à l'an 1311.

CHAPITRE V

DÉCADENCE ET CHUTE DE LA MONARCHIE EGYPTIENNE.

§ 1. — FIN DE LA VINGTIÈME DYNASTIE. VINGT-ET-UNIÈME MAISON ROYALE.

(DU XIIIe AU COMMENCEMENT DU Xe SIÈCLE.)

Après le prince guerrier à qui l'on doit le grand temple de Médinet-Abou, treize autres rois du nom de Râ-mes-sou continuèrent la xxe dynastie pendant plus d'un siècle et demi. Mais ils ne forment pas tous une série successive ; les listes de Manéthon n'en admettaient que huit dans la suite des rois légitimes. Au milieu des obscurités qui enveloppent cette période historique, sur laquelle nous n'avons qu'un très petit nombre de documents monumentaux, on discerne quelques troubles, quelques compétitions et surtout, à plusieurs reprises, des partages à l'amiable de l'Égypte entre plusieurs princes. C'est par exemple ce qui arriva entre deux des fils puînés de Râ-mes-sou III, entre Râ-mes-sou VI et son frère Mi-Amoun Méri-Toum, quelque temps après la mort du premier héritier de leur père commun, Râ-mes-sou IV, lequel paraît avoir gouverné seul pendant cinq ou six ans au plus et être mort sans enfants. Aucun de ces nombreux rois n'a laissé un nom illustre. Les timides successeurs du héros de Médinet-Abou ne surent pas conserver intact le glorieux dépôt de ses traditions. C'était en vain que Râ-mes-sou III avait, par l'éclat de ses victoires, arrêté un instant l'Égypte sur le bord de l'abîme où elle allait tomber ; cette fois les temps étaient venus. Bien que la monarchie pharaonique eût encore des gouverneurs en Syrie, la dépendance de ce pays devint de plus en plus fictive. Par son contact prolongé avec les Asiatiques, l'Égypte avait perdu chaque jour davantage cette unité qui jusqu'alors avait fait sa force. Pendant cette période de défaillance générale, une autre cause d'affaiblissement se produisait encore. Les grands prêtres d'Ammon à Thèbes, constitués en race héréditaire, se mirent à jouer le même rôle que plus tard les maires du palais sous nos derniers rois mérovingiens. Ils s'emparèrent successivement de toutes les hautes fonctions civiles et militaires, minèrent peu à peu la puissance royale et aspirèrent à renverser les rois légitimes.

L'Égypte en vient ainsi à payer l'ambition des conquérants de la xviiie et de la xixe dynastie. Humiliée autant qu'elle a été superbe, elle va voir bientôt son sol foulé encore une fois par les étrangers, et après avoir dominé en même temps sur les Kouschites, les Libyens et les Asiatiques, elle recevra d'eux des rois. Comme l'a dit très justement A. Mariette, « c'est pour n'avoir pas su rester sur le terrain qui est véritablement le sien, c'est-à-dire sur les bords du Nil, aussi loin qu'ils se prolongent vers le sud, c'est pour avoir essayé de s'imposer là où mille questions de race et de climat compromettent son autorité, que son empire trop vaste va se démembrer. » Telle en effet sera la fin de la plus brillante période de l'histoire d'Égypte. Impuissant à faire face à tant de dangers, l'empire de Ména, après Râ-mes-sou III, marche douloureusement vers sa décadence. Au nord comme au sud, ses conquêtes lui échappent une à une, et au moment où, quelques années après la mort de Râ-mes-sou XII, les grands-prêtres placent enfin sur leur tête la couronne des Pharaons, nous voyons l'Égypte réduite à ses plus petites frontières et entourée d'ennemis désormais plus puissants qu'elle.

La soumission de la Syrie, au moins nominale, et le paiement d'un tribut par les populations de cette province, se prolongèrent pourtant assez tard dans le cours de la xxe dynastie. Non seulement sous Râ-mes-sou VI nous voyons le Routen rendre hommage au Pharaon, mais près d'un siècle et demi plus tard, sous Râ-mes-sou XI, vers 1150, nous savons avec certitude que le Naharina reconnaissait encore la suzeraineté égyptienne et fournissait un tribut. C'est ce qui ressort d'une stèle provenant de Thèbes et conservée à la Bibliothèque Nationale de Paris, dont la longue inscription a été l'objet des études successives de M. Birch et d'Emmanuel de Rougé. Le récit de cette stèle est assez curieux pour mériter d'être ici analysé. Râ-mes-sou XI était allé faire une tournée en Naharina pour y recevoir les tributs, quand il rencontra la fille du chef d'une localité nommée Bakhtan, qui lui plut et qu'il épousa. Quelques années plus tard, Râ-mes-sou étant à Thèbes, on vint lui dire qu'un envoyé de son beau-père se présentait, sollicitant du roi que celui-ci envoyât un médecin de son choix auprès de la sœur de la reine, atteinte d'un mal inconnu. Un médecin égyptien partit en effet avec le messager. La jeune fille souffrait d'une maladie nerveuse, et, selon la croyance du temps, on pensait qu'un esprit possesseur s'était introduit en elle. En vain le médecin eut-il recours à toutes les ressources de l'art; l'esprit,

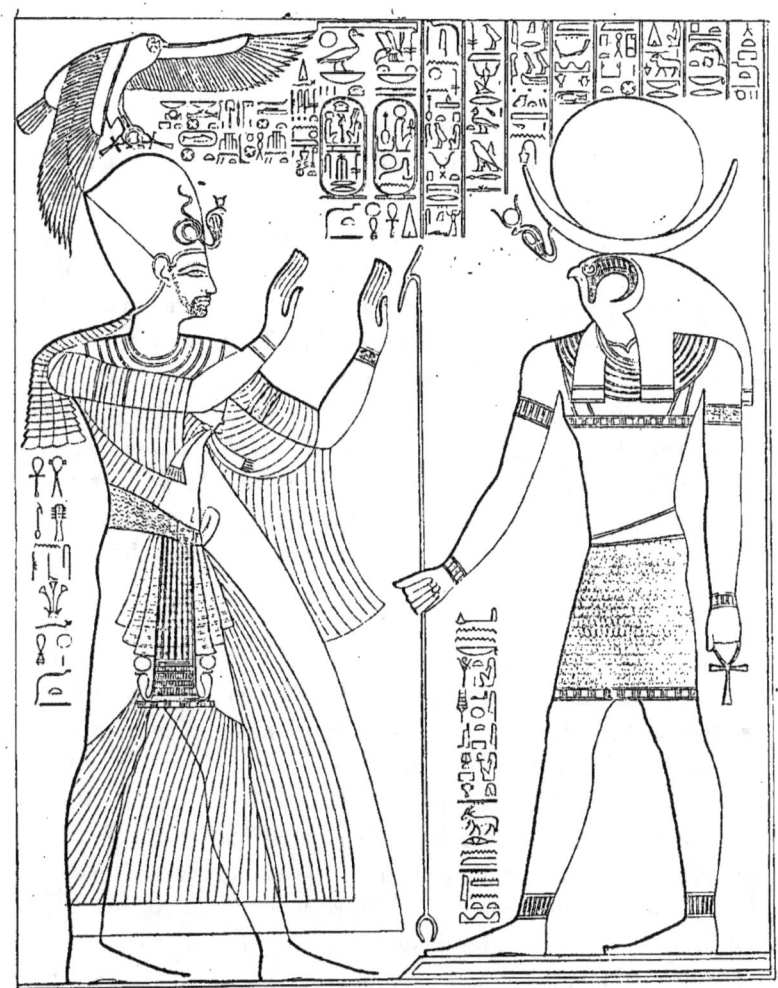

Le roi Râ-mes-sou X adorant le dieu Khonsou[1].

dit la stèle, refusa d'obéir, et le médecin dut revenir à Thèbes sans avoir guéri la belle-sœur du roi. Ceci se passait en l'an 15 de Râ-messou. Onze ans plus tard, en l'an 26, un nouvel envoyé se présenta. Cette fois le beau-père du roi d'Égypte ne demandait plus un médecin; selon

[1] Bas-relief de Thèbes, d'après Lepsius.

lui, c'était l'intervention directe d'un des dieux de Thèbes qui pouvait seule amener la guérison de la princesse, nommée Bent-reschit. Comme la première fois, Râ-mes-sou consentit à la demande du père de la reine, et l'arche sacrée du dieu Khonsou, un des principaux dieux de Thèbes, partit pour opérer le miracle demandé. Le voyage fut long : il dura un an et six mois. Enfin le dieu thébain arriva dans le Naharina et l'esprit vaincu fut chassé du corps de la jeune fille, qui recouvra immédiatement la santé. Mais à ce dénouement ne s'arrête pas le récit gravé sur la stèle. Un dieu dont la seule présence amenait des guérisons si miraculeuses était précieux à bien des titres, et, au risque de se brouiller avec son puissant allié, le père de la jeune princesse résolut de le garder dans son palais. Effectivement, pendant trois ans et neuf mois l'arche de Khonsou fut retenue en Mésopotamie. Mais, au bout de ce temps, le chef qui avait ordonné cette mesure violente eut un songe. Il lui sembla voir le dieu captif qui s'envolait vers l'Égypte sous la forme d'un épervier d'or, et, en même temps, il fut attaqué d'un mal subit. Le beau-père de Râ-mes-sou prit ce songe pour un avertissement céleste. Il donna immédiatement l'ordre de renvoyer le dieu, qui, en l'an 33 du règne, était de retour dans son temple de Thèbes.

Ce qui ajoute encore à l'intérêt de cette curieuse histoire, racontée par un monument contemporain, c'est que l'événement coïncida presque exactement comme date avec les aventures de l'Arche d'alliance des Hébreux chez les Pelischtim, telles qu'elles sont racontées dans le livre de Schemouel. Or, les deux récits ont des points de contact tout à fait saisissants, qui n'auront pas échappé au lecteur.

Râ-mes-sou XI, on le voit par le début de la narration dans la stèle de la Bibliothèque Nationale, au milieu du XIIe siècle avant l'ère chrétienne, se considérait donc encore comme le maître légitime du Naharina, y faisait quelquefois acte de souveraineté et y percevait des tributs. Mais en dehors de cette marque de vasselage, l'autorité des rois d'Égypte sur les provinces asiatiques était dès lors bien fictive. Au delà de l'Euphrate, ils n'avaient pas été en mesure d'empêcher la formation de l'empire assyrien, dont la puissance, inaugurée dans le commencement du XIVe siècle, suivait une marche graduelle et toujours ascendante. Plus près de leurs frontières, ils avaient laissé les Pélesta ou Pelischtim s'emparer des villes de 'Azah, Asdôd, Aschqelôn, Gat et 'Aqqarôn ('Eqrôn), et se rendre ainsi maîtres de la route militaire, jadis si soigneusement gardée, qui faisait communiquer l'Égypte avec la Syrie. Ils n'étaient pas intervenus dans les querelles des Pelischtim avec les Benê-Yisraël et avec les Phéniciens, même quand ils avaient pris et détruit Çidòn, pas plus qu'ils n'étaient intervenus lorsqu'un roi du Aram-Naharaïm ou de la Syrie Damascène, Kouschân-Rischa'thaïm, avait conquis momentanément toute la Palestine.

Le roi-prêtre Her-Hor adorant le dieu Ammon criocéphale [1].

Fort peu de temps après la date de la stèle de la Bibliothèque Nationale, le grand prêtre d'Ammon, Her-Hor, dépossédait Râ-mes-sou XIII de la couronne et prenait ouvertement le titre de roi, en faisant de son ancienne qualification sacerdotale son prénom de souverain. C'est alors que se montre la dernière trace de la puissance des Pharaons en Syrie; Her-Hor reçut encore, peu après son avènement, les tributs de la Syrie, comme de l'Éthiopie.

[1] Bas-relief de Thèbes, d'après Lepsius.

Vers ce moment (dans la seconde moitié du xii° siècle), la puissance de l'empire assyrien prenait un essor subit; les rois d'Asschour entraient dans la voie des grandes conquêtes, et bientôt il ne fut plus question, entre le Tigre et l'Euphrate, et même au delà de ce dernier fleuve, d'autre domination que de celle-là. Her-Hor, qui, après avoir eu le titre de généralissime des armées, s'était fait roi sans renoncer à son suprême sacerdoce, avait quelque peine à faire reconnaître son usurpation. La famille des rois de la xx° dynastie, exilée dans la Grande Oasis, conservait des partisans nombreux, qui à plusieurs reprises parvinrent à écarter momentanément du trône les descendants de Her-Hor. Celui-ci dut ainsi chercher des appuis à l'extérieur et renonça définitivement à la politique de domination extérieure inaugurée par la xviii° dynastie, afin de se concilier l'alliance et le concours des Asiatiques. Mais il ne réussit point encore par là à fonder une dynastie. Son fils, Pi-notem Ier, ne régna pas et dut se borner à rester grand prêtre d'Ammon, tandis que deux ou trois Râ-mes-sou, restaurés, se succédaient obscurément sur le trône. Pi-ânkhi, fils de Pi-notem, plus heureux que son père, réussit à recouvrer la couronne et à se faire proclamer roi à Thèbes. La race des Râ-mes-sou était définitivement détrônée, et pour se donner une légitimité, la famille des prêtres usurpateurs s'allia par mariage à la descendance des compétiteurs de Séti Ier, dans la personne de la princesse Isi-m-Kheb. Elle conserve, d'ailleurs, la politique d'amitié avec les Asiatiques, les Assyriens en particulier, dont l'exemple avait été donné par son fondateur. Une inscription cunéiforme du Musée Britannique raconte l'ambassade que le roi d'Égypte, très probablement Pi-notem II, envoya au roi d'Assyrie Toukoulti-abal-escharra Ier, devenu maître des cités phéniciennes. Parmi les présents que porta cette ambassade, on mentionne un crocodile, animal qui devait paraître fort extraordinaire aux riverains de l'Euphrate et du Tigre.

Cependant une dynastie rivale s'élevait dans la Basse-Égypte, à Tsân ou Tanis, où les listes de Manéthon en placent le berceau et où l'on a trouvé le petit nombre de monuments qui en subsistent. Il paraît aujourd'hui démontré que cette famille royale, dont le fondateur s'appelait Si-Monthou, ceignit la couronne à Tanis au plus fort des compétitions entre les derniers Râmessides et la lignée sacerdotale de Thèbes. Ses premiers rois, dont nous ne connaissons les noms originaux qu'en partie, furent en lutte ouverte avec les descendants de Her-Hor. Et c'est précisément pendant ce déchaînement des guerres civiles sur les bords du Nil que

David régna sur Yisraël et parvint à lui créer momentanément une grande puissance territoriale, dont l'existence était alors possible par suite de l'affaiblissement de l'Égypte, et aussi de l'échec considérable que les 'Hittim ou Khéta venaient de faire subir aux Assyriens, arrêtant pour un temps le progrès toujours croissant de l'empire de ces derniers.

Au temps de Pi-notem II, la situation des princes de Tanis avait assez grandi déjà, le roi de Thèbes se sentait assez menacé dans sa capitale pour que le fils de Piankhi ait cru nécessaire, en prévision de la possibilité d'un sac de la cité d'Ammon par les Tanites et par les bandes asiatiques qu'ils avaient à leur service, de faire enlever de leurs tombeaux les momies des rois thébains depuis la xviie dynastie et de les déposer dans une cachette où ils fussent à l'abri de toute profanation. C'est là que M. Maspero vient de retrouver tout dernièrement, enfermés dans le même caveau, avec beaucoup d'objets de l'ancien mobilier funéraire de leurs tombes, les corps, toujours enfermés dans les cercueils à leurs noms, de Ta-aâ-qen, de Ah-mès et de sa femme, la reine Nofrit-ari, d'Amon-hotpou Ier, des Tahout-mès I, II et III, de Râ-mes-sou Ier, de Séti Ier, de Râ-mes-sou III et de Râ-mes-sou XII, de Her-hor et de Pi-notem Ier. Pi-notem II s'était ensuite fait déposer lui-même dans le caveau où il avait fait transporter ces rois, ses prédécesseurs, avec un certain nombre de princes de leurs familles.

Les rois Tanites parvinrent enfin à triompher de leurs adversaires thébains et à régner sur toute l'Égypte. Ce furent eux que, plus tard, les historiens tels que Manéthon admirent comme continuant la série des souverains légitimes. L'un d'eux, P-siou-n-khâ II, contemporain de Schelomoh (Salomon), lui donna sa fille en mariage, preuve évidente de ce que cette dynastie avait renoncé à toute revendication de l'ancienne puissance de l'Égypte en Asie. Elle ne régna pas, du reste, en tout beaucoup plus d'un siècle, et eut pour héritière une autre famille, également venue de la Basse-Égypte, de la ville de Pa-Bast ou Bubastis.

Au moment où la maison tanite triompha définitivement en Égypte, les descendants de Her-Hor, qui continuaient à unir les titres du sacerdoce suprême d'Ammon à ceux de la royauté, se retirèrent dans la province de Kousch ou d'Éthiopie, qu'ils s'étaient occupés à fortifier avec un soin tout particulier, et là ils se formèrent un État indépendant et rival de l'Égypte, bien qu'ayant la même langue et la même civilisation. La ville de Nap ou Napit, la Napata des géographes classiques (aujourd'hui Gebel-Barkal), où Amon-hotpou III avait fondé jadis un sanctuaire et un oracle d'Ammon, relevant de celui de Thèbes, fut la cité qu'ils choisirent pour leur capitale. Ils en firent le centre de leur monarchie, marquée d'une très forte empreinte théocratique, le foyer de la vie nationale de cette Ethiopie que les Grecs connurent à l'époque où sa capitale avait été transportée encore plus au sud, à Méroé, ou Maràou, comme disaient les indigènes. C'est eux qui y firent florir une civilisation dont la parenté avec celle de l'Egypte frappait tous les anciens, mais qui leur paraissait en même temps encore plus religieuse et sacerdotale. Sous l'autorité des descendants de Her-Hor, qui continuaient à y être prêtres en même temps que rois, le sanctuaire de l'Ammon de Napata, avec son oracle, s'éleva en antagonisme avec celui de Thèbes, où les rois de Tanis, puis de Bubastis, devaient remplacer l'ancienne lignée pontificale par des grands-prêtres de leur choix et de leur famille. Et à dater de ce moment la prétention constante des rois d'Ethiopie fut d'avoir transféré à Napata les droits du sacerdoce légitime du grand dieu thébain.

Il est, du reste, à remarquer que pendant plusieurs siècles après sa fondation, la nouvelle monarchie éthiopienne, tant que sa capitale resta fixée à Nap ou Napata, fut une véritable Égypte du sud, bien que nous saisissions sur le fait, au changement de la nature des noms royaux, le moment où, vers 740 av. J.-C., la famille des descendants de Her-Hor s'éteignit et où la couronne, devenant élective, passa à des hommes de sang kouschite indigène, et non plus de sang égyptien. Mais quand, à la suite de révolutions dont les circonstances nous échappent, le centre de gravité de la vie nationale et politique du pays de Kousch passa de Napata à Méroé, l'élément indigène prit définitivement le dessus. C'est alors que se forma l'Éthiopie que les Grecs ont visitée et décrite, celle qui nous a légué des monuments contemporains des Lagides d'Égypte et des Empereurs romains. Chez celle-ci l'on écrit encore en hiéroglyphes, mais ce n'est plus de l'égyptien que l'on écrit ainsi, c'est la langue nationale de Kousch. Elle adore toujours les dieux de l'Égypte, et Ammon au premier rang; mais elle leur associe des dieux étranges, inconnus à l'antique terre de Kémi-t, des dieux propres à l'Éthiopie. L'art procède toujours de la tradition égyptienne, mais fortement corrompue. Il s'y mêle un élément barbare, qui se traduit principalement par une surcharge bizarre d'ornements symboliques, dont un goût sévère n'empêche plus l'accumulation exagérée. En même temps, comme il

Le mont Barkal et les ruines de Napata.

arrive souvent en cas analogue, des habitudes archaïques, depuis bien longtemps abandonnées au berceau de la civilisation, reparaissent dans

Roi frappant un groupe d'ennemis vaincus, bas-relief éthiopien de Méroé[1].

la colonie comme par une sorte d'effet d'atavisme. Ainsi les rois de Méroé se font enterrer sous des pyramides, comme les rois de l'Ancien

---

[1] D'après Lepsius.

FIN DE LA VINGTIÈME DYNASTIE

Empire égyptien, et avant eux les rois de Napata avaient fait de même. L'antique mode de sépulture des Khoufou et des Kha-f-Râ, tombé en

Reine frappant un groupe d'ennemis vaincus, bas-relief éthiopien de Méroé[1].

désuétude en Égypte depuis la xiiᵉ dynastie, reparaît ainsi dans l'Éthiopie à plus de vingt siècles d'intervalle.

[1] D'après Lepsius.

Un roi, sa femme et son fils adorant un dieu à tête de lion, bas-relief éthiopien de Méroé¹.

D'après Lepsius.

Les pyramides du champ de sépulture des rois de Napata.

§ 2. — VINGT-DEUXIÈME, VINGT-TROISIÈME ET VINGT-QUATRIÈME DYNASTIES.

(X[e], IXe ET VIIIe SIÈCLES.)

Nous arrivons à l'époque où des dynasties d'origine étrangère, et non plus nationale, vont dominer sur l'Égypte pendant plusieurs siècles. C'est le résultat de la prépondérance que les pays du Delta, remplis d'éléments d'autres races que celle des purs Égyptiens, ont définitivement prise sur la Haute-Égypte, véritable foyer de la vie nationale, depuis la réaction qu'a suscitée l'audacieuse usurpation des grands prêtres d'Ammon à Thèbes.

De tout temps, nous l'avons vu dans le cours de cette histoire, les monarques égyptiens avaient considéré comme d'une bonne politique de combler par la colonisation de nombreux prisonniers les vides que la guerre faisait dans la population, et surtout de recourir à l'émigration étrangère pour peupler les territoires que l'on conquérait graduellement sur les marais dans la Basse-Égypte. « Les Pharaons de la XIIe dynastie, dit M. Maspero, s'étaient vantés déjà de transporter au midi les nations du nord et au nord les nations du midi ; ils avaient implanté dans la vallée du Nil des peuples entiers. L'invasion des Pasteurs, en livrant le pays pour des siècles à des gens venus du dehors, augmenta considérablement le nombre des étrangers. Après la victoire d'Ah-mès, la famille royale et la classe guerrière émigrèrent en Asie, mais le gros de la population resta sur le sol : Ha-ouar, Tanis, les villes et les nomes situés au nord-est du Delta, particulièrement aux environs du lac Menzaleh, restèrent pour ainsi dire aux mains des Sémites. Sujets égyptiens, ces Sémites ne perdirent pas leurs traditions nationales : ils gardèrent une sorte d'autonomie, refusèrent de payer certains impôts, et se vantèrent de ne pas être de la race des Pharaons. Leurs voisins de vieille souche égyptienne leur donnèrent les sobriquets d'étrangers, *Pa-schemour*, les barbares (Baschmourites), *Pi-âmou*, les Asiatiques (Biahmites)....

« A l'occident du Delta, autres races, autres influences. Saïs et les villes voisines, placées en rapport constant avec les tribus libyennes, leur avaient pris une partie de leur population. Les Matsiou, et surtout, depuis le règne de Râ-mes-sou III, les Maschouasch, y prédominaient ;

mais, tandis que les Sémites devenaient à la longue agriculteurs, lettrés, prêtres, marchands, aussi bien que soldats, les Libyens conservaient toujours leur tempérament guerrier et leur organisation militaire. Depuis environ deux mille ans, les Matsiou étaient campés et non établis sur le sol ; c'étaient des mercenaires par droit héréditaire plutôt que des habitants paisibles. Ils formaient des corps de police placés dans chaque nome à la disposition du gouverneur et des autorités, garnissaient les postes de la frontière, accompagnaient le Pharaon dans ses expéditions lointaines ; les idées d'armes et de lutte étaient si étroitement liées à leur personne, qu'aux époques de la décadence de la langue leur nom, altéré en *matoï*, devint pour les Coptes le terme générique de soldat. Les Maschouasch gardèrent toujours leur costume et leur armement spécial ; on les reconnaît sur les monuments à la pièce d'étoffe qu'ils portent en guise de coiffure. Sans cesse recrutés parmi l'élite des populations libyennes que les hasards de la guerre ou l'appât d'une haute solde attiraient du dehors, ils ne tardèrent pas à former la force principale et le fond des armées égyptiennes. Les Pharaons s'entourèrent de ces étrangers comme d'une garde plus sûre que les troupes indigènes, et leur donnèrent pour commandants des princes du sang royal. Les « chefs des Maschouasch » finirent par se rendre à peu près indépendants de leur suzerain : les uns s'appuyèrent sur leurs soldats pour s'élever au trône, les autres aimèrent mieux faire et défaire les rois à leur gré. Dès la fin de la xxie dynastie, l'Égypte se trouvait en proie aux étrangers : elle n'eut plus d'autres maîtres que ceux qu'il leur plut lui infliger. »

La première dynastie étrangère, qui compte comme la xxiie dans les listes de Manéthon, fut sémitique et s'éleva dans l'orient du Delta. Vers le milieu de la xxe dynastie, un Syrien, ou plutôt encore, d'après la physionomie très caractérisée des noms qui restèrent en usage dans sa famille, un aventurier d'origine assyro-babylonienne, nommé Boubouaï, vint s'établir à Pa-Bast (Bubastis) ou dans les environs. « Ses descendants y prospérèrent, et le cinquième d'entre eux, nommé Scheschonq, épousa une princesse de sang royal, Meht-en-ousekh. Son fils Nimroth joignit aux dignités religieuses, dont il était revêtu, le titre militaire de commandant des Maschouasch. Son petit-fils Scheschonq eut une fortune plus brillante encore. On le rencontre tout d'abord traité de « Majesté » et qualifié de « Prince des princes, » ce qui semble montrer qu'il tenait le premier rang parmi les chefs des

Maschouasch[1]. Plus tard, il marie son fils Osorkon à la fille du dernier roi Tanite, Hor P-siou-n-khâ Mi-Amoun, le Psousennês II de Manéthon. A la mort de ce prince, il s'empare de la couronne et fonde une nouvelle dynastie. C'était donc une famille sémitique que le hasard des événements portait jusqu'au trône d'Égypte : malgré sa longue résidence sur le sol de sa patrie adoptive, elle n'avait perdu ni le souvenir

Scheschonq Ier nourri par la déesse Hathor[2].

de son origine, ni la mémoire de ses dieux nationaux. Officiellement Scheschonq rendait hommage à Ammon-Râ, à Isis, à Bast surtout ; en

---

[1] Ce sont ces titres fastueux qui ont produit le singulier mirage auquel s'est laissé séduire M. Brugsch, transformant ces ancêtres de la xxiie dynastie en rois d'Assyrie inconnus à l'histoire réelle des bords de l'Euphrate et du Tigre.

[2] Bas-relief de Thèbes, d'après Lepsius.

particulier il conservait le culte des divinités syriennes et faisait acheter en Palestine des esclaves mâles et femelles pour honorer son père Nimroth à la mode de ses ancêtres. Il sut, d'ailleurs, ramener les petits chefs à l'obéissance et réunir l'Egypte entière sous un même sceptre. Si du côté de l'Ethiopie il ne parvint pas à soumettre les princes de Napata, en Syrie sa politique fut plus heureuse[1]. »

Portrait du roi Scheschonq·Ier.

Sans rompre encore ouvertement avec Schelomoh (Salomon), le roi de Yisraël, il donna dans sa cour asile aux mécontents qui fuyaient ce voisin, dont il méditait l'abaissement. C'est ainsi qu'il accueillit Hadad l'Édomite et Yarabe'am (Jéroboam) l'Ephraïmite. Puis, quand, à la suite de la mort de Schelomoh, Yarabe'am fut rentré en Palestine et se fut mis à la tête des dix tribus schismatiques, Scheschonq, prononçant davantage sa politique et d'accord avec lui, envahit le royaume de Yehoudah. La cinquième année du règne de Re'habe'am dans ce pays

[1] Maspero.

(927), il lança sur Yehoudah 1,200 chars de guerre, 60,000 cavaliers (ce sont les chiffres de la Bible) et une foule innombrable de soldats égyptiens, libyens, éthiopiens et troglodytes ; il s'empara de Yerouschalaïm (Jérusalem) et enleva les trésors du Temple ainsi que ceux du monarque. Ces conquêtes sont retracées sur un grand bas-relief du temple de Karnak, daté du règne de Scheschonq lui-même, où l'on voit figurer, avec leurs noms, 133 cités du royaume de Yehoudah et villes lévitiques, situées sur le territoire de Yisraël mais n'ayant pas voulu s'associer à la révolte de Yarabe'am, qui avaient été prises par l'armée égyptienne. La plupart de ces noms sont connus par les Livres Saints. Entre autres localités célèbres, on y remarque Rabitha (Rabbith), Ta'ankaou (Ta'anach), Schenmaou (Schounem), Rehabaou (Re'hob, Bêth-Re'hob), Hapouremaou ('Hapharaïm), Adoulma (Adoullam), Mahanema (Ma'hanaïm), Gebe'ana (Gibe'on), Bitha-Houarouna (Bêth-'Horon), Qademoth (Qedmoth), Ayoulouna (Ayalon), Makathou (Megiddo), Abilaou (Abel), etc. La capitale du royaume ne porte pas sur ce monument son appellation ordinaire de Yerouschalaïm, mais elle se reconnaît avec certitude dans le nom *Yehoudaha-malek*, « Yehoudah la royale. » L'artiste égyptien a rendu avec une merveilleuse exactitude ethnographique le type juif dans les bustes de prisonniers qui surmontent les encadrements crénelés dans lesquels est inscrit le nom de chaque ville.

La durée exacte du règne de Scheschonq Ier n'est pas connue d'une manière certaine ; mais on sait du moins qu'il atteignit sa vingt et unième année. Ses successeurs n'imitèrent pas sa politique d'action extérieure. Ils concentrèrent leurs efforts sur les travaux de la paix et ne sortirent pas des frontières de l'Égypte. Ce fut pour cette contrée une période d'un siècle environ de silence et d'obscurité. Elle eut pu du moins y trouver la richesse et la prospérité. Mais la faiblesse du gouvernement de la dynastie bubastite, et surtout son système de constitution d'apanages pour les princes de la maison régnante, conduisit assez vite le pays à un état de véritable décomposition. « Pour éviter des usurpations analogues à celles des grands-prêtres d'Ammon, dit M. Maspero, Scheschonq et ses descendants s'étaient fait une loi de confier les charges importantes à des princes de la maison royale. Un fils du Pharaon régnant, et d'ordinaire le fils aîné, était grand-prêtre d'Ammon et gouverneur de Thèbes, un autre commandait à Sesoun (Hermopolis), un autre à Hâ-khnen-sou, d'autres encore dans toutes les grandes villes du Delta et de la Haute-Égypte. Chacun d'eux avait avec lui plusieurs bataillons de ces soldats libyens, Matsiou et Maschouasch, qui faisaient alors la force de l'armée égyptienne et sur la fidélité desquels il pouvait compter. Bientôt ces commandements devinrent héréditaires, et l'ancienne féodalité des chefs de nomes se rétablit au profit des membres de la famille royale. Le Pharaon continua de résider à Memphis ou à Bubastis, de toucher l'impôt, de diriger autant que possible l'administration centrale et de présider aux grandes cérémonies du culte, telles que l'intronisation ou l'ensevelissement d'un Hapi; mais, en fait, l'Egypte se trouva partagée en un certain nombre de principautés, dont les unes comprenaient à peine quelques villes, tandis que d'autres s'étendaient sur plusieurs nomes continus. Bientôt les chefs de ces principautés s'enhardirent jusqu'à rejeter la suzeraineté du Pharaon : appuyés sur des bandes de mercenaires libyens, ils usurpèrent non seulement les fonctions de la royauté, mais le titre de roi, tandis que la dynastie légitime, reléguée dans un coin du Delta, conservait à peine un reste d'autorité. Cette décomposition de l'Egypte dut commencer peu après la mort de Scheschonq Ier, mais on n'en rencontre aucun indice certain

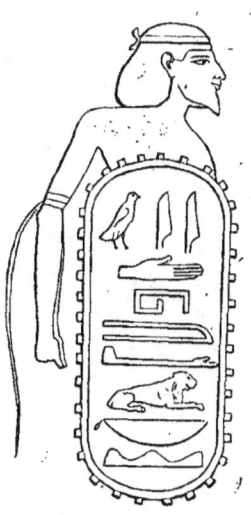

Figure de captif personnifiant la capitale du royaume de Yehoudah, dans le bas-relief des conquêtes de Scheschonq Ier.

avant le règne de Takelôth II. Le fils aîné de ce prince, Osorkon, grand-prêtre d'Ammon, gouverneur de Thèbes et des pays du midi, ne préserva l'intégrité du royaume qu'au prix de guerres perpétuelles. Les révoltes augmentèrent de gravité sous les successeurs de Takelôth II, Scheschonq III, Pi-maï et Scheschonq IV. Quand ce dernier mourut, après trente-sept ans au moins de règne, l'autorité des Bubastites était tellement affaiblie que la suzeraineté leur échappa et passa aux mains d'une autre famille, originaire de Tanis [1]. La dynastie Tanite (XXIIIe) jeta un instant d'éclat dans ce siècle de révolutions rapides; son fondateur, Pet-se-Bast (Petoubastês, M.) se substitua à l'héritier de Scheschonq IV, pénétra jusqu'à Thèbes et parvint à établir sur ses contemporains une suzeraineté précaire qu'Osorkon III et P-se-Mout maintinrent tant bien

---

[1] Il y a, du reste, de grandes probabilités à ce que cette dynastie ait été une branche collatérale de la maison bubastite.

que mal pendant près d'un demi-siècle. Sous leur domination, l'Égypte en arriva à ce point de division qu'elle se trouva partagée entre près de vingt princes, dont quatre au moins s'attribuaient le cartouche et les insignes de la royauté.

Osorkon Ier adorant le dieu Ammon[1].

« Au milieu de ces roitelets turbulents et pillards, une famille parut que son énergie politique et le mérite des hommes qui la composaient portèrent sans peine au-dessus de ses rivales. Certes, il ne manquait ni d'habiles ni d'ambitieux à Tanis, à Ha-khnen-sou, à Bubaste. Mais aucune des villes ni aucun des souverains de cette époque ne jouèrent

[1] Bas-relief de Thèbes, d'après Lepsius.

un rôle aussi prépondérant que celui de Saïs et des princes qui la gouvernaient. Actifs, remuants, batailleurs, mêlés à tous les événements qui s'accomplissent autour d'eux, dès l'instant que nous les voyons apparaître sur la scène, les Saïtes ont un but unique vers lequel tendent tous leurs efforts : ils veulent déposséder les petits princes et fonder sur les débris des dynasties locales qui ruinent le pays une dynastie nouvelle, dont l'autorité s'étende sur l'Égypte entière. L'histoire du temps est au

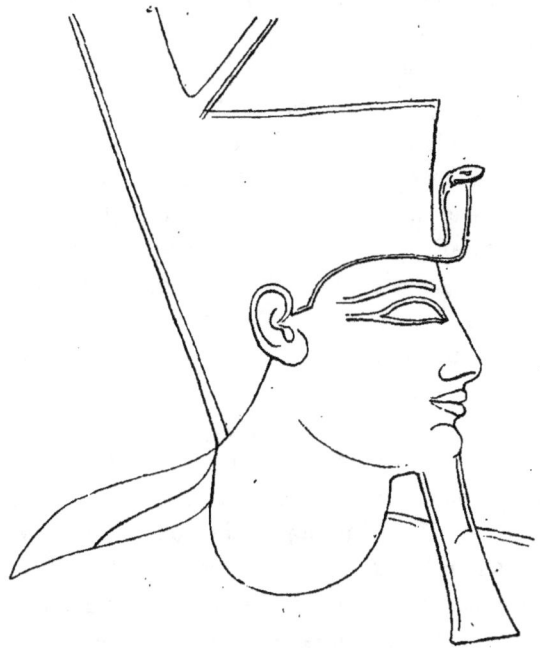

Portrait du roi Osorkou II.

fond l'histoire des tentatives qu'ils font pour arriver à leurs fins et des échecs qui retardent à chaque instant les progrès de leur ambition. Les petits princes coalisés contre eux, mais incapables de résister, appellent l'étranger à leur secours et trahissent l'intérêt de la patrie commune au profit de leurs intérêts particuliers. De là les invasions éthiopiennes ; la dynastie Kouschite (xxv⁰) arrête un moment les empiètements de la famille Saïte (xxiv⁰), sans pouvoir ni l'abattre, ni même la décourager. L'insuccès de Ta-f-nekht ne sert pas de leçon à Bok-en-ran-f ; le désastre de Bok-en-ran-f ne fait pas hésiter ses successeurs. L'intervention assyrienne n'est pour eux qu'un moyen d'user la puissance éthiopienne. Les

Éthiopiens vaincus, les Assyriens occupés en Asie, Psaméthik reprend l'avantage et finit par donner de la réalité au rêve constant de sa race. En quelques années, il réunit sous sa main le pays tout entier et établit solidement cette xxvi⁰ dynastie sous laquelle l'Égypte devait vivre encore quelques jours de gloire et de prospérité. »

Le premier auteur de la maison des princes de Saïs fut Ta-f-nekht, vers le milieu du viii⁰ siècle av. J.-C. Il était, semble-t-il, de sang libyen et en tous cas de naissance obscure, originaire de la ville de Noutri, la Manouti des Coptes, près de Ganoup ou Canope, dans le septième nome du Delta. Devenu chef d'un corps de Maschouasch, il commença graduellement à s'arrondir aux dépens de ses voisins. Pendant quelques années, il fit successivement le siège des forteresses où étaient embastillés les chefs militaires indépendants et les roitelets de la portion occidentale de la Basse-Égypte. Une fois maître de tout le territoire à l'ouest de la branche centrale du Nil, Ta-f-nekht, respectant la domination de la dynastie de Tanis sur l'Orient du Delta, commença à remonter le fleuve pour s'emparer de l'Égypte Moyenne et même essayer de conquérir la Haute-Égypte, dont les rois éthiopiens de Napata s'étaient rendus maîtres depuis quelque temps et où la population les avait salués comme ses princes légitimes, à titre de descendants de la maison sacrée des grands-prêtres d'Ammon. La grande place forte de Méri-Toum, aujourd'hui Méïdoum, le pays du lac Mœris (le Fayoum), la cité de Hâ-khnen-sou ou Héracléopolis, avec son roi Pe-f-aâ-Bast, celle de Sesoun ou Hermopolis, avec son roi Osorkon, le reconnurent pour souverain supérieur. Il se rendit aussi maître de la ville de Pa-neb-tep-ahe ou Aphroditopolis; et, poursuivant le cours de ses succès, il était en train de conquérir le nome de Ouab, dont la capitale était Pa-matsets, l'Oxyrhynchus de la géographie classique, quand ceux des chefs du bas et du haut pays, qui n'avaient pas encore courbé la tête devant leur autorité, invoquèrent l'appui du roi d'Éthiopie.

C'était Pi-ânkhi Méri-Amoun, qui régnait alors depuis vingt ans à Napata et possédait de plus la Thébaïde, occupée paisiblement par ses troupes sous les généraux Pouarma et Lamereskin. A l'appel des petits princes menacés par Ta-f-nekht, il se hâta de répondre; car il trouvait là une occasion précieuse et inespérée d'intervenir dans les affaires de l'Égypte inférieure et de s'emparer de toute la vallée du Nil, jusqu'à la mer. La guerre que Pi-ânkhi entreprit alors est racontée en grands détails dans l'inscription d'une stèle découverte par A. Mariette au Gebel-Barkal, dans les ruines mêmes de Napata, et conservée au musée de Boulaq. C'est notre illustre Émmanuel de Rougé qui a traduit le premier cette inscription.

Aussitôt en recevant les nouvelles d'Égypte, le monarque d'Éthiopie avait envoyé aux commandants de son corps d'armée de Thébaïde l'ordre d'entrer immédiatement en campagne, avant même qu'il ne les eût rejoints avec de nouvelles troupes. Les soldats de Kousch remportèrent d'abord quelques succès et refoulèrent devant eux les ennemis. Alors Ta-f-nekht concentra son armée à Hâ-khnen-sou et y groupa autour de lui les contingents de tous les autres princes qui se montrèrent résolus comme lui à barrer le chemin aux Éthiopiens : Nimroth, roi de Sesoun,

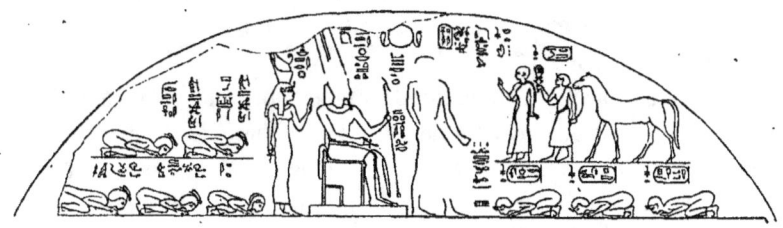

Bas-relief du couronnement de la stèle de Pi-ânkhi Méri-Amoun[1].

Schoupouth, roi de Ten-remou, localité qui n'est pas encore déterminée avec certitude, Pe-f-aâ-Bast, roi de Hâ-khnen-sou, avec son fils et prince héritier Pet-Isi, Osorkon, roi de Pa-Bast, Tsat-Amoun-auf-ânkh, grand chef des Maschouasch résidant à Pa-Ba-neb-Dad ou Mendès, plus une douzaine d'autres chefs de la même milice, occupant des cantons orientaux du Delta et du nome Arabique. L'armée éthiopienne gagna sur ces confédérés une nouvelle bataille et les refoula jusqu'à la ville de Kheb. Mais le succès ne fut pas assez complet pour qu'on ne vît pas bientôt le roi Nimroth reprendre l'offensive et chasser les soldats de Pi-ânkhi de son nome d'Hermopolis.

Cependant le monarque éthiopien, mécontent de la lenteur des opérations, annonce sa prochaine arrivée. A cette nouvelle, ses géné-

---

[1] Au centre de la composition, le roi d'Ethiopie se tient debout en avant d'Ammon assis et de Mout, ses dieux protecteurs. Le roi Nimroth, accompagné de sa femme, lui amène un cheval en tribut. Les trois petits rois Osorkon, Schoupouth et Pe-f-aâ-Bast, prosternés la face contre terre, rendent hommage au vainqueur. Derrière le groupe des divinités, les cinq chefs des Maschouasch, caractérisés par la pièce d'étoffe pliée qui surmonte leur tête, sont aussi prosternés et font leur soumission.

raux redoublent d'efforts. Ils emportent d'assaut plusieurs villes comme Pa-mátsets (Oxyrhynchus) et Ha-Bennou (Hipponon). Mais ces exploits ne désarment pas la colère du roi, dont le premier soin, en arrivant sur le théâtre de la guerre après avoir célébré la fête d'Ammon à Thèbes, est de réprimander ses officiers pour n'avoir pas encore anéanti les rebelles.

En effet, les guerriers de la Basse-Égypte tiennent bon dans Sesoun. La ville est assiégée et se défend bravement, mais finit par succomber. Pi-ânkhi y entre en vainqueur irrité. La reine Nes-tent-nes, épouse de Nimroth, parvient enfin à fléchir le conquérant et obtient la grâce de son mari, qui se reconnaît vassal de Pi-ânkhi et auquel le monarque éthiopien impose un lourd tribut, destiné au trésor d'Ammon à Thèbes. Pi-ânkhi, avant de quitter la ville de Sesoun, fait ses dévotions dans le temple de Tahout, le grand dieu de la cité, et reçoit la soumission du roi de Hâ-khnen-sou.

Continuant sa marche triomphante vers le nord, le souverain de Napata se rend maître, par capitulation ou par force, de Méri-Toum, de Tétaoui et des autres forteresses qui couvraient Memphis du côté du sud, et arrive enfin devant cette ville elle-même, qu'il somme de lui ouvrir ses portes. Mais Ta-f-nekht s'est jeté dans la capitale de la Basse-Égypte avec 8,000 soldats, et il relève par sa présence le courage de ses partisans, d'abord déconcertés. Pi-ânkhi profite de l'état des eaux, qui viennent baigner à ce moment le pied des remparts et permettent aux navires du fleuve de s'approcher jusqu'à la base des tours, pour faire attaquer Memphis du côté du Nil à la fois par son armée et sa flotte. L'assaut est donné, et malgré une énergique résistance, les soldats éthiopiens pénètrent dans la ville « comme une inondation. » Le lendemain, quand le premier trouble est apaisé, Pi-ânkhi fait son entrée à Memphis, non en conquérant dévastateur, mais en souverain légitime qui vient prendre possession de ses droits. Il honore par des sacrifices les dieux de Memphis et d'Héliopolis, rend aux prêtres leurs prérogatives et établit des fondations pieuses.

Après la prise de Memphis, la plupart des chefs du Delta s'empressent de venir faire leur soumission ; ils se prosternent aux pieds de Pi-ânkhi et se déclarent ses vassaux et ses tributaires. Pour accélérer encore ce mouvement de soumission, Pi-ânkhi descend jusqu'à Ha-to-her-ab, où il est reçu par le prince Pet-Isi. Ta-f-nekht seul résiste encore et s'obstine à tenir la campagne. Un corps de troupes est envoyé contre lui, le bat et le force à chercher un refuge dans le désert libyque. Après ce dernier désastre, il se décide à céder et envoie faire au roi éthiopien des propositions d'accommodement. Pi-ânkhi, désireux d'en finir avec cette guerre et ne voulant pas pousser à bout un adversaire dont il a pu apprécier toute la valeur, lui accorde la paix la plus honorable. A condition de lui rendre hommage, de se soumettre à un tribut et de prêter serment de fidélité, Ta-f-nekht conserve la possession de l'État qu'il a su se tailler à la pointe de son épée dansle Delta occidental, État composé des nomes Saïte, Athribite, Libyque, Memphite et de quelques autres cantons qui les avoisinent. Sans prendre le titre de roi, qui ne lui est jamais donné dans tout le cours du récit, Ta-f-nekht, le Tnéphachthos de Diodore de Sicile et le Technactis de Plutarque, est désormais le prince le plus puissant de la Basse-Égypte ; et l'investiture qu'il a reçue du roi d'Éthiopie donne à son autorité une légitimité qu'elle n'avait pas jusque-là.

Pi-ânkhi dut conserver jusqu'à la fin de sa vie la souveraineté de l'Égypte entière, où non-seulement les chefs militaires comme Ta-f-nekht, mais les deux dynasties royales de Tanis et Bubastis, et d'Héracléopolis, lesquelles paraissent avoir été des branches de l'ancienne lignée bubastite, aussi bien que la dynastie royale d'Hermopolis, avaient accepté la situation de ses vassaux. Mais à sa mort une révolution se produisit dans la constitution de la monarchie éthiopienne. Jusqu'à lui le pouvoir royal s'était transmis à Napata par la voie d'une hérédité directe à la manière égyptienne, dans la famille issue des grands-prêtres thébains. Pi-ânkhi étant mort, sans doute sans laisser d'enfants mâles, il fallut adopter une nouvelle forme de succession. C'est alors que la monarchie kouschite adopta l'institution toute particulière qu'elle conserva ensuite pendant plusieurs siècles, jusqu'au temps où les Lagides régnaient en Égypte, institution qui ne s'est reproduite depuis que dans la Pologne jusqu'en 1573, royauté à la fois héréditaire et élective, dans laquelle les droits qu'un prétendant tenait de sa naissance n'avaient pleine valeur qu'après l'élection, faite en Éthiopie par les prêtres, comme plus tard en Pologne par les nobles. Deux stèles découvertes au Gebel-Barkal racontent l'élection et l'intronisation de rois très peu postérieurs aux événements qui nous occupent en ce moment. Ce sont les prêtres qui y prononcent sur les titres des prétendants par la voie sacrée de leur oracle d'Ammon ; et ce sont là précisément les formes solennelles que Diodore de Sicile affirme avoir présidé à l'avènement des rois d'Éthiopie jusqu'au coup d'État antisacerdotal de Arq-Amoun ou Ergamène. En même temps s'établit un autre usage, signalé par les écrivains classiques comme propre aux Éthiopiens ; il consistait en ce que les droits héréditaires à valider par l'élection étaient transmis par les femmes, et non par les hommes.

Le premier roi ainsi élu, après la mort de Pi-ânkhi, fut Kaschta, que son nom révèle comme de race proprement kouschite. Il avait épousé une princesse de l'ancienne maison royale, appelée Schep-en-

Le roi P-se-Mout adorant les dieux Ammon et Khonsou[1].

ape-t, et c'est de ce mariage qu'il prétendait tirer ses droits à la couronne. Un semblable changement dans la constitution fondamentale de la royauté ne pouvait, du reste, se produire sans troubles. Il est probable que les circonstances amenèrent alors les Éthiopiens à retirer leurs troupes de la Thébaïde et que les rois de Tanis se hâtèrent d'en profiter. Il y a de très fortes raisons de croire que ce fut alors, vers 738, que P-se-Mout, le Psammous de Manéthon, fit reconnnaître son autorité à Thèbes.

Quelques années plus tard, en 730, Bok-en-ran-f de Saïs, qui venait de succéder à Ta-f-nekht, reprit les projets de son père, et, ne trouvant

[1] Bas-relief de Thèbes, d'après Lepsius.

plus d'Éthiopiens devant lui, parvint à les réaliser momentanément. Son nom à lui seul compte pour une dynastie, la xxiv°, dans les listes de Manéthon. « Le succès fut grand, dit M. Maspero, et l'homme ne manquait ni de valeur, ni d'énergie : longtemps après sa mort, le peuple racontait sur son compte toutes sortes de légendes merveilleuses. Il était, dit-on, faible de corps et manquait d'extérieur, mais rachetait ces défauts par la finesse de son esprit; il avait laissé la renommée d'un prince simple dans son genre de vie, d'un législateur prudent et d'un juge intègre. Les rares monuments que nous avons de son règne sont muets sur ses actions, mais ce que nous savons de la vie de Ta-f-nekht éclaire d'une vive lumière la vie de son fils. Ce fut une lutte incessante contre les petits princes, une série de guerres perpétuelles, d'abord pour conquérir le Delta et l'Égypte moyenne, même un moment la Thébaïde, ensuite pour conserver sa conquête et y maintenir à grand peine une domination précaire. Les contemporains n'avaient pas foi dans la durée de la dynastie, et les dieux eux-mêmes annoncèrent sa chute par divers présages menaçants. Et de fait la catastrophe ne se fit pas longtemps attendre.

« Kaschta était mort, laissant pour héritiers un fils, Schabaka, et une fille, Amon-iri-ti-s. Schabaka était, comme l'événement le prouva bientôt, un prince actif et énergique, à qui la rébellion des Saïtes et l'établissement d'une dynastie nouvelle ne pouvaient convenir. Il partit à la conquête de l'Egypte, et fut, sans doute, aidé dans son entreprise, comme Pi-ânkhi l'avait été auparavant, par les petits princes des nomes. Bok-en-ran-f, battu, fut pris dans Saïs après sept ans de règne et brûlé vif comme rebelle. Cette fois la dynastie saïte s'était attirée un échec qui semblait devoir mettre ses prétentions à néant. Dépouillés de leurs titres et de leurs domaines, les parents de Bok-en-ran-f s'enfuirent dans les marais du Delta et réussirent à y maintenir leur indépendance. L'histoire de leur vie errante finit par y devenir populaire et donna naissance à la légende de l'aveugle Anysis, qui, réfugié dans une petite île du lac de Natho (Ni-Adhou), y attendit cinquante ans le départ des Ethiopiens. »

§ 3. — LES ÉTHIOPIENS ET LES ASSYRIENS EN ÉGYPTE.
(724-660 avant J.-C.)

Nous voici maintenant bien loin des grandes batailles des Ousor-tesen et des Tahout-mès, de ces tributs imposés par les pharaons vainqueurs à la « vile race de Kousch, » de ces victoires qui avaient réduit toute la vallée du Nil, jusqu'au fond de l'Abyssinie, en province égyptienne. C'est Kousch maintenant qui traite l'Egypte en pays vaincu et vient régner dans les palais de Thèbes et de Memphis, tout pleins de la gloire des Tahout-mès, des Amon-hotpou et des Râ-mes-sou.

Portrait du roi éthiopien Schabaka.

Une fois maître de l'Egypte, Schabaka, le Sabacon des Grecs, le Schabeh des Assyriens, le Soua ou Séva de la Bible [1], ne se borna pas à étendre sur ce pays une suzeraineté analogue à celle qu'y avait exercée son prédécesseur Pi-ânkhi. Il se fit roi d'Egypte en même

[1] La syllabe *ka*, par laquelle se terminent les noms des rois de la dynastie éthiopienne, était un article suffixe dans la langue de Kousch. On pouvait donc indifféremment l'ajouter ou le retrancher au nom. Les monuments égyptiens et la liste de Manéthon donnent pour le nom du conquérant fondateur de la dynastie la forme Schabaka, avec l'article ; la Bible et les Assyriens ont basé leurs transcriptions sur la forme Schaba ou Schava, sans l'article ; dans l'un et l'autre cas le nom est le même en ce qui est de ses éléments essentiels.

temps que d'Éthiopie, prit le protocole des Pharaons et fut considéré comme le chef d'une dynastie nouvelle, toute entière composée de rois éthiopiens. Pourtant, au moins dans le Delta, il laissa subsister, de plus ou moins bon gré, quelques-uns des petits princes locaux. A Tanis, en particulier, son autorité n'eut jamais que le caractère de celle d'un suzerain, et un roi vassal continua à y subsister sous son règne, reprenant suivant les circonstances « un degré plus ou moins grand d'indépendance. » Les documents assyriens réservent à ce prince de Tanis le titre de *pirhou* ou pharaon (l'égyptien *per-aâ*), donnant à Schabaka celui de *schiltan* ou dominateur suprême de l'Egypte.

Schabaka « essaya du moins de réorganiser le pays auquel il s'imposait, et de faire oublier par la sagesse de son administration l'odieux de son origine étrangère. Les princes locaux furent surveillés de près et contraints à obéir comme de simples gouverneurs. Leur soumission et la réunion du pays entre les mains d'un seul homme rendirent faciles certains travaux d'ensemble que les guerres des siècles antérieurs n'avaient pas permis d'exécuter. Les chaussées furent réparées, les canaux nettoyés et agrandis, le sol des villes exhaussé et mis à l'abri de l'inondation. Bubastis surtout gagna à ces travaux, mais les autres villes ne furent pas négligées. Par ordre du roi, plusieurs des temples de Memphis, qui étaient tombés en ruine, furent restaurés et les inscriptions effacées par le temps furent gravées à nouveau. Thèbes, placée directement sous l'autorité de la reine Amon-iri-ti-s[1], profita largement de la bienveillance de ses nouveaux maîtres. Pour trouver les bras nécessaires, Schabaka remplaça la peine de mort par celle des travaux publics, et cette politique bien entendue lui valut par toute l'Égypte un renom de clémence. Le pays, rendu enfin à la tranquillité, commença de réparer ses ruines avec cette puissance de vitalité merveilleuse dont il avait déjà donné tant de preuves[2]. »

A ce moment, la Syrie et la Palestine, auxquelles la rude main de Toukoulti-abal-escharra II (le Teglath-pileser de la Bible) avait imposé plus étroitement que jamais le joug de la puissance assyrienne, s'agitaient pour y échapper. La mort de leur vainqueur, auquel avait succédé son fils Schalmanou-aschir II, avec tous les embarras d'un nouveau règne,

---

[1] Mariée à un prince du nom de Pi-ânkhi, lequel paraît avoir appartenu à l'ancienne famille des grands-prêtres d'Ammon. Ce Pi-ânkhi porte sur les monuments le titre royal, mais sa femme, Amon-iri-ti-s, y a le pas sur lui.
[2] Maspero.

leur parut une occasion favorable de révolte. Deux princes se mirent à la tête de ce mouvement, Yaoubid, appelé aussi Iloubid, roi de 'Hamath sur l'Oronte, et Hoschê'a, roi de Yisraël. Mais pour tenir tête aux forces si redoutables de la monarchie assyrienne, il leur fallait l'appui d'une grande puissance. Ils se tournèrent donc vers Schabaka, qui venait de relever l'Égypte d'une manière si inattendue, et ils lui envoyèrent une ambassade pour implorer son secours. « Divers motifs poussaient l'Éthiopien à bien accueillir ces ouvertures. Il savait que ses prédécesseurs égyptiens avaient possédé la Palestine et porté leurs armes jusqu'au Tigre : ce qui avait été jadis possible et glorieux lui paraissait être encore possible à l'heure présente. Et quand même le désir d'ajouter un nom de plus à la longue liste des Pharaons conquérants ne l'aurait pas bien disposé en faveur des Juifs et des Araméens, la prudence lui conseillait de ne pas les décourager. Le progrès des Assyriens vers l'isthme de Suez, lent d'abord, avait pris depuis vingt ans une rapidité menaçante et devenait pour l'Égypte une source de craintes perpétuelles. Il fallait ou vaincre les nouveaux maîtres de l'Asie et les rejeter au delà de l'Euphrate, ou du moins maintenir devant eux une barrière de petits royaumes, contre laquelle vînt s'amortir l'effort de leurs attaques. Schabaka affecta de considérer les présents de Hoschê'a comme un tribut et ses demandes de secours comme un hommage : les murailles de Karnak, qui avaient jadis enregistré tant de fois les noms des peuples vaincus, enregistrèrent complaisamment ce que la vanité de l'Éthiopien appelait les tributs de l'Assyrie[1]. »

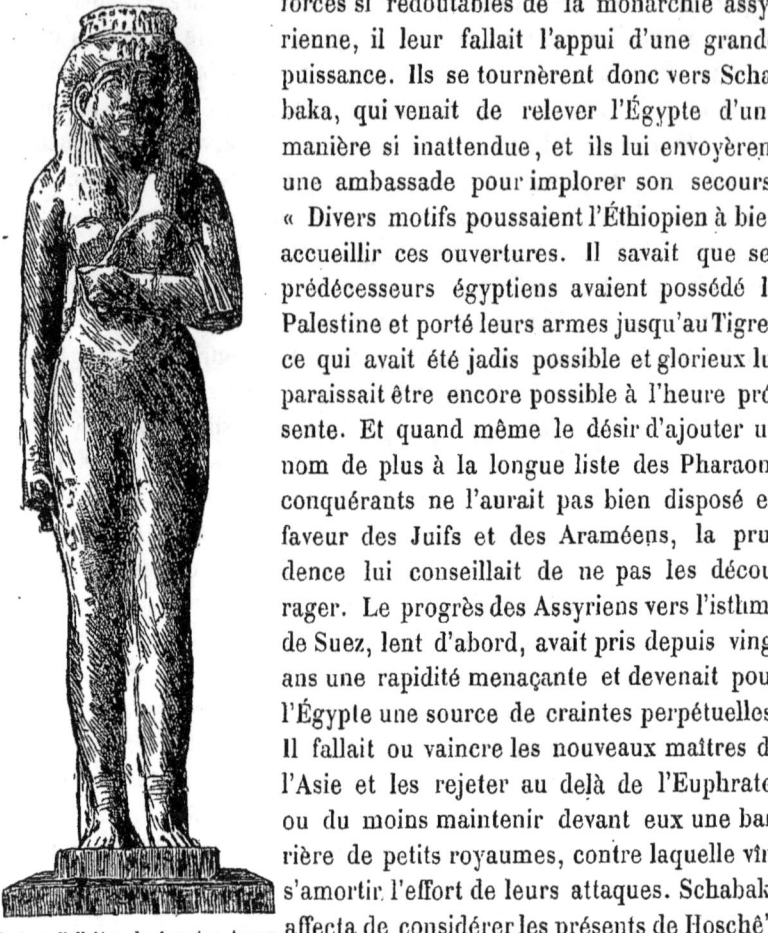

Statue d'albâtre de la reine Amon-iri-ti-s, au musée de Boulaq.

Pendant ce temps, dans le royaume de Yehoudah, le prophète

---

[1] Maspero.

Yescha'yâhou (Isaïe) s'efforçait de détourner roi et peuple de suivre l'exemple de Yisraël et de se mettre en lutte avec l'Assyrie, en se confiant à l'alliance éthiopico-égyptienne. Il en dépeignait la faiblesse en termes frappants.

« Voilà que Yahveh est monté sur un nuage léger,
    il vient en Égypte ;
    les idoles de l'Égypte sont agitées devant lui,
    et le cœur des Égyptiens s'amollit en eux.
J'exciterai l'Égyptien contre l'Égyptien ;
    l'homme combattra contre son frère,
    l'ami contre son ami,
    ville contre ville,
    royaume contre royaume.
L'esprit de l'Égypte s'évanouira de son sein,
    j'anéantirai son conseil ;
    elle s'adressera aux idoles, aux devins,
    aux interprètes de songes et aux magiciens.
Je livrerai l'Égypte aux mains d'un maître sévère ;
    un roi victorieux dominera sur eux [1],
    dit le seigneur Yahveh Çebaoth.
Les eaux cesseront dans l'inondation,
    le pays deviendra sec et désolé.
Les rivières s'appauvriront,
    les canaux de l'Égypte seront bas et desséchés,
    les joncs et les roseaux dépériront.
Des landes désertes seront près du fleuve,
    au bord du fleuve ;
    la végétation près du fleuve se desséchera,
    tombera en poussière et ne sera plus.
Les pêcheurs gémiront ;
    tous ceux qui jettent l'hameçon dans le fleuve seront en deuil,
    ceux qui étendent le filet sur les eaux seront consternés.
Ils seront confondus, ceux qui travaillent et peignent le lin,
    ceux qui tissent l'étoffe blanche [2].
Les princes de Çoan [3] sont des insensés ;
    les sages conseillers du pharaon [4], leur conseil est une folie.
    Comment osez-vous dire au pharaon :
    « Je suis fils des sages, fils des anciens rois. »
Où sont-ils maintenant tes sages ?
    Qu'ils te l'annoncent,

---

[1] Schabaka.
[2] Cette vive peinture de la désolation de l'Égypte par suite du mauvais état des canaux d'irrigation, coïncide d'une manière tout à fait frappante avec ce qu'on nous dit ailleurs des travaux que le conquérant éthiopien dut consacrer à les rétablir.
[3] Tsan ou Tanis.
[4] Le *pirhou* des documents assyriens, le roi de Tanis.

qu'on apprenne ce que Yahveh Çebaoth a résolu sur l'Égypte.
Ils sont comme des fous, les princes de Çoan ;
ils sont dans l'illusion, les princes de Nap [1] ;
les Égyptiens induisent en erreur les pierres angulaires de leurs tribus [2].
Yahveh a répandu parmi eux un esprit de vertige
pour qu'il fasse chanceler les Égyptiens dans toutes leurs actions,
comme l'homme ivre chancelle sur son vomissement. »

Les négociations de 'Hamath et de Yisraël avec le roi éthiopien, maître de l'Égypte, n'avaient pu être si secrètement conduites qu'elles échappassent à l'attention des Assyriens. Schalmanou-aschir, informé de ce qui se passait, manda Hoschê'a près de lui, et le roi de Yisraël, pris à l'improviste, dut obéir aux ordres de son suzerain. Arrivé à la cour de Ninive, il fut jeté dans une prison où il mourut obscurément, oublié de tous. L'armée assyrienne entra sur le territoire de Yisraël et mit le siège devant Schomron (Samarie). L'aristocratie éphraïmite, bien que privée de son roi, résista bravement. Mais Schabaka ne jugea pas opportun d'intervenir au profit d'alliés dont la cause était irrémédiablement perdue. Il laissa donc, sans entrer en ligne, et ce fut de sa part une faute considérable, les Assyriens poursuivre librement le double siège de Schomron et de Çôr ou Tyr, qui venait aussi de se révolter contre eux, siège pendant le cours duquel Schalmanou-aschir mourut et fut remplacé sur le trône par Scharrou-kinou (le Sargon de la Bible), un des princes les plus guerriers de l'Assyrie.

Schomron succomba en 722 ; 'Hamath en 720. En 718, Scharrou-kinou, ayant achevé de réduire Yisraël, la Syrie septentrionale et la Phénicie, voulut compléter le cours de ses succès en faisant rentrer dans l'obéissance le pays des Pelischtim ou Philistins, qui avaient payé tribut quelques années avant à Toukoulti-abal-escharra. Schabaka, sentant le danger approcher de ses États, ne pouvait plus rester dans l'inaction. Unissant ses forces à celles de 'Hanoun, roi de 'Azah, il vint présenter la bataille au monarque assyrien sous les murs de Ro-peh, la Raphia des géographes grecs et romains. L'issue de la rencontre fut désastreuse pour le roi éthiopien et pour son allié. 'Hanoun fut capturé vivant et Schabaka, égaré dans sa fuite, ne dut son salut qu'à un pâtre qui le guida au travers du désert. On a trouvé dans la salle des archives du palais de Ninive, et le Musée Britannique possède

---

[1] Le monarque éthiopien et ses conseillers.
[2] Les petits chefs locaux de l'Égypte.

un sceau de terre glaise où sont empreints à la fois deux cachets. Le premier, de travail égyptien, est le grand cachet royal de Schabaka, représentant le roi, accompagné de son nom et coiffé de la couronne de la Basse-Egypte, qui frappe un groupe d'ennemis agenouillés. Le second est de travail asiatique, imité de l'assyrien, représentant un personnage debout, en adoration devant une divinité mâle et coiffée de la tiare ; c'est le cachet d'un prince asiatique. Ce sceau, où les deux parties contractantes avaient imprimé leur cachet, devait pendre au bas de quelque traité sur papyrus entre le roi éthiopien et quelqu'un des princes de la Syrie, peut-être au bas de l'acte même de l'alliance entre Schabaka et 'Hanoun, saisi à la suite de la bataille de Ro-peh et transporté comme un trophée en Assyrie.

Une défaite aussi complète anéantit les rêves d'expansion ex-

Scharrou-kinoû, roi d'Assyrie [1]..

térieure de Schabaka et fit même tomber son pouvoir sur une partie au moins de l'Egypte. Les petits princes du Delta se déclarèrent de nouveau indépendants et refoulèrent les Éthiopiens sur la Haute-Egypte. Un moment même, semble-t-il, le pharaon de Tanis, nommé Séti (le Zêt des listes de Manéthon) fit reconnaître son autorité à Thèbes. S'il en fut ainsi, Schabaka ne tarda pas à reprendre la Thébaïde ; car on y a une inscription de lui, datant de 712 av. J.-C., dans la vallée de 'Hammamât. Mais

---

[1] D'après les sculptures assyriennes de Khorsabad.

il ne put pas recouvrer la Basse-Égypte. C'est sans doute pour se mettre à l'abri du retour offensif de l'Éthiopien qu'en 714 le pharaon de Tanis envoya au roi d'Assyrie une ambassade chargée de lui payer tribut et de reconnaître sa suzeraineté.

En même temps que Tanis et l'orient du Delta échappaient ainsi à Schabaka, un des parents de Bok-en-ran-f, que les listes de Manéthon appellent Stéphinatês, rétablit la principauté de Saïs et y prit le titre de roi. J'ai établi ailleurs que c'est cette principauté de Saïs, comprenant toute la partie ouest du Delta, que les Assyriens, reprenant un terme géographique en usage déjà du temps de l'ancien empire de Chaldée,

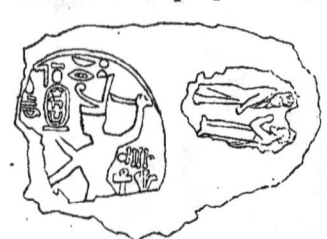

Sceau de terre glaise avec la double empreinte des cachets de Schabaka et de Hanoun.

ont appelé dans leurs documents Melou'h'ha ou Milou'h'ha. C'est tout à fait à tort que la plupart des assyriologues, égarés par une assonance trompeuse, y ont vu Méroé. En effet le pays de Melou'h'ha était situé au bord de la mer, au nord par rapport à la Thébaïde et à l'ouest par rapport au pays de Mouçour, nom que les Assyriens étendaient souvent à toute l'Egypte, mais spécialisaient aussi en le restreignant à la partie orientale du Delta, au royaume de Tanis. Melou'h'ha est peut-être une corruption assyro-chaldéenne du nom égyptien dont les Grecs ont fait Maréa; à moins que ce ne soit, ce que l'on peut aussi admettre, une appellation significative dans le vieil idiome antésémitique de la Chaldée, conservée ensuite par tradition et par esprit d'archaïsme.

Quoi qu'il en soit, le roi de Melou'h'ha, que je considère comme le Stephinatês de Manéthon, se trouva à son tour en rapport avec les Assyriens, en l'année 710. Un personnage du nom de Yaman, qui avait usurpé la royauté à Aschdod et s'était mis en rébellion contre les Assyriens, vaincu par ceux-ci, chercha refuge dans sa principauté, où il croyait se trouver en sûreté. Scharrou-kinou fit sommer le roi de Melou'h'ha d'avoir à livrer le fugitif, menaçant de diriger son armée contre lui s'il n'obtempérait pas à cet ordre. Le roitelet de Saïs prit peur et remit Yaman chargé de chaînes aux envoyés du monarque assyrien, auquel il envoya en même temps un tribut.

Quatre ans plus tard, en 706, Schabaka mourait et son royaume se trouvait divisé à sa mort. Son fils Schabatoka héritait de la Thébaïde, tandis qu'un autre prince, qui paraît avoir été son neveu, était élu à Napata et prenait possession de l'Éthiopie et de la Nubie, dont la

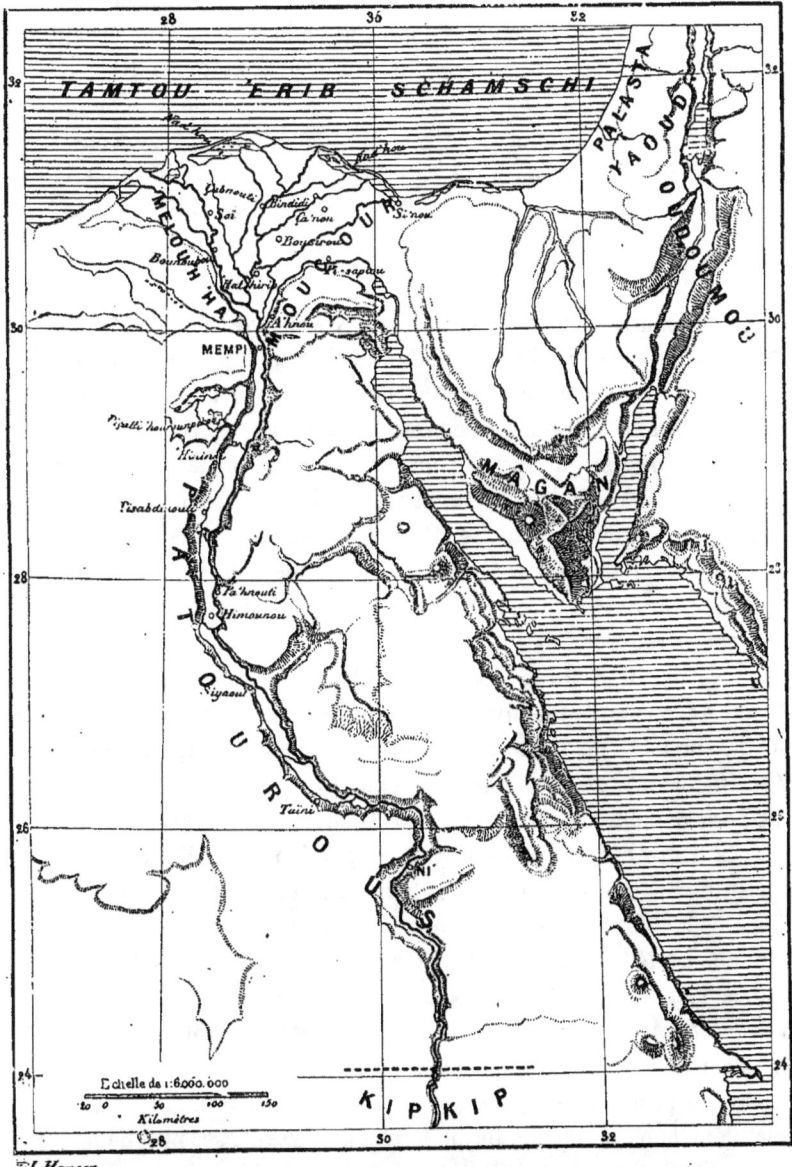

Géographie de l'Égypte dans les monuments assyriens du vııı^e et du vıı^e siècle.

capitale était alors la ville de Kipkip. Les droits de la lignée féminine primant en Éthiopie ceux de la lignée masculine, ce dernier prince nommé Taharqa, fils de la reine Aqalou, se prétendit le véritable successeur légitime de Schabaka et considéra toujours Schabatoka comme ne possédant l'Égypte que par suite d'une usurpation. Il paraît certain qu'à la mort de son oncle, dont il épousa la veuve, Amon-ta-Kaha-t, pour renforcer ses droits au trône, il fut d'abord reconnu comme souverain dans toute la vallée du Nil, et qu'à l'âge de vingt ans environ il descendit en Égypte pour en ceindre la couronne. Mais au bout de quelques mois son cousin Schabatoka le supplanta dans cette contrée, en vertu des lois nationales de succession à la couronne d'Égypte.

Cependant Scharrou-kinou, le grand roi d'Assyrie, avait été assassiné en 705, et tandis que son fils Sin-a'hê-irba (le San'hérib de la Bible) prenait possession du pouvoir, la nouvelle de la mort du conquérant devant lequel tremblait toute l'Asie avait fait éclater des insurrections à la fois à Babylone et en Syrie. Tous les petits rois de la Phénicie et de la Palestine, excités sous main par les princes d'Egypte, qui leur promettaient un concours actif, se déclarèrent indépendants et rompirent leurs liens de vasselage envers la monarchie ninivite. Ceux qui voulurent y rester fidèles furent détrônés par leurs sujets. Tel fut le cas de Padi, roi de 'Aqqarôn ou 'Eqrôn (les Assyriens disaient Amgarroun) dans le pays des Pelischtim. Les habitants de sa ville, révoltés, le chargèrent de chaînes et le livrèrent à 'Hizqiyahou (Ezéchias), roi de Yehoudah, auquel ils déclarèrent se donner. En effet, ce dernier prince, qui régnait depuis 727 et qui avait écouté jusque-là docilement les conseils de sage politique du prophète Yescha'yahou (Isaïe), prêchant au nom de Yahveh l'inanité de l'alliance égyptienne et détournant de toute aventure compromettante, de toute rupture ouverte avec les Assyriens, cédait cette fois à l'entraînement général des esprits, croyait à l'ébranlement définitif du colosse ninivite et ne craignait pas de s'engager dans le mouvement de telle façon que la guerre ne devait plus être possible à éviter le jour où Sin-a'hê-irba voudrait rétablir son autorité en Palestine. C'est en vain que Yescha'yahou multipliait ses avertissements prophétiques ; on ne l'écoutait plus. Il prononçait dans le désert l'éloquent oracle qui forme le chapitre xxx de ses prophéties, et où nous lisons ces versets que l'événement devait bien vite justifier :

« Malheur, dit Yahveh, aux enfants rebelles
  qui prennent des résolutions sans moi,

et qui contractent des alliances sans ma volonté
pour accumuler péché sur péché !
Qui descendent en Égypte sans me consulter,
pour se réfugier sous la protection du pharaon [1]
et chercher un abri sous l'ombre de l'Égypte.
La protection du pharaon sera pour vous une honte,
et l'abri sous l'ombre de l'Égypte une ignominie.
Déjà ses princes sont à Çoan
et ses messagers [2] ont atteint 'Hanès [3].
Mais tous seront confus au sujet d'un peuple qui ne leur sera point utile,
ni pour les secourir, ni pour les aider,
mais qui fera leur honte et leur opprobre.
Les bêtes de somme sont chargées pour le midi ;
à travers une contrée de détresse et d'angoisse,
d'où viennent la lionne et le lion,
la vipère et le serpent volant,
ils portent à dos d'âne leurs richesses
et sur la bosse des chameaux leurs trésors
à un peuple qui ne leur sera point utile.
Car le secours de l'Égypte n'est que vanité et néant.
C'est pourquoi j'appelle cela du bruit qui n'aboutit à rien.

. . . .

C'est un peuple rebelle,
ce sont des enfants menteurs,
des enfants qui ne veulent pas écouter la loi de Yahveh,
Qui disent aux voyants : « Ne voyez pas ! »
et aux prophètes : « Ne nous prophétisez pas des vérités
dites-nous des choses flatteuses,
prophétisez des chimères !
Détournez-vous du chemin,
écartez-vous du sentier,
éloignez de devant nous le Saint de Yisraël ! »

. . . .

Ainsi parle le seigneur Yahveh, le Saint de Yisraël :
C'est dans la tranquillité et le repos que sera votre salut,
c'est dans le calme et dans la confiance que sera votre force.
Mais vous ne l'avez pas voulu !
Vous avez dit : « Non ! nous prendrons la course à cheval. »
C'est pourqui vous fuirez à la course.
« Nous monterons des coursiers légers. »
C'est pourquoi ceux qui vous poursuivront seront légers.
Mille fuiront à la menace d'un seul,
et à la menace de cinq vous fuirez tous ;

---

[1] Celui de Tanis, qui était alors Séti, tandis que Schabatoka régnait à Thèbes et Taharqa à Napata.

[2] Ceux de Yehoudah.

[3] Hâ-khnen-sou, Héracléopolis, siège d'un des petits rois d'Égypte.

jusqu'à ce que vous restiez isolés
comme un signal au sommet de la montagne,
comme un étendard sur la colline. »

Sin-a'hê-irba laissa pourtant quelques années de répit aux révoltés de la Phénicie et de la Palestine, ainsi qu'à leurs alliés égyptiens. Il ne voulait pas s'engager dans l'ouest avant d'avoir réduit Babylone, où Maroudouk-abal-iddina s'était mis en rapports avec Yehoudah et l'Égypte, et sans avoir assuré, par de vigoureuses leçons données aux montagnards qui les menaçaient de leurs incursions, ses frontières du nord et de l'est. C'est seulement en 701 qu'il descendit sur la Syrie avec une immense armée. Les petits princes de cette contrée n'avaient pas su mettre le temps à profit et se mettre en mesure de résister victorieusement au terrible ennemi qu'ils avaient provoqué. Les Assyriens les prirent à l'improviste. Eloulê, roi de Çidôn, le premier atteint, n'osa même pas tenter la résistance. Il s'enfuit dans une des colonies insulaires qui dépendaient de sa cité, et Sin-a'hê-irba, entré dans Çidôn sans coup férir, y installa un nouveau roi, du nom de Itho-Ba'al. Les princes d'Arvad, de Gebal, de Aschdod, de 'Ammon, de Moab et de Edom, qui avaient adhéré à la ligue, l'abandonnèrent sur la nouvelle de la chute de Çidon et se hâtèrent de faire leur soumission à l'Assyrien avant qu'il ne fût parvenu jusque chez eux. Seuls, Çidqa, roi de Aschqelôn, et 'Hizqiyahou de Yehoudah tinrent tête à l'orage et invoquèrent le secours que leur avaient promis les Égyptiens.

Ceux-ci n'étaient pas prêts non plus. L'armée qu'ils rassemblèrent en toute hâte ne put entrer en ligne qu'après que Aschqelôn avait épuisé sa résistance et avait dû capituler. Les troupes « des rois d'Égypte et du roi de Melou'h'ha, » comme disent les relations assyriennes officielles de cette campagne, marchaient au secours de 'Hizqiyahou. Sin-a'hê-irba se porta au-devant d'elles, de manière à prévenir leur jonction avec les forces de Yehoudah, et leur barra le passage devant la ville lévitique de Elteqêh [1]. La fortune de la bataille y fut défavorable aux Egyptiens ; battus et mis en pleine déroute, ils regagnèrent à grand-peine leur pays, en laissant aux mains des Assyriens la majeure partie de leurs chars de guerre et les enfants d'un de leurs rois.

Ne craignant pas de leur part avant quelque temps un retour offensif,

---

[1] Appelée Altaqou dans le document assyrien.

Sin-a'hê-irba, après avoir pris 'Aqqarôn, dont il châtia rudement les habitants et où il replaça Padi sur le trône, marcha sur Yerouschalaïm en mettant sur son passage à feu et à sang tout le territoire de Yehoudah. 'Hizqiyahou avait mis la ville en état de défense, au prix d'énergiques et coûteux efforts. Il y fut étroitement bloqué par les Assyriens. Bientôt il jugea plus sage de ne pas prolonger une résistance sans issue. Mettant bas les armes, il se soumit au tribut que le roi d'Assyrie voulut lui imposer, et pour fournir la somme énorme qu'on exigea de lui il vida les trésors du Temple, arrachant même les lames d'or qui en revêtaient les portes.

Yerouschalaïm soumise, une seule place tenait encore dans le royaume de Yehoudah et se défendait avec une énergie sauvage ; c'était Lachis, située dans le sud, non loin de la frontière d'Egypte. Sin-a'hê-irba s'y porta de sa personne pour en activer le siège. Il apprit alors que les Egyptiens, remis de leur défaite d'Elteqêh, rassemblaient une nouvelle armée, que Séti, roi de Tanis, était l'âme de la résistance et que Taharqa de Napata, appelé au secours de l'Egypte et heureux d'une occasion d'intervenir dans les affaires de ce pays à titre de protecteur et de suzerain, amenait du haut Nil à marches forcées, contre les Assyriens, toutes les forces de l'Éthiopie. A cette nouvelle, il crut que 'Hizqiyahou n'avait traité que pour se jouer de lui et donner le temps d'arriver au roi de Kousch. Furieux, il envoya aussitôt à Yerouschalaïm trois des principaux officiers de son armée et de son palais, le tartan ou généralissime, le rab-saris ou chef des eunuques et le rab-schak ou chef d'état major, chargés de demander au roi de Yehoudah compte de sa conduite et de le sommer de se rendre à merci, lui et son peuple. La scène qui se passa alors à Yerouschalaïm est racontée en détails par la Bible, dans un morceau qui se lit au II° livre des *Rois* et qui a été reproduit parmi les prophéties de Yescha'yahou. Nous y reviendrons à l'occasion de l'histoire d'Assyrie et de celle des Israélites. Qu'il nous suffise de dire qu'après un premier moment d'épouvante, 'Hizqiyahou, poussé à bout, repoussa fièrement l'insolente sommation des Assyriens ; que Yescha'yahou, qui avait si énergiquement combattu les projets de guerre tant que la prudence était honorable, déploya tous ses efforts pour relever les courages du roi et du peuple de Yehoudah, pour les décider à ne plus faiblir et à résister à outrance, en leur promettant, au nom de Yahveh, un secours miraculeux qui les délivrerait.

Les envoyés de Sin-a'hê-irba revinrent donc auprès de leur maître

Sin-a'hê-irba recevant la capitulation de Lachis[1].

[1] Bas-relief assyrien du palais de Koyoundjik, au Musée Britannique.

sans avoir rien obtenu. Il avait quitté Lachis, après en avoir enfin reçu la capitulation, et il assiégeait la ville plus méridionale de Libnah, dirigeant de là sur l'Égypte ses bataillons, dont les avant-postes étaient déjà devant Ro-man, la Péluse de la géographie classique. Il semblait que le succès était désormais sûr, que le Delta tout entier pourrait être envahi et occupé avant l'arrivée des Éthiopiens. Mais ce fut précisément alors que les promesses prophétiques de Yescha'yahou reçurent leur accomplissement contre toute prévision humaine. Les triomphes du conquérant assyrien se tournèrent en une des plus grandes catastrophes dont l'histoire ait conservé le souvenir. La peste éclata avec une violence inouïe dans l'armée des Assyriens, enleva la moitié de son effectif et la désorganisa de telle façon que Sin-a'hê-irba dut rentrer presque seul à Ninive.

Les Juifs et les Égyptiens, étonnés par la grandeur du désastre et son apparence surnaturelle, attribuèrent chacun à son dieu le miracle qui les délivrait. D'après la Bible, 'Hizqiyahou, après avoir entendu les menaces qui lui étaient faites au nom du roi d'Assyrie, se serait mis en prières et Dieu lui aurait fait dire par Yescha'yahou : « Ainsi parle Yahveh au sujet du roi d'Assyrie :

> Il n'entrera point dans cette ville,
> > il n'y lancera point de flèches,
> Il ne présentera pas de pavois contre elle,
> > et il ne dressera pas de terrasses.
> Il s'en retournera par le chemin par lequel il est venu,
> > et il n'entrera point dans cette ville, dit Yahveh.
> Je protégerai cette ville pour la sauver.
> > A cause de moi et à cause de David, mon serviteur. »

« Cette nuit même, l'ange de Yahveh sortit, et frappa 185,000 hommes dans le camp des Assyriens. Et quand on se leva le matin, voici, c'étaient tous des corps morts. Et San'hérib (Sin-a'hê-irba), roi d'Assyrie, leva son camp, partit et s'en retourna ; et il se tint à Ninive [1]. »

Deux siècles et demi plus tard, les interprètes égyptiens racontaient à Hérodote que, lorsque Sin-a'hê-irba menaça l'Égypte, « la caste des guerriers refusa de se battre pour le roi Séthon (Séti), prêtre de Phtah, qui l'avait dépouillée d'une partie de ses privilèges. Le prêtre, enveloppé dans ces difficultés, entra dans le temple, et, devant la statue de son

---

[1] *Reg.*, XIX, 32-36.

dieu, se lamenta au sujet des dangers qu'il allait courir. Pendant qu'il gémissait, le sommeil le saisit, et il lui sembla voir en songe un dieu, se tenant à ses côtés, qui le rassurait et lui promettait qu'il n'éprouverait aucun échec en résistant à l'armée des Asiatiques : car lui-même devait envoyer des auxiliaires. Plein de confiance dans cette vision, Séthon réunit ceux des Égyptiens qui voulurent le suivre en armes à Péluse, qui est de ce côté la porte de l'Égypte. Nul des guerriers ne l'accompagna, mais des petits marchands, des foulons, des vivandiers. Ils arrivèrent à leur poste, et, durant la nuit, une nuée de rats des champs se répandit sur leurs adversaires, dévorant leurs carquois, les cordes de leurs arcs, les poignées de leurs boucliers, de telle sorte que, le lendemain, les envahisseurs se croyant dépouillés de leurs armes, s'enfuirent, et qu'un grand nombre fut tué. On voit dans le temple de Phtah (à Memphis) la statue en pierre de ce roi, ayant un rat sur la main, avec cette inscription : « Que celui qui me regarde soit pieux. »

La Bible semble dire formellement qu'après son désastre de 701, Sin-a'hê-irba ne revint plus jamais en Palestine. Divers fragments de textes cunéiformes sont pourtant de nature à faire penser qu'il y reparut dans les dernières années de son règne, postérieurement à 690 et qu'il vainquit alors les Arabes et les Édomites. C'est une question que nous discuterons dans le livre de cette histoire qui sera consacré aux annales de l'Assyrie. En tous cas, le monarque ninivite, à la suite de l'anéantissement de son armée par la peste à la frontière d'Égypte, laissa passer au moins dix ou douze ans sans tenter de rétablir son autorité sur la Syrie méridionale. Ce n'est pas, pourtant, que la perte d'une armée fût un coup assez rude pour amener, comme l'a prétendu Josèphe, la ruine de l'empire assyrien. En réalité, Sin-a'hê-irba répara promptement les suites de son échec et se montra bientôt de nouveau sur les champs de bataille, plus redoutable que jamais. Mais les guerres longues et sanglantes qu'il eut à soutenir du côté de l'orient et du nord ne lui permettaient pas de distraire une partie de ses forces pour l'envoyer en Syrie.

L'Égypte put ainsi respirer quelque temps à l'abri des dangers extérieurs; mais elle ne recouvra pas la paix intestine et l'unité. Tandis que les deux principales dynasties du nord, celles de Saïs et de Tanis, se disputaient la suprématie dans le Delta, la dynastie éthiopienne continuait à occuper Thèbes, mais sans gloire et sans force. Rien de plus effacé que le rôle de Schabatoka joua dans les événements de la guerre de Sin-a'hê-irba ; son nom n'y est même point prononcé ; il semble qu'il n'existe pas. Cependant, à quelques années de là, favorisé par des circonstances qui nous échappent, il réussit à faire momentanément reconnaître son pouvoir dans la presque totalité du pays, à se rendre du moins maître de Memphis, où l'on a découvert des monuments portant son nom. Mais ce ne fut pas pour longtemps. En 692, Taharqa,

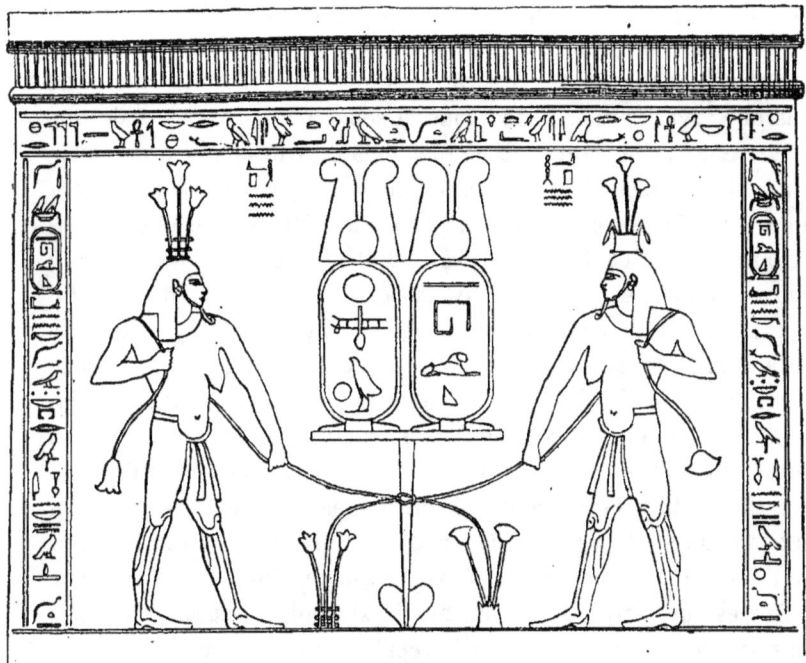

Scène emblématique symbolisant la réunion de la Haute et de la Basse-Égypte sous le sceptre de Taharqa[1].

qui régnait depuis quatorze ans déjà à Napata, entreprit de joindre sur sa tête la couronne d'Égypte à celle d'Éthiopie. Appuyé sans doute par une portion des petits princes indigènes qui étaient las de la domination de Schabatoka et qui espéraient trouver profit à un changement de maître, il envahit le pays par Éléphantine et Syène. Le fils de Schabaka, ayant essayé de résister, fut vaincu, pris et mis à mort comme usurpateur. Le roi d'Éthiopie soumit en peu de temps toute l'Egypte à son sceptre, se rendit maître du Delta comme de la Thébaïde, réduisit

[1] Bas-relief de Thèbes, d'après Lepsius.

tous les chefs locaux au rôle de gouverneurs dociles et réalisa l'unité de la contrée sous son pouvoir, telle qu'elle avait existé déjà du temps de Schabaka. Taharqa, pour consacrer sa victoire, appela près de lui du pays de Kousch sa mère Aqalou, fille de Routh-Amoun, à laquelle il devait ses droits à la couronne et à laquelle il décerna les titres de « grande régente, dame des deux pays, maîtresse de toutes les nations. » Le nom de l'Égypte figura à Napata, et jusque sur les murailles des temples de Thèbes, parmi les noms des peuples vaincus, à côté de ceux du To-tescher ou de la Syrie et de Kipkip ou de la Nubie.

En effet, une fois maître assuré de la vallée du Nil toute entière, le monarque égyptien fut amené à tourner son attention vers la Palestine et à chercher à y substituer sa suprématie à celle de la monarchie assyrienne, dont l'abstention temporaire lui laissait le champ libre dans cette région. Si le roi Sin-a'hê-irba fit réellement une seconde expédition de Palestine et d'Arabie entre 690 et 681, elle ne l'amena pas à recouvrer d'une manière définitive la possession de ce pays, et ce fut une grande razzia plutôt qu'une conquête. Le roi d'Assyrie dut s'y heurter aux forces de Taharqa et celui-ci eut le droit de se considérer, quels qu'aient été les incidents de la lutte, comme en étant sorti vainqueur. Aussi, dans le bas-relief de Karnak où il place la Syrie au nombre des pays soumis par ses armes, s'est-il fait représenter frappant de sa masse d'armes un groupe de prisonniers assyriens, parfaitement reconnaissables à leur type et à leur costume. Dans un autre bas-relief, daté de son règne, on voit la déesse Ouas, personnification du nome de Thèbes, qui perce de ses flèches le symbole des pays étrangers, tandis qu'à côté de cette figure la représentation du fameux tamarix que la légende mythologique racontait avoir poussé miraculeusement à Gebal ou Byblos pour envelopper le cercueil d'Osiris, apporté par les flots de la mer, détermine la Phénicie comme le théâtre des conquêtes ainsi désignées emblématiquement. Une inscription de Médinet-Abou parle en termes généraux des conquêtes de Taharqa dans l'Asie et la Libye. Sur le piédestal d'une statue de lui-même, conservée au musée de Boulaq, ce roi se dit vainqueur des Schasou, c'est-à-dire des Bédouins, des Khéta ou de la Syrie du Nord d'Arattou (Arvad), de Qadi en Cilicie, d'Assour et du Naharina. Pendant plus de dix ans l'influence éthiopico-égyptienne régna à Yerouschalaïm, à la cour du roi Menasseh, et se traduisit comme à l'ordinaire en domination du parti aristocratique et militaire de Yehoudah, en persécution contre le parti des prophètes et de l'orthodoxie, qui prônait l'alliance de l'Assyrie contre celle de l'Égypte.

A l'intérieur, les petites dynasties locales se maintenaient, mais réduites à un état d'étroit vasselage. Les sources grecques nous ont conservé la succession des princes de Saïs pendant cette période. Elles

Taharqa frappant un groupe de prisonniers assyriens[1].

nous montrent Stephinatês mourant en 681 et ayant pour successeur son fils Néchepsôs, dont la tradition classique fait un grand astronome et un grand magicien, s'il semble avoir été un médiocre prince, qui n'eut jamais l'idée de secouer le joug auquel il était soumis. En 674 il mourut à son tour et fut remplacé par son fils Néko Ier, que nous ver-

---

[1] Bas-relief de Thèbes, d'après Lepsius.

rons, au contraire, jouer au rôle capital dans les événements où l'Assyrie et l'Éthiopie vont désormais se disputer la possession de l'Égypte, et qui fut le restaurateur de la grandeur de sa maison, le précurseur des succès de son fils Psaméthik, comme Ta-f-nekht l'avait été de ceux de Bok-en-ran-f.

Taharqa, désigné par les Grecs sous le nom de Téarcon, avait laissé dans la tradition classique la renommée d'un grand conquérant. Mégas-

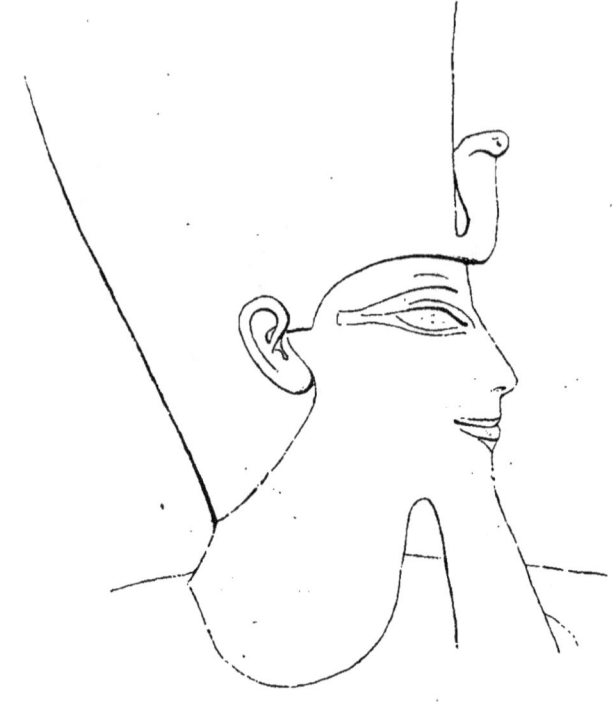

Portrait du roi Taharqa.

thène l'égalait à Sésostris et racontait qu'il avait porté ses armes dans le nord de l'Afrique jusqu'aux Colonnes d'Hercule, atteignant ainsi de ce côté aux limites de l'Europe. Il est impossible, dans l'état actuel, de discerner positivement ce qu'il y a ici de réalité et ce qu'il y a de légende. Mais en tous cas, à dater de 679 ou 678, il dut renoncer à la Syrie. Sin-a'hê-irba avait été assassiné en 681 par ses deux fils aînés ; mais son troisième fils, Asschour-a'h-iddin (le Asar-'haddon de la Bible), n'avait pas permis aux parricides de jouir du fruit de leur crime. Se mettant à la tête de l'armée, indignée du meurtre, il avait vaincu ses deux frères dans une grande bataille, à 'Hanigalbi, localité située au milieu des montagnes de la frontière d'Arménie, les avait rejetés dans ce dernier pays et avait ceint après sa victoire la tiare royale d'Assyrie. Après avoir, l'année suivante, ramené à l'obéissance Babylone et la Chaldée, il se porta sur la Syrie pour la reconquérir. Le succès le plus complet couronna ses efforts. La prise de Çidôn amena la soumission des cités phéniciennes; la capture de Menasseh, roi de Yehoudah, auquel le monarque assyrien fit grâce après l'avoir fait amener devant lui chargé de chaînes, celle de toute la Palestine. A dater de ce moment les rois de Çôr ou Tyr, de Gebal, d'Arvad, de Schamschimouroun, de Yehoudah, de 'Ammon, de Moab, de Edom, de 'Azah, de 'Aqqaron, de Aschqelôn et de Aschdod furent inscrits parmi les tributaires de l'Assyrie, avec les douze rois de l'île de Cypre. Une garnison assyrienne fut même installée dans la ville de Arzou ou Iartsa, la Rhinocorura des Grecs, sur le Torrent d'Égypte, commandant la traversée du désert pour aller de Palestine en Egypte.

Taharqa réussit cependant à mettre alors l'Egypte elle-même à l'abri de l'invasion. Sept années se passèrent encore. Maître inconstesté de l'Egypte depuis vingt ans, il pouvait considérer son pouvoir comme y étant définitivemeut établi et devait compter sur une fin de règne paisible. Mais l'âge ne lui avait pas donné le goût du repos. Voyant Asschour-a'h-iddin absorbé par de grandes guerres du côté de la Médie, il espéra pouvoir lui enlever de nouveau la Palestine et la Phénicie. Il noua donc des intrigues avec les princes de ces contrées, et, en 672, il parvint à décider Ba'al, roi de Çôr, à se mettre en insurrection ouverte contre l'Assyrien. Les fouilles de A. Mariette à Tanis ont fait découvrir une pierre portant la date de l'an 22 de Taharqa; ce prince était donc encore maître de toute l'Egypte jusqu'à la frontière du nord-est, au commencement de 671 av. J.-C. Mais déjà son allié tyrien l'avait abandonné, à l'approche du roi d'Assyrie, et avait vu sa défection payée par la concession du territoire du Lebanon ou Liban, au nord, jusqu'à Gebal, ainsi que des villes de Dor et de 'Accho (plus tard Ptolémaïs), au sud. Asschour-a'h-iddin, à la tête de toutes les forces de l'Assyrie, marchait directement sur l'Egypte.

Parti de Apheq auprès de Yezre'el, il suivit la côte jusqu'à Ro-peh. C'est là qu'il arrêta définitivement le plan de son invasion. Ayant sans doute appris que Taharqa avait rassemblé ses troupes du côté de Ro-man ou Péluse et mis de ce côté la frontière d'Egypte dans un état formidable de défense, le roi d'Assyrie prit la résolution hardie de faire traverser à son armée le désert que les Hébreux appelaient « désert de Schour, » de manière à atteindre le fond du golfe Héroopolite et à déboucher sur les environs de Memphis, après avoir tourné les forteresses de la Basse-Egypte. Les Arabes du désert, avec lesquels un traité fut conclu, se chargèrent de fournir les chameaux et les outres nécessaires pour approvisionner d'eau l'armée. Ce n'était pas une petite affaire, et le passage d'une pareille quantité de troupes au travers d'une étendue aussi considérable de sables stériles prit quarante jours entiers, pendant lesquels les Assyriens souffrirent beaucoup de la fatigue et de la soif. Une tablette cunéiforme, malheureusement très mutilée, du Musée Britannique, donne l'analyse détaillée de cette audacieuse traversée du désert, parlant des animaux étranges, tels que serpents amphisbènes, qui sur différents points y frappèrent les regards des soldats du monarque ninivite. Le quarantième jour on atteignait la frontière du pays de Mâgan ou des montagnes de la péninsule du Sinaï, où l'on retrouvait des villes, des habitations sédentaires et des champs cultivés, et l'on s'y reposait dans l'abondance. De là, une nouvelle marche beaucoup moins pénible, de vingt jours, amenait enfin l'armée assyrienne à la ville d'Is'hout, sur la frontière d'Egypte.

A peu de distance de Memphis, Taharqa, revenu en hâte de l'extrémité du Delta, présentait la bataille à Asschour-a'h-iddin. Il fut vaincu et son armée dispersée, de telle façon qu'il perdit du premier coup tout espoir de se maintenir en Égypte, et qu'il n'eut plus qu'à chercher un refuge au delà des cataractes. Vainement Memphis essaya de résister aux Assyriens. Elle fut emportée d'assaut et livrée au pillage : les statues des dieux et des déesses, l'or et l'argent des trésors des temples, tous les plus somptueux objets du matériel du culte, furent enlevés et transportés en Assyrie, où on les consacra comme trophées dans les sanctuaires. La femme et les concubines de Taharqa, ses enfants, les officiers de sa cour, qu'il n'avait pas eu le temps d'emmener dans sa retraite en Éthiopie, tombèrent vivants au pouvoir du vainqueur. Le sac de Memphis terrifia l'Égypte, et tout le pays, autrement dit, pour parler le langage des Assyriens, les trois contrées de Mouçour, le Delta oriental, de Melou'h'ha, le Delta occidental, et de Patourous (P-to-res); la Haute-Egypte (voyez la carte de la p. 357), s'empressa de faire sa soumission. L'Egypte, de la mer à la première cataracte, fut organisée en province de la monarchie ninivite ; pour prévenir un retour offensif des

Assyriens, on établit des garnisons assyriennes sur tous les points stratégiques. Puis, après avoir ainsi assuré sa nouvelle conquête, Asschour-a'h-iddin reprit la route de l'Assyrie. « L'abaissement de l'Egypte, que tous ses prédécesseurs avaient préparé inconsciemment, se trouvait accompli, dit M. Maspero. Il avait rendu à Thèbes l'affront que Tahoutmès III et Amoun-hotpou II avaient infligé neuf siècles auparavant à Ninive. En rentrant dans ses États, il fit sculpter sur les rochers du Nahr-el-Kelb (près de Beyrout), et à côté des stèles triomphales de Râ-mes-sou II, une longue inscription où il racontait ses victoires et où il s'intitulait roi de Mouçour, de Patourous et de Kousch, d'Egypte, de Thébaïde et d'Éthiopie. » Ailleurs il joint à son titre de roi d'Asschour, ceux de roi de 'Hatti (la Syrie), de Mouçour et de Kousch.

Stèle triomphale d'Asschour-a'h-iddin au Nahr-el-Kelb.

Le système des rois d'Assyrie, pour l'administration des pays conquis, consistait à les administrer par le moyen des roitelets ou des chefs indigènes, munis d'une nouvelle investiture du suzerain envers lequel ils étaient responsables de la conduite de leur peuple, astreints à l'obligation du tribut et du service militaire, enfin soumis à des gouverneurs assyriens dont les pouvoirs étaient analogues à ce que furent plus tard ceux des satrapes perses, de même qu'ils s'étendaient également à de vastes territoires, embrassant de nombreux petits royaumes. Plus que partout ailleurs, Asschour-a'h-iddin devait être amené à appliquer ce système en Egypte, car dans son invasion il avait rencontré la complicité des petits chefs locaux, fatigués de la rigueur avec laquelle Taharqa les tenait en bride, en particulier celle de Nékô, le prince de Saïs, qui avait adopté une politique de bascule entre les deux puissances de l'Assyrie et de l'Egypte, afin de les user l'une par l'autre et d'arriver ainsi à l'indépendance. Asschour-a'h-iddin établit donc en Egypte un gouverneur général ayant sous ses ordres des commandants militaires assyriens, chargés de surveiller le pays et de diriger les troupes d'occupation. Puis, au-dessous de ces fonctionnaires assyriens, pour administrer les affaires indigènes, il donna l'investiture à vingt chefs locaux, décorés du titre de roi. Parmi eux, le premier rang fut donné à Nékô de Saïs, qui reçut, en outre de sa principauté ordinaire, la ville de Memphis, à cette époque la véritable capitale de l'Égypte.

Les documents assyriens nous ont conservé la liste de ces vingt roitelets égyptiens, vassaux du monarque ninivite. Nous reproduisons ici ce catalogue, capital pour l'histoire, en laissant aux noms d'hommes et de lieux leur forme assyrienne, mais en ajoutant entre parenthèses les formes égyptiennes correspondantes, toutes les fois qu'il est possible de les restituer.

1. Nikoû (Nékô), roi de Mempi (Man-nofri, Memphis) et de Saï (Saï, Saïs);

2. Scharrou-loudari[1], roi de Si'nou (Sin des Hébreux, Ro-man, Peluse);

3. Pisan'hour (P-se-n-Hor), roi de Nat'hou (Ni-Adhou, le Natho oriental);

4. Paqrour (Paqrour), roi de Pisoupt (P-soupt, le nome Arabique);

5. Boukkounanni'pi (Bok-en-nifi), roi de 'Hat'hirib (Ha-to-her-ab, Athribis);

6. Na'hke (?), roi de 'Hininsi (Ha-hknen-sou, Héracléopolis);

7. Poutoubisti (Pet-si-Bast), roi de Ça'nou (Tsan, Tanis);

8. Ounamoun (Oun-Amoun), roi de Nat'hu (Ni-Adhou, le Natho occidental, comprenant les marais de Bouto);

9. 'Harsiyaesou (Har-se-Ise), roi de Tamnouti (Theb-noutri, Sébennytus);

10. Bouaima (Pi-maï?), roi de Bindidi (Pa-Ba-neb-Dad, Mendès);

11. Sousinqou (Scheschonq), roi de Bousir (Pa-Ousir, Busiris);

12. Tabna'hti (Ta-f-nekht), roi de Pounoub (Pa-noub, ville du nome Prosopite);

13. Boukkounanni'pi (Bok-en-nifi), roi de A'hni (peut-être On, Héliopolis);

14. Ipti'harsesou (Pet-Har-se-Ise), roi de Piçatti'hourounpikou[2].

15. Na'hti'hourouansini (Nakht-Hor-en-schennou), roi de Pisabdi-

---

[1] Le nom est assyrien, « Que le roi dure! » il semble donc que ce soit un étranger qui ait été installé à Péluse pour garder l'entrée de l'Égypte, que les Assyriens avaient intérêt de ne pas laisser aux mains des indigènes.

[2] Ceci ne répond à aucun nom géographique connu de l'Égypte. Il semble, au contraire, qu'on y retrouve la transcription exacte de l'égyptien *pi-tsati-Hor-en-pek*, « surnommé Hor-en-pek. » Le scribe assyrien aurait donc omis la mention de la ville de ce prince pour n'enregistrer à la place que son surnom. Cependant on peut admettre aussi qu'une ville ait reçu l'appellation de *Pa-tset-Hor-en-pek*, « la Demeure éternelle (la sépulture) de Hor-en-pek. » Mais ce nom ne s'est pas encore rencontré, et la question reste douteuse, aussi bien que celle de l'assimilation de la ville où régnait Pet-Har-se-Ise. Sa place dans la liste paraît seulement indiquer qu'elle devait appartenir à l'Égypte moyenne.

nouti (P-sap-noutrioui, x° nome de la Haute-Égypte, dont la capitale était Teb-ti ou Aphroditopolis [1]) ;

16. Boukourninip (Bok-en-ran-f), roi de Pa'hnouti [2] ;

17. Çi'ha (Tsiho), roi de Siyaout (Saout, Lycopolis) ;

18. Lamentou (?), roi de Khimounou (Khmounou, un des noms d'Hermopolis) ;

19. Ispimatou (P-se-Mout ?), roi de Taini (Téni, Thinis) ;

20. Mantimean'he (Month-em-ha), roi de Nî' (Nî-Amoun, et Nî par excellence, Thèbes).

Ce dernier personnage est le seul de la liste dont nous possédions des inscriptions hiéroglyphiques. Elles se lisent à Karnak. Nous y voyons que Month-em-ha était le fils d'un grand prêtre d'Ammon, nommé Nes-Phtah, et qu'il portait lui-même le titre sacerdotal de second prophète d'Ammon. Il jouit pendant longtemps de la faveur de Taharqa, auprès duquel il remplit les plus hautes fonctions et qui finit par lui décerner le titre de « chef des gouverneurs de nomes du To-res » ou de la Haute-Égypte. L'invasion assyrienne le trouva donc dans la position d'une sorte de vice-roi de cette contrée ; elle l'y conserva, et il s'y maintint encore plus tard, car dans une de ses inscriptions il se vante d'avoir repoussé les ennemis de la Thébaïde et d'avoir réparé les murailles d'enceinte et les temples de Thèbes, évidemment après le sac par les Assyriens dont nous allons voir l'histoire. Jamais, du reste, sur les monuments qu'il a fait exécuter, Month-em-ha ne se pare du titre royal.

Une dernière observation, dont nous aurons à tirer parti plus loin, doit être faite sur la liste des princes vassaux institués ou reconnus en Égypte par le roi d'Assyrie. C'est que douze de ces roitelets appartiennent au Delta, et huit seulement au pays au-dessus de Memphis.

Plusieurs des villes de la Basse-Égypte furent officiellement dépouillées de leurs appellations indigènes, auxquelles on substitua des noms

---

[1] Une autre copie donne pourtant la variante Pi-schabte', qui se rattacherait à un type égyptien Pa-Schabatoka, nom qui aurait été donné à une localité sous le règne de l'éthiopien Schabatoka.

[2] Encore un nom incertain. Il semble recéler une forme égyptienne P-khoun-noutri ; mais cette forme ne s'est pas encore rencontrée dans les textes hiéroglyphiques. Serait-ce une variante du nom de Schena-khoun, capitale du xxi° nome à l'époque pharaonique? Ou bien la ville de Pakh, le Spéos-Artémidos des Grecs, chef-lieu du district autonome de Dou-sat, rattaché au xvi° nome, celui de Meh, aurait-elle été désignée aussi sous le nom de Pakh-noutri?

assyriens. Ainsi Saïs devint pour la chancellerie ninivite Kar-bel-matati, « la forteresse du Seigneur des pays » Memphis, Kar-Asschoura'hiddin, « la forteresse d'Asschour-a'h-iddin; » Athribis, Limir-schakanakkou-Asschour, « que le vicaire suprême du dieu Asschour y veille, » enfin Tanis Kar-Asschour, « la forteresse du dieu Asschour. » Les Assyriens agissaient fréquemment de cette manière dans les pays vaincus, et c'est ainsi que dans les récits officiels de leurs campagnes on est de temps à autre surpris de rencontrer des noms de villes assyriens dans des pays où l'on parlait des idiomes absolument différents. Ce sont des appellations imposées au cours de campagnes antérieures.

Les Assyriens ne demeurèrent pas beaucoup plus de deux ans paisibles possesseurs de l'Égypte. Taharqa, retiré en Éthiopie, guettait la première occasion propice pour un retour offensif et rassemblait activement des troupes pour une nouvelle guerre. En 669, Asschour-a'h-iddin tomba gravement malade et ses mains affaiblies cessèrent de tenir avec assez de fermeté les rênes de l'empire. Il en résulta partout un relâchement de la machine administrative qui laissa le champ libre aux agitations et aux révoltes. Taharqa mit aussitôt les circonstances à profit pour reconquérir l'Égypte. Thèbes l'accueillit avec enthousiasme comme un défenseur de la cause d'Ammon, et les prêtres, très hostiles aux Assyriens, lui ouvrirent les portes de Memphis, malgré les efforts de Néko et de la garnison assyrienne pour défendre la ville. Poursuivant le cours de ses succès, le roi d'Éthiopie attaqua les dynastes du Delta et les Assyriens, sur lesquels ils s'appuyaient, les chassa de la plupart des villes et les rejeta, avec leurs partisans, dans les cantons entrecoupés de canaux du voisinage de Saïs, où ils se maintinrent péniblement.

En présence des dangers que courait l'empire, Asschour-a'h-iddin, se sentant incapable de continuer à diriger le gouvernement, prit la résolution d'abdiquer en faveur de son fils Asschour-bani-abal, en se réservant seulement la souveraineté de Babylone, où il mourut au bout de peu de mois. Le premier soin du nouveau roi d'Assyrie fut de réunir une armée et de marcher sur l'Égypte. Il nous a laissé le récit détaillé de ses expéditions dans ce pays sur les prismes de terre cuite que possède le Musée Britannique.

Au printemps de 667, Asschour-bani-abal prit sa marche par le littoral de la Phénicie et de la Palestine, recevant sur sa route l'hommage des différents rois de ces contrées, et de ceux de l'île de Cypre. Il pénétra dans le Delta par le côté de Péluse et parvint, sans avoir rencontré de résistance sérieuse, jusqu'à Karbana ou Karbanit, sur la branche centrale du Nil. Tabarqa se trouvait alors à Memphis, où il venait d'introniser solennellement un nouvel Hapi ; il dirigea son armée vers le nord et une grande bataille fut livrée en avant de Karbana. Les Éthio-

Asschour-bani-abal, roi d'Assyrie[1].

piens furent défaits avec des pertes énormes. Quand Taharqa reçut la nouvelle de la défaite de ses troupes, il renonça à toute idée de résistance dans Memphis et s'enfuit au plus vite à Thèbes, où il espérait trouver un appui plus solide dans la population.

Les rois, qui s'étaient retirés du côté de Saïs, vinrent trouver Asschour-bani-abal et lui rendre hommage. Il fit avec eux une entrée triomphale à Memphis, puis se dirigea sans perdre de temps sur la

[1] D'après les bas-reliefs assyriens du palais de Koyoundjik.

Haute-Égypte. Il remonta en personne jusqu'à Thèbes, où Taharqa n'osa pas l'attendre. Le monarque éthiopien s'étant retiré au delà des cataractes, toute l'Égypte fut de nouveau en la possession des Assyriens. Asschour-bani-abal, ayant rétabli dans le pays l'organisation créée par son père Asschour-a'h-iddin, réinstallé les vingt rois vassaux dans leurs villes et laissé de nouvelles garnisons dans les forteresses, retourna en Assyrie.

Le bœuf divin Hapi, d'après les stèles du Sérapéum de Memphis.

Mais à peine était-il parti que les dynastes égyptiens, qui ne trouvaient aucun avantage réel à avoir échangé la domination éthiopienne pour la domination assyrienne, et à qui le roi de Napata, quoique vaincu, paraissait plus redoutable encore par son voisinage que le monarque ninivite, ourdirent une conspiration pour rappeler Taharqa, sous la condition qu'il les maintînt cette fois dans leur pouvoir. Les chefs en étaient Nékô de Saïs, Scharrou-lou-dari de Tanis et Paqrour de Pa-soupti. Le complot ayant été découvert par les commandants militaires assyriens, ils furent arrêtés, chargés de chaînes et envoyés à Ninive. Les troupes assyriennes saccagèrent pour l'exemple les villes de Saïs, de Mendès et de Tanis, qui s'étaient révoltées. Mais elles ne réussirent pas à arrêter la marche de Taharqa, lequel reprit successivement Thèbes et Memphis, puis tourna ses armes contre le Delta et en expulsa en grande partie les étrangers et leurs partisans.

Cependant les trois chefs emmenés prisonniers à Ninive, avaient protesté de leur repentir devant le roi d'Assyrie. Asschour-bani-abal jugea politique d'user de clémence envers eux, pour s'en faire des auxiliaires contre l'Éthiopien. Il leur fit donc grâce à tous trois et leur rendit leurs couronnes. Conduit en pompe devant le monarque, Nékô fut revêtu d'un habit d'honneur et des insignes de la royauté; on lui fit ceindre un glaive à poignée d'or et on lui donna un char de parade avec des chevaux et des mulets. Par cette cérémonie, son suzerain l'investit d'un pouvoir supérieur sur tous les autres princes d'Égypte, réalisant ainsi presque complètement le rêve de son ambition, et son fils Psaméthik, affublé du nom assyrien de Nabou-schezibanni (« ô Nabou, sauve-moi ! »), reçut la souveraineté de la ville de Ha-to-her-ab ou Athribis. Nékô et ses compagnons furent renvoyés alors en Égypte avec une armée assyrienne, qui reprit sans combat possession du Delta et de Memphis. Elle ne semble plus avoir trouvé Taharqa dans le pays. Le vieux roi, sur l'avertissement d'un songe, s'était retiré en Éthiopie et venait d'y mourir (666) ; il avait régné vingt-six ans en Égypte et plus de quarante-cinq à Napata.

Un beau-fils de Taharqa, enfant d'un premier lit de sa femme la reine Amon-ti-kaha-t, laquelle semble avoir été la veuve de Schabaka, fut élu à sa place et lui succéda sur le double trône de Thèbes et de Napata. Les documents assyriens lui donnent le nom de Ourdamanê, dont la forme originale paraît avoir été Roùth-Amon. Rempli de l'ardeur de la jeunesse, il entreprit d'expulser les Assyriens. Et en effet il réussit d'abord à gagner sur eux une grande bataille, à prendre Memphis, à en faire la garnison prisonnière et même à se rendre maître du Delta. Nékô, pris dans Memphis, fut mis à mort ; son fils Psaméthik parvint à se réfugier en Syrie.

Mais Asschour-bani-abal, ayant été informé du désastre de son armée d'Égypte, entreprit une nouvelle expédition vers ce pays, à la possession duquel les monarques assyriens attachaient désormais le plus haut prix, car elle leur paraissait la garantie la plus solide de leur domination en Syrie. Il était cette fois résolu d'en finir avec les velléités d'indépendance de l'Égypte et les prétentions de conquête de l'Éthiopie ; aussi les forces qu'il amenait avec lui dépassaient-elles celles qu'il avait déployées dans les précédentes guerres. De même que lors de l'expédition d'Asschour-a'h-iddin, le roi des Arabes fournit à l'armée assyrienne, comme vassal, des chameaux qui portèrent son approvisionnement d'eau à travers le désert. Roùth-Amon, battu à l'entrée du Delta, évacua Memphis et se retira sur Thèbes, où il essaya d'organiser la défense. Les dynastes du Delta se hâtèrent de se soumettre de nouveau à l'Assyrien. Celui-ci voulut alors aller chercher le roi d'Ethiopie dans la Thébaïde et l'en chasser. Après quarante jours de marche, il parvint devant Thèbes, ou Nî', comme disaient les Assyriens. Roùth-Amon quitta encore la ville, bien qu'il eût élevé en hâte des fortifications pour la couvrir, et il ne se crut en sûreté qu'à Kipkip en Nubie. La cité d'Ammon fut livrée au pillage par les Assyriens, et sa dévastation fut telle qu'elle ne s'en releva jamais. La population, hommes et femmes, fut emmenée en esclavage. L'or, l'argent, les métaux, les pierres précieuses, les riches étoffes des trésors des palais et des temples, furent transportés comme butin en Assyrie. On enleva en trophées et l'on conduisit jusqu'à Ninive deux obélisques, arrachés à la porte d'un temple.

L'Égypte fut encore une fois reconstituée à l'assyrienne et les vingt rois locaux entre lesquels on l'avait partagée reçurent une troisième investiture du vainqueur. Psaméthik hérita à Saïs de la principauté de son père, mais sans recevoir Memphis ni reprendre le rang supérieur que Nékô avait occupé. Ce fut Paqrour, le prince de Pa-soupti, qui devint le chef de la ligue des petits rois vassaux de l'Assyrie. Ses états propres embrassaient le viii⁰ et le xx⁰ nome de la Basse-Egypte, avec les villes de Pa-Atoum (Patumos), An ou Ha-Râmessou (Héroopolis) et Qosem (Phacusa), et c'est là qu'il bâtit, pour y faire sa résidence, au lieu appelé antérieurement Thokou, une cité nouvelle, qui du temps des Grecs portait encore le nom de Phagroriopolis, traduction de l'égyptien Pa-Paqrour ou Ha-Paqrour. Routh-Amon ne reparut plus hors de l'Ethiopie où il s'était réfugié ; il ne survécut, d'ailleurs, que peu de mois à sa défaite. Pour quelques années, l'Egypte fut la docile vassale de l'Assyrie, la Basse-Egypte du moins, car nous verrons que la Thébaïde revint bien vite, et pour un certain temps encore, aux mains des Ethiopiens.

§ 4. — LA DODÉCARCHIE ET LES ROIS SAITES.
(665-523).

Après avoir raconté la fin de la dynastie éthiopienne, Diodore de Sicile dit : « Il y eut ensuite en Égypte une anarchie qui dura deux ans, pendant lesquels le peuple se livrait aux désordres et aux guerres intestines. Enfin douze des principaux chefs tramèrent une conspiration. Ils se réunirent à Memphis, et s'étant engagés par des serments réciproques, ils se proclamèrent rois... Mais au bout de quinze ans le pouvoir échut à un seul. »

Le principal événement de la période d'anarchie mal réprimée par les garnisons assyriennes du Delta, qui suivit l'expulsion de Routh-Amon et de ses Éthiopiens, nous est raconté dans l'inscription d'une stèle découverte à Napata par A. Mariette. Elle est connue dans la science sous le nom de *Stèle du songe*, à cause du songe royal par lequel débute son récit historique. Le trône d'Ethiopie étant venu à vaquer, sans doute par la mort de Routh-Amon [1], un des personnages qui pouvaient y

---

[1] Je suis ici le système adopté par la majorité des égyptologues, entre autres par A. Mariette, E. de Rougé et M. Maspero. Mais je dois ajouter qu'une autre opinion, proposée aussi par plusieurs savants et très séduisante, tendrait à faire de Naouat Méri-Amon l'Ourdamanê des documents assyriens, avec l'histoire duquel sa propre histoire coïncide d'une façon très remarquable. Quant à M. Brugsch, il place Naouat Méri-Amon entre Pi-ânkhi Méri-Amon

prétendre, Naouat Méri-Amon eut une vision qui lui promit que son front serait orné du double uræus royal d'Ethiopie et d'Egypte. Aussitôt il se rendit à Napata et y fut proclamé par l'oracle d'Ammon et par les prêtres. Immédiatement après avoir été intronisé comme roi de Kousch, Naouat Méri-Amon rassembla des troupes et se mit en marche pour aller conquérir l'Egypte, qui à ce moment se trouvait sans roi et dont son rêve lui avait annoncé qu'il serait aussi souverain.

L'inscription de sa stèle nous le montre entrant en Égypte par Abou (Éléphantine), où il fait des offrandes aux dieux de la Cataracte. Puis il

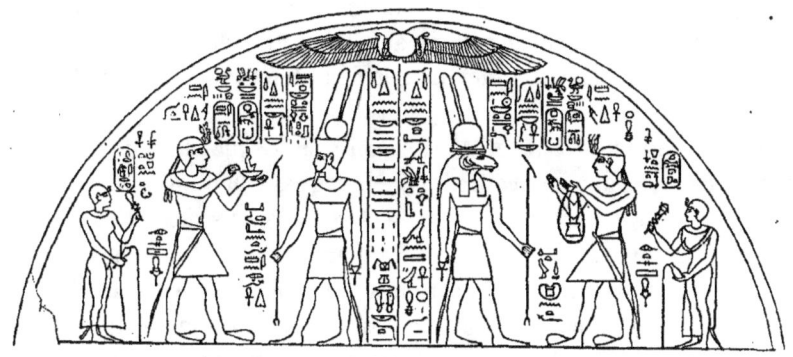

Bas-relief couronnant la Stèle du songe au musée de Boulaq[1].

arrive à Thèbes, où il fait son entrée, sans avoir rencontré de résistance effective sur la route, mais trouvant la population peu disposée en sa faveur. Cependant le zèle qu'il déploie pour le culte d'Ammon lui ramène bientôt les esprits. « Les sentiments hostiles qui remplissaient leurs cœurs, dit formellement le texte, firent place à des sentiments de joie. »

Après être resté quelque temps à Thèbes, Naouat Méri-Amon « se dirigea en naviguant vers les pays du nord. » Un peu en avant de Memphis, des ennemis que l'inscription ne désigne que par les mots « les fils de l'inimitié, » sortent à sa rencontre et viennent lui présenter

et Schabaka. Cette dernière opinion est absolument inadmissible, car le principal adversaire du roi de la *Stèle du songe* dans le Delta, Paqrour, est un des princes auxquels les deux monarques ninivites, Asschour-a'b-iddin et Asschour-bani-pal, donnèrent l'investiture dans la Basse-Égypte.

[1] Naouat Méri-Amon y est représenté à deux fois, adorant les dieux Ammon et Khnoum. A chaque fois, il est accompagné d'une de ses deux sœurs, Kerarbi et Kerbeta.

le combat. Il paraît que ces ennemis étaient considérés comme des impies, ce qui serait de nature à faire supposer que les garnisons assyriennes de la Basse-Égypte en faisaient partie, car deux lignes plus haut, quand le roi part de Thèbes, le texte de la stèle lui fait dire par la population : « Va, pour relever les temples qui tombent en ruines, pour rétablir les éperviers divins et leurs emblèmes, pour faire des offrandes divines aux dieux et aux déesses et des offrandes funéraires aux mânes, pour remettre le prêtre en sa place, pour accomplir toutes les cérémonies en l'honneur du cycle divin. » Quoiqu'il en soit, une bataille est livrée contre eux, et ils sont vaincus. Le roi en fait un si grand carnage « qu'on ne connaît pas le nombre de ceux qui périssent. » Il s'empare alors de Memphis, y fait ses dévotions aux dieux et ordonne d'ajouter de nouvelles constructions au grand temple de Phtah dans son enceinte du sud.

Maître de Memphis, Naouat Méri-Amon s'embarque de nouveau, avec ses troupes « pour combattre les chefs des pays du nord. » Ceux-ci paraissent, d'après le texte de la stèle, être différents des « fils de l'inimitié » d'abord combattus par le roi. Ce ne sont plus des impies et des étrangers, mais des Égyptiens ; car l'inscription n'en parle désormais que dans des termes honorables et ne leur applique aucune épithète aussi méprisante. « Sa Majesté vint jusqu'au pied de leurs enceintes fortifiées, pour combattre avec eux jusque dans leurs retraites. Le roi resta nombre de jours en leur présence, mais il n'en sortit pas un pour livrer bataille à Sa Majesté. »

Le roi éthiopien se décide alors à rentrer à Memphis, et tandis qu'il y prépare une nouvelle expédition contre le Delta, on lui annonce que « les chefs du pays du nord » demandent à être admis devant lui pour faire leur soumission. Ils avaient compris que Naouat Méri-Amon ne cherchait à faire qu'une de ces grandes razzias qui, pour les empires orientaux, sont bien souvent toute la guerre, et qu'avec un tribut une fois payé ils obtiendraient facilement sa retraite, d'autant plus qu'ils allaient lui offrir l'occasion de sortir avec honneur d'une situation qui tendait à devenir sans issue. La stèle raconte longuement l'entrevue, où Paqrour, chef du nome de Pa-Soupti, porte la parole au nom de ses collègues, comme le premier parmi eux. Les chefs égyptiens offrent un tribut au monarque de Kousch, qui reconnaît officiellement leur pouvoir et déclare leur accorder la paix. Après un repas solennel à Memphis, dans le palais royal, ils retournent chacun vers sa ville et Naouat Méri-

Amon se rembarque aussi pour rentrer à Napata, où il fait élever la stèle commémorative de ces événements. Il donne alors à ses deux sœurs, Kerbeta et Kerarbi, qui sont représentées avec lui sur le monument, les titres de « régente de Nubie » et « régente d'Égypte, » comme Schabaka avait donné à sa sœur, Amon-iri-ti-s le titre de « régente de Thébaïde. » C'est toujours la même importance accordée par les princes éthiopiens aux femmes de leur famille.

Naouat Méri-Amon, à la suite de son expédition, conserva quelque temps la ville de Thèbes, où l'on a trouvé un monument de la troisième année de son règne. Mais dans la Basse-Égypte, son autorité nominale ne dura que le temps de son séjour à Memphis. En réalité le pays dépendait toujours de l'empire assyrien, qui y maintenait des gouverneurs et des garnisons. Aussi lorsque, vers 655, Asschour-bani-abal eut dompté la révolte de la ville de Karbat, située dans les montagnes à l'est du Tigre, sur la frontière entre l'Assyrie et le pays de 'Elam, et en déporta la population entière, c'est dans la Basse-Égypte qu'il l'établit.

L'observation que nous avons faite plus haut sur la liste des tributaires égyptiens de l'Assyrie, dont douze appartiennent à la Basse-Égypte, suffit à faire bien comprendre ce que fut en réalité la Dodécarchie, dont les écrivains grecs placent l'établissement vers cette époque. L'Égypte, disent-ils, fut partagée entre douze rois égaux et confédérés, chacun souverain dans sa ville et administrant ensemble les affaires communes. Il faut entendre ici le terme d'Égypte, en le restreignant au pays inférieur et à une portion de l'Égypte moyenne, car on nous dit formellement que le Fayoum d'aujourd'hui appartenait par indivis aux Dodécarques. Ceux-ci sont sûrement les douze chefs dont nous venons de constater l'existence dans cette région et qui reconnaissaient la suzeraineté de l'Assyrie, tandis que la Haute-Égypte était directement aux mains des Éthiopiens.

La bonne intelligence entre les douze rois dura, prétend-on, quinze ans. Au rapport d'Hérodote, un oracle avait prédit que l'Égypte entière finirait par appartenir à celui d'entre eux qui ferait des libations à Phtah avec un vase d'airain. Un jour que les Dodécarques offraient un sacrifice commun, le grand prêtre leur présenta des coupes d'or dont ils avaient coutume de se servir. Mais s'étant trompé sur le nombre, il n'en apporta que onze pour les douze rois. Alors Psaméthik de Saïs, dont l'ambition dévorante et rusée avait peut-être préparé d'avance cette petite scène pour faire de lui-même l'homme désigné par l'oracle, voyant qu'il n'avait point de coupe comme les autres, prit son casque, qui était d'airain, et s'en servit pour les libations. Un prompt exil dans les marais du Delta fut la conséquence de cette action, dont les autres rois s'étaient aperçus.

Portrait de Psaméthik Ier.

Quant à Psaméthik, résolu de se venger de l'outrage qui lui était fait, il envoya à son tour consulter l'oracle. Cette fois il lui fut répondu qu'il serait vengé par des hommes de bronze sortis de la mer. Peu de temps après, des pirates ioniens ou cariens, qui avaient fait naufrage sur la côte, descendirent à terre revêtus de leurs armures. Un Égyptien courut en porter la nouvelle à Psaméthik dans les marais, et comme jusqu'alors cet Égyptien n'avait pas vu d'hommes armés de la sorte, il lui dit que des hommes de bronze sortis de la mer pillaient les campagnes. Le prince de Saïs, comprenant par ce discours que l'oracle était accompli, fit alliance avec les Grecs et les Cariens, et les engagea par de grandes promesses à prendre son parti. C'est avec leur aide qu'il détrôna ses anciens collègues, devenus ses rivaux.

Il faut écarter tout le merveilleux de ce récit; mais le fond en est certainement historique et exact. Psaméthik de Saïs, placé à un rang secondaire parmi les douze chefs qui se partageaient la Basse-Égypte, avait repris les projets de domination, traditionnels dans sa famille. Vaincu une première fois par la coalition des autres princes et réfugié dans l'asile inaccessible des marais du P-to-n-Ouats ou pays de Bouto, autrement dit le Nî-Adhou occidental, il enrôla sous ses drapeaux des bandes de mercenaires ioniens et cariens qui étaient venus chercher aventure aux bouches du Nil. Ce secours inespéré lui permit de reprendre la campagne. Une grande bataille livrée sous Momemphis (ville du IIIe nome de la Basse-Égypte, dont on ignore le nom égyptien original) décida du sort de l'Égypte. Un oracle avait recommandé, raconte Polyen, à l'un des rivaux de Psaméthik, nommé Temnethês (évidemment Ta-f-nekht de Pa-noub), de se méfier des coqs. Et en effet les Grecs et les

Cariens, dont les casques étaient surmontés de larges aigrettes rappelant la crête de cet animal, mirent en pleine déroute les Egyptiens et les

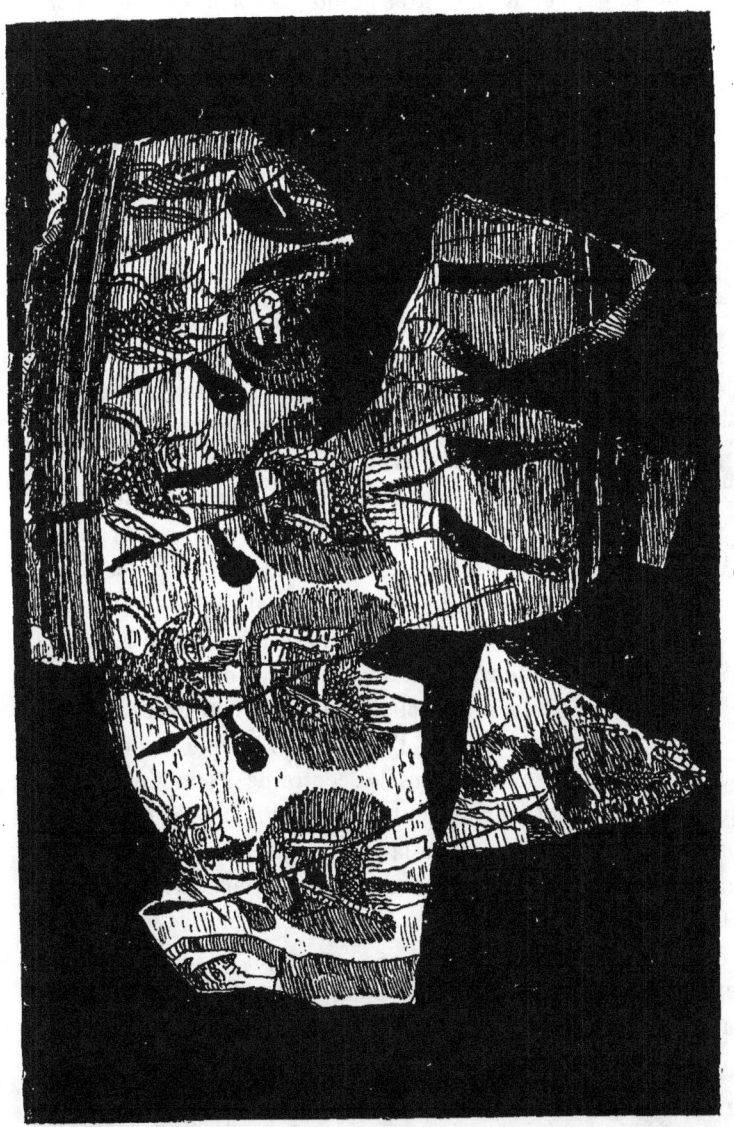

Guerriers grecs du VIIe siècle avant l'ère chrétienne[1].

Maschouasch des Dodécarques, auxquels semblable ornement était inconnu. Psaméthik vainqueur fit descendre du trône ceux qui avaient

[1] D'après un fragment de vase peint découvert à Mycènes, par M. Schliemann.

été ses collègues ; il ne toléra plus en Egypte d'autre pouvoir que le sien. Poursuivant le cours de ses succès, il expulsa les Ethiopiens de la Thébaïde et rendit au pays de Kémi-t, avec l'unité, la totalité de son ancien territoire, de la Méditerranée à la première cataracte. Pour se concilier les nombreux partisans que les princes éthiopiens comptaient toujours dans la Haute-Égypte, Psaméthik épousa la princesse Schap-en-Ape-t, fille d'Amon-iri-ti-s et de Pi-ânkhi II, qui vivait à Thèbes, environnée d'un grand respect et considérée comme possédant les droits les plus incontestables à la couronne. Elle n'était plus jeune et devait avoir au moins le même âge que le nouveau roi. Mais en l'épousant l'heureux aventurier, qui était parvenu à se rendre maître de toute l'Égypte, assurait à son pouvoir la légitimité qui lui manquait encore. Réunissant désormais sur sa tête les droits de la XXIV° et de la XXV° dynasties, ceux des Saïtes et ceux des Éthiopiens, il devenait le seul roi légal, et aucune compétition ne pouvait plus invoquer de titres sérieux contre les siens. Après plus d'un siècle d'efforts et de vicissitudes, l'objet de l'ambition des Ta-f-nekht et des Bok-en-ran-f était réalisé par leur descendant.

Guerrier carien[1].

Il est encore difficile de préciser l'année où l'Égypte toute entière se trouva réellement rassemblée sous le sceptre de Psaméthik, devenu roi unique et entièrement indépendant. Il fait partir sur ses monuments le compte officiel de ses années de la mort de Taharqa, en 666. Mais les Grecs assignent quinze ans de durée à la Dodécarchie, ce qui placerait l'avènement de Psaméthik à la monarchie en 651, ou en 649, si l'on tient compte des deux années d'anarchie qu'ils enregistrent également après la chute de la domination éthiopienne. Et ceci s'accorde fort bien avec les données des annales officielles de l'Assyrie, inscrites sur les prismes de terre cuite du roi Asschour-bani-abal. Nous y voyons, en effet, que le roi de Melou'h'ha, c'est-à-dire du pays de Saïs, toujours vassal de la couronne ninivite, s'associa comme les Arabes au complot tramé contre le monarque d'Assyrie par son frère Samoul-schoum-oukin,

---

[1] Stèle funéraire découverte à Iconium en Asie-Mineure.

roi vassal de Babylone, lequel se mit en révolte ouverte en 648. Nous y lisons aussi que ce fut dans cette année même qu'Asschour-bani-abal apprit que Pisamilki (Psaméthik), aidé par des secours de Gougou, roi de Louddi, c'est-à-dire, comme disaient les Grecs, de Gygès, roi de Lydie (il s'agit bien évidemment ici des levées de mercenaires de l'Asie Mineure), s'était proclamé seul roi d'Égypte et avait répudié le vasselage assyrien. Trop occupé de la rébellion de son frère, soutenue par les Élamites et les Arabes, pour intervenir de nouveau dans les affaires de pays aussi lointains, Asschour-bani-abal remit aux dieux le soin de châtier l'Égypte et la Lydie, et n'entreprit plus de nouvelles expéditions contre la vallée du Nil.

Psaméthik, en se rendant maître de l'Égypte, inaugura la xxvi° dynastie, Saïte. « Ce fut, dit M. Maspero, la dernière des grandes dynasties nationales. Elle trouva l'Égypte dans un état déplorable de misère et d'abandon. Toutes les grandes villes avaient plus ou moins souffert : Memphis avait été assiégée et pillée à plusieurs reprises, Thèbes saccagée et brûlée par les Assyriens : de Syène à Tanis il n'y avait pas une bourgade qui n'eût été maltraitée par l'une ou l'autre des invasions. Les canaux et les routes, réparés sous Schabaka, avaient été négligés depuis sa défaite; les campagnes avaient été dévastées et la population décimée périodiquement. Des ruines de la vieille Égypte, Psaméthik fit sortir une Égypte nouvelle. Il rétablit les canaux et les routes, rendit la tranquillité aux campagnes, favorisa le développement de la population. Ses soins se portèrent sur les travaux nécessaires à l'achèvement et à la restauration des édifices sacrés. A Memphis, il construisit les propylées du temple de Phtah à l'orient et au midi, et bâtit la grande cour où l'on nourrissait le bœuf Apis. A Thèbes, il fit relever les parties du temple de Karnak détruites pendant l'invasion assyrienne. La vallée du Nil devint comme un vaste atelier, où l'on travailla avec une activité sans égale. Les arts, encouragés par le roi lui-même et par les hauts fonctionnaires, ne tardèrent pas à refleurir. La peinture et la gravure des hiéroglyphes prirent une finesse admirable; les belles statues et les bas-reliefs se multiplièrent de toutes parts. L'art saïte est caractérisé par une élégance un peu sèche, par une grande entente du détail, par une habileté merveilleuse dans l'art d'assouplir les matières les plus rebelles au ciseau. Les proportions du corps s'amincissent et s'allongent; les membres sont rendus avec plus de souplesse et de

Ruines de Saïs.

vérité. Ce n'est plus le style large et quelque peu réaliste des époques memphites ; ce n'est pas le style grandiose et souvent rude des monuments de Râ-mes-sou II : c'est un art doux et pur, plein de finesse et de chasteté.

« Ce ne fut pas seulement dans les arts que l'avènement de la xxvie dynastie marqua une véritable renaissance : la politique extérieure redevint ce qu'elle avait été au temps des grands rois, large et intelligente. L'Égypte n'était plus, comme autrefois, entourée de petits États ; au sud et au nord-est, elle touchait à deux grands empires conquérants, l'Éthiopie et l'Assyrie ; même à l'ouest, la fondation de Cyrène par les Grecs (entre 648 et 625 avant J.-C.), venait de donner quelque consistance aux populations flottantes de la Libye. Il s'agissait avant tout de mettre en état de défense les points vulnérables du pays, les débouchés de la route de Syrie à l'est, les environs du lac Maréotis à l'ouest, et au sud ceux de la première cataracte. Contre les Assyriens il fortifia Daphnæ (Thaben), près de l'ancienne forteresse de Tsar. De fortes garnisons, établies près d'Abou (Éléphantine) et de Pa-mari-t (Maréa), mirent la Thébaïde et les régions occidentales du Delta à l'abri des Éthiopiens et des Libyens. »

La défense du pays ainsi assurée, Psaméthik passa à l'offensive extérieure. On ignore s'il fit en Nubie quelque tentative pour étendre les frontières de l'Égypte aux dépens de l'empire de Kousch. En Palestine, les expéditions ne furent pas poussées bien loin. Psaméthik borna sagement ses entreprises à la conquête du pays des Pelischtim. Hérodote raconte qu'il consuma vingt-neuf ans au siège de Aschdod, dont il finit par s'emparer. Comme on l'a justement remarqué, « c'est là une de ces exagérations dont sont prodigues les historiens grecs. Peut-être les interprètes d'Hérodote lui dirent-ils que la prise de Aschdod tombait en l'an 29 de Psaméthik, soit en 627. Si cette hypothèse pouvait être tenue pour vraisemblable, la guerre de Syrie aurait eu lieu dans le temps où les Assyriens, serrés de près par les Mèdes, ne pouvaient déjà plus protéger ceux de leurs sujets qui se trouvaient à l'extrême occident de l'Empire [1]. » Quelques années après, vers 624, les Scythes, qui parcouraient alors l'Asie antérieure dans leurs chevauchées endiablées, en y portant la dévastation et en répandant la terreur sur leur passage, vinrent piller Aschqelôn et menacèrent l'Égypte. Psaméthik acheta

[1] Maspero.

leur retraite à prix d'or et sauvegarda ainsi, par des sacrifices financiers et par une humiliation d'amour-propre, son peuple, qu'à ce moment les circonstances ne lui permettaient pas de défendre efficacement par la force des armes.

C'était, en effet, le moment où une désertion inattendue venait de priver brusquement le pays de la majeure partie de ses défenseurs exercés. A l'imitation des grands pharaons d'autrefois, Psaméthik avait essayé d'attirer les étrangers en Égypte. A côté des populations sémitiques du Delta, fortement accrues par des émigrations juives et syriennes à la suite des grandes conquêtes des rois d'Assyrie, il voulut établir des colonies de race différente qui servissent à les tenir en bride. « Il concéda des terres, le long de la branche pélusiaque du Nil, aux Cariens et aux Ioniens, dont les services lui avaient été

Combat naval entre Grecs et Cariens[1].

si utiles. Des colons milésiens, encouragés par cet exemple, vinrent aborder avec trente navires à l'entrée de la bouche Bolbitine, et y fondèrent un comptoir fortifié, qu'ils nommèrent le « Mur des Milésiens. » D'autres bandes d'émigrants vinrent successivement renforcer ces premiers établissements. Le roi leur confia des enfants du pays pour apprendre parfaitement la langue grecque et leur servir d'interprètes. L'histoire ne dit pas si les Grecs confièrent à leurs hôtes des enfants pour apprendre la langue égyptienne ; mais le fait en lui-même est peu probable. Les Grecs ont toujours montré peu de goût pour l'étude des langues étrangères. Le nombre des interprètes s'accrut rapidement, à mesure que les relations de commerce et d'amitié devinrent plus fréquentes ; ils finirent par former dans les villes du Delta une véritable classe, dont la fonction unique était de servir d'intermédiaire entre les deux peuples.

« En mettant ses sujets en contact avec une nation active, indus-

---

[1] Peinture inédite d'un vase étrusque du viie siècle avant l'ère chrétienne, au Musée du Louvre.

trieuse, entreprenante, pleine de sève et de jeunesse, Psaméthik espérait sans doute se faire bien venir d'eux. Il se trompait : l'Égypte avait trop souffert depuis deux siècles des étrangers de toute nature pour être disposée à les bien accueillir sur son territoire, même quand ils se présentaient comme alliés... Les Grecs, frappés d'étonnement à la vue de cette civilisation si grande encore et si imposante dans sa décadence, s'enamourèrent de l'Egypte : ils voulurent rattacher à ses dieux les origines de leurs dieux, à ses races royales la généalogie de leurs familles héroïques. Mille légendes se formèrent dans les marines du Delta sur le roi Danaos et sur son exil en Grèce après une révolte contre son frère Armaïs, sur les migrations de Cécrops et sur l'identité d'Athênê avec la Nit de Saïs, sur la lutte d'Hêraclès contre le tyran Busiris, sur le séjour d'Hélène et de Ménélas à la cour du roi Protée. L'Égypte devint une école où les grands hommes de la Grèce, Solon, Pythagore, Eudoxe, Platon, allèrent étudier les principes de la sagesse et des sciences. En retour de tant de respect, elle ne rendit aux Grecs que méfiance et mépris. Le Grec fut pour l'Egyptien de vieille race un être impur à côté duquel on ne pouvait vivre sans se souiller. Les gens des hautes classes le traitaient comme un enfant sans passé et sans expérience, dont les ancêtres n'étaient que des barbares quelques siècles auparavant.

« Sourde au début, l'hostilité des indigènes contre les étrangers en vint bientôt à se manifester ouvertement. Psaméthik avait comblé de faveurs les Ioniens et les Cariens qui avaient aidé à le faire roi ; il en avait fait sa garde du corps et leur avait confié le poste d'honneur à l'aile droite de l'armée ; au titre de garde du corps était attachée une haute paye considérable. Quand les Maschouasch et les troupes indigènes se virent enlever par les nouveaux venus les avantages qui leur avaient été réservés jusqu'alors, ils commencèrent à murmurer. Une circonstance fâcheuse mit le comble à leur mécontentement. Les garnisons établies à Thaben, à Pa-mart-t et dans l'île d'Abou, ne furent pas relevées une seule fois dans l'espace de trois ans. Les soldats résolurent d'en finir, et comme une tentative de révolte leur parut présenter peu de chances de succès, ils prirent le parti de s'exiler. Deux cent quarante mille d'entre eux s'assemblèrent avec armes et bagages et se mirent en route pour l'Éthiopie. Psaméthik, averti trop tard de leur projet, se lança à leur poursuite avec une poignée de monde, les atteignit et les supplia de ne pas abandonner les dieux de leur pays, leurs femmes et leurs enfants. L'un d'eux lui répondit avec un geste brutal que partout où ils iraient ils seraient sûrs de se procurer des enfants et des femmes. Le roi de Napata accueillit avec joie ce renfort imprévu : il les prit à son service et leur accorda la permission de conquérir pour son compte un territoire occupé par ses ennemis. Ils s'établirent dans la presqu'île que forment, à partir de leur réunion, le Bahr-el-Azraq et le Bahr-el-Abyad, et y formèrent un peuple considérable. En souvenir de l'insulte qui leur avait été faite, ils s'appelèrent eux-mêmes les Asmakh, les gens à la gauche du roi. Les voyageurs grecs leur donnèrent tour à tour les noms d'Automoles et de Sembrites, qu'ils conservèrent jusque vers les premiers siècles de notre ère[1]. »

Psaméthik, à la suite de cet événement, resserra d'une manière encore plus intime ses liens avec les étrangers, qui seuls pouvaient lui fournir les moyens de combler le vide d'une pareille émigration. Et pour s'assurer du moins l'alliance de la caste sacerdotale, il prodigua ses largesses aux temples des dieux. Il semble aussi qu'à son époque, et probablement sous ses auspices, on ait procédé à une révision d'une partie au moins des écritures sacrées, spécialement du fameux *Livre des Morts*.

Il est incontestable, du reste, que la désertion en masse de la majorité des indigènes exercés au métier militaire et enrégimentés dans les cadres permanents de l'armée, porta un coup cruel aux ambitions de Psaméthik et l'obligea de renoncer à ses projets de grandeur extérieure. Il vit, sans pouvoir en profiter, l'écroulement subit de l'édifice de la puissance assyrienne après la mort d'Asschour-bani-abal; et il dut laisser, sans être en mesure d'y apporter d'obstacle, le Babylonien Nabou-abal-ouçour (Nabopolassar), prendre paisiblement possession de la Syrie, qui échappait au monarque ninivite. Après avoir consacré la majeure partie de son règne à rendre au pays la paix et l'indépendance, il occupa ses dernières années à lui reconstituer une armée nationale et à lui faire une flotte. Il mourut en 611 et fut enterré à Saïs. Il eut pour successeur son fils, nommé Nékô comme son grand-père, lequel ne monta sur le trône que dans un âge avancé.

Nékô II fut, du reste, un roi d'une haute valeur. Il acheva d'organiser

[1] Maspero.

LA DODÉCARCHIE ET LES ROIS SAÏTES. 391

l'armée nouvelle, dont la création était due à son père, et surtout il s'occupa de doter l'Égypte d'une marine militaire qui lui permît de dominer à la fois sur la Mer Rouge et sur la partie orientale de la Méditerranée. Des ingénieurs grecs lui construisirent des chantiers dans ses ports et remplacèrent par une flotte de trières le vieux matériel, devenu tout à fait insuffisant. Pour monter sa nouvelle marine,

Trière grecque[1].

Nékô attira en Égypte des matelots et des pilotes phéniciens, car les Égyptiens de vieille race se montraient tout à fait impropres à un autre métier de navigation que celui de la batellerie du fleuve, à laquelle ils étaient habitués. Le pharaon, du reste, se montrait aussi préoccupé du développement de la marine marchande que de celui de la marine de guerre. Un de ses grands soucis était d'étendre le commerce extérieur de l'Égypte, et, tout en y attirant les vaisseaux étran-

[1] D'après un bas-relief du Musée de Naples.

gers, de la mettre elle-même en état de faire sur ses propres vaisseaux une partie de ses importations et de ses exportations. C'est dans ce double intérêt, politique et commercial, qu'il entreprit de rouvrir l'ancien canal du Nil à la Mer Rouge, dont on attribuait la création à Râ-mes-sou II et que l'incurie des princes fainéants de la xx⁰ dynastie avait laissé obstruer depuis des siècles par les sables du désert. Le travail était devenu aussi difficile qu'une création nouvelle, et Hérodote prétend que 120,000 hommes y périrent, des épidémies ayant éclaté parmi les ouvriers agglomérés. Le chiffre est énormément exagéré, ce n'est pas douteux. Mais il n'en est pas moins vrai que les difficultés de l'entreprise la firent abandonner avant qu'elle ne fût achevée. On prétendait, du temps d'Hérodote, que Nékô en avait été détourné par un oracle qui lui aurait dit qu'il travaillait pour les barbares.

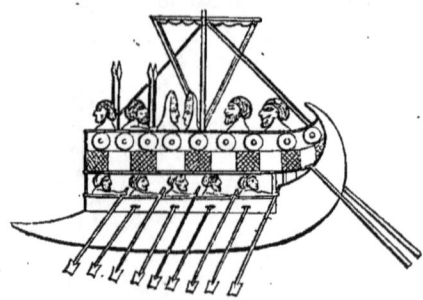

Galère phénicienne à deux rangs de rames[1].

Si le canal était abandonné, les expéditions maritimes ne le furent pas. Désireux d'atteindre par d'autres voies aux contrées occidentales avec lesquelles les cités phéniciennes et Carthage (Qarth-'Hadaschth), leur colonie, entretenaient un commerce des plus fructueux, mais en ne souffrant pas de rivaux dans les eaux de l'Afrique septentrionale et de l'Espagne, Nékô chargea quelques-uns des capitaines phéniciens à son service d'entreprendre la circumnavigation de l'Afrique. La tentative, d'une hardiesse inouïe pour l'époque et qui ne fut jamais renouvelée dans l'antiquité, réussit pleinement. Partis de la Mer Rouge, les navigateurs à la solde du roi d'Égypte rentrèrent dans la Méditerranée par le détroit des Colonnes d'Hercule, après avoir fait le tour complet du continent africain à travers des mers ignorées de tous et que nul ne devait plus fendre de sa proue avant Vasco de Gama. Leur voyage avait duré trois ans; car chaque année, à la fin de la belle saison, ils s'arrêtaient pour hiverner, et sur la plage où ils avaient débarqué ils semaient du blé, dont ils attendaient la maturité pour renouveler leurs provisions avant de reprendre la mer. Cette expédition fut accompagnée de circonstan-

---

[1] D'après un bas-relief assyrien de Koyoundjik.

ces qui parurent merveilleuses aux Phéniciens, dans leur ignorance de la cosmographie, et qui sont la meilleure garantie de la réalité de leur circumnavigation, car ils n'auraient pas pu les inventer s'ils n'avaient pas effectivement accompli un voyage si prodigieux pour le temps où il fut fait. Mais elle resta sans résultat, et les connaissances qu'elle aurait dû fournir furent bien vite oubliées.

Les circonstances que l'Asie traversait de son temps étaient de nature à éveiller chez Nékô l'ambition des conquêtes. Il crut le moment venu de rétablir l'ancien empire de l'Egypte sur la Syrie. La monarchie assyrienne, dépouillée de toutes ses possessions extérieures, expirait entre les mains débiles de Bel-schoum-ischkoun et d'Asschour-a'h-id-

Stèle funéraire d'un taureau Hapi, datée de l'an 16 du règne de Nékô II[1].

din II, qui se succédèrent rapidement sur le trône en laissant chaque jour se prononcer davantage la décadence commencée avec l'avènement d'Asschour-edil-ilâni. Les Mèdes, sous la conduite de leur roi Houvakhsatara (Cyaxare), grandissaient rapidement aux dépens de l'Assyrie et se préparaient à achever de la détruire. Alliés pour le moment aux Chaldéens de Babylone contre cet ennemi commun, l'on pouvait prévoir facilement qu'ils deviendraient pour eux des rivaux qui leur disputeraient la domination. Quant à la nouvelle monarchie chaldéenne, qui s'était substituée aux Assyriens dans la possession des provinces à l'ouest de l'Euphrate, la vieillesse de son fondateur, Nabou-abal-ouçour (Nabopolassar) devait faire espérer qu'il ne montrerait pas une grande vigueur dans la défense de pays éloignés du siège de sa résidence.

Au printemps de 608, Nékô partit de Memphis à la tête d'une belle et nombreuse armée, et franchit la frontière du pays des Pélischtim, conquis par son père. Les troupes égyptiennes se dirigeaient sur l'Euphrate par l'ancienne route stratégique que les légions des Pharaons de la xviiie et de la xixe dynastie avaient suivie tant de fois bien des siècles auparavant. Nékô avait fait dire à Yoschiyahou (Josias), roi de Yehoudah, qu'il

[1] Musée du Louvre.

n'avait aucune intention hostile à son égard et qu'il lui demandait seulement de traverser l'extrémité de son territoire pour se porter plus au nord. Mais Yoschiyahou se crut lié en conscience par ses obligations de vassal des Chaldéens, et il vint barrer le passage au roi d'Égypte sous les murs de Megiddo, sur l'antique champ de bataille où s'était toujours décidé le sort des invasions égyptiennes dans la Syrie méridionale. Comme au temps de Tahout-mès III, la fortune des armes sourit aux fils de Miçraïm. L'armée juive fut battue et dispersée, et son roi périt dans le combat. Nékô, vainqueur, poussa droit devant lui, sans s'inquiéter de ce que devenait après cette catastrophe le royaume de Yehoudah. Il prit Qadesch sur l'Oronte, qu'Hérodote appelle Cadytis [1], et ne s'arrêta qu'à l'Euphrate, auprès de Qarqemisch, faisant reconnaître son autorité sur toute sa route. Au retour, il s'arrêta à Riblah, près de 'Hamath, pour y tenir une cour plénière et y recevoir l'hommage des petits princes syriens et phéniciens. C'est là qu'il manda Yehoa'haz (Joachaz), fils de Yoschiyahou, qui depuis trois mois s'était fait proclamer sans son agrément roi de Yehoudah. Il le déposa, le fit jeter en prison et institua roi à sa place son frère Elyaqim, auquel il fit prendre le nom de Yehoyaqim, comme en faisant un homme nouveau par son investiture. Rentré en Egypte, Nékô, pour flatter les mercenaires grecs dont les services avaient eu une part considérable à son succès, envoya consacrer dans le temple d'Apollon Didyméen à Branchides, auprès de Milet, la cuirasse qu'il avait portée pendant tout le cours de la campagne.

Mais Nabou-abal-ouçour de Babylone ne pouvait accepter bénévolement la perte de la Syrie, ainsi conquise par les Egyptiens. Il prit deux ans pour préparer un retour offensif d'une force irrésistible, et en 605 son fils Nabou-koudourri-ouçour (Nabuchodonosor), envoyé par lui, franchit l'Euphrate à la tête de toutes les forces disponibles de la monarchie. Averti de sa prochaine attaque, Nékô s'était porté au devant de lui. Une bataille décisive se livra sur les bords du fleuve, auprès de Qarqemisch. La défaite des Egyptiens et de leurs auxiliaires hellènes fut si complète que du coup ils perdirent toute la Syrie. Nékô dut rentrer en Egypte avec les débris de son armée. Nabou-koudourri-ouçour le poursuivit jusqu'à la frontière, en recevant partout sur son passage la

---

[1] Il donne aussi ce nom à 'Azah (Gaza), qu'il avait entendu appeler en Égypte Qazatou. Mais quand il parle des campagnes de Nékô, c'est une ville située au nord de Megiddo qu'il désigne ainsi, c'est-à-dire Qadesch, dont la position gardait toujours son importance stratégique.

soumission des rois indigènes, parmi lesquels Yehoyaqim de Yehoudah. L'Egypte était désarmée, sans défense; elle allait être envahie une fois de plus par les Asiatiques, quand la nouvelle de la mort de Nabou-abal-ouçour rappela brusquement son fils à Babylone. Celui-ci se hâta donc de conclure avec Nékô un traité qui laissait l'Egypte intacte, et il partit au plus vite pour aller ceindre la couronne de son père.

Nékô, du reste, n'avait pas renoncé à ses ambitions malgré la défaite qu'il venait d'essuyer. Il passa quelques années à refaire son armée en silence, guettant l'occasion propice de reprendre la lutte. Par de sourdes intrigues il exploitait les haines que la domination chaldéenne et son joug pesant suscitaient chez les populations de la Palestine, de la Pérée et de la Phénicie. C'est à la cour de Yehoudah que ces intrigues avaient leur principal foyer, car dans l'aristocratie militaire du royaume existait de longue date un parti égyptien nombreux et puissant que combattait toujours le parti des prophètes, dont le chef était alors Yirmeyahou (Jérémie). Quatre ans après la bataille de Qarqemisch, Nékô parvenait à décider Yehoyaqim à se mettre en révolte contre les Chaldéens. Mais Nabou-koudourri-ouçour sut arriver de sa personne en Pales-

Statue de l'Apollon Didyméen, par Canachos[1].

tine assez vite pour comprimer le mouvement, avant l'intervention des Égyptiens. Il fit grâce pour cette fois à Yehoyaqim. Trois ans après, en 597, le roi de Yehoudah reprenait les armes, toujours à l'instigation de Nékô. Nabou-koudourri-ouçour commença par envoyer contre lui un de ses généraux, qui joignit aux troupes chaldéennes

---

[1] D'après une copie antique conservée au Musée Britannique.

les contingents des royaumes de Moab et de 'Ammon, chez qui la haine des Juifs primait l'hostilité contre les maîtres étrangers. Le siège fut mis devant Yerouschalaïm, sans que le roi d'Égypte se fût encore trouvé en mesure de secourir effectivement ceux qu'il avait poussés à la rébellion. Yehoyaqim mourut dans la ville assiégée et eut pour successeur son fils Yehoyachin, appelé aussi Yechanyahou (Jéchonias), âgé seulement de dix-huit ans. Mais il ne régna que trois mois, la durée du siège. Nabou-koudourri-ouçour étant venu en personne presser les attaques de Yerouschalaïm, la ville dut capituler. Le roi fut emmené captif à Babylone avec une partie de la population, et le Chaldéen plaça sur le trône le dernier fils de Yoschiyahou, Mattanyahou, en lui faisant prendre le nom de Çidqiyahou (Sédécias).

Nékô, ne se sentant pas en état de lutter encore avec avantage contre la puissance guerrière de l'empire de Chaldée, laissa se dérouler tous les actes de cette tragédie, où ses instigations et ses intrigues avaient précipité le royaume de Yehoudah, sans tenter aucun effort pour le protéger. Son influence morale en Syrie en reçut un grand coup. Il devenait évident pour tous que l'alliance de l'Égypte était, comme l'avaient dit les prophètes, « un roseau brisé qui blessait la main de qui s'y appuyait. » Deux ans après il mourait, en 595.

Son fils, Psaméthik II, est généralement désigné par les historiens grecs sous le nom de Psammis, pour le distinguer du premier Psaméthik, auquel ils réservent la forme Psammitichos ou Psammétichos. Il régna peu d'années et n'eut ni le temps, ni la volonté de s'occuper des affaires de Syrie. Toute son attention se tourna vers l'Éthiopie. Il élevait des prétentions à la couronne de Kousch, qu'il voulait réunir à celle d'Égypte, et pour s'y créer les droits d'hérédité féminine qui prévalaient, comme nous l'avons dit, dans la constitution du royaume de Napata, il avait épousé sa propre tante, la princesse Nit-aqri-t, fille de la reine Schap-en-ape-t et petite-fille d'Amon-iri-ti-s. L'Éthiopie était alors agitée par des troubles religieux dont le souvenir a été conservé par une stèle découverte au Gebel-Barkal et connue dans la science sous le nom de « Stèle de l'excommunication. » Une secte, à laquelle avait adhéré une partie du sacerdoce, s'était formée, qui réprouvait le rite, jusqu'alors pratiqué, de la cuisson des viandes du sacrifice et qui voulait qu'on les dévorât pantelantes et saignantes. C'était évidemment une réaction, dirigée contre les mœurs d'origine égyptienne, au nom des vieux usages et des vieux instincts du peuple de Kousch, caractérisé par ce goût de la viande crue qu'on retrouve encore aujourd'hui chez les Abyssins. La secte des nouveaux hérétiques était désignée par la formule même dont elle avait fait son drapeau *Toum-pesi perdout-khai*, « qu'on ne cuise plus ! que la force mette en pièces ! » Elle agitait le pays, y causait des désordres et voulait proscrire ses adversaires. La royauté prit le parti du sacerdoce orthodoxe, qui demeurait fidèle au rituel égyptien. Un décret fut rendu, excommuniant au nom d'Ammon et des autres dieux les novateurs, leur interdisant les fonctions de prêtres, les excluant des temples et de la société, portant enfin la peine de mort contre eux et leurs enfants. C'est ce décret que A. Mariette a retrouvé, dans les ruines du temple d'Ammon à Napata, sur la pierre aujourd'hui conservée au musée de Boulaq.

Portrait du roi Psaméthik II.

Psaméthik II, profitant de l'affaiblissement de l'Éthiopie par ces discordes intestines, chercha querelle au roi de Napata. Sa campagne fut heureuse. Il poussa victorieusement jusqu'à la seconde cataracte et annexa à l'Égypte la partie du pays de Qens ou de la Nubie que les Grecs appelèrent Dôdecaschoinos, à cause de son étendue de douze schœnes ou trente lieues environ du nord au sud. L'île sainte de P-i-Lak ou Philæ, qui dès lors était un des sanctuaires les plus vénérés du culte d'Isis, fut désormais comprise dans le territoire égyptien, et c'est dans les derniers règnes de la xxvie dynastie qu'elle commença à se couvrir des monuments, que la piété des âges postérieurs y multiplia, surtout à l'époque des Ptolémées et des Empereurs romains. Cette expédition de Psaméthik II contre les Éthiopiens a laissé des monuments intéressants dans les inscriptions qu'un certain nombre des mercenaires Grecs, Cariens et Phéniciens, ont gravées, chacun dans sa langue et dans son écriture, en souvenir de leur passage, sur la jambe d'un des colosses qui décorent la façade du temple souterrain d'Ibsamboul.. Les inscriptions grecques fournissent quelques-uns des plus anciens exemples connus du type paléographique alors propre aux Ioniens. La principale se traduit ainsi :

Roi éthiopien conduisant un groupe d'ennemis prisonniers[1].

« Quand le roi Psamatichos vint à Éléphantine, ceci fut écrit par les compagnons de Psammatichos, fils de Théoclès.

« Ils ont navigué et sont venus jusqu'au-dessus de Cercis, là où le

---

[1] Bas-relief de Méroé, d'après Lepsius.

fleuve se ralentit, avec l'étranger d'autre langue Dèchepotasimtò[1] et l'Égyptien Amasis.

« J'ai été écrite par Archòn, fils d'Amoibichos, et Palecos, fils d'Oudamos. »

Le dieu Osiris servi par ses adorateurs, bas-relief éthiopien de Méroé [2].

Dans une autre on lit : « Tèlephos de Ialysos (dans l'île de Rhodes) m'a écrite quand le roi vint ici en expédition pour la première fois. »

Après Psaméthik II, son fils Ouah-ab-Râ, l'Apriès des Grecs et le 'Hophr'â de la Bible, monta sur le trône (589). Il régna dix-neuf ans.

---

[1] Ce personnage, qualifié d'ἀλλόγλωσσος par rapport aux Grecs et aux Égyptiens, paraît avoir été un Libyen.
[2] D'après Lepsius.

L'île de Philæ et ses temples.

C'était un prince entreprenant, amoureux de la guerre et impatient du repos. Il avait un goût tout particulier pour les étrangers, et son oreille était facilement ouverte aux suggestions des capitaines d'aventure hellènes qui se donnaient rendez-vous à sa cour et dont les bandes aguerries formaient le nerf de ses armées. La campagne heureuse de son père en Nubie avait montré que depuis le désastre de Qarqemisch l'Égypte s'était refait de bonnes troupes. Cédant à son ambition personnelle et aux incitations de ses mercenaires, avides de batailles et de butin, il reprit la politique de Nékô II, et voulut de nouveau tenter la conquête de la Syrie. Les conjonctures paraissaient éminemment favorables à un tel projet. On était las en Palestine et en Phénicie de la domination chaldéenne, et à mesure qu'on avait vu la puissance militaire de l'Égypte se relever sous Psaméthik II, l'idée d'y chercher un point d'appui pour échapper à Babylone avait repris du crédit sur les esprits. Le royaume de Yehoudah était de nouveau, comme dans les dernières années de Nékô, le foyer de ces projets de soulèvement, et le parti égyptien y était redevenu assez fort pour entraîner le roi Çidqiyahou lui-même, bien que créature de Nabou-koudourri-ouçour. Une sorte de congrès avait réuni à Yerouschalaïm des envoyés de Çôr (Tyr), de Çidôn (Sidon), de Moab et de 'Ammon pour délibérer sur les moyens de briser le joug des Chaldéens. Mais la réunion n'avait point abouti, pour le moment du moins : les confédérés, d'une part, avaient senti leur impuissance tant que l'Égypte n'entrerait pas en ligne, et Psaméthik s'y était refusé ; d'autre part, le parti des prophètes, dirigé par Yirmeyahou, avait vigoureusement travaillé l'opinion populaire de Yehoudah contre la guerre.

L'avènement de Ouah-ab-Râ sur les bords du Nil et les dispositions qu'il montra réveillèrent les espérances des ennemis de la domination babylonienne. Il accueillit favorablement les propositions des petits princes de la Palestine et de la Phénicie, et leur promit un concours actif, à condition d'être accepté pour leur suzerain. Aussi, peu de mois après qu'il eut ceint la couronne d'Égypte, en 589, les différents royaumes qui avaient pris part au congrès de Yerouschalaïm et y avaient signé un traité d'alliance, jetèrent le masque dont ils couvraient leurs négociations et se soulevèrent d'un commun accord contre le roi de Babylone, avec le concours des Arabes et l'assistance des Égyptiens.

Nabou-koudourri-ouçour, avec la rapidité de mouvements et de décision qui le caractérisaient, accourut au delà de l'Euphrate au premier bruit de la révolte. Il trouva la situation plus grave encore qu'il ne s'y attendait. Un moment il hésita sur l'ennemi qu'il attaquerait d'abord. « Le roi de Babylone s'arrête au carrefour, à l'entrée des deux chemins, pour consulter les présages, disait alors le prophète Ye'hezqel (Ezéchiel) ; il agite les flèches du sort, il interroge les théraphim (les idoles), il examine le foie des victimes. » Mais son hésitation ne fut pas de longue durée. « Yehoudah, dit très justement M. Maspero, était le nœud de la coalition ; son territoire reliait les confédérés de la côte à ceux du désert, les forces de l'Égypte à celles de la Syrie méridionale. Tandis qu'une armée ravageait la Phénicie et commençait le blocus de Çôr

Stèle funéraire d'un taureau Hapi, datée de l'an 12 de Ouah-ab-Râ[1].

(Tyr), le roi de Babylone se jeta sur la Judée avec le gros de ses troupes. Çidqiyahou n'osa l'attendre en rase campagne et se renferma dans Yerouschalaïm. Cette fois, Nabou-koudourri-ouçour était résolu d'en finir avec les Juifs ; il ravagea leur pays à loisir, livra les habitants des campagnes à la merci des Pélischtim et des Édomites, et ne parut devant la capitale qu'après avoir tout mis à feu et à sang. Il commençait déjà à la serrer de près, quand il apprit que Ouah-ab-Râ venait de déboucher dans le sud de la Palestine avec une armée considérable. Il leva aussitôt le siège et courut à la rencontre de ce nouvel ennemi. On ne sait pas exactement ce qui se passa en cette occurrence : selon les uns, le roi d'Égypte se retira sans combattre ; selon d'autres, il accepta la bataille et fut vaincu. Nabou-koudourri-ouçour reparut sous les murs de Yerouschalaïm plus menaçant que jamais. » Après un an et demi de siège la cité sainte succomba (587). Nabou-zira-iddin, chef des exécuteurs du roi de Babylone, la brûla, ruina ses murailles et le temple de Yahveh, et transporta comme captifs en Babylonie les principaux de ses habitants. Çidqiyahou, amené dans les fers à Riblah

---

[1] Musée du Louvre.

devant Nabou-koudourri-ouçour, eut les yeux crevés et toute sa famille fut égorgée. Yehoudah cessa d'exister comme royaume.

Le gouvernement du pays, sous l'autorité directe des Chaldéens, avait été confié par le vainqueur à un indigène, Gedalyahou, ami de Yirmeyahou, qui fixa sa résidence à Miçpah. Mais il fut assassiné au bout de quelques mois (586), et dans le trouble qui suivit sa mort une grande partie du peuple de Yehoudah, craignant la vengeance des Chaldéens, chercha refuge en Egypte, entraînant de force avec soi le prophète Yirmeyahou. Ouah-ab-Râ accueillit avec empressement les fugitifs et leur donna des terres autour de Thaben (Daphnæ) et de Sam-houd ou Magadil (Magdolum). C'est là que s'établit la majorité d'entre eux; mais d'autres allèrent former des colonies juives d'une certaine importance dans l'intérieur du pays, à Memphis et même jusqu'à Thèbes.

Pendant ce temps, Nabou-koudourri-ouçour poursuivait l'œuvre à laquelle il devait consacrer avec une férocité acharnée tout le reste de son règne, le châtiment et l'anéantissement des confédérés de 589.

Un roi de Babylone dans son costume de cérémonie[1].

Après Yehoudah, ce fut le tour de Moab et de 'Ammon, puis de l'Arabie. Nabou-koudourri-ouçour, dans cette dernière contrée, poussa, dit-on, jusqu'aux confins du Yémen et en revint traînant à sa suite des tribus entières, réduites en esclavage. Ce n'est pas ici, du reste, le lieu d'entrer dans le détail de ces guerres, qui ont valu au conquérant chaldéen un renom si terrible. Nous en traiterons à loisir dans le livre de cette histoire qui sera consacré aux annales de l'empire babylonien.

---

[1] D'après un monument du Musée Britannique, daté du règne de Maroudouk-idin-a'hê (xiiᵉ siècle avant J.-C.).

Bornons-nous à dire que Nabou-koudourri-ouçour, vainqueur de l'Arabie, revint sur la Phénicie. Toutes les cités situées sur le continent lui ouvrirent leurs portes sans résistance. Mais il n'avait pas de flotte, et Çôr (Tyr), à l'abri dans son île et continuant à commander la mer, défia longtemps ses entreprises. Sous la conduite énergique de son roi, Itho-Ba'al III, la cité insulaire tint tête pendant treize ans aux forces du monarque chaldéen, en repoussant victorieusement toutes les attaques. Mais enfin Nabou-koudourri-ouçour, étant venu presser le siège en personne pour en finir, emporta Çôr de vive force (574), emmena en captivité son roi et les principales familles de son aristocratie, et y installa un nouveau prince, soumis à d'étroites obligations de vasselage.

Il était maintenant libre de tourner ses efforts contre l'Égypte et son roi Ouah-ab-Râ, auquel il avait laissé quinze ans de paix pour préparer sa défense. Depuis la ruine de Yerouschalaïm les prophètes juifs n'avaient cessé d'annoncer que l'Égypte serait à son tour ravagée par le fléau de l'invasion chaldéenne. Yirmeyahou disait au nom de Yahveh à ses compatriotes réfugiés sur les bords du Nil :

« Tout le reste de Yehoudah, tous ceux qui sont venus au pays de Miçraïm pour y demeurer, sauront si c'est ma parole ou la leur qui s'accomplira.

« Et voici, dit Yahveh, un signe auquel vous connaîtrez que je vous châtierai dans ce lieu, afin que vous sachiez que mes paroles s'accompliront sur vous pour votre malheur.

« Ainsi parle Yahveh : Voici, je livrerai le pharaon 'Hophr'a (Ouah-ab-Râ), roi d'Égypte, entre les mains de ses ennemis, entre les mains de ceux qui en veulent à sa vie, comme j'ai livré Çidqiyahou, roi de Yehoudah, entre les mains de Nebouchadreçar (Nabou-koudourri-ouçour), roi de Babylone, son ennemi, qui en voulait à sa vie [1]. »

Et dans un autre oracle :

« Fais ton bagage pour la captivité,
 habitante, fille de Miçraïm,
car Moph [2] deviendra un désert,
  elle sera ravagée, elle n'aura plus d'habitants.
  Miçraïm est une très belle génisse.

---

[1] *Jerem.*, XLIV, 28-30.
[2] Memphis.

La piqûre vient du septentrion ; elle arrive !
Ses mercenaires sont au milieu d'elle comme des veaux engraissés ;
  et eux aussi ils tournent le dos, ils fuient tous sans résister.
Car le jour de leur malheur fond sur eux,
  le temps de leur châtiment.
. . . .
Elle est confuse, la fille de Miçraïm,
  livrée entre les mains du peuple du nord.
Yahveh Çebaôth, le dieu de Yisraël, dit :
  Voici, je vais châtier Ammon de Nô [1],
  le pharaon, Miçraïm, ses dieux et ses rois,
  le pharaon et ceux qui se confient en lui.
Je les livrerai entre les mains de ceux qui en veulent à leur vie
  entre les mains de Nebouchadreçar, roi de Babylone,
  et entre les mains de ses serviteurs.
Mais après cela elle sera habitée comme aux jours d'autrefois, dit
  [Yahveh [2]. »

A la nouvelle de la soumission de Çôr, Ye'hezqel annonçait à son tour le prochain désastre de l'Égypte.

« Fils de l'homme, Nebouchadreçar, roi de Babylone,
  a fait faire à son armée un service pénible contre Çôr ;
  toute tête en est chauve et toute épaule écorchée.
Et il n'a retiré de Çôr aucun salaire, ni lui, ni son armée,
  pour le service qu'il a fait contre elle.
C'est pourquoi ainsi parle le seigneur Yahveh :
  Voici, je donne à Nebouchadreçar, roi de Babylone,
  la terre de Miçraïm ;
il en emportera les richesses,
  il en prendra les dépouilles,
  il en pillera le butin.
Pour le prix du service qu'il a fait contre Çôr,
  je lui donne la terre de Miçraïm ;
Car ils ont travaillé pour moi,
  dit le seigneur Yahveh [3]. »

Et ailleurs :

« Le jour approche, le jour de Yahveh approche,
  jour ténébreux ; ce sera le temps des nations.
Le glaive fondra sur Miçraïm,
  et l'épouvante sera dans Kousch,
  quand les transpercés tomberont en Miçraïm,

---

[1] Thèbes.
[2] *Jerem.*, XLVI, 19-26.
[3] *Ezech.*, XXIX, 17-20.

quand on enlèvera ses richesses
et que ses fondements seront renversés.
Kousch[1] Pout[2] et Loud[3], toute l'Arabie, Koub[4],
et les fils des pays auxiliaires[5]
tomberont avec eux par le glaive.
Ainsi parle Yahveh :
Ils tomberont, les soutiens de Micraïm,
et l'orgueil de sa force périra.
De Migdol[6] à Sevenah[7], ils tomberont par le glaive,
dit le seigneur Yahveh.
Ils seront dévastés entre les pays dévastés,
et ses villes seront entre les villes désertes.
Et ils sauront que je suis Yahveh
quand je mettrai le feu dans Miçraïm
et que tous ses soutiens seront brisés.
. . . .
Ainsi parle le seigneur Yahveh :
J'anéantirai la multitude de Miçraïm
par la main de Nebouchadreçar, roi de Babylone.
Lui et son peuple avec lui,
les plus violents d'entre les peuples,
seront envoyés pour détruire le pays ;
ils tireront l'épée contre Miçraïm
et rempliront le pays de morts.
Je mettrai les canaux à sec,
je livrerai le pays entre les mains des méchants ;
je ravagerai le pays et ce qu'il renferme, par la main des étran-
[gers.
Moi, Yahveh, j'ai parlé.
Ainsi parle le seigneur Yahveh :
J'anéantirai les idoles,
j'ôterai de Moph[8] les vains simulacres ;
et il n'y aura plus de prince dans le pays de Miçraïm,
et je répandrai la terreur dans le pays de Miçraïm.
Je dévasterai Pathros[9],
je mettrai le feu à Ço'an[10],
et j'exercerai mes jugements sur Nô[11].

---

[1] Les Éthiopiens.
[2] Les Libyens.
[3] Les hommes de race proprement égyptienne, comme dans le chapitre X de la Genèse.
[4] Kipkip, la Nubie.
[5] Les mercenaires Grecs et Cariens.
[6] Sam-houd ou Magadil, sur la frontière du désert de Syrie.
[7] Souannou, Syène.
[8] Memphis.
[9] P-to-rès, la Thébaïde.
[10] Tsan, Tanis.
[11] Thèbes.

> Je répandrai ma fureur sur Sin[1], la forteresse de Miçraïm[2],
> et j'exterminerai la multitude de Nô.
> Je mettrai le feu dans Miçraïm ;
> Sin sera saisie d'angoisse,
> Nô sera ouverte par la brèche
> et Moph conquise en plein jour par les ennemis.
> Les jeunes hommes de Aven[3] et de Pi-Beseth[4] tomberont sous le
> [glaive,
> et ces villes iront en captivité.
> A The'hapne'hês[5] le jour s'obscurcira,
> quand j'y briserai le joug de Miçraïm,
> et que l'orgueil de sa force y prendra fin.
> Un nuage la couvrira,
> et ses filles iront en captivité.
> J'exercerai mes jugements sur Miçraïm,
> et ils sauront que je suis Yahveh[6]. ».

La guerre s'engagea en 574 et 573 entre les deux rois de Chaldée et d'Égypte. Au début l'événement parut démentir les prédictions sinistres des prophètes de Yisraël. Ouah-ab-Râ obtint des succès considérables. Les Chaldéens avaient pris sur terre une supériorité si marquée, qu'il n'osa pas engager une campagne continentale en Palestine. De ce côté, il se tint sur la défensive, en se bornant à renforcer, de manière à déjouer toute tentative, les garnisons des forteresses qui défendaient les débouchés de l'isthme. Mais il avait une flotte magnifique, construite et équipée à la grecque, commandée et montée par des Ioniens et des Cariens, et en état de tenir tête avec avantage à toute autre marine de l'époque. C'est donc par mer qu'il engagea la lutte.

La flotte de Ouah-ab-Râ se dirigea vers la Phénicie, sans doute avec l'espoir qu'il suffirait de son apparition pour en soulever les cités. Mais elles étaient désormais contraintes de suivre la bannière de Nabou-koudourri-ouçour, devenu leur maître ; la supériorité écrasante de ses armes, la crainte de subir le sort de Çôr, devaient les maintenir dans l'obéissance et assurer au monarque chaldéen le fidèle service de leurs navires. Aussi la flotte des villes phéniciennes, jointe à celle des petits royaumes de l'île de Cypre, qui avaient reconnu sans velléité de résis-

---

[1] Péluse.
[2] Allusion à la place de Aneb, « la forteresse, » Gerrha des Grecs, située en avant de Péluse.
[3] On, Héliopolis.
[4] Pa-Bast, Bubastis.
[5] Thaben, Daphnæ.
[6] *Ezech.*, XXX, 2-19.

tance la suprématie de Nabou-koudourri-ouçour en même temps que la côte kénânéenne, vint-elle au-devant de la flotte de Ouah-ab-Râ pour lui disputer le passage. Une grande bataille navale fut livrée dans les eaux de Cypre, et la victoire y resta aux vaisseaux grecs et cariens du roi d'Égypte. Poursuivant alors ses succès, l'escadre du pharaon vint attaquer Çidôn, qui avait l'hégémonie sur les villes phéniciennes et dont le roi était de droit grand-amiral de la flotte qu'elles fournissaient au monarque asiatique. Çidôn fut emportée de vive force, pillée et l'on en enleva un butin très considérable pour le ramener en Égypte. Les autres cités du littoral se hâtèrent de se soumettre au pharaon pour éviter le même sort. Pendant trois ou quatre ans, son autorité y fut reconnue, et l'on a découvert à Gebal (Byblos) et à Arvad (Aradus) des débris d'édifices d'art égyptien portant son nom comme celui de leur constructeur. C'est alors qu'enivré par le succès il s'intitula « le plus heureux des rois qui avaient vécu, » et s'imagina, dans son orgueil, que « les dieux eux-mêmes seraient incapables de lui nuire. »

Le réveil de ces illusions ne se fit pas attendre et fut terrible. Au bruit des succès du roi d'Égypte en Phénicie, les tribus libyennes du littoral de la Marmarique, harcelées constamment par les colons grecs qui avaient fondé un établissement florissant en Cyrénaïque, s'adressèrent à lui comme à leur protecteur naturel. Ouah-ab-Râ ne pouvait songer à opposer ses mercenaires hellènes à leurs compatriotes; dans une telle occasion il n'eut pas été sûr de leur fidélité. C'est donc une armée purement égyptienne qu'il envoya contre Cyrène. Elle se fit battre auprès du bourg d'Irasa, et dans sa déroute elle souffrit tellement qu'un très petit nombre de fuyards parvint à regagner le territoire de l'Égypte, du côté de Maréa. Le roi s'était attiré une vive hostilité chez les prêtres et chez les milices indigènes par la faveur qu'il témoignait aux étrangers. On prétendit qu'il n'avait envoyé ses troupes en Libye que pour les livrer à une mort sûre et se débarrasser ainsi de gens qui lui étaient suspects. Une révolte militaire éclata à la suite de la rentrée des débris de l'armée de Cyrénaïque. Ouah-ab-Râ chargea un de ses généraux, originaire des environs de Saïs et nommé Ah-mès, d'apaiser le soulèvement. Celui-ci se rendit au camp des rebelles; mais tandis qu'il les haranguait, un Égyptien, passant derrière lui, lui mit sur la tête un casque muni de l'uræus royal, en disant: « Qu'il soit notre roi ! » Ah-mès, qui était peut-être complice de la préparation de cet incident, ne résista pas au vœu des soldats indigènes. Acceptant leur commandement, il marcha contre Ouah-ab-Râ, lequel se mit à la tête des 30,000 mercenaires qui lui restaient. Les deux armées en vinrent aux mains près de Momemphis, suivant Hérodote, près de Maréa, suivant Diodore de Sicile. Les mercenaires grecs combattirent avec courage, mais, inférieurs en nombre, ils furent défaits. Ouah-ab-Râ, fait prisonnier, fut conduit à Saïs et enfermé dans le magnifique palais qu'il avait habité comme roi. Il y était traité généreusement; mais la populace égyptienne, que ce malheureux prince avait vivement blessée dans son amour-propre national, exigea que Ah-mès le lui abandonnât. Les habitants de Saïs et les guerriers ne l'eurent pas plus tôt entre leurs mains qu'ils l'étranglèrent (569).

Tel est le récit des historiens grecs, qui rapportent les faits tels que les racontaient les Égyptiens, dont la vanité nationale supprimait systématiquement toute mention de la

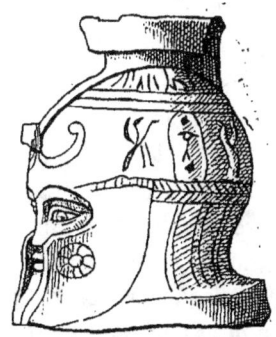

Petit vase, en forme de tête casquée, portant le cartouche du roi Ouah-ab-Râ[1].

part que les Assyriens et les Chaldéens avaient eue aux événements de leur pays. D'un autre côté, Josèphe, d'après les sources juives, raconte que ce fut Nabou-koudourri-ouçour qui, envahissant l'Égypte à la tête de son armée, détrôna Ouah-ab-Râ et donna la couronne à Ah-mès. Les documents babyloniens en écriture cunéiforme, récemment découverts, attestent la véracité de cette version. Nabou-koudourri-ouçour lui-même s'y vante d'être descendu en Égypte, d'en avoir renversé le roi, son ennemi, et de l'avoir remplacé par un autre. Les deux récits, du reste, peuvent se concilier facilement. C'est bien une révolte des troupes indigènes qui dépouilla Ouah-ab-Râ et fit passer le sceptre aux mains de Ah-mès. Mais cette révolte fut soutenue, et peut-être provoquée, par une armée chaldéenne, qui avait franchi la frontière de l'Égypte.

Ce n'était pas, du reste, une invasion de conquête, mais bien évidemment une intervention dans des troubles civils, se produisant d'accord avec un des deux partis. L'Égypte n'eut pas à en souffrir sérieusement, et sa puissance n'en subit pas d'atteinte. Car dès l'année qui suivit son

---

[1] Ce petit vase, découvert dans l'île de Rhodes et conservé au musée du Louvre, semble offrir une allusion aux sympathies toutes particulières du roi pour les mercenaires grecs, sympathies qui lui furent si fatales. C'est en effet d'un casque à la grecque qu'est coiffée la tête dont il a la forme, et qui est peut-être un portrait de Ouah-ab-Râ. M. Heuzey a consacré, dans la *Gazette archéologique*, un intéressant mémoire à ce petit monument.

avènement, Ah-mès, mettant à profit la suprématie que la flotte égyptienne avait acquise sur mer à la fin du règne de Ouah-ab-Râ, et qu'elle garda pendant tout son propre règne, fit la conquête de l'île de Cypre, que les Egyptiens appelaient, nous l'avons déjà dit, Asebi ou Sebinaï, tandis que les Assyriens la nommaient île de Yânan, c'est-à-dire des Grecs. C'est encore aux documents cunéiformes que nous devons la connaissance de la date de cet événement, relaté par Hérodote. Ils nous apprennent que Nabou-koudourri-ouçour regarda la conquête de Cypre comme un acte d'hostilité et de rébellion de la part de Ah-mès, et qu'en la 37° année de son règne, c'est-à-dire en 567, le monarque chaldéen en personne envahit l'Égypte. Cette fois la guerre fut beaucoup plus sérieuse que deux ans auparavant. Le Delta fut envahi et saccagé en très grande partie. Mais Ah-mès, défait, ayant imploré la paix, Nabou-koudourri-ouçour consentit à la lui accorder; il le laissa sur son trône, en lui imposant seulement le paiement d'un tribut. Du reste, le fardeau de ce vasselage ne pesa pas bien longtemps sur le nouveau roi d'Egypte. Nabou-koudourri-ouçour mourut en 562 et les révolutions qui se succédèrent rapidement à Babylone permirent à Ah-mès de reprendre sa pleine indépendance.

Pour légitimer son pouvoir il avait, comme tous les usurpateurs en Égypte, épousé une princesse de sang royal, qui lui avait apporté les droits à la couronne qu'elle tenait de la vieille loi de Baï-noutriou. C'était la princesse Ânkh-nas-Râ-nofri-hêt, fille de Psaméthik II et de la reine Nit-aqri-t. Elle résida pendant presque tout le règne de son mari à Thèbes, où elle avait une position exceptionnelle, une sorte d'autorité de régente analogue à celle que sa bisaïeule Amon-iri-ti-s y avait eue sous Schabaka et sa grand'mère Schap-en-Ape-t sous Psaméthik Ier. Une autre des femmes de Ah-mès (car on lui en connaît quatre, toutes ayant le rang d'épouses légitimes et le titre de reines), la reine Tent-Khéta, appartenait aussi au sang de la dynastie saïte et sortait d'une de ses branches cadettes. Aussi Ah-mès, bien qu'il ne fût qu'un officier de fortune parvenu au trône par une usurpation, se vit-il inscrit dans la suite de cette dynastie.

Au commencement de son règne, les Égyptiens, d'après ce que nous dit Hérodote, n'avaient pas pour lui une grande considération, à cause de l'obscurité de sa naissance; mais il sut se relever par sa prudence et son habileté. Il se compara, dans une circonstance solennelle, à un vase d'or employé d'abord à de vulgaires usages, et qui, changé en statue de dieu, devient l'objet de la vénération de tous. Homme d'esprit, il sut concilier avec ses plaisirs les affaires de l'État. C'était lui qui disait à ses amis : « Ne savez-vous pas qu'on ne bande un arc que quand on en a besoin, et qu'après qu'on s'en est servi on le détend? Si on le tenait toujours bandé, il se romprait, et l'on ne pourrait plus s'en servir quand en viendrait l'occasion. Il en est de même de l'homme : s'il était toujours appliqué à des choses sérieuses, sans rien donner aux plaisirs, il deviendrait insensiblement, et sans s'en apercevoir, fou ou stupide. »

Du reste, suivant le témoignage d'Hérodote, « l'Égypte ne fut jamais plus prospère ni plus florissante que sous le règne d'Amasis (Ah-mès), soit par la fécondité que le fleuve lui procura, soit par l'abondance des biens que la terre fournit à ses habitants. Il y avait alors en ce pays vingt mille villes bien peuplées. » Tout est compris, sans doute, villages et hameaux, dans ce chiffre donné par les prêtres, qui aimaient, sous la domination des Perses, à exagérer la splendeur de l'Égypte avant son asservissement.

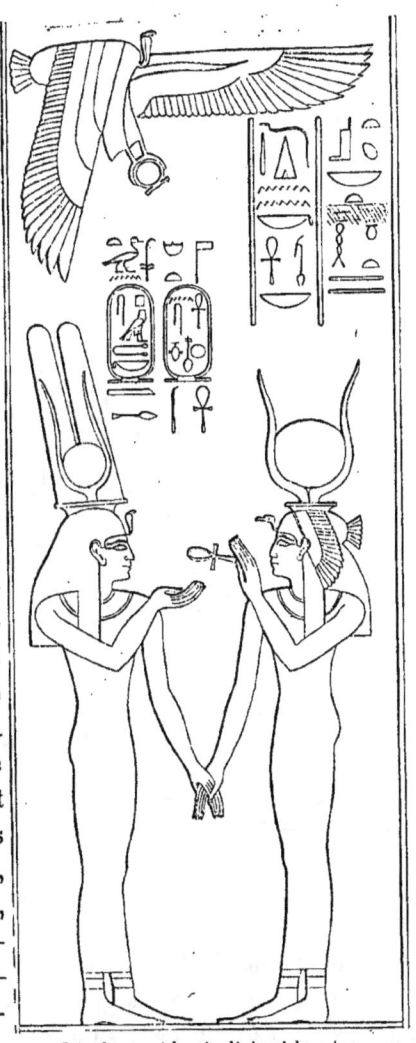

Isis donnant la vie divine à la reine Ankh-nas-Râ-nofri-hèt[1].

Une telle prospérité devait nécessairement se traduire, surtout en Égypte, par de nombreuses constructions. Ah-mès occupa de nombreux ouvriers dans les carrières du beau calcaire de Troufou (Tourah), près

---

[1] Bas-relief de Thèbes, d'après Lepsius.

de Memphis, et de la vallée de Rohaunou ('Hammamât), ainsi que dans les carrières de granit de Souannou (Syène). Il lui fallait des matériaux pour les édifices qu'il élevait en l'honneur des dieux. Les temples de Thèbes furent restaurés par lui, et cette capitale de la Haute-Égypte retrouva sous son règne quelque éclat. C'est ce qu'attestent les belles tombes privées qui y furent alors exécutées. Mais c'est surtout à Memphis et dans le Delta, où depuis plusieurs siècles s'était concentrée

Le roi Ah-mès adorant le dieu Ammon-Khem[1].

toute la vie et toute l'activité de l'Égypte, que les fondations de Ah-mès furent nombreuses. A Saïs, dans sa ville natale, il bâtit en avant du temple de Nit des propylées, « qui surpassaient, dit Hérodote, tous les autres ouvrages de ce genre tant par leur élévation et leur grandeur que par la grosseur et la qualité des matériaux. » Ils étaient ornés de colonnes énormes et précédés d'une longue avenue de sphinx. Les voyageurs y admiraient deux obélisques, un colosse énorme, que l'on n'avait pas achevé de mettre en place et qui était resté couché à terre,

[1] Bas-relief de la vallée de 'Hammamat, d'après Lepsius.

enfin un naos d'un seul bloc de syénite, le plus grand que l'on eût jamais taillé. Il avait extérieurement 11 mètres de long, plus de 7 mètres de large et 4 mètres de haut ; évidé à l'intérieur, il pesait près de 500,000 kilogrammes. On n'avait pas pu parvenir à l'amener jusqu'au fond du sanctuaire, et il était resté à l'entrée du temple. Hérodote, comme toujours, raconte une historiette piquante pour expliquer cette circonstance. A Memphis, Ah-mès avait entièrement construit un temple d'Isis que l'on décrit comme très vaste et magnifique. Enfin l'on voyait au grand temple de Phtah un colosse de 75 pieds de haut, que ce prince avait fait sculpter et amener de la Haute-Égypte, mais qui n'avait pas été dressé. Tous ces somptueux ouvrages ont disparu sans laisser de vestiges. Mais ce que l'on possède de fragments du règne de Ah-mès montre que c'est de son temps que l'art saïte atteignit l'apogée de sa perfection. Il faut citer en ce genre, dans les collections publiques de l'Europe, le sarcophage de la reine Ankhnas-Râ-nofri-hêt, rapporté de Thèbes au Musée Britannique, et le naos monolithe de granit rose de notre Musée du Louvre, bien respectable déjà par sa masse, mais bien petit si on en compare les dimensions à ce qu'étaient celles du naos de Saïs. Il provient d'Alexandrie, où il avait été sans doute transporté du temps des Lagides ou des Romains.

Ah-mès avait été porté au trône par une réaction des passions nationales indigènes contre l'influence des Grecs. Les mercenaires et les marchands hellènes avaient soutenu Ouah-ab-Râ dans sa lutte suprême contre son compétiteur. On aurait donc pu craindre qu'une fois parvenu au trône il ne les persécutât et ne leur fermât l'Egypte. Bien au contraire. Proclamé par une révolution militaire, Ah-mès craignit d'être ensuite renversé par une autre. Il ne voulut pas demeurer à la merci de la milice égyptienne, qui ne montrait que peu de considération pour le souverain qu'elle avait improvisé, et qui affichait la prétention de lui faire la loi. Or, les mercenaires étrangers étaient le contre-poids naturel de l'armée indigène ; c'était par eux seuls qu'on pouvait la tenir en bride et se garantir contre son impérieuse turbulence. Dès le début de son règne, d'ailleurs, dans la conquête de Cypre, qu'il avait fini par garder et dont la possession lui imposait des ménagements particuliers envers l'élément grec, ainsi que dans la guerre avec Nabou-koudourri-ouçour, Ah-mès avait pu apprécier la valeur des services des mercenaires et la faiblesse de l'élément militaire égyptien livré à lui-même. Enfin il était trop intelligent pour ne pas comprendre que le commerce avec les Grecs, actif comme il l'était devenu, constituait désormais la principale source de richesses pour l'Égypte. Sa politique fut donc, contre toute attente, celle d'un prince éminemment philellène.

« Ses prédécesseurs avaient bien accueilli les Grecs, dit M. Maspero ; lui les aima passionnément, et se fit aussi grec qu'il était possible à un Égyptien de le devenir. Moitié politique, moitié caprice, il épousa une femme de Cyrène, Ladicê, fille, selon les uns du roi Arcésilas ou de Battos, selon les autres d'un riche particulier nommé Critobulos[2]. Il entretint des relations amicales avec les principaux sanctuaires de la Hellade et leur fit des présents à plusieurs reprises. En 548 le temple de Delphes fut brûlé, et les Amphictyons s'engagèrent à le rebâtir moyennant 300 talents, dont un quart fourni par les Delphiens. Pour se procurer le reste de la somme, il fallut quêter chez toutes les nations amies : Ah-mès leur donna pour sa part mille talents d'alun d'Égypte, le plus estimé de tous, dont les quêteurs surent tirer bon profit. Il envoya à Cyrène une statue de sa femme Ladicê et une statue de Nit, dorée complètement ; à l'Athênê de Lindos, dans l'île de Rhodes, deux statues de pierres et une cuirasse de lin d'une merveilleuse finesse, à Hêra Samienne deux statues en bois qui existaient encore au temps d'Hérodote.

Corselet militaire d'étoffe brochée ou cuirasse de lin égyptienne [1].

« Aussi les Grecs affluèrent en Egypte et s'y établirent en si grand nombre que, pour éviter toute querelle avec les indigènes, il fallut régler à nouveau leur position. Les colonies fondées le long de la bran-

---

[1] Musée Britannique.
[2] Hérodote raconte une anecdote passablement leste à propos de ce mariage.
[3] Les débris en subsistaient encore à l'époque de Pline ; mais les curieux en arrachaient les morceaux pour vérifier si les fils étaient composés réellement, comme le prétendait Hérodote, de 365 brins, tous visibles à l'œil nu.

che Pélusiaque[1] par les Ioniens et les Cariens de Psaméthik Ier avaient prospéré et possédaient déjà une population qu'on peut évaluer à près de 200,000 âmes. Ah-mès la transféra à Memphis ou dans les environs pour se garder contre ses sujets égyptiens. Il concéda aux nouveaux venus, près de la branche Canopique[2], une ville qui prit le nom de Naucratis et qu'il leur abandonna complètement. Ce fut une vraie république, gouvernée par des magistrats indépendants, prostates et timuques; on y trouvait un Prytanée, des Dionysiaques, des fêtes d'Apollon Cômaios, des distributions de vin et d'huile, le culte et les mœurs de la Grèce[3]. Ce fut désormais le seul port ouvert aux étrangers. Lorsqu'un navire marchand poursuivi par les pirates, assailli par la tempête ou contraint par quelque accident de mer, abordait sur un autre point de la côte, son capitaine devait se présenter devant le magistrat le plus proche, afin d'y jurer qu'il n'avait pas violé la loi de son plein gré, mais forcé par des motifs impérieux. Si l'excuse paraissait valable, on lui permettait de faire voile vers la bouche Canopique; quand les vents ou l'état de la mer s'opposaient à ce qu'il partît, il pouvait embarquer sa cargaison sur des bateaux du pays et la transporter à Naucratis par les canaux du Delta. Cette disposition de la loi fit la fortune de Naucratis : elle devint en quelques années un des entrepôts les plus considérables du monde ancien. Les Grecs de tous pays la remplirent et ne tardèrent pas à se répandre sur les campagnes environnantes, qu'ils semèrent de villas et de bourgs nouveaux.

« Les marchands qui ne tenaient pas à vivre sous le régime des lois grecques furent autorisés à s'établir dans telle ville d'Égypte qu'il leur plairait choisir et à s'y bâtir des factoreries. Ah-mès leur accorda même le libre exercice de leur culte et leur donna le droit d'élever des temples aux dieux de leur patrie. Les Éginètes construisirent un temple à Zeus, les Samiens à Hêra, les Milésiens à Apollon. Neuf villes d'Asie Mineure s'entendirent pour édifier à frais communs un temple qu'elles nommèrent l'Hellènion. La Haute-Égypte et le désert lui-même ne furent pas à l'abri de cette invasion pacifique. Les marchands grecs sentirent de bonne heure la nécessité d'avoir des agents sur la route des

---

[1] Dans les nomes de Am-pehou et de Khent-abet, XIXe et XIVe de la Basse-Égypte.
[2] Dans le nome Sàpi-mehit ou de Saïs, mais sur la rive gauche du bras du fleuve.
[3] Mêlés cependant d'éléments étrangers, surtout dans le culte, car l'Aphrodite grecque s'était confondue à Naucratis avec la déesse égyptienne de la fécondité terrestre, Ranen, adorée sous la forme d'un serpent urœus.

caravanes qui viennent de l'intérieur de l'Afrique ; des Milésiens s'établirent dans l'antique cité d'Abydos, et les Samiens de la tribu Aischrionie avaient poussé jusque dans la Grande Oasis. La présence de ces étrangers au milieu d'eux ne dut pas peu scandaliser les indigènes de la Thébaïde, et ne contribua pas à diminuer les sentiments de haine qu'ils avaient voués au roi usurpateur. Les Grecs, de leur côté, rapportaient de ces régions lointaines des récits merveilleux qui soulevaient la curiosité de leurs compatriotes et des richesses qui excitaient leur cupidité. Philosophes, marchands, soldats, s'embarquaient pour le pays des merveilles, à la recherche de la science, de la fortune ou des aventures. Ah-mès accueillait les émigrants à bras ouverts : ceux qui restaient s'attachaient à sa personne, ceux qui partaient emportaient le souvenir des bons traitements qu'ils avaient reçus, et préparaient en Grèce les alliances dont l'Égypte devait avoir besoin dans quelques années. »

L'Égypte paraissait donc, au temps de Ah-mès, aussi florissante qu'à aucune autre époque de son histoire. Mais cette prospérité apparente dissimulait mal l'affaiblissement de l'esprit public et des institutions nationales. Les rois Saïtes avaient cru vivifier l'Égypte et rendre un peu de jeune sang à la vieille monarchie fondée par Ména, en permettant au grand courant d'idées libérales dont la Grèce se faisait déjà l'instigatrice de se répandre dans son sein. Sans le savoir, ils avaient par là introduit sur les bords du Nil un nouvel élément de décadence. Exclusivement constituée pour la durée, pour conserver ses traditions en bravant les siècles, la civilisation égyptienne ne pouvait se maintenir qu'en demeurant immobile. Du jour où elle se trouva en contact avec l'esprit de progrès, personnifié dans la race et dans la civilisation grecque, elle devait forcément périr. Elle ne pouvait se lancer dans une voie nouvelle, qui était la négation de son génie, ni continuer son existence immuable. Aussi, dès que l'influence grecque commença à la pénétrer, tomba-t-elle en pleine dissolution et s'affaissa-t-elle dans un état de décrépitude déjà semblable à la mort. La caste militaire ayant émigré en majeure partie, la nation était restée désarmée. Des étrangers odieux au peuple avaient été chargés de veiller à sa défense, et même employés dans des guerres et des conquêtes au dehors qui avaient finalement échoué. L'indignation publique s'était changée en révolte. Un aventurier hardi s'était emparé du trône et avait trouvé le pays si bien lancé dans les voies nouvelles que lui-même favorisa plus encore les étrangers, ce qui contribua à enrichir l'Égypte, mais ce qui excita aussi la cupidité des conquérants. Quand ceux-ci arrivèrent, l'Égypte n'eut à leur opposer qu'un peuple qui avait perdu l'habitude des armes.

C'est d'un nouvel empire, surgi tout à coup sur les ruines de ceux dont la puissance avait paru solidement établie sur l'Asie, c'est d'un peuple dont le nom même était inconnu lors de l'avènement de Ah-mès, que devait sortir, aussitôt après sa mort, la ruine de l'existence nationale de l'Egypte. Pendant la durée de son règne, qui fut de quarante-quatre ans (569-525), une grande révolution s'était opérée dans l'état territorial de l'Asie. Tandis que l'empire chaldéen végétait péniblement, ruiné par les conspirations de palais et les sanglants changements de règnes dont Babylone était le théâtre, les pays iraniens avaient vu s'élever un nouveau maître. Kourous (Cyrus), fils de Kambouziya, roi du petit peuple des Perses, ou, comme on disait à Babylone, du canton d'Anschan, reculé en arrière du pays de 'Elam, auquel il avait été autrefois rattaché, avait armé sa nation et groupé autour de lui les nombreux mécontents que son suzerain, le roi des Mèdes, avait soulevés par les procédés tyranniques de son gouvernement. Avec la complicité active d'une partie de la nation des Mèdes et de ses grands, il avait attaqué ce roi, que les Grecs appellent Astyage et les documents babyloniens Ischtouvegou, car on ne connaît pas jusqu'ici la forme iranienne originale de son nom. Il l'avait vaincu, et par un renversement des rôles procuré par la fortune des armes, de son suzerain il l'avait forcé à devenir son vassal (558).

L'empire de Médie, dont Kourous s'était ainsi rendu maître, touchait par sa frontière de l'Halys au royaume de Lydie. Le roi qui à ce moment même venait de monter sur le trône de Sardes, Croisos, était le beau-frère du monarque mède que le Perse venait d'humilier en le forçant à obéir désormais à ses ordres et à marcher sous sa bannière. Il se sentit directement menacé par la nouvelle puissance qui se formait dans l'Irân, et comprit que, si l'on n'en arrêtait pas à temps le développement, l'Asie entière allait trouver un maître. Depuis les règnes de Gygès et de Psaméthik Ier, les deux couronnes de Lydie et d'Égypte entretenaient les relations les plus étroites et les plus amicales. C'était de l'aveu du monarque de Sardes que les mercenaires des cités ioniennes, pour la plupart ses vassales et ses tributaires, allaient se mettre au service de l'Egyptien. Croisos proposa à Ah-mès une alliance offensive et défensive contre les progrès du nouveau roi perse. Bientôt d'autres États adhérèrent à la coalition : les Lacédémoniens, qui avaient alors l'hégémonie

Kourous, roi de Perse, divinisé après sa mort[1].

de la Grèce européenne et qui aimaient à se poser partout en protecteurs nés de l'élément hellénique, puis Nabou-na'dou, le roi de Babylone, qui vint cette année même (552) dans ses provinces du nord de la Syrie

---

[1] Bas-relief de Mourghâb, en Perse. L'inscription cunéiforme qui accompagne la figure la désigne formellement comme une image du roi, et non par celle d'un des génies supérieurs du mazdéisme, d'un des Amescha-çpentas, ainsi qu'on l'a cru quelquefois.

pour se rapprocher des lieux où se poursuivaient les négociations. Une grande guerre contre Kourous fut décidée, et tous les confédérés s'y préparèrent activement. La ligue était assez forte pour venir aisément à bout du Perse et mettre fin à la carrière de ses conquêtes sans la présomptueuse imprudence de Croisos, qui attaqua avant l'heure et se fit battre quand ses alliés n'étaient pas encore prêts à le secourir. Kourous prit Sardes, détrôna Croisos, supprima le royaume de Lydie et soumit du coup toute l'Asie-Mineure (549).

La Lydie détruite, la confédération se défit d'elle-même. Les Lacédémoniens restèrent chez eux ; Ah-mès, que son éloignement mettait pour l'heure hors d'atteinte, se garda de bouger ; Nabou-na'dou demeura sur la défensive et se prépara à repousser les attaques qu'il pouvait désormais prévoir dans un délai rapproché. Tout l'Orient se sentait à la discrétion du vainqueur de Croisos et n'avait plus qu'une pensée, éviter de lui donner des motifs de querelle. Tandis que ses généraux achevaient la conquête de l'Asie-Mineure, Kourous se retournait contre Astyage, dont l'attitude pendant la guerre de Lydie lui avait paru à bon droit suspecte. L'armée médique livrait elle-même son roi au vainqueur, qu'elle acclamait, et le monarque perse s'installait sur le trône de Hangmatana (Ecbatane). En 546 et 545, il faisait avec succès la guerre à Nabou-na'dou ; puis il l'abandonnait pour poursuivre de plus lointaines conquêtes, et c'est seulement en 538 qu'il reparaissait devant Babylone pour prendre la ville et détruire à son tour l'empire chaldéen. Cette nouvelle victoire mit Kourous en possession de la Syrie, de la Phénicie et de la Palestine, qui depuis Nabou-koudourri-ouçour continuaient à dépendre de Babylone et reconnurent sans résistance leur nouveau maître. Les frontières de l'empire persique touchaient maintenant à celles de l'Égypte. Kourous, disposant désormais de la flotte phénicienne, l'envoya sur les côtes de Cypre et fit reconnaître son autorité dans cette île à la place de celle des Égyptiens. Ah-mès laissa faire sans dire mot. Il était vieux et ne voulait que la paix. Il avait, d'ailleurs, le sentiment qu'un conflit devait fatalement tourner au désavantage de l'Égypte et qu'elle n'avait plus la force suffisante pour résister avec avantage à la puissance qui, disposant de l'Asie entière, de la Méditerranée jusqu'à l'Hindou-Kousch, pouvait à volonté en précipiter toutes les forces sur la vallée du Nil. Xénophon prétend même qu'il alla jusqu'à racheter par un tribut fourni à Kourous l'indépendance et la tranquillité de l'Égypte, et la chose, en soi-même, n'a rien d'impossible.

Quoiqu'il en soit, à cette politique prudemment timide Ah-mès dut encore quelques années de paix. Mais quand Kourous fut mort (529), il lui fallut bien se préparer à la guerre. Le nouveau roi des Perses et des Mèdes, Kambouziya (Cambyse), préparait ouvertement la conquête de l'Egypte et ne cherchait qu'un prétexte pour ouvrir les hostilités. Les Perses, suivant Hérodote, racontaient que Kambouziya avait fait demander en mariage la fille de Ah-mès dans l'espoir qu'il la lui refuserait et qu'ainsi une querelle pourrait surgir. Le roi d'Egypte, au lieu de sa propre fille, lui avait envoyé celle de Ouah ab-Râ, nommée Nit-iri-ti-s, et la nouvelle reine de Perse, admise dans le lit de son époux, lui aurait raconté sa véritable naissance, en lui demandant de venger son père. « En Egypte on contait les choses autrement. Nit-iri-ti-s avait été envoyée à Kourous et lui avait donné Kambouziya : la conquête n'avait été qu'une revendication de la famille légitime contre l'usurpateur Ah-mès, et Kambouziya montait sur le trône moins en vainqueur qu'en petit-fils de Ouah-ab-Râ. C'est par une fiction aussi puérile que les Egyptiens de la décadence se consolaient de leur faiblesse et de leur honte. Toujours orgueilleux de leur gloire passée, mais incapables de vaincre et de commander, ils n'en prétendaient pas moins n'être vaincus et commandés que par eux-mêmes. Ce n'était plus la Perse qui imposait son roi à l'Egypte : c'était l'Egypte qui imposait le sien à la Perse, et par la Perse au reste du monde [1]. »

Une circonstance acheva de décider Kambouziya à brusquer ses préparatifs contre l'Egypte, en lui en facilitant considérablement l'invasion. Un des principaux capitaines des mercenaires grecs au service de Ahmès était un certain Phanês, natif d'Halicarnasse, qui avait été tyran de sa ville natale et en avait ensuite été chassé. Ayant eu à se plaindre du roi d'Egypte, il déserta et s'en vint à la cour de Hangmathana. C'était un homme énergique et sans scrupules, qui connaissait admirablement le pays où il avait servi. Il mit Kambouziya au courant de sa situation exacte, lui en expliqua les défenses, les ressources et les côtés faibles, lui indiqua en un mot les moyens d'exécuter ses projets avec certitude du succès. C'est par ses conseils que Kambouziya, comme jadis Asschour-a'h-iddin et Asschour-bani-abal, conclut un traité d'alliance avec les Arabes, dont le concours était absolument nécessaire pour traverser le désert qui séparait la Palestine de l'Égypte.

---

[1] Maspero.

« Il n'y a pas, dit Hérodote, de peuple plus religieux observateur de ses serments que les Arabes. Lorsqu'ils veulent engager leur foi, il faut qu'il y ait un tiers, un médiateur. Celui-ci, debout entre les deux contractants, tient une pierre aiguë et tranchante avec laquelle il fait à tous deux une incision à la paume de la main, près des grands doigts. Il prend ensuite un petit morceau de l'habit de chacun, le trempe dans leur sang et en frotte sept pierres qui sont au milieu d'eux, en invoquant Orotal et Alilat, les seuls dieux qu'ils reconnaissent. Cette cérémonie achevée, celui qui a engagé sa foi donne ses amis pour garants. Lorsque le roi des Arabes eut ainsi conclu un traité avec les ambassadeurs de Cambyse, il fit remplir d'eau des outres de cuir et en fit

Soldats perses de différentes armes[1].

charger tous les chameaux qu'il avait dans ses Etats. Cela fait, on les mena dans les lieux arides où il alla attendre l'armée de Cambyse. » Cette armée était très nombreuse ; sa principale force consistait dans les légions des Perses proprement dits et dans quelques corps de Grecs des villes d'Ionie et d'Eolie, destinés spécialement à être opposés aux mercenaires grecs de l'armée égyptienne. Une grande flotte, équipée dans les ports de la Phénicie et montée par des marins de cette contrée, suivait le long de la côte les mouvements des troupes de terre et se dirigeait vers le littoral du Delta. Les préparatifs avaient duré plusieurs années, et on se trouvait alors au commencement de 525.

Ah-mès venait de mourir, et son fils Psaméthik III, le Psamménite d'Hérodote, lui avait succédé. L'Egypte était en proie à la crainte, en présence de l'orage formidable qui s'avançait contre elle ; des présages funestes avaient répandu dans tous les esprits l'attente d'un désastre. Le nouveau roi marcha au-devant de l'ennemi jusqu'à Péluse. Les Grecs et les Cariens à sa solde voulurent venger la trahison de Phanès sur ses enfants, qu'il avait laissés dans le pays en partant pour la Perse. Ils les menèrent au camp, et ayant placé, à la vue de leur père, un cratère entre les deux armées, ils les égorgèrent. Mêlant ensuite à leur sang du vin et de l'eau dans le cratère, tous les auxiliaires vinrent en boire et

[1] D'après les sculptures de Persépolis.

s'engagèrent par des serments terribles à ne pas lâcher pied. Le combat s'engagea bientôt après. Suivant une tradition plus fameuse que certaine, Kambouziya fit mettre au premier rang de son armée des chats,

Psaméthik III vivifié par le dieu Hor[1].

des éperviers et d'autres animaux tenus pour sacrés par les Égyptiens; ceux-ci n'osèrent lancer leurs traits contre l'ennemi de peur de les atteindre et lâchèrent pied au premier choc. Mais les mercenaires grecs et cariens n'avaient pas de semblables scrupules; ils résistèrent vigoureusement, et la bataille fut longue et sanglante. A la fin, ils furent écrasés par la supériorité du nombre des Perses, et Psaméthik avec les débris de son armée, s'enfuirent en désordre jusqu'à Memphis, sans essayer de se rallier pour disputer encore à l'ennemi le passage des canaux.

« J'ai vu, dit Hérodote, sur le champ de bataille, une chose fort surprenante. Les ossements de ceux qui périrent dans cette journée forment deux monceaux séparés: ceux des Égyptiens d'un côté, ceux des Perses de l'autre. Les têtes des Perses sont si tendres qu'on peut les percer en les frappant avec un simple caillou; celles des Égyptiens, au contraire, sont si dures qu'à peine peut-on les briser à coups de pierres. Les Égyptiens, en effet, commencent dès leur jeune âge à se raser la tête, de sorte que leur crâne durcit au soleil[2]: les Perses, au contraire, ont le crâne

---

[1] Bas-relief de Thèbes, d'après Lepsius.

[2] Les femmes elles-mêmes, en Égypte, se rasaient fréquemment la tête, et sur leur crâne rasé les Égyptiennes, en tenue de cérémonie, portaient des perruques de faux cheveux. Celle

faible, parce que dès leur jeunesse ils ont toujours la tête couverte. »

Kambouziya, vainqueur, envoya aux Égyptiens retirés à Memphis un héraut, Perse de nation, pour les engager à traiter avec lui. Ce héraut remonta le fleuve sur un vaisseau de Mitylène. Dès que les Égyptiens le virent entrer dans Memphis, ils sortirent en foule de la citadelle, brisèrent le navire, mirent en pièces ceux qui le montaient et en transportèrent les membres dans la citadelle, en guise de trophées. Les Perses, furieux de cette violation du droit des gens, firent aussitôt le siège de la place, qui fut emportée

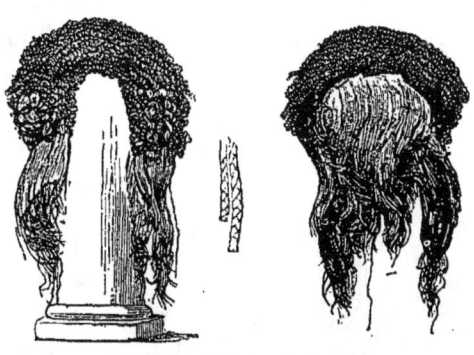

Perruque égyptienne de femme.

au bout de quelques jours. La Haute-Égypte se soumit sans résistance. Les Libyens dépendant de l'Égypte n'attendirent pas qu'on les attaquât pour offrir un tribut. Il avait suffi d'une bataille perdue pour détruire l'empire des Pharaons.

Le dixième jour après la prise de la citadelle de Memphis, raconte Hérodote, le roi Psaméthik fut conduit, par ordre de Kambouziya, devant la ville avec quelques Égyptiens. Le monarque vainqueur y siégeait en grande pompe sur son trône de parade. On les traita avec la dernière ignominie. Kambouziya fit habiller la fille du prince en esclave, et l'envoya, une cruche à la main, chercher de l'eau ; elle était accompagnée de plusieurs autres jeunes filles de qualité, vêtues de la même façon qu'elle. Ces jeunes filles, passant auprès de leurs pères, fondirent en larmes et jetèrent des cris lamentables. Le roi captif, quoiqu'il les vît et les reconnût, se contenta de baisser les yeux.

Kambouziya fit ensuite passer devant Psaméthik son fils accompagné de 2,000 Égyptiens du même âge que lui, la corde au cou et un anneau passé dans la bouche. On les menait à la mort pour venger les Mytiléniens tués à Memphis ; car les juges royaux avaient ordonné que pour chaque homme massacré en cette occasion, l'on ferait mourir dix Égyp-

dont nous insérons ici la représentation dans notre texte fait partie des collections du Musée Britannique.

tiens des premières familles. Psaméthik les vit et reconnut son fils qu'on menait à la mort ; mais tandis que les autres Égyptiens placés autour de lui pleuraient et se lamentaient, il garda la même contenance qu'à la vue de sa fille.

Roi de Perse assis sur son trône, avec la cidaris sur la tête et le sceptre à la main[1].

Il aperçut ensuite un vieillard qui mangeait ordinairement à sa table, dépouillé de tout, couvert de haillons et mendiant un morceau de pain à des soldats de l'armée victorieuse. A ce spectacle il ne put s'empêcher de verser des larmes, et se frappa la tête, en appelant cet ami par son nom. Etonné de sa conduite, Kambouziya lui en fit demander les motifs. « Fils de Kourous, répondit Psaméthik, les malheurs de ma maison sont trop grands pour qu'on puisse les pleurer ; mais le triste sort d'un ami qui, au commencement de sa vieillesse, est tombé dans l'indigence après avoir possédé de grands biens, m'a paru mériter des larmes. »

Kambouziya, continue Hérodote, trouva cette réponse sensée. Elle fit verser des larmes, non

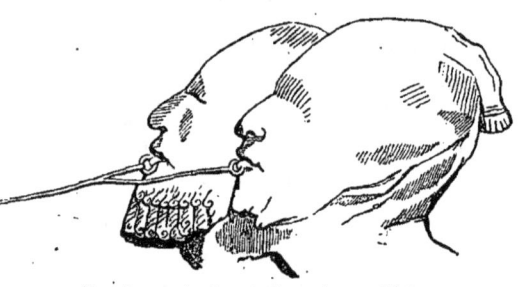

Boucle passée dans la lèvre des captifs[2].

seulement à Croisos, qui avait suivi ce prince en Égypte, mais encore à tous les Perses présents. Kambouziya fut lui-même touché de compassion et commanda sur-le-champ de délivrer le fils de Psaméthik et de lui amener le roi. Ceux qui allèrent chercher le jeune prince le trouvèrent déjà mort ; on l'avait exécuté le premier. Mais du moins

---

[1] D'après les bas-reliefs de Persépolis.
[2] D'après les sculptures assyriennes de Khorsabad.

Kambouziya traita désormais son vaincu en roi. Il allait même lui rendre la couronne d'Égypte, à titre de vassal, quand il apprit qu'il conspirait contre lui. Psamétbik fut mis à mort, et l'antique pays de Kêmi-t, perdant son existence nationale, quarante fois séculaire, ne fut plus qu'un gouvernement du royaume de Perse, administré par un simple satrape et par un satrape étranger.

FIN DU TOME DEUXIÈME.

LISTE DES ROIS D'ÉGYPTE

DEPUIS LES ORIGINES DE LA MONARCHIE JUSQU'A LA CONQUÊTE PERSE

LISTE DES ROIS D'ÉGYPTE

DEPUIS LES ORIGINES DE LA MONARCHIE JUSQU'A LA CONQUÊTE PERSE

NOMS FOURNIS PAR LES MONUMENTS.   LISTE DE MANÉTHON.

ROIS ORIGINAIRES DE TENI.

1. Ména.
2. Téta.
3. Atôt.
4. Ata.
5. Hesep-ti.
6. Meri-ba-pen.
7. ?
8. Qabouhou.

9. Boutsâou.
10. Ka-kéou.
11. Baï-noutriou.
12. Outs-nas.
13. Send.
14. ?
15. Nofri-ka-Râ.
16. Nofri-ka-Sokar.
17. Houtefa.

ROIS ORIGINAIRES DE MAN-NOFRI.

1. Tsatsi. — Babi.
2. Neb-ka.
3. Tsesar.
4. Tsesar-teta.
5. Setes.

Ire DYNASTIE. THINITE.

1. Méné.
2. Athôthis.
3. Athôthis II. — Cencénês.
4. Ouénéphès.
5. Ousaphaidos.
6. Miebidos.
7. Sémempsés.
8. Biénéchês.

IIe DYNASTIE. THINITE.

1. Boëthos.
2. Caïéchôs.
3. Binôthris.
4. Tlas.
5. Séthénés.
6. Chairès.
7. Népherchésés.
8. Sésôchris.
9. Chénérès.

IIIe DYNASTIE. MEMPHITE.

2. Tosorthros.
1. Néchérôphês.
3. Tyreis.
6. Tosertasis.
5. Soyphis.

NOMS FOURNIS PAR LES MONUMENTS.

6. Nofri-ka-Râ.
7. Neb-ka-Râ.
8. Houni.
9. Snefrou.

10. Khoufou.
11. Râ-doud-ef.
12. Kha-f-Râ.
13. Men-ké-Râ.

14. Scheps-ka-f (Ases-ka-f)

15. Ouser-ka-f.
16. Sahou-Râ.
17. Ka-ka.
18. Nofri-r-ka-Râ.
19. Scheps-ka-Râ.
20. Ouser-en-Râ An.
21. Men-Kéou-Hor.
22. Dad-ké-Râ Assa.
23. Ounas.
24. Téta.

ROIS ORIGINAIRES DE ABOUD.

1. Ati.
2. Meri-Râ Papi (I).
3. Mer-en-Râ Har-em-sa-f.
4. Nofri-ka-Râ Papi (II).
5. Mer-en-Râ Monthou-em-sa-f.
6. Nit-aqrit.

ROIS ENCORE IMPOSSIBLES A RÉPARTIR PAR DYNASTIE ET PAR ORIGINES.

1. Noutri-ka-Râ.
2. Men-ké-Râ.
3. Nofri-ka-Râ.
4. Nofri-ka-Râ Nebi.
5. Dad-ké-Râ Sche-mà.
6. Nofri-ka-Râ Khendou.
7. Mer-en-Hor.
8. S-nofri-Ka.
9. Râ-n-Ka.
10. Nofri-ka-Râ Rerel.
11. Nofri-ka-Hor.
12. Nofri-ka-Râ Papi-sneb.

LISTE DE MANÉTHON.

4. Sèsòchris.
9. Cerphérès.
7. Achès.
8. Sèphouris.

IVe DYNASTIE. MEMPHITE.

1. Sôris.
2. Souphis (Chéops)
5. Ratoisès.
3. Souphis II (Chephrèn. Chabryès.)
4. Menchérès (Mycérinos.)
6. Bichéris.
7. Seberchérès (Asychis. Sasychis.)
8. Thamphthis.

Ve DYNASTIE. MEMPHITE.

1. Ouserchérès.
2. Serrhès.
5. Chérès.
3. Néphercherès.
4. Sisirès.
6. Rathourès.
7. Menchérès.
8. Tanchérès.
9. Onnos.

VIe DYNASTIE ÉLÉPHANTINE (ABYDÈNE.)

1. Othoès.
2. Phios.
3. Methésouphis.
4. Phiòps.
5. Menthésouphis.
6. Nitòcris.

VIIe DYNASTIE. MEMPHITE.

5 rois (ou 70 suivant une autre version.)

VIIIe DYNASTIE. MEMPHITE.

5 rois (ou 27 suivant une autre version.)

IXe DYNASTIE. HÉRACLÉOPOLITE.

1. Achthoès.
3 autres rois (ou 16 suivant une autre version.)

Xe DYNASTIE. HÉRACLÉOPOLITE.

19 rois.

LISTE DES ROIS D'ÉGYPTE

| NOMS FOURNIS PAR LES MONUMENTS. | LISTE DE MANÉTHON. |

13. Nofri-ka-Râ Annou.
14. ...-kéou-Râ.
15. Nofri-kéou-Râ.
16. Nofri-kéou-Hor.
17. Nofri-r-ka-Râ.

ROIS ORIGINAIRES DE T-APE.

XIe DYNASTIE. THÉBAINE.

16 (?) rois.

1. En-t-ef (I). ⎫
2. Monthou-hotpou (I). ⎬ (Simples princes).
3. En-t-ef (II). ⎪
4. En-t-ef (III). ⎭
5. En-t-ef (IV).
6. Seshesch-tep—mâ-Râ En-t-ef-aâ.
7. Seschesch-her-hi-mâ-Râ En-t-ef (V).
8. S-nofri-ka-Râ Monthou-hotpou (II).
9. Noub-khoper-Râ En-t-ef (VI).
10. Neb-taoui-Râ Monthou-hotpou (III).
11. Neb-kherou-Râ Monthou-hotpou (IV).
12. S-ânkh-ka-Râ Amoni.
13. S-hotpou-ab-Râ Amon-em-ha-t (I).

17. Amménémès.

XIIe DYNASTIE. THÉBAINE.

14. Khoper-ka-Râ Ousor-tesen (I).
15. Noub-kéou-Râ Amon-em-ha-t (II).
16. Kha-ka-Râ Ousor-tesen (II).
17. Kha-kéou-Râ Ousor-tesen (III).
18. Râ-n-mâ Amon-em-ha-t (III).
19. Mâ-kherou-Râ Amom-em-hat (IV).
20. Sevek-nofriou.

1. Sésonchôsis.
2. Ammanémès.
3. Sesòstris.
4. Lamaris (Lacharès. Amerès).
5. Aménémès.
6. Scémiophris.

ROIS D'ORIGINE ENCORE DOUTEUSE (correspondant à la XIIIe dynastie de Manéthon).

XIIIe DYNASTIE. THÉBAINE.

60 rois.

1. Khou-taoui-Râ Sevek-hotpou.
2. Sokhem-ka-Râ.
3. Râ-Amon-em-ha-t.
4. S-hotpou-ab-Râ.
5. Aoufoui.
6. S-ânkh-ab-Râ.
7. S-men-ké-Râ.
8. S-hotpou-ab-Râ.
9. ...-ka-Râ.
10. . . . . .
11. . . . . . .
12. Notem-ab-Râ.
13. Râ-Sevek-hotpou (II).
14. Râ-n-sneb.
15. Aoutou-ab-Râ.
16. S-tsef-...-Râ.
17. Sokhem-khou-taoui-Râ Sevek-hotpou. (III).

NOMS FOURNIS PAR LES MONUMENTS.   LISTE DE MANÉTHON.

18. Ousor-...-Râ.
19. S-monkh-ka-Râ Mer-meschou.
20. ...-ka-Râ.
21. ...-ouser-ser.
22. Sokhem-s-outs-taoui Sevek-hotpou (II).
23. Kha-seschesch-Râ Nofri-hotpou.
24. Sa-Hathor-Râ.
25. Kha-nofri-Râ Sevek-hotpou (V).
26. Kha-ka-Râ.
27. Kha-ânkh-Râ Sevek-hotpou (VI).
28. Kha-hotpou-Râ Sevek-hotpou (VII).
29. Ouah-ab-Râ Aa-ab.
30. Mer-nofri-Râ Aï.
31. Mer-hotpou-Râ.
32. S-ânkh-n-ef-Râ Outou.
33. Mer-sokhem-Râ Anran.
34. Sout-ka-Râ ... ou-Râ.
35. Amon-em ... ro.
36. . . . .
37. . . . .
38. . . . .
39. . . . .
40. . . . .
41. . . . .
42. . . . .
43. . . . .
44. . . . .
45. . . . .
46. Mer-khoper-Râ.
47. Mer-ka-Râ.
48. . . . . .
49. . . . . .
50. . . . . .
51. . . . . .
52. . . . . .
53. ... mes.
54. ...-mâ-Râ Aba.
55. ... Ouben-Râ.
56. . . . . .
57. . . . . .
58. . . . . .
59. . . . . .
60. Nahasi-Râ.
61. Kha-kherou-Râ.
62. Neb-ef-aoutou-Râ.
63. Se-heb-Râ.
64. Mer-tefœ-Râ.
65. Sout-ka-Râ.
66. Neb-tefa-Râ.
67. Ouben-Râ.

LISTE DES ROIS D'ÉGYPTE

NOMS FOURNIS PAR LES MONUMENTS	LISTE DE MANÉTHON.

68. . . . .
69. . . . .
70. . . . -tefa-Râ.
71. . . . Ouben-Râ.
72. Aoutou-ab-Râ.
73. Her-ab-Râ.
74. Neb-sen-Râ.
75. . . . . .
76. . . . . .
77. . . . . .
78. . . . . .
79. S-khoper-en-Râ.
80. Tout-kherou-Râ.
81. S-ânkh-ka-Râ.
82. Nofri-Toum-...-Râ.
83. Sokhem-...-Râ.
84. Ka-...-Râ.
85. Nofri-ab-Râ.
86. ... Râ.
87. Kha-Râ.
88. Nout-ka-Râ.
89. S-men...

(Le Papyrus de Turin plaçait ici, à la suite, environ 60 rois dont les noms sont détruits.)

XIVe DYNASTIE. XOÏTE.

77 rois

ROIS DES PASTEURS.

. . . . .
Annoub.
Ap...
. . .
. . .
. . .

XVe DYNASTIE. PASTEURS.

1. Salatis. Saïtès.
2. Anôn. Bnôn.
3. Apachnas. Pachnan.
4. Apôphis. Aphôbis.
5. Iannès. Staan.
6. Assêth. Assès.

XVe DYNASTIE. THÉBAINE (Contemporaine de la précédente.)

5 rois.

XVIe DYNASTIE. PASTEURS.

Set-aà-pehti Noubti.
. . . .
Aà-qenen-Râ Apapi.
. . . .

32 rois.

ROIS ORIGINAIRES DE T-APE (Thèbes).

Soqnoun-Râ Ta-aà (I).
Soqnoun-Râ Ta-aà (II).
. . . .
. . . .
. . . .

XVIIe DYNASTIE. THÉBAINE. (Contemporaine de la fin de la XVIIe dynastie des Pasteurs.)

. . . .
. . . .

Alisphragmouthôsis. . . . . .
Tethmôsis.

NOMS FOURNIS PAR LES MONUMENTS.	LISTE DE MANÉTHON.
Soqnoun-Ra-Ta-aâ-qen.	(Soicounios Ochos).
Ouats-kheper-Râ Ka-mès.	. . . .

XVIIIᵉ DYNASTIE. THÉBAINE.

1. Neb-pehti-Râ Ah-mès.	1. Amòs. Amòsis.
	2. Chebròn.
2. Sar-ka-Râ Amon-hotpou (I).	3. Aménòphis. Aménòphthis.
3. Aâ-khoper-ka-Râ Tahout-mès (I).	4. Miphrès. Misaphris.
4. Aâ-khoper-en-Râ Tahout-mès (III).	5. Misphragmouthôsis.
5. Mâ-ka-Râ Khnoumt-Amon-Ha-t-schepou.	Amensis. Amessè.
6. Men-khoper-Râ Tahout-mès (III).	6. Touthmòsis.
7. Aâ-khoprou-Râ Amon-hotpou (II).	
8. Men-khoprou-Râ Tahout-mès (IV). — Kha-khaou.	
9. Neb-mâ-Râ Amon-hotpou (III).	7. Aménòphis.
10. Aâ-nofriou-Râ Amon-hotpou (IV) Khou-n-Aten.	
11. Khoper-khoprou-Râ-ar-mâ. Noutri-atef-Ai-haq-noutri-Ouas.	
12. Neb-khoprou-Râ Tou-t-ânkh-Amon-haq-On-res.	
13. Ankh-kheprou-Râ S-aâ-ka-kheprou-Râ.	
14. Tseser-khoprou-Râ-step-en-Râ. Hor-em-heb-mi-Amoun. (Anarchie).	8. Hòros.
	9. Achenchersès. Acherrès. } (Les monuments ne permettent pas l'insertion de cette série de rois en cet endroit.)
	10. Rathòs. Acherrès.
	11. Chebrès. Cherrès.
	12. Armaïs. Armessès.
1. Men-pehti-Râ Râ-mes-sou (I).	13. Ramessès.
	14. Aménòphath. Aménòphis.

XIXᵉ DYNASTIE. THÉBAINE.

2. Men-mâ-Râ Séti (I)-mi-n-Phtah.	1. Séthòs.
3. Ousor-mâ-Ra-step-en-Râ. Râ-mes-sou (II)-mi-Amoun.	2. Rampsès. Rapsacès.
4. Bai-n-Râ-mi-Amoun Mi-n-Phtah (I)-hotpou-hi-mâ.	3. Amménepthès. Aménòphhis.
5. Men-kha-Râ-step-en-Râ Amon-mes-sou-hiq-On.	4. Ammenemnès. Ammenemès.
6. Khou-n-Râ-step-en-Râ Mi-n-Phtah (II) si-Phtah, associé à la reine Ta-ousor.	5. Thouôris.
7. Ousor-kheprou-Râ-mi-Amoun. Séti (II)-mi-n-Phtah. (Anarchie).	(Séthôs).

XXᵉ DYNASTIE. THÉBAINE.

8. Ousor-khaou-Râ-mi-Amoun-step-en-Râ-Set-nekht-méri-Râ-mi-Amoun.	12 rois.

NOMS FOURNIS PAR LES MONUMENTS.	LISTE DE MANÉTHON.
9. Ousor-mâ-Râ-mi-Amoun Râ-mes-sou (III)-haq-noutri-On.	(1. Ramesês.)
10. Ousor-mâ-Râ-step-en-Amon Râ-mes-sou (IV)-haq-mâ-mi-Amoun.	(2. Ramessoménês.)
11. Ousor-mâ-Râ-s-khoper-en-Râ Râ-mes-sou (V)-Amon-hi-khopesch-ef-mi-Amoun.	(3. Ousimarês.)
12. Neb-mâ-Râ-mi-Amoun Râ-mes-sou (VI)-Amon-hi-khopesch-ef-noutri-haq-On.	(4. Ramessêséôs.)
13. Ousor-mâ-Râ-mi-Amoun-step-en-Râ Râ-mes-sou (VII)-at-Amoun-noutri-haq-On.	(5. Ramessaménô.)
14. Ousor-mâ-Râ-khou-n-Amon Râ-mes-sou (VIII)-Set-hi-khopesch-ef-mi-Amoun.	(6. Ramessê Ioubassê.)
15. ... Mi-Amoun-méri-Toum.	
16. Sekha-n-Râ-mi-Amoun Râ-mes-sou (IX)-si-Phtah.	(8. Concharis.)
17. Nofri-kéou-Râ-step-en-Râ Râ-mes-sou (X)-mi-Amoun.	(9. Ramessê Ouaphreu.)
18. Ousor-mâ-Râ-step-en-Râ Râ-mes-sou (XI)-mi-Amoun.	
19. Men-mâ-Râ-step-en-Râ Râ-mes-sou (XII)-kha-m-Ouas-noutri-haq-On-mi-Amoun.	
20. Khoper-mâ-Râ-step-en-Râ Râ-mes-sou (XIII)-mi-Amoun-Amon-hi-khopesch-ef.	
21. Noutri-hon-tep-en-Amon Her-Hor-si-Amon (usurpateur).	
22. ... Râ-mes-sou (XIV)...	
23. ... Râ-mes-sou (XV)...	
24. ... Râ-mes-sou...	
25. Men-khoper-Râ Pi-ânkhi (de la lignée de Her-Hor).	
26. Khoper-kha-Râ-step-en-Amoun Pi-notem-méri-Amoun (fils du précédent).	
ROIS ORIGINAIRES DE TSAN.	XXIe DYNASTIE. TANITE.
1. Neutri-kheper-Râ-step-en-Amon Si-Monthou-mi-Amoun.	1. Smendès.
2. Aâ-kheper-Râ-step-en-Amoun P-siou-n-khâ-mi-Amoun.	2. Psousennês I.
3.	3. Nephelchérês.
4. Ouser-mâ-Râ-step-en-Amon Amon-em-kam-mi-Amoun.	4. Amenôphthis.
5.	5. Osochôr.
6.	6. Psinachês.
7. Outs-hiq-Râ-. . .-Hor P-siou-n-khâ-mi-Amoun.	7. Psousennês II.

LISTE DES ROIS D'ÉGYPTE

NOMS FOURNIS PAR LES MONUMENTS.	LISTE DE MANÉTHON.
ROIS ORIGINAIRES DE PA-BAST.	XXIIᵉ DYNASTIE. BUBASTITE.

NOMS FOURNIS PAR LES MONUMENTS.

ROIS ORIGINAIRES DE PA-BAST.

1. Outs-kheper-Râ-step-en-Râ Scheschonq (I)-mi-Amoun.
2. Khem-kheper-Râ-step-en-Râ Osorkon (I)-mi-Amoun.
3. Outs-Râ-step-en-Amon-noutri-hiq-An Thakloth (I)-mi-Amoun-si-Isi.
4. Ouser-mâ-Râ-step-en-Amon Osorkon (II)-mi-Amoun-si-Bast.
5. Sekhem-kheper-Râ-step-en-Amon Scheschonq (II)-mi-Amoun.
6. Outs-kheper-Râ-step-en-Amoun Thakloth (II)-mi-Amoun-si-Isi.
7. Ousor-mâ-Râ-step-en-Amon Scheschonq (III)-mi-Amoun-si-Bast.
8. Ouser-mâ-Râ-step-en-Amon Pi-maï-mi-Amoun.
9. Aâ-kheper(IV)-Râ Scheschonq-mi-Amoun.

BRANCHE DE LA MÊME FAMILLE RÉGNANT A TSAN.

1. Seher-Râ Pet-si-Bast.
2. Aâ-kheper-Râ-step-en-Amon Osorkon (III)-mi-Amoun-Rî.
3. Ouser-Phtah-Râ-step-en-Râ P-si-Mout.
4. Men-kheper-Râ Séti.

ROIS ORIGINAIRES DE SAÏ.

Ta-f-nekht.
1. Ouah-ka-Râ Bok-en-ran-f.

ROIS ÉTHIOPIENS.

1. Nofri-ka-Râ Schabaka.
2. Dad-kéou-Râ Schabatoka.
3. Nofri-Toum-khou-Râ Taharqa.

ROIS ORIGINAIRES DE SAÏ.

1. Ouah-ab-Râ Psaméthik.
2. Ouahem-ab-Râ Nékô.
3. Nofri-hât-Râ (ou Nofri-ab-Râ) Psaméthik.
4. Haâ-ab-Râ Ouah-ab-Râ.
5. Khnoum-ab-Râ Ah-mès-si-Nit.
6. Ankh-ka-n-Râ Psaméthik.

LISTE DE MANÉTHON.

XXIIᵉ DYNASTIE. BUBASTITE.

1. Sésônchis.
2. Osorthôn.
. . . . .
. . . . .
. . . . .
6. Tacélothis.
. . . . .
. . . . .
. . . . .

XXIIIᵉ DYNASTIE. TANITE.

1. Petoubastis.
2. Osorchô.
3. Psammous.
4. Zêt.

XXIVᵉ DYNASTIE. SAÏTE.

Tnephachthos. Technachtês.
1. Bocchoris.

XXVᵉ DYNASTIE. ÉTHIOPIENNE.

1. Sabacôn.
2. Sebichôs.
3. Tarcos. Taracos. (Téarcôn).

XXVIᵉ DYNASTIE. SAÏTE.

1. Stephinatès. ⎫
2. Nechepsôs. ⎬ (Contemporains des Éthiopiens.)
3. Néchaô I. ⎭
4. Psammiticho
5. Néchaô II. Nécôs.
6. Psammouthis. (Psammitichos. Psammis.)
7. Ouaphrê. (Apriès.)
8. Amosis II. (Amasis.)
9. Psamméchéritès. (Psammônitos.)

TABLES DU TOME DEUXIÈME

TABLE DES GRAVURES

DU TOME DEUXIÈME

	Pages.
1. Vue de la cataracte de Syène.	3
2. Barque de pêche sur le lac Menzaleh (d'après l'*Égypte*, de Ebers).	7
3. Dattiers et palmiers doums (d'après le même ouvrage).	10
4. La plante du papyrus.	11
5. Le lotus blanc.	12
6. Le lotus rose ou *nelumbium*.	13
7. Préparation du poisson salé dans l'ancienne Egypte, sujet représenté dans un tombeau du voisinage des Pyramides (d'après Wilkinson).	14
8. Chasse et pêche dans les marais, peinture d'un tombeau de Thèbes (d'après Wilkinson).	15
9 et 10. Chasse des oiseaux d'eau à la tirasse et leur préparation en salaisons, peintures de tombeaux (d'après Wilkinson).	Ibid.
11. Hâpi, le dieu Nil, représentations diverses (d'après Wilkinson).	17
12. Aspect de la vallée du Nil au moment le plus haut de l'inondation, vue prise de Syout.	21
13. Les semailles dans l'ancienne Égypte, peinture d'un tombeau de Thèbes (d'après Wilkinson).	23
14. La récolte, arrachage du millet et coupage du blé à la faucille, peinture d'un tombeau de Thèbes (d'après Wilkinson).	Ibid.
15. Schadouf ou machine à arroser, peinture d'un tombeau de Thèbes (d'après Wilkinson).	24
16. Roue hydraulique dans les environs de Damiette (d'après l'*Égypte* de Ebers).	25
17. Arrosage d'un verger au schadouf, peinture d'un tombeau de Thèbes (d'après Wilkinson).	26
18. Une page du Papyrus royal de Turin.	36
19. Fragment de la nouvelle Table d'Abydos; Séti Ier rendant hommage aux ancêtres avec son fils Râ-mes-sou.	38
20. Fragment de la Table royale de Saqqarah.	40
21. Le serpent urœus ou basilic (*Naja hajeh*), emblème et insigne de la royauté.	44

TABLE DES GRAVURES

Pages.

22. Un Égyptien des dynasties primitives et sa femme, statues peintes du temps de la ve ou de la vi^e dynastie, découvertes à Meïdoum et conservées au musée de Boulaq 46
23. Troupeaux de bœufs, d'ânes, de chèvres et de moutons, d'après les sculptures d'un tombeau des dynasties primitives, à Gizeh. 48
24. Chiens hyénoïdes et lévriers couplés pour la chasse, tiré d'un tombeau de l'Ancien Empire, à Saqqarah. 49
25. Chasse à l'hippopotame dans les marais, peinture d'un tombeau de Thèbes (d'après Wilkinson) . . . . *Ibid.*
26. Crocodiles (d'après l'*Égypte*, de Ebers) 50
27. Les Schesou-Hor halant la barque du Soleil, bas-relief d'un sarcophage du temps de la xxxe dynastie, au Musée Britannique. 51
28. Les champs bienheureux d'Aarou, cultivés par les Schesou-Hor. Vignette du *Livre des Morts* 52
29. Le temple voisin du grand Sphinx (d'après l'*Égypte*, de Ebers) 54
30. Le Sphinx et la grande pyramide, à Gizeh 56
31. La pyramide à degrés de Saqqarah. 60
32. Porte des souterrains de la pyramide de Saqqarah 61
33. Statues de Sépa et de sa femme (iie dynastie), au musée du Louvre. . . . 63
34. Panneau de bois du tombeau de Hosi, au musée de Boulaq. 64
34 *bis*. Panneau de bois du tombeau de Hosi, au musée de Boulaq. 65
35. La pyramide de Meïdoum (d'après l'*Égypte*, de Ebers) 66
36. Bas-relief de victoire du roi Snéfrou, au Sinaï (d'après Lepsius) 67
37. Porte du tombeau de Amten, au musée de Berlin. 68
38. Bas-relief de victoire de Khoufou, au Sinaï (d'après Lepsius) 69
39. La grande pyramide de Gizeh 70
40. Le grand Sphinx déblayé, avec le petit temple établi entre ses pattes (d'après l'*Égypte*, de Ebers) 73
41. Débris du cercueil de Men-ké-Râ, conservé au Musée Britannique 75
42. Portrait du roi Men-kéou-Hor, d'après un bas-relief du musée du Louvre. . . 76
43. Le Mastabat-el-Faraoun, à Saqqarah 77
44. Une paroi du tombeau de Phtah-hotpou, dans la nécropole de Saqqarah. . . 79
45 et 46. Le labourage, le battage et le vannage du blé, bas-reliefs des tombeaux voisins des pyramides (d'après Wilkinson). 80
47. Musiciens et chanteurs, représentations des tombeaux de l'Ancien Empire (d'après Wilkinson) 81
48. Grande barque du Nil, d'après un tombeau de l'Ancien Empire. 82
49. Le *Scheikh-el-beled*, statue de bois du musée de Boulaq. 83
50. Le Scribe accroupi du musée du Louvre. 84
51. Kha-f-Râ, statue en diorite du musée de Boulaq. 85
52. Fragment de la décoration d'un tombeau inachevé de l'Ancien Empire, transporté au musée de Berlin (d'après Lepsius). 86
53. Fausse porte d'un tombeau, spécimen de la décoration architecturale de l'Ancien Empire 87
54. La première page du traité de morale du prince Phtah-hotpou, papyrus hiératique de la Bibliothèque Nationale de Paris. 88
55. Monument de Méri-Râ Papi sur la route de Qocéyr (d'après Lepsius). . . . 91
56. Bas-relief de victoire de Méri-Râ Papi (daté de la 18e année de son règne) au Sinaï (d'après Lepsius). 92
57. La chambre sépulcrale et le sarcophage de Men-ké-Râ, dans la troisième pyramide de Gizeh (d'après l'*Égypte*, de Ebers) 94
58. Le roi Monthou-hotpou III faisant des offrandes au dieu Ammon-Khem, bas-relief de la vallée de 'Hammamât (d'après Lepsius). 102

DU TOME DEUXIEME   441

                                                                                    Pages.
59. Procession des images des ancêtres à la fête d'Ammon de Thèbes, célébrée en
    présence de Râ-mes-sou II, bas-relief du Ramesséum de Thèbes (d'après
    Champollion et Rosellini).   104
60. Stèle de victoire du roi Ousor-tesen Ier après la défaite des peuples de la Nubie,
    découverte à Ouady-Halfah et conservée au musée égyptien de Florence. .   110
61. Le roi Ousor-tesen III associé au dieu Khnoum dans le temple de Semneh et
    donnant avec lui la vie divine à Tahout-mès III, de la xviiie dynastie ; bas-
    relief du temple de Semneh (d'après Lepsius).   111
62. Restes des soubassements qui portaient les colosses royaux au centre du lac
    Mœris.   113
63. Les ruines du Labyrinthe et la pyramide d'El-Lahoun (d'après l'*Égypte*, de Ebers).   115
64. Transport d'un colosse au temps de la xiie dynastie, peinture d'un hypogée de
    Berscheh (d'après Wilkinson)   117
65. Un des princes de Meh porté dans son palanquin de cérémonie, peinture d'un des
    hypogées de Béni-Hassan (d'après Champollion).   120
66. Ensemble des peintures d'une des parois du tombeau de Khnoum-hotpou, à Béni-
    Hassan.   121
67. Engraissement des bestiaux, peinture des tombeaux de Béni-Hassan (d'après Wil-
    kinson).   122
68. Femmes filant et tissant sous la surveillance d'un eunuque ; peinture d'un tom-
    beau de Béni-Hassan (d'après Wilkinson).   123
69. Artisan en métaux soufflant son fourneau avec un chalumeau, peinture d'un hypo-
    gée de Thèbes (d'après Wilkinson).   124
70. Tailleurs de pierre, peinture d'un tombeau de Thèbes (d'après Wilkinson) . *Ibid.*
71. Barbiers, peinture d'un tombeau de Béni-Hassan (d'après Wilkinson). . . *Ibid.*
72. Tisserands, peinture d'un tombeau de Béni-Hassan (d'après Wilkinson). .   125
73. Teinturiers-foulons, peinture d'un tombeau de Béni-Hassan.   126
74. Corroyeur-cordonnier, peinture d'un tombeau de Thèbes (d'après Wilkinson). . *Ibid.*
75. Fragment du manuscrit des mémoires de Sineh, papyrus hiératique du musée de
    Berlin.   128
76. Façade d'un des hypogées de Béni-Hassan.   135
77. Coupe transversale du vestibule d'un des tombeaux de Béni-Hassan. . . .   136
78. Coupe longitudinale du même tombeau, montrant la disposition des colonnes
    proto-doriques. . . . .   *Ibid.*
79. Maison égyptienne de la xiie dynastie, restituée par A. Mariette. . . .   137
80. Type de la décoration architecturale de l'Ancien Empire.   138
81. Portrait du roi Nôfri-hoptou (d'après une statue du Musée de Berlin) . . .   140
82. Colosse renversé de la xiiie dynastie, dans l'île d'Argo.   141
83. Les fouilles de Tanis (d'après l'*Égypte*, de Ebers)   151
84. Groupe du temps des Pasteurs, au musée de Boulaq.   152
85. Tête d'un des sphinx du roi Pasteur Apapi II, au musée de Boulaq. . . .   153
86. La reine noire Nofri-t-ari et son fils Amon-hotpou Ier, peinture d'un tombeau de
    Thèbes (d'après Lepsius).   159
86. Stèle commémorative de la réouverture des carrières de Troufou, sous Ah-mès. .   161
87. Hache d'armes du tombeau de la reine Aah-hotpou.   162
88. Poignard du tombeau de la reine Aah-hotpou. . . . . *Ibid.*
89. Barque d'or, provenant du tombeau de la reine Aah-hotpou.   163
90. Porcs et porchers, peintures de tombeaux de Thèbes (d'après Wilkinson) . .   164
91. Les diverses espèces de chiens que possédaient les anciens Égyptiens (d'après
    Wilkinson).   165
92. Personnage monté sur un âne, représentation d'un tombeau du voisinage des
    Pyramides.   166
93. Char de guerre égyptien, restitué par Wilkinson d'après les monuments. . .   167

TABLE DES GRAVURES

		Pages.
94.	Soldats des différents corps d'infanterie de l'armée égyptienne au temps de la xviiie et de la xixe dynastie (d'après Wilkinson)	170
95.	Captif des Schasou du désert, figure sculptée à Médinet-Abou.	171
96.	Ruines de Serbout-el-Khadem, dans le Sinaï.	172
97.	Ouady-Magarah, dans le Sinaï.	173
98.	Guerrier kénânéen de la Palestine au temps de la xviiie dynastie.	174
99.	Habitant du pays de Kefta (la Phénicie), figure empruntée aux peintures du tombeau de Rekh-ma-Râ, à Thèbes, datant du règne de Tahout-mès III.	175
100.	Guerriers araméens du pays de Khar, au temps de la xviiie dynastie.	176
101.	Ambassadeur du Routen inférieur, peinture d'un tombeau de Thèbes datant du règne de Tou-t-ânkh-Amon (xviiie dynastie).	177
102.	Amon-hotpou Ier porté en triomphe, bas-relief de Karnak (d'après Rosellini).	179
103.	Tahout-mès Ier, avec sa femme et sœur Ah-mès et une de leurs filles (d'après Lepsius).	180
104.	Portrait de la reine Ha-t-schepou avec la barbe postiche des rois.	186
105.	Le temple de Deir-el-Bahari, restitution par M. E. Brune (d'après les ruines subsistantes).	187
106.	Habitations des indigènes du pays de Pount d'après les sculptures de Deir-el-Bahari.	188
107.	Un vaisseau de la flotte de la reine Ha-t-schepou, embarquant les marchandises du pays de Pount, bas-relief de Deir-el-Bahari.	189
108.	La reine du pays de Pount apportant son tribut aux Égyptiens, bas-relief de Deir-el-Bahari.	190
109.	Transport des arbres à aromates, bas-relief de Deir-el-Bahari.	Ibid.
110.	Tahout-mès III et la reine sa femme (d'après Lepsius)	191
111.	Captif des Amaour de Qadesch, sculpture de Médinet-Abou.	195
112.	Captif nègre du pays de Talaoua, aujourd'hui Zoulla, sculpture de Médinet-Abou.	200
113.	Captif nègre du pays de Qoulases, aujourd'hui Kassala, sculpture de Médinet-Abou.	202
114.	Amon-hotpou II avec la reine sa femme (d'après Lepsius).	204
115.	Tahout-mès IV présentant des offrandes au dieu Ammon, bas-relief de Thèbes (d'après Lepsius).	206
116.	Les colosses d'Amon-hotpou III, à Thèbes (d'après l'*Égypte*, de Ebers)	208
117.	Amou-hotpou IV Khou-n-Aten monté sur son char de guerre, bas-relief de Tell-el-Amarna (d'après Lepsius).	210
118.	Portrait de la reine Tii.	211
119.	Amon-hotpou IV Khou-n-Aten, avec sa femme et deux de ses filles, adorant son nouveau dieu, bas-relief de Tell-el-Amarna (d'après Lepsius).	212
120.	Portrait du roi Hor-em-heb.	215
121.	Triomphe de Hor-em-heb après ses victoires sur les nègres, bas-relief de Silsilis (d'après Champollion et Rosellini).	216
122.	Le roi Ammon donnant à Hor-em-heb la suprématie sur les peuples africains, bas-relief de Silsilis (d'après Champollion et Rosellini).	217
123.	Captif de la nation des Khéta, sculpture de Médinet-Abou.	221
124.	Char de guerre des Khéta d'après les bas-reliefs de Louqsor	222
125.	Un roi des Khéta, d'après un bas-relief du temps de Râ-mes-sou II	223
126.	Bas-relief accompagné d'hiéroglyphes 'hittites, à Ibriz en Lycaonie (d'après les *Transactions the of Society of Biblical Archæology*).	225
127.	Portrait de Séti Ier	226
128.	Les Lemanen abattant les arbres de leurs forêts pour le service du roi Séti Ier et en sa présence, bas-relief de Karnak (d'après Rosellini).	227

129. Séti Ier présentant les prisonniers et le butin de ses guerres aux grandes divinités de Thèbes, Ammon, Mout et Khonsou, bas-relief de Karnak (d'après Rosellini) 228
130. Séti Ier combattant les Schasou et les poursuivant entre les forteresses de la frontière d'Égypte, à l'entrée du désert, bas-relief de Karnak (d'après Rosellini). 230
131. Défaite des Kénânéens et prise de Pa-Kanana, à l'entrée de la Palestine, bas-relief de Karnak (d'après Rosellini). 231
132. Défaite des Amaour par Séti Ier et capture de Qadesch, bas-relief de Karnak (d'après Rosellini). 232
133. Séti Ier frappant un groupe de prisonniers asiatiques, en présence du dieu Hor-Houd qui lui remet la harpé, arme de victoire, bas-relief de Thèbes. . . . 237
134. Rentrée triomphale de Séti Ier en Égypte, bas-relief de Karnak (d'après Rosellini). 240
135. Portrait de Râ-mes-sou II dans son enfance, avec la tresse des princes héritiers et l'uræus des rois. 242
136. Râ-mes-sou II dans sa jeunesse, accompagné de ses deux fils premiers-nés, défait les nègres d'Éthiopie, bas-relief du temple de Beit-Oually en Nubie (d'après Rosellini). 245
137. Captifs, butin et animaux rares ramenés en trophées du pays des nègres, bas-relief de Beit-Oually (d'après Rosellini). 246
138. Râ-mes-sou II roi, tête du colosse de Memphis. 247
139. Bas-relief prétendu de Sésostris à Nymphi, près de Smyrne. 249
140. Stèle de victoire de l'an 4 de Râ-mes-sou II, au Nahr-el-Kelb, près de Beyrout (d'après Lepsius). 252
141. Première page du manuscrit du poème de Pen-ta-our, papyrus hiératique du musée du Louvre. 253
142. Râ-mes-sou II terrassant un groupe de prisonniers asiatiques en présence du dieu Hor-m-akhouti qui lui remet la harpé. 261
143. Défaite des Khéta et de leurs alliés, et prise de la forteresse de Dapour, bas-relief du Ramesséum de Thèbes (d'après Rosellini). 262
144. Râ-mes-sou, assis au milieu des dieux, adoré par sa femme et par son beau-père, le roi de Khéta. 265
145. Le dieu d'origine asiatique Bes. 266
146. La déesse guerrière Anta. 267
147. La déesse Anouqt. *Ibid.*
148. Le Ramesséum de Thèbes (d'après *l'Égypte*, de Ebers). 269
149. Prisonniers asiatiques employés aux travaux forcés pour les constructions royales, peinture d'un tombeau de Thèbes, du règne de Tahout-mès III (d'après Wilkinson). 271
150. La bastonnade dans l'Égypte antique, peinture d'un tombeau de Béni-Hassan (d'après Wilkinson). 273
151. Râ-mes-sou II dans la société des dieux, qui inscrivent son nom sur les fruits de l'arbre de vie, bas-relief du Ramesséum de Thèbes 276
152. Façade du spéos ou temple taillé dans le roc d'Ibsamboul, en Nubie (d'après *l'Égypte*, de Ebers). 278
153. Une des chambres funéraires des taureaux Apis avec un sarcophage dans les souterrains du Ramesséum. 280
154. Captif de la nation des Lebou (Libyens), sculpture de Médinet-Abou . . . 282
155. Captif de la nation des Maschouasch (Maxyes), sculpture de Médinet-Abou . 283
156. Guerriers des nations pélasgiques des Tourscha et des Tsekkri (Tyrrhéniens et Teucriens de l'Asie Mineure), figures empruntées aux bas-reliefs historiques de Râ-mes-sou III à Médinet-Abou. 285
157. Schardana de la garde de Râ-mes-sou III, d'après les sculptures historiques. 286
158. Captif de la nation des Schardana, sculpture de Médinet-Abou. . . . . *Ibid.*

TABLE DES GRAVURES

Pages.

159. Captif de la nation des « Tourscha de la mer » (Pélasges Tyrrhéniens), sculpture de Médinet-Abou. 288
160. Le roi Mi-n-Phtah adorant le dieu Ammon, stèle sculptée sur les rochers de Silsilis (d'après Lepsius). 291
161. Mi-n-Phtah II Si-Phtah et son épouse, la reine Ta-ousor, présentant des offrandes à un des dieux infernaux, bas-relief de leur hypogée funéraire, à Thèbes. . . 295
162. Stèle commémorative des victoires de Séti II (d'après Lepsius). 296
163. Le roi Set-nekht sous la garde d'un des génies infernaux, bas-relief de son tombeau, à Thèbes (d'après Lepsius). 299
164. Portrait du roi Râ-mes-sou III. 300
165. Défaite des Libyens par Râ-mes-sou III, bas-relief de Médinet-Abou (d'après Rosellini). 302
166. Râ-mes-sou III après la défaite des Libyens, bas-relief de Médinet-Abou (d'après Rosellini) 303
167. Captif de la nation des Pélesta. 305
168. Captif de la nation des Danaou du Péloponnèse. 305
169. Chef de la nation des Tsekkri ou Teucriens, réduit en captivité, sculpture de Médinet-Abou 308
170. Râ-mes-sou III armant ses soldats pour repousser l'invasion pélasgique, bas-relief de Médinet-Abou (d'après Rosellini). 310
171. Défaite des Pélesta sur terre, bas-relief de Médinet-Abou (d'après Rosellini). . 311
172. Combat naval aux embouchures du Nil contre la flotte des nations pélasgiques et des Teucriens, bas-relief de Médinet-Abou (d'après Rosellini). 313
173. Râ-mes-sou III chassant au lion, en traversant le pays de Tsahi, bas-relief de Médinet-Abou (d'après Rosellini). 315
174. Râ-mes-sou III rentrant vainqueur de sa dernière guerre contre les Libyens, bas-relief de Médinet-Abou. 317
175. Fragment du papyrus satirique de Turin. 319
176. Caricatures du papyrus satirique du Musée Britannique. 320
177. Le roi Râ-mes-sou III dans son harem avec ses concubines, sculptures du pavillon de Médinet-Abou 321
178. Le roi Râ-mes-sou X adorant le dieu Khonsou, bas-relief de Thèbes (d'après Lepsius). 325
179. Le roi-prêtre Her-Hor adorant Ammon criocéphale 327
180. Le mont Barkal et les ruines de Napata 331
181. Roi frappant un groupe d'ennemis vaincus, bas-relief éthiopien de Méroé (d'après Lepsius). 332
182. Reine frappant un groupe d'ennemis vaincus, bas-relief éthiopien de Méroé (d'après Lepsius) 333
183. Un roi, sa femme et son fils adorant un dieu à tête de lion, bas-relief éthiopien de Méroé (d'après Lepsius). 334
184. Les pyramides du champ de sépulture des rois de Napata (d'après Lepsius). . 335
185. Scheschonq Ier nourri par la déesse Hathos, bas-relief de Thèbes (d'après Lepsius). 338
186. Portrait du roi Scheschonq Ier. 339
187. Figure de captif personnifiant la capitale du royaume de Yehoudah dans le bas-relief des conquêtes de Scheschonq Ier, à Karnak. 341
188. Osorkon Ier adorant le dieu Ammon, bas-relief de Thèbes (d'après Lepsius). . 342
189. Portrait du roi Osorkon II 343
190. Bas-relief du couronnement de la stèle de Pi-ânkhi Méri-Amoun, au musée de Boulaq 345
191. Le roi P-si-Mout présentant des offrandes au dieu Ammon, bas-relief de Thèbes (d'après Lepsius). 348
192. Portrait du roi éthiopien Schabaka. 350

	Pages.
193. Statue d'albâtre de la reine Amon-iri-ti-s, au musée de Boulaq.	352
194. Scharrou-kinou, roi d'Assyrie, d'après les sculptures assyriennes de Khorsabad.	355
195. Sceau de terre glaise avec la double empreinte des cachets de Schabaka et de 'Hanoun, roi de 'Azah, au Musée Britannique	356
196. Sin-a'hé-irba recevant la capitulation de Lachis, bas-relief assyrien du palais de Koyoundjik, au Musée Britannique.	362
197. Scène emblématique symbolisant la réunion de la Haute et de la Basse-Égypte sous le règne de Taharqa, bas-relief de Thèbes (d'après Lepsius)	365
198. Taharqa frappant un groupe de prisonniers assyriens, bas-relief de Thèbes (d'après Lepsius).	367
199. Portrait du roi Taharqa.	368
200. Stèle triomphale d'Asschour-a'h-iddin au Nahr-el-Kelb, près de Beyrout.	371
201. Asschour-bani-abal, roi d'Assyrie, d'après les bas-reliefs assyriens du palais de Koyoundjik.	375
202. Le bœuf divin Hapi, d'après les stèles du Sérapéum de Memphis.	376
203. Bas-relief couronnant la stèle du songe au musée de Boulaq.	379
204. Portrait du roi Psaméthik Ier.	382
205. Guerriers grecs du viie siècle avant l'ère chrétienne, d'après un fragment de vase peint découvert à Mycènes par M. Schliemann	383
206. Guerrier carien, stèle funéraire découverte à Iconium en Asie Mineure (d'après Texier).	384
207. Les ruines de Saïs (d'après l'*Égypte*, de Ebers)	386
208. Combat naval entre Grecs et Cariens, peinture inédite d'un vase étrusque du viie siècle avant l'ère chrétienne, au musée du Louvre.	388
209. Trière grecque, d'après un bas-relief du musée de Naples.	391
210. Galère phénicienne à deux rangs de rames, d'après un bas-relief assyrien de Koyoundjik.	392
211. Stèle funéraire d'un taureau Hapi, datée de l'an 16 de Nékô II, au musée du Louvre.	393
212. Statue de l'Apollon Didyméen par Canachos, d'après une copie antique conservée au Musée Britannique.	395
213. Portrait du roi Psaméthik II.	395
214. Roi éthiopien conduisant un groupe d'ennemis prisonniers, bas-relief de Méroé (d'après Lepsius)	398
215. Le dieu Osiris servi par ses adorateurs, bas-relief éthiopien de Méroé (d'après Lepsius).	399
216. L'île de Philœ et ses temples	400
217. Stèle funéraire d'un taureau Hapi, datée de l'an 12 de Ouab-ab-Rà, au musée du Louvre.	402
218. Un roi de Babylone dans son costume de cérémonie, d'après un monument du Musée Britannique, daté du règne de Maroudouk-idin-a'hê (xiie siècle av. J.-C.)	403
219. Petit vase, en forme de tête casquée à la grecque, portant le cartouche du roi Ouah-ab-Rà, musée du Louvre.	409
220. Isis donnant la vie divine à la reine Ankh-nas-Rà-nofri-hêt, bas-relief de Thèbes (d'après Lepsius).	411
221. Le roi Ah-mès adorant le dieu Ammon-khem, bas-relief de la vallée de 'Hammàmàt (d'après Lepsius).	412
222. Corselet militaire d'étoffe brochée ou cuirasse de lin égyptienne, Musée Britannique	414
223. Kourous, roi de Perse, divinisé après sa mort, bas-relief de Mourghàb	418
224. Soldats perses de différentes armes, d'après les sculptures de Persépolis.	421

	Pages.
225. Psaméthik III vivifié par le dieu Hor, bas-relief de Thèbes (d'après Lepsius) . .	422
226. Perruque égyptienne de femme, au Musée Britannique.	423
227. Roi de Perse assis sur son trône, avec la cidaris sur la tête et le sceptre à la main.	424
228. Boucle passée dans la lèvre des captifs, d'après les sculptures assyriennes de Koyoundjik	Ibid.

CHROMOLITHOGRAPHIE TIRÉE HORS TEXTE.

Un marché égyptien sous l'Ancien Empire (à placer à la p. 80). .

TABLE

DES CARTES INSÉRÉES DANS LE TEXTE.

	Pages.
1. Le Fayoum et le lac Mœris, d'après la carte de Linant de Bellefonds	114
2. Plan des deux forteresses de Semneh et de Koummeh) avec la cataracte qu'elles défendent, (d'après Lepsius)	201
3. Syrie et Palestine d'après les monuments égyptiens de la xviiie et de la xixe dynastie	234
4. Territoires embrassés par la confédération pélasgique contre Râ-mes-sou III et par la thalassocratie crétoise de Minos.	306
5. Géographie de l'Égypte dans les monuments assyriens du viiie et du viie siècle. .	357

CARTES TIRÉES HORS TEXTE.

1. Égypte antique	(à placer à la pag. 3).
2. La Basse-Egypte aux temps pharaoniques et ptolémaïques .	(à placer à la pag. 6).
3. Géographie des monuments égyptiens de la xviiie à la xxe dynastie.	(à placer à la p. 169).
4. Palestine dans les monuments égyptiens de la xviiie et de la xixe dynastie	(à placer à la p. 181).

TABLE DES MATIÈRES

DU TOME DEUXIÈME

LIVRE PREMIER
LES ÉGYPTIENS

CHAPITRE PREMIER. — GÉOGRAPHIE PHYSIQUE DE L'ÉGYPTE ET SOURCES DE SON HISTOIRE.

§ 1. — *Le pays et son fleuve.*

	Pages.
Ce qu'est l'Égypte	3
Le Nil et son cours	4
Les deux montagnes qui bordent sa vallée en Égypte	5
Le Fayoum	*Ibid.*
Division du fleuve en plusieurs bras à son extrémité inférieure	*Ibid.*
Lacs de la Basse-Égypte	6
Le Delta et sa formation successive	8
Végétation particulière de l'Égypte	10
Les plantes aquatiques, le papyrus et le lotus	12
Oiseaux d'eaux et poissons, leur rôle dans l'alimentation des anciens Égyptiens	13
Divinisation du Nil sous le nom de Hâpi	14
Hymne adressé à ce dieu dans un papyrus du Musée Britannique	16

§ 2. — *Les inondations périodiques du Nil.*

L'Égypte doit toute sa fécondité à ces débordements fertilisateurs	18
Leur cause	*Ibid.*
Description des différentes phases de l'inondation annuelle du Nil	*Ibid.*
État de dessèchement du pays au moment du solstice d'été	19
Commencement de la crue, le Nil vert	*Ibid.*
Le Nil rouge	20
Maximum de la crue	22
Époques de l'année agricole de l'Égypte, déterminées par l'inondation	*Ibid.*
Nécessité de régler, par des travaux savants d'irrigation, le débordement périodique du fleuve	23

	Pages.
Antiquité de ces travaux	24
Influence que les conditions particulières qui en résultent ont exercée de tout temps sur l'état politique de l'Égypte et sur son histoire.	26
Nécessité d'unité du pays.	Ibid.
Développement du despotisme.	27

§ 3. — *Sources principales de l'histoire d'Égypte.*

Récits des écrivains classiques, auxquels on était autrefois réduit.	28
Hérodote.	31
Diodore de Sicile	32
Manéthon.	Ibid.
Tableau de ses dynasties	33
Impossibilité d'en admettre dans sa liste de contemporaines et collatérales.	34
Sources indigènes de l'histoire d'Egypte, ouvertes à la science par la découverte de Champollion	35
Le Papyrus royal de Turin.	37
La Salle des ancêtres de Karnak	Ibid.
Les deux Tables d'Abydos.	39
La Table de Saqqarah.	Ibid.
Innombrables monuments se rapportant à l'histoire d'une seule dynastie ou d'un seul règne.	41
Parti que l'histoire doit tirer des inscriptions des particuliers.	Ibid.

CHAPITRE II. — LES RÈGNES DE L'ANCIEN EMPIRE.

§ 1. — *Origines et formation du peuple égyptien.*

Traditions fabuleuses des Egyptiens sur leur autochthonie et sur le règne primordial du dieu Râ parmi eux.	43
Opinion du monde classique, qui les faisait venir de l'Éthiopie	Ibid.
Cette opinion est aujourd'hui démentie par les faits.	44
Tradition de la Bible sur l'origine asiatique des Égyptiens.	Ibid.
Type anthropologique de ce peuple d'après ses monuments	45
Sa langue et le degré de parenté de celle-ci avec les idiomes sémitiques.	46
Arrivée des tribus originaires de l'Asie dans la vallée du Nil et leur métissage avec une population mélanienne antérieure.	47
Probabilité de plusieurs couches successives parmi les nouveaux venus.	Ibid.
État de civilisation qu'ils avaient atteint avant d'entrer en Égypte.	Ibid.
Animaux qu'ils amenaient d'Asie à l'état domestique et animaux qu'ils domestiquèrent dans la vallée du Nil.	48
Animaux redoutables qu'ils eurent à combattre.	50
État du sol de l'Égypte à l'arrivée des colons asiatiques; travaux de ceux-ci pour l'assainir et le fertiliser	51
Idées des Égyptiens qui se figuraient cette époque primitive comme une sorte d'âge d'or.	Ibid.
Les Schesou-Hor ou serviteurs d'Horus	52
Caractère à demi divin attribué à ces ancêtres	53
Morcellement primitif du pays.	Ibid.
Sanctuaires qui prétendaient faire remonter leur origine à l'époque des Schesou-Hor	Ibid.
Traditions sur les documents remontant à cet âge et écrits sur des peaux	Ibid.
Monuments qui paraissent dater d'une époque aussi reculée : le temple voisin du grand Sphinx.	54
Le Sphinx lui-même.	55

Pages.
Centre principal de la vie de l'Égypte dans la période nébuleuse des Schesou-Hor. . 55*
Révolution qui produit l'établissement d'une monarchie unitaire et affranchie de la tutelle du sacerdoce 57

§ 2. — Fondation de la monarchie. Les trois premières dynasties.

Ména, premier roi d'Égypte, et ses travaux . . . . 57.
But politique de la fondation de Memphis par ce prince 58
Hostilité du sacerdoce pour sa mémoire . . . . Ibid.
Ses successeurs de la première dynastie, et ce qu'en racontait Manéthon. . . . Ibid.
Les rois de la II° dynastie et ce qu'on leur attribuait 59
Ka-kéou et l'établissement du culte des animaux sacrés . . . . Ibid.
La grande pyramide à degrés de Saqqarah, sépulture primitive des taureaux Hapi. . 61
Baï-noutriou et l'admission des femmes à la couronne 62
Monuments de sculpture parvenus jusqu'à nous et datant de la II° dynastie . . . . Ibid.
Les statues de Sépa et de sa famille au musée du Louvre. 63
Les panneaux de bois du tombeau de Hosi, au musée de Boulaq. . . . . . Ibid.
Résumé de l'œuvre des deux premières dynasties 64
La III° dynastie 65
Le roi Snéfrou, conquête de la péninsule du Sinaï . . . . Ibid.
Tombeaux de l'époque de ce prince 66
État de la civilisation 67

§ 3. — Quatrième et cinquième dynasties. Âge des grandes pyramides.

Les trois grands règnes de la IV° dynastie 69
Khoufou et ses guerres extérieures . . . . Ibid.
Construction de la grande pyramide de Gizeh pour lui servir de tombeau . . . 71
Les pyramides de Kha-f-Râ et de Men-ké-Râ . . . . Ibid.
Souffrances populaires sous les constructeurs des pyramides 72
Fondations religieuses de Khoufou et de Kha-f-Râ . . . . Ibid.
Compétitions violentes à la fin de la IV° dynastie 73
Piété de Men-ké-Râ et livres sacrés que l'on attribuait à son époque 74
Son cercueil conservé au Musée Britannique. . . . . Ibid.
Rois de la V° dynastie, Ounas. 75
Multiplicité des monuments privés de la IV° et de la V° dynastie 76
État de la société à cette époque 78
Représentations de scènes de la vie domestique et agricole . . . . Ibid.
L'art de cette période de l'Ancien Empire, la sculpture 80
Statue de bois de Râ-em-ké, conservée au musée de Boulaq 81
La statue de Kha-f-Râ. 83
Tombeau inachevé du musée de Berlin, permettant de suivre les procédés d'exécution des bas-reliefs. 84
Style de la décoration architecturale à la même époque. 85
Livres de cet âge parvenus jusqu'à nous en original 86
Le traité de morale du prince Phtah-hotpou. 88
Les apophthegmes de Kaqimma 89

§ 4. — De la sixième dynastie à la onzième. Éclipse temporaire de la civilisation égyptienne.

La VI° dynastie et son origine 90
Règne de Méri-Râ Papi Ier. . . . . Ibid.
Faits ethnographiques importants résultant des inscriptions du temps de ce prince. . 91

	Pages.
Ouna, ministre de Papi Ier, et son épitaphe	93
Règnes de Month-em-sa-f Ier et de Papi II	Ibid.
La reine Nit-aqrit	94
Sa fin tragique et les troubles qui suivirent	95
Avènement des rois originaires de Ha-khnen-sou ou Héracléopolis, formant deux dynasties	Ibid.
Apogée de l'art de l'Ancien Empire sous la VIe dynastie	96
Brusque interruption des monuments et de la civilisation après cette date	Ibid.
Mystère qu'elle soulève	Ibid.
Résumé des caractères de l'histoire de l'Ancien Empire égyptien	97

CHAPITRE III. — LE MOYEN EMPIRE.

§ 1. — Origines du rôle politique de Thèbes. La onzième dynastie.

Réveil de la vie nationale de la Haute-Égypte après la VIe dynastie	99
Caractère nouveau de la civilisation qui s'y révèle alors	Ibid.
Thèbes et ses origines	100
Rôle que commencent à prendre les princes locaux de cette ville sous la IXe dynastie	Ibid.
Premiers ancêtres connus des rois de la XIe dynastie	Ibid.
Leurs luttes contre les pharaons Héracléopolitains	101
Leurs monuments	Ibid.
Création de la route et des carrières de la vallée de 'Hammamât	102
Les princes thébains deviennent maîtres de toute l'Égypte, XIe dynastie	103

§ 2. — La douzième dynastie. Le labyrinthe et le lac Mœris.

La XIIe dynastie et son avènement	103
Amon-en-ha-t Ier et les luttes qu'il eut à subir pour parvenir au trône	105
Il reconstitue l'ordre intérieur de l'Égypte	Ibid.
Ses entreprises extérieures pour assurer les frontières	106
Il s'associe son fils Ousor-tesen	Ibid.
Instructions qu'il lui adresse	Ibid.
L'association du fils à la couronne du père devient un principe pour les rois de la XIIe dynastie	107
Leur politique sage et leurs grandes œuvres	Ibid.
Rapports avec les populations asiatiques	108
Conquête du pays de Kousch ou de la vallée du haut Nil	109
Ousor-tesen III à Semneh	Ibid.
Grands travaux publics	112
Création du lac Mœris	Ibid.
Le Labyrinthe	113
Pyramides construites par les rois de la XIIe dynastie pour leur sépulture	114
Temples de cette époque	116
Bas-relief représentant le transport d'un colosse	Ibid.
Monuments funéraires privés du temps de la XIIe dynastie	118

§ 3. — État de la société et de la civilisation sous la douzième dynastie.

La féodalité égyptienne au temps du Moyen Empire	118
Les princes du nome de Meh, leur histoire et leurs tombeaux	119
Représentations de l'agriculture et des métiers dans ces tombeaux	122
Description des métiers et de leurs misères par un scribe du temps de la XIIe dynastie	123
Exhortation à l'étude des lettres, qui menait à tout	127

	Pages.
Les mémoires de l'aventurier Sineh	Ibid.
Ses aventures dans le pays de Edom.	128
Scène des mœurs du désert.	129
Etat florissant de la littérature égyptienne sous la xii° dynastie.	130
Première rédaction du *Livre des morts*.	131
L'Égypte memphite primitive et l'Égypte thébaine à partir du Moyen Empire	132
État brillant des arts sous la xii° dynastie.	134
L'architecture	135
Colonnes proto-doriques	136
Maison d'Abydos restituée par A. Mariette.	Ibid.
La sculpture	137

§ 4. — *Treizième et quatorzième dynasties.*

Obscurité de la période de l'histoire égyptienne où nous entrons.	138
Fin de la xii° dynastie	139
Les rois de la xiii° dynastie.	Ibid.
Monuments qui en subsistent.	140
Étendue de son empire.	141
Les inscriptions des rochers de Semneh et leurs conséquences pour l'histoire physique du Nil.	142
La xiv° dynastie s'élève dans le Delta, en compétition avec la xiii°.	143

§ 5 — *Invasion et domination des Pasteurs.*

Récit de Manéthon sur l'invasion.	144
Origine et caractère ethnique des Pasteurs venus de l'Asie.	Ibid.
Affreuses dévastations du premier moment de l'invasion.	145
Le gouvernement des étrangers se régularise, récit de Manéthon.	146
Sympathies que les Pasteurs rencontrent parmi les populations d'origine sémitique de la partie orientale du Delta, où ils fondent leur principal établissement.	148
Le grand camp retranché de Ha-ouar.	149
Rois de la première dynastie des Pasteurs.	Ibid.
Résistance des princes de Thèbes	Ibid.
Les arts refleurissent à la cour des rois Pasteurs, devenus maîtres de toute l'Égypte.	150
Fondation de Tsan ou Tanis.	Ibid.
Monuments de sculpture de l'époque des Pasteurs.	152
Établissement de la famille de Ya'aqob en Égypte	153
Les petites principautés indigènes de la Haute-Égypte sous la suzeraineté des Pasteurs.	154
Premier réveil de la civilisation et des arts à Thèbes.	155

§ 6. — *Dix-septième dynastie. Expulsion des Pasteurs. Ah-mès.*

La crise suprême	155
Conte égyptien sur les origines de la querelle entre les princes de Thèbes et les rois Pasteurs	156
La guerre de la délivrance nationale et ses vicissitudes.	157
Ah-mès réussit à prendre Ha-ouar.	Ibid.
Retraite des dernières bandes étrangères que les Égyptiens poursuivent en Palestine	158
Une partie des envahisseurs asiatiques restent sur le sol de l'Égypte à l'état de colons et de serfs.	Ibid.
Ah-mès et son mariage avec la reine noire Nofri-t-ari	159
Les petits princes locaux sont réduits à la condition de gouverneurs de nomes.	160

Pages.

Travaux de restauration et de reconstruction des temples sous Ah-mès. . . . . *Ibid.*
Renaissance brillante des arts. 162
Les bijoux du tombeau de la reine Aah-hotpou. . . . . *Ibid.*
Introduction de nouveaux animaux domestiques en Égypte au temps des Pasteurs. 164
Le porc. . . . . *Ibid.*
Le cheval. 165
L'âne, seule bête de somme usitée par les Egyptiens de l'Ancien Empire. . . . 166
Origine asiatique et introduction du cheval. . . . . *Ibid*
Façon dont il se naturalise en Egypte. 167
Époque approximative de l'expulsion des Pasteurs. . . . . *Ibid.*

CHAPITRE IV. — LES GRANDS CONQUÉRANTS DU NOUVEL EMPIRE.
PUISSANCE EXTÉRIEURE DE L'ÉGYPTE.

§ 1. — *La dix-huitième dynastie. Premiers successeurs d'Ah-mès.*

L'Égypte, après l'expulsion des Pasteurs, entre dans la voie des conquêtes en Asie. 169
État du monde asiatique à cette époque et distribution de ses populations. . . 170
Les nomades ou Schasou du désert au nord-est de l'Égypte. 171
Pays de l'Arabie connus des Égyptiens. 174
Les Kénânéens de la Palestine. . . . . *Ibid.*
Les tribus Téra'hites de l'est du Jourdain. 175
Les Kénânéens maritimes ou Phéniciens . . . . *Ibid.*
Les Araméens. 176
Le double Routen . . . . *Ibid.*
Le pays et le peuple des Khéta. 178
Règne d'Amon-hotpou Ier. . . . . *Ibid.*
Tahout-mès Ier. 180
Première expédition poussée jusqu'à l'Euphrate. 181
Route stratégique des armées égyptiennes au travers de la Syrie. . . . . *Ibid.*
Organisation de l'empire égyptien en Asie et ses rapports avec les princes indigènes. 183
Tahout-mès II, organisation de la vice-royauté de Kousch. 184

§ 2. — *Suite de la dix-huitième dynastie. Tahout-mès III. Apogée de la
puissance militaire de l'Égypte.* (VERS 1600 AV. J.-C.)

Avènement de Tahout-mès III, encore enfant. 185
Régence et usurpation de sa sœur Ha-t-schepou. . . . . *Ibid.*
Grandes constructions de cette princesse. . . . . *Ibid.*
Conquête du pays de Pount. 186
Expédition de la reine Ha-t-schepou. 189
Réaction contre sa mémoire après sa mort. 190
Règne personnel de Tahout-mès III, moment culminant de la puissance de l'Égypte. *Ibid.*
Ses annales officielles. 191
Révolte de l'Asie à l'avènement de ce prince. 192
Bataille de Makta ou Megiddo, victoire éclatante de Tahout-mès. 193
Soumission du Routen. 194
Pointe au delà de l'Euphrate. 195
Nouvelles guerres dans le nord de la Syrie. . . . . *Ibid.*
Grandes campagnes dans le Naharina et au delà de l'Euphrate. 196
Dernières guerres en Syrie. 197
Les campagnes de Tahout-mès III dans la littérature romanesque égyptienne d'époque
postérieure, conte de la prise de Iapou . . . . *Ibid.*

	Pages.
La flotte phénicienne de Tahout-mès III et sa domination sur la Méditerranée	198
Chant de triomphe d'une stèle de Karnak	199
Étendue de la domination de Tahout-mès III au sud, sur Kousch et le pays des Nègres.	200
Son empire sur le pays des Somâlis.	203
Nombreux monuments du règne de Tahout-mès III.	Ibid.
Culte rendu plus tard à sa mémoire.	Ibid.

§ 3. — *Derniers rois de la dix-huitième dynastie. Troubles religieux.* (XVIe SIÈCLE.)

Amon-hotpou II.	204
Son expédition jusqu'en Assyrie et en Babylonie	205
Tahout-mès IV.	206
Amon-hotpou III.	Ibid.
Ses conquêtes et l'étendue de son empire	207
Le colosse de Memnon.	Ibid.
Amon-hotpou IV.	209
Sa tentative de révolution religieuse.	Ibid.
Le roi prend un nouveau nom et se bâtit une nouvelle capitale	210
La reine Tii, mère d'Amon-hotpou IV, son origine étrangère et sa part prépondérante dans les tentatives religieuses de son fils.	211
Comment Amon-hotpou IV Khou-n-Aten paraît avoir été eunuque, et causes probables de ce fait.	212
Rôle que les Bené-Yisraël ont pu avoir dans les innovations religieuses de ce prince.	213
Troubles et compétitions qui suivent la mort d'Amon-hotpou IV.	214
Avènement de Hor-em-heb.	Ibid.
Succès militaires du début de son règne.	218
Réaction religieuse orthodoxe et troubles du temps de Hor-em-heb	Ibid.

§ 4. — *Commencement de la dix-neuvième dynastie. Séti Ier.* (XVe SIÈCLE.)

Râ-mes-sou Ier inaugure une nouvelle dynastie, son origine	219
Changement de l'état politique de la Syrie pendant les troubles de la fin de la XVIIe dynastie, constitution de la puissance des Khéta.	Ibid.
Ce qu'était ce peuple et son caractère non-sémitique	220
Type physique des Khéta.	221
Leur idiome.	Ibid.
Leur écriture.	222
Leur organisation politique.	Ibid.
Leur armée.	223
Leurs dieux.	Ibid.
Extension de la domination des Khéta sur la Syrie.	224
Leur suprématie en Asie Mineure.	Ibid.
Monuments qu'ils y ont laissés	225
Guerre et traité de Râ-mes-sou II avec les Khéta	226
Séti Ier, sa grandeur et ses monuments.	227
La salle hypostyle de Karnak et ses bas-reliefs historiques.	229
Séti défait les Schasou du désert.	Ibid.
Soumission de la Palestine et du Routen.	231
Guerre et traité avec les Khéta	232
Étendue des conquêtes de Séti et réorganisation des provinces égyptiennes de la Syrie par ce prince	233
Analyse géographique de la liste des pays vaincus de l'Asie, arrêtée sous Séti Ier.	Ibid.
Extension de son empire sur le haut Nil.	237

Ses expéditions en Libye et dans le pays de Pount. 238
Travaux d'utilité publique, exécution de puits artésiens . . . . *Ibid.*
Bas-relief de la salle hypostyle de Karnak où l'on a cru trouver la représentation du canal du Nil à la mer Rouge. *Ibid.*
Fin paisible du règne de Séti Ier. 241
Mariage par lequel il avait légitimé son pouvoir. . . . . *Ibid.*
Position particulière de son fils Râ-mes-sou, depuis sa naissance. . . . . . . *Ibid.*
Limite dans laquelle on respectait les droits du jeune prince 242
Râ-mes-sou grandit et prend graduellement le pouvoir effectif. 243
Sa guerre, comme prince royal, contre les peuples libyens et pélasgiques . . . . *Ibid.*
Sa guerre dans le pays de Kousch. 244
Son avènement . . . . *Ibid.*

§ 5. — *Râ-mes-sou II. Sésostris.*

Râ-mes-sou II est, en Égypte, le prince constructeur par excellence. 244
Emploi des prisonniers de guerre et des colons étrangers du Delta à faire les corvées de ces grands travaux 247
Surnom de Sésostris donné à ce roi, son origine 248
Le Sésostris de la légende postérieure recueillie par les Grecs. . . . . . . *Ibid.*
Le Râ-mes-sou de l'histoire réelle 250
Premiers troubles en Palestine . . . . *Ibid.*
Les Khéta forment une grande confédération contre l'Égypte dans la quatrième année du règne 251
Exploit personnel de Râ-mes-sou à la bataille de Qadesch, l'an 5 253
Poème épique du scribe Pen-ta-our glorifiant cet exploit . . . . *Ibid.*
Analyse du poème . . . . *Ibid.*
La bataille de Qadesch et ses résultats 258
Trêve qui la suivit 259
Reprise de la guerre contre les Khéta, et ses vicissitudes pendant quatorze ans. . . 260
Traité de paix entre Râ-mes-sou et le roi de Khéta. 263
Les Égyptiens demeurent paisibles possesseurs de la Syrie méridionale pendant le reste du règne. 264
Mariage de Râ-mes-sou avec la fille du roi des Khéta. . . . . *Ibid.*
Voyage de ce dernier prince en Égypte 265
Introduction du culte des divinités syriennes en Égypte . . . . *Ibid.*
Mode de l'emploi d'expressions sémitiques dans le langage égyptien. . . . . . *Ibid.*
Jugement à porter sur le caractère de Râ-mes-sou II 266
Développement inouï du harem royal 267
Oppression des populations par les corvées. . . . . *Ibid.*
Ce que la Bible dit des souffrances des Benê-Yisraël 268
Chasses aux esclaves dans le pays des nègres . . . . *Ibid.*
Populations asiatiques transportées dans le Delta 270
Récit de Diodore de Sicile sur une révolte des prisonniers dans le voisinage de Memphis et sur la fondation de Babylone d'Égypte. . . . . *Ibid.*
Description des misères du paysan par un scribe du temps de Râ-mes-sou II. . . 272
Les tribulations de l'officier d'infanterie, autre morceau de même nature. . . . 273
Les tribulations de l'officier de chars de guerre. 274
Lassitude de la nation à l'égard des entreprises guerrières, à la fin du règne de Râ-mes-sou II. . . . . *Ibid.*
Prépondérance des gens de bureau. 275
Éloge du métier de scribe composé par un de ceux de cette époque. . . . . . *Ibid.*
Descriptions littéraires de la nouvelle ville de Pa-Râmessou-aâ-nakhtou 276

	Pages.
L'art sous Râ-mes-sou II; décadence graduelle à mesure que l'on avance dans le cours du règne.	275
Râ-mes-sou, fatigué, se décharge sur ses fils de l'exercice du pouvoir.	Ibid.
Lieutenance du prince Khâ-m-Ouas.	Ibid.
Caractère de ce prince et sa sépulture.	281
Lieutenance du prince Mi-n-Phtah.	Ibid

§ 6. — *Fin de la dix-neuvième dynastie. Invasions étrangères. L'Exode.*

Mi-n-Phtah, déjà vieux, succède à son père.	281
État de l'Égypte à la mort de Râ-mes-sou II.	Ibid.
Nouveaux ennemis qui la menacent, les populations des Libyens aux cheveux blonds.	282
Les peuples pélasgiques et le mouvement de migration qui les emporte alors de l'Asie-Mineure vers l'Occident.	283
Traditions conservées à cet égard chez les Grecs.	Ibid.
Migration des Pélasges Tyrrhéniens.	284
Premières incursions des Libyens et des Tyrrhéniens en Égypte.	285
Elles se multiplient et s'étendent à la fin du règne de Râ-mes-sou II.	286
Grande invasion, conduite par les Tyrrhéniens et les Achéens, au début du pouvoir de Mi-n-Phtah	287
Traditions classiques sur les très anciens rapports des Grecs avec la Libye.	Ibid.
Défaite des envahisseurs Libyens, Achéens et Tyrrhéniens, à Pa-ari-scheps.	289
Terres concédées dans le Delta à quelques-uns des vaincus	290
Fin du règne de Mi-n-Phtah, désordres qui la marquèrent.	Ibid.
L'Exode des Benê-Yisraël et sa date probable.	292
Récit de Manéthon sur la révolte des Impurs	Ibid.
Usurpateurs qui suivent le règne de Mi-n-Phtah, Amon-mes-sou.	294
Mi-n-Phtah II Si-Phtah et la reine Ta-ousor	Ibid.
Restauration de Séti II.	295
L'Égypte tombe dans une anarchie complète	267
Domination du Syrien Arisou.	Ibid.
Conquête de la Terre Promise par les Benê-Yisraël.	Ibid.
Leurs rapports à ce moment avec l'Égypte	298

§ 7. — *Commencement de la vingtième dynastie. Râ-mes-sou III.*
(FIN DU XIVᵉ SIÈCLE.)

Set-nekht, sa victoire sur les étrangers	299
Râ-mes-sou III, caractère général de son règne.	300
Il trouve l'Égypte envahie sur toutes ses frontières.	301
Répression des Schasou	Ibid.
Première guerre victorieuse contre les Libyens	Ibid.
Grande invasion des Pélesta ou Pélasges, attaque de l'Égypte par terre et par mer	304
Nations qui y prennent part	Ibid.
La thalassocratie crétoise de Minos et la confédération pélasgique contre Râ-mes-sou III.	305
Les Schaqalascha	306
Les Tourscha	307
Les Tsekkri ou Teucriens	308
Défaite de l'armée des envahisseurs venus par terre	309
Combat naval et défaite de la flotte des Pélasges	311
Les débris des Pélesta sont cantonnés dans la Palestine méridionale, où ils deviennent les Pelischtim.	312
Râ-mes-sou III reconquiert la Syrie	Ibid.

	Pages.
Campagne de sa flotte sur la côte de l'Asie Mineure et dans les îles voisines	314
Nouvelle guerre contre les Libyens	316
Râ-mes-sou III rétablit la suprématie égyptienne sur le pays de Pount.	318
Conspirations contre ce prince.	Ibid.
Procès politique dont les pièces sont parvenues jusqu'à nous	319
Caricatures contre Râ-mes-sou III dans des papyrus de Londres et de Turin	Ibid.
Fin paisible et florissante du règne de Râ-mes-sou III.	320
Ses constructions	Ibid.
Date astronomique qui détermine la chronologie sous ce prince	321

CHAPITRE V. — DÉCADENCE ET CHUTE DE LA MONARCHIE ÉGYPTIENNE.

§ 1. — *Fin de la vingtième dynastie. Vingt et unième maison royale.*
(DU XIIIe AU COMMENCEMENT DU Xe SIÈCLE.)

Les derniers rois du nom de Râ-mes-sou, obscurité de leurs règnes et leur caractère de princes fainéants	323
Rôle grandissant des grands prêtres d'Ammon à Thèbes	Ibid.
Déclin de la puissance extérieure de l'Égypte	324
Stèle de Râ-mes-sou XI et curieux récit qu'elle contient d'un miracle du dieu Khonsou, ainsi que du voyage de son arche sacrée dans le pays de Bakhtan, en Syrie.	Ibid.
Conservation de la suzeraineté égyptienne sur les pays syriens au temps de ce prince.	326
Usurpation du grand prêtre Her-hor.	327
Politique nouvelle de ce monarque et de sa dynastie, qui cherchent un point d'appui dans l'amitié des Asiatiques.	328
Compétitions entre les derniers Râmessides et la famille des grands prêtres d'Ammon.	Ibid.
Une dynastie rivale s'élève à Tanis contre ces derniers.	Ibid.
Les rois de Thèbes, menacés par leurs compétiteurs, transportent les momies des anciens monarques des dynasties thébaines, depuis la XVIIe, dans une tombe cachée.	329
Triomphe définitif de la dynastie de Tanis, qui devient maîtresse de toute l'Égypte.	Ibid.
La famille des grands prêtres d'Ammon se retire à Napata, en Éthiopie, et y fonde un nouveau royaume.	Ibid.
Civilisation de cette monarchie éthiopico-égyptienne.	330
Révolution qui s'y opère vers le milieu du VIIIe siècle	Ibid.
La civilisation et l'art de l'Éthiopie se modifient graduellement dans un sens plus indigène	Ibid.

§ 2. — *Vingt-deuxième, vingt-troisième et vingt-quatrième dynasties.*
(X[e], IXe ET VIIIe SIÈCLES.)

Le pouvoir passe en Égypte à des dynasties d'origine étrangère.	336
Ancienne politique des pharaons de transporter des tribus entières de vaincus dans la vallée du Nil	Ibid.
Les Sémites de l'orient du Delta.	Ibid.
Les Libyens dans la partie occidentale de la Basse Égypte.	Ibid.
Origine sémitique de la XXIIe dynastie	337
Le Syrien Boubouaï et sa descendance	Ibid.
Avènement de Scheschonq Ier.	338
Sa politique par rapport à l'Asie.	339
Expédition en Palestine, contre le royaume de Yehoudah.	Ibid.
Les successeurs de Scheschonq et leur gouvernement.	340
Morcellement de l'Égypte par le système des apanages.	Ibid.
La XXIIIe dynastie, Tanite, branche collatérale de celle-ci, et sa domination jusqu'à Thèbes.	341

	Pages.
Les princes de Saïs et leurs ambitions persévérantes	342
Ta-f-nekht, fondateur de leur maison ; il se fait un royaume à la pointe de l'épée	344
Expédition de Pi-ânkhi Méri-Amoun, roi d'Éthiopie, en Égypte	Ibid.
Il conquiert l'Égypte moyenne	345
Prise de Memphis	346
Ta-f-nekht se soumet à l'Éthiopien et en reçoit l'investiture	347
Révolution dans la monarchie éthiopienne après la mort de Pi-ânkhi	Ibid.
Elle devient élective ; mode particulier d'élection	Ibid.
Les Éthiopiens évacuent la Haute-Égypte	348
Bok-en-ran-f de Saïs devient maître de tout le pays	Ibid.
Son règne	349
L'Éthiopien Schabaka conquiert l'Égypte et met à mort Bok-en-ran-f.	Ibid.

§ 3. — Les Éthiopiens et les Assyriens en Égypte.
(724-660 av. J.-C.)

Domination des Éthiopiens sur l'Égypte	349
Le roi Schabaka	350
Sage gouvernement de ce prince	351
Régence de la princesse Amon-iri-ti-s à Thèbes	Ibid.
État de la Syrie et de la Palestine à cette époque	Ibid.
Schabaka se décide à y intervenir	352
Prophétie de Yescha'yahou détournant le royaume de Yehoudah de l'alliance égyptienne	353
Prise de Schomron (Samarie) par les Assyriens	354
Schabaka s'allie avec Hanoun de 'Azah contre Scharrou-kinou, roi d'Assyrie.	Ibid.
Il est complètement défait à Ro-peh	Ibid.
Conséquences de cette défaite	355
Rétablissement de la principauté de Saïs	356
Intervention de Scharrou-kinou dans les affaires de cette principauté	Ibid.
Mort de Schabaka et division de son empire	Ibid.
Schabatoka en Égypte et Taharqa en Éthiopie	357
Avènement de Sin-a'hê-irba à Ninive et révolte de la Syrie contre les Assyriens	358
Prophétie de Yescha'yahou pour détourner le royaume de Yehoudah d'y prendre part.	Ibid.
Défaites des Phéniciens et des Égyptiens en Palestine	360
Sin-a'hê-irba et 'Hizqiyahou de Yehoudah	361
Le roi d'Assyrie se dirige contre l'Égypte	363
Désastre de son armée	Ibid.
Récit de la Bible	Ibid.
Récit des Égyptiens, d'après Hérodote	Ibid.
L'Égypte reste en paix pendant quelque temps après ces événements	364
Obscurité du règne de Schabatoka	365
Taharqa s'empare de l'Égypte	Ibid.
Conquêtes de ce roi en Asie	366
Les princes de Saïs sous sa suzeraineté	367
Renommée de Taharqa comme conquérant chez les écrivains classiques	368
Avènement de Asschour-a'h-iddin en Assyrie	Ibid.
Ses conquêtes en Syrie et en Palestine	369
La guerre éclate entre Asschour-a'h-iddin et Taharqa	Ibid.
Campagne du roi d'Assyrie pour envahir l'Égypte	Ibid.
Défaite de Taharqa et conquête du pays par les Assyriens	370
Nouvelle organisation donnée à l'Égypte par Asschour-a'h-iddin	371
Analyse de la liste des vingt petits rois vassaux qu'il institue sur la contrée	372
Répartition de ces princes entre la Haute et la Basse-Égypte	373

	Pages.
Noms assyriens imposés à des villes égyptiennes.	373
Retour offensif de Taharqa, qui enlève l'Égypte aux Assyriens.	374
Abdication d'Asschour-a'h-iddin et avènement de son fils Asschour-bani-abal.	Ibid.
Le nouveau roi d'Assyrie reconquiert l'Égypte et y réinstalle les vingt petits rois vassaux.	375
Ceux-ci conspirent avec Taharqa et sont arrêtés par les gouverneurs assyriens de l'Égypte.	376
Asschour-bani-abal leur fait grâce et leur rend leurs principautés.	Ibid.
Mort de Taharqa et avènement de son beau-fils Routh-Amon.	377
Il reconquiert momentanément l'Égypte.	Ibid.
Asschour-bani-abal la lui enlève.	Ibid.
Sac de Thèbes par les Assyriens.	Ibid.
Nouvelle réorganisation de l'Égypte sous l'autorité assyrienne; puissance de Paqrour, prince de Pa-Soupti.	378

§ 4. — *La Dodécarchie et les rois Saïtes* (665-523).

Récit des Grecs sur l'établissement de la Dodécarchie.	378
La Stèle du songe du musée de Boulaq et les événements qu'elle raconte.	Ibid.
Naouat Méri-Amoun est élu roi d'Éthiopie.	379
Il conquiert l'Égypte jusqu'à Memphis.	Ibid.
Prise de Memphis.	380
Campagne contre les chefs du Delta et soumission de ceux-ci.	Ibid.
La domination éthiopienne ne se maintient qu'en Thébaïde et le Delta reste sous la suzeraineté des Assyriens.	381
En quoi consista la Dodécarchie	Ibid.
Récit d'Hérodote sur la fin de ce régime et l'avènement de Psaméthik.	Ibid.
Rôle des mercenaires grecs et cariens dans ces événements, bataille de Momemphis.	382
Psaméthik se rend maître de la Haute-Égypte	384
Date à laquelle il devint seul roi du pays	Ibid.
Caractère général de la xxvie dynastie, Saïte.	385
Travaux de Psaméthik Ier et état de l'art sous son règne.	Ibid.
Politique des rois Saïtes	387
Conquête du pays des Pelischtim par Psaméthik Ier.	Ibid.
Il préserve à prix d'or l'Égypte de l'invasion des Scythes	Ibid.
Psaméthik attire dans le pays les Grecs et les Cariens.	388
Hostilité des Égyptiens contre ces étrangers	389
Admiration des Grecs pour l'Égypte et légendes forgées pour en rattacher les souvenirs à leur histoire.	Ibid.
Une partie de la classe militaire égyptienne émigre vers l'Éthiopie.	Ibid.
Ils y forment le peuple des Asmakh ou Automoles	390
Soins de Psaméthik pour s'attacher le sacerdoce	Ibid.
Revision du *Livre des morts*	Ibid.
Psaméthik, occupé à se refaire une armée, passe la fin de son règne sans intervenir dans les affaires de l'Asie	Ibid.
Avènement de Nékô.	Ibid.
Ses soins pour doter l'Égypte d'une flotte de guerre	391
Travaux du canal du Nil à la mer Rouge	Ibid.
Circumnavigation de l'Afrique par les marins phéniciens au service de Nékô.	392
État de l'Asie au temps de Nékô, chute de la monarchie assyrienne.	393
Le roi d'Égypte cherche à profiter de ces événements pour reconquérir la Syrie.	Ibid.
Bataille de Megiddo, défaite et mort de Yoschiyahou, roi de Yehoudah.	394
La Syrie conquise par les Égyptiens jusqu'à l'Euphrate.	Ibid.

	Pages.
Nabou-koudourri-ouçour, prince héritier de Babylone, vient la leur enlever; bataille de Qarqemiseh et défaite de Nékô.	394
Nabou-koudourri-ouçour, rappelé à Babylone par la mort de son père, signe un traité avec le roi d'Égypte, qui abandonne la Syrie	395
Nouvelles intrigues de Nékô avec les princes de ce pays	Ibid.
Catastrophes du royaume de Yehoudah.	Ibid.
Psamétik II	396
Ses prétentions à la couronne d'Éthiopie	Ibid.
Dissensions religieuses de ce pays.	Ibid.
Campagne de Psamétik II contre les Éthiopiens et conquête de la partie septentrionale de la Nubie.	398
Inscriptions grecques relatives à ces événements.	397
Ouah-ab-Râ.	399
Ses ambitions extérieures	401
Il parvient à déterminer le soulèvement d'une portion de la Syrie contre Nabou-koudourri-ouçour	Ibid.
Défaite de Ouah-ab-Râ, venu au secours du royaume de Yehoudah	402
Prise et ruine de Yerouschalaïm par les Chaldéens	Ibid.
Émigration juive en Égypte.	403
Guerres de Nabou-koudourri-ouçour contre Moab, 'Ammon et l'Arabie.	Ibid.
Prise de Tyr par les Chaldéens	404
Oracles des prophètes de Yisraël annonçant la conquête de l'Égypte par Nabou-koudourri-ouçour	Ibid.
Guerre entre Ouah-ab-Râ et le roi de Babylone.	407
La flotte du monarque égyptien se porte sur la Phénicie	Ibid.
Elle remporte la victoire, prend Çidôn et soumet les cités phéniciennes.	408
Guerre malheureuse de Ouah-ab-Râ contre Cyrène.	Ibid.
Récit d'Hérodote sur la révolte de l'armée égyptienne, le détrônement de Ouah-ab-Râ et la proclamation de Ah-mès.	Ibid.
Récit des mêmes événements par Josèphe.	409
Témoignage des documents cunéiformes, qui affirment que Nabou-koudourri-ouçour vint lui-même en Égypte pour appuyer les révoltés	Ibid.
Conquête de l'île de Cypre par Ah-mès.	410
Nabou-koudourri-ouçour, irrité, envahit l'Égypte et force Ah-mès à se soumettre au tribut.	Ibid.
Les révolutions de Babylone débarrassent bientôt le roi égyptien de ce vasselage	Ibid.
Mariage par lequel Ah-mès s'efforce de légitimer son usurpation.	Ibid.
Caractère et habileté de ce roi.	Ibid.
Prospérité de l'Égypte sous son règne.	411
Constructions magnifiques.	Ibid.
Politique de Ah-mès à l'égard des étrangers.	413
Son philhellénisme et ses offrandes aux temples de la Grèce	414
Afflux des Grecs en Égypte.	Ibid.
Fondation de Naucratis.	415
Factoreries grecques dans les autres parties du pays.	Ibid.
Faiblesse cachée sous la prospérité extérieure du règne de Ah-mès.	416
Fondation de la monarchie perse par Kourous et premiers développements de sa puissance.	417
Coalition de la Lydie, de Babylone et de l'Égypte contre Kourous.	Ibid.
Défaite de Croisos, roi de Lydie, et rupture de la coalition.	419
Destruction de la monarchie babylonienne.	Ibid.
Kourous enlève Cypre aux Égyptiens.	Ibid.

	Pages
Inaction de Ah-mès.	419
Kambouziya, successeur de Kourous, prépare l'invasion de l'Égypte.	420
Motifs allégués pour son entreprise.	Ibid.
Phanès d'Halicarnasse trahit le roi d'Egypte.	Ibid.
Les Arabes facilitent aux Perses la traversée du désert.	421
Avènement de Psaméthik III.	Ibid.
Préludes de la lutte décisive.	Ibid.
Bataille de Péluse et défaite des Egyptiens.	422
Observations d'Hérodote sur les ossuaires des morts des deux armées.	Ibid.
Prise de Memphis.	423
Scène qui se passa dix jours après aux portes de cette ville.	Ibid.
Mot célèbre de Psaméthik III détrôné.	424
Mort de ce prince et transformation de l'Egypte en satrapie perse.	425
Liste des rois d'Egypte depuis les origines de la monarchie jusqu'à la conquête perse.	427
Tables	439

FIN DE LA TABLE DES MATIÈRES.

ANGERS, IMPRIMERIE BURDIN ET Cie, 4, RUE GARNIER.

www.ingramcontent.com/pod-product-compliance
Lightning Source LLC
Chambersburg PA
CBHW060516230426
43665CB00013B/1544